philosop

Revue de la Société de phi~~~~~

vol. 31 n° 1 — printemps 2004

Numéro thématique

POINCARÉ ET LA THÉORIE DE LA CONNAISSANCE

Sous la direction de Éric Andureau

Présentation

Lire Poincaré cent ans après

ÉRIC AUDUREAU
CEPERC-CNRS, Aix-en-Provence
eric.audureau@wanadoo.fr

Les essais réunis dans ce numéro thématique de *Philosophiques* proviennent pour l'essentiel des contributions données par les auteurs à l'occasion d'un colloque consacré à *Poincaré et la théorie de la connaissance*, organisé par le Séminaire d'épistémologie d'Aix-en-Provence, qui se déroula à Toulouse les 16 et 17 mars 2001[1].

La Science et l'hypothèse allait avoir cent ans. Ce seul fait, dans l'esprit des organisateurs du colloque, soulevait directement la question de la postérité de la pensée de Poincaré. Pourquoi le lit-on encore ? L'exploitation de son œuvre scientifique est confidentielle, limitée aux cercles des professionnels de la science. Il n'y a pas de théorie de Poincaré, comme il y a une théorie d'Einstein ou de Planck, et, que l'on sache, parmi ses mémoires scientifiques, aucun n'a atteint une notoriété qui ait franchi les cercles des spécialistes. C'est bien à ses livres « philosophiques » que Poincaré doit principalement sa notoriété.

L'une des raisons pour lesquelles ces ouvrages ont connu de leur temps un succès exceptionnel, et qui fait également que l'on continue à les lire avec le même enchantement qu'autrefois, est que Poincaré est facile à lire. Poincaré est facile à lire car il écrit pour tout le monde : les bacheliers, les « gens du monde », les professeurs et ses pairs, Duhem, Einstein, Hilbert, Lorentz, Mach, Peano, Russell, Zermelo, pour ne citer que les plus connus.

Facile à lire, Poincaré est difficile à comprendre, et, sans paradoxe, l'on peut dire que, pour une part, cette difficulté est la rançon de cette facilité. Cette plume alerte est celle d'un grand polémiste qui n'est pas auteur à se relire (on peut le vérifier dans la liberté qu'il prend avec les règles de ponctuation). La constance de sa terminologie en souffre parfois. Mais cette difficulté compte bien peu face à celles posées par la position historique de Poincaré.

---

1. Le Séminaire d'épistémologie est une équipe du CEPERC, ESA-5960 du CNRS, Aix-en-Provence. Cette réunion s'inscrivait dans la série des *Journées de philosophie de la logique*, co-organisées par Éric Audureau et Gabriella Crocco. Cette manifestation a bénéficié du soutien financier du Pôle de recherche en sciences cognitives de Toulouse (PRESCOT) et du concours du département de philosophie de l'Université de Toulouse-Le Mirail. Les organisateurs expriment leur profonde gratitude à J. L. Nespoulous et J. Virbel, animateurs de PRESCOT, ainsi qu'à A. Jaulin et P. Kerszberg, du département de philosophie de Toulouse-Le Mirail, pour leur aide précieuse.

Poincaré s'exprime à une époque où la pensée scientifique subit de profondes mutations : naissance de la logique mathématique, de la théorie des ensembles, de la théorie de la relativité, de la théorie des quanta, sans compter, sujet crucial pour comprendre sa pensée, la question de l'assimilation du pluralisme géométrique et de ses conséquences, sans oublier, non plus, la consolidation de la thermodynamique, laquelle aspire à remplacer la mécanique dans son rôle de théorie unitaire de la nature. Sur tous ces sujets, Poincaré va au front. Sur les plus importants d'entre eux, il paraît défendre des positions « conservatrices ». Mais qu'était-ce qu'une position conservatrice au début du XXᵉ siècle ? Nous sommes aujourd'hui si familiarisés avec la théorie des ensembles ou la théorie de la relativité que nous avons perdu de vue ce à quoi elles s'opposaient à l'époque de leur avènement. Ici, il faut bien demander à l'histoire de nous éclairer. D'autant que certaines des controverses autour des fondements, c'est notamment le cas de la mécanique, étaient justement alimentées, pour ne pas dire causées, par l'histoire des sciences elle-même. Duhem et Mach, qui, comme Poincaré, estiment que l'ontologie doit être bannie de la physique, appellent tous deux l'histoire de la physique à charge contre l'intrusion des questions (métaphysiques) d'existence dans les théories physiques[2]. À des titres différents, les articles de J. Boniface, A. Brenner, J. Mawhin et A. Michel donnent des éclairages sur les contextes scientifiques et philosophiques dans lesquels la pensée de Poincaré se déploie.

Cette difficulté une fois reconnue, nous en voyons surgir une nouvelle qui, d'ailleurs, en annonce d'autres. Pour bien comprendre la pensée de Poincaré, il faut non seulement bien connaître les sciences de son temps et leur histoire, mais aussi comprendre le rôle de Poincaré dans ces sciences. En d'autres termes, ce qui, chez notre auteur, semble parfois simplement bien dit est, le plus souvent, rigoureusement justifié par des résultats scientifiques dont nous rappelions à l'instant le caractère confidentiel. Or il n'est pas un sujet de mathématiques pures ou de physique théorique que Poincaré n'ait traité[3] ; même la matière douteuse de la cosmologie, que, sans nul doute, Poincaré, s'il vivait encore, persisterait à nommer *hypothèses cosmogoniques*, a été l'objet de ses leçons. Ceci explique la difficulté principale posée par la lecture de Poincaré. Les historiens de la logique s'arrêtent sur sa pensée ; ceux de la physique se demandent quelle fut sa part dans la constitution de la théorie de la relativité ; des « philosophes de

---

2. Avec un bonheur et des scrupules inégaux, il faut bien le reconnaître. Le compte rendu que Duhem donne de *La Mécanique* est surtout un modèle de courtoisie. C'est l'occasion de rappeler que lorsqu'on dit que Duhem, Mach et Poincaré étaient tous trois conventionnalistes, chose fréquente chez les philosophes anglo-saxons, rien n'a été clarifié, car, au sujet de l'origine de la connaissance, ces trois penseurs s'opposent sur l'essentiel.

3. À l'exception de la théorie des fonctions. Mais ici, la véritable question, pour Poincaré, c'est : En vouloir ou pas ?

l'espace », comme il y a des philosophes de l'esprit ou du langage[4], scrutent sa doctrine. Mais peut-on couper ainsi en morceaux la pensée de celui que J. Vuillemin appelait « le dernier grand savant universel » et, en même temps, la comprendre ? Succès et difficulté de la lecture des ouvrages de Poincaré ont une même cause : l'ampleur de son génie.

Face à cette difficulté factuelle, les chercheurs disposent aujourd'hui d'une arme légère : le colloque, qui permet de regrouper des compétences différentes et partielles au service d'une même interrogation. Cette arme, cependant, peut être à double tranchant. Si l'on parcourt rapidement les essais qui suivent, qui sait si on ne sera pas d'abord frappé par la diversité des méthodes et des points de vue adoptés ? Quoi de commun entre le tableau des controverses autour de l'expérience de Foucault donné par J. Mawhin et la comparaison des doctrines de Kant et de Poincaré proposée par G. Crocco ? Mais donnons la parole à Poincaré. Alors nous verrons peut-être apparaître leur unité.

Poincaré n'a pas professé de philosophie explicite. Ses ouvrages sont des recueils d'articles écrits, dans des circonstances diverses, indépendamment de toute intention de les recueillir. En proposant comme thème de réflexion *Poincaré et la théorie de la connaissance*, nous partions des attendus suivants, qui distinguent le *premier* ouvrage philosophique du savant, *La Science et l'hypothèse*, de ceux qui lui succéderont.

1) Le contenu de la somme des remarques éparses de Poincaré (c'est-à-dire *La Science et l'hypothèse*) n'est pas égal à la somme des contenus des remarques éparses (c'est-à-dire à l'ensemble des articles qui composent *La Science et l'hypothèse*).

2) L'excédent de contenu du contenu de la somme sur la somme des contenus provient de l'*ordre* dans lequel les remarques éparses sont rangées dans *La Science et l'hypothèse*. Cet ordre, c'est l'ordre des raisons de Poincaré tel que lui-même le conçoit.

3) Dans l'introduction de *La Science et l'hypothèse*, Poincaré nous annonce que pour exposer ses vues contre celles des sceptiques, des nominalistes et des dogmatistes naïfs, « il faudra parcourir la série des sciences depuis l'arithmétique et la géométrie jusqu'à la mécanique et la physique expérimentale ». Cette remarque annonce la division principale de l'ouvrage en quatre parties : « Le nombre et la grandeur », « L'espace », « La force », « La nature ». Elle assigne également un ordre de dépendance entre les matières. Enfin, elle enchaîne l'ensemble de la science à deux extrémités : le nombre, qui est une création de notre esprit, et le fait brut, que la Nature impose à nos sensations.

---

4. Bien que, semble-t-il, il n'y ait pas de philosophes du corps ou de la pensée.

Dès lors, s'il y a plus dans *La Science et l'hypothèse* que dans l'ensemble des articles qui la constituent, on doit demander ce que c'est.

Dans le compte rendu que Russell donna de l'ouvrage, il fit remarquer que Poincaré avait mal traité certaines questions simplement parce qu'il n'était pas philosophe de profession. Russell a-t-il dit vrai, ou s'est-il contenté d'employer un procédé aussi vieux que la philosophie pour discréditer un adversaire menaçant? Répondre à Russell, c'est se prononcer sur cette première question: Poincaré est-il philosophe? Y répondre affirmativement, c'est reconnaître à la pensée de Poincaré ce que V. Goldschmidt[5] appelait la vérité *formelle* d'un système philosophique, sa cohérence. Mais on n'aurait alors franchi que le premier pas. On aurait reconnu que Poincaré a une doctrine de la connaissance scientifique cohérente et que c'est au nom de celle-ci qu'il a défendu ses positions rétrogrades contre le développement de la logique, des nouveaux fondements de l'analyse et de la théorie de la relativité. On aurait découvert une raison de cesser de le lire plutôt que de continuer à le méditer. Un exemple de plus à ne pas suivre. Encore un de ces cas où les préjugés philosophiques entravent, et entravent largement, les progrès de la pensée scientifique[6].

D'où la dernière question, et toujours pour rester avec Goldschmidt et ses compagnons structuralistes: Qu'en est-il de la vérité *matérielle* de la philosophie de Poincaré? Ces préjugés, qu'il accumule, forment-ils au total une jolie vieillerie, ou bien, une fois insérés dans l'architecture de sa pensée, s'annulent-ils, un peu comme les illusions des sens disparaissent face à la raison, pour faire apparaître une vérité sourdement liée à la valeur de la science[7]?

Il est recommandé de lire les études qui suivent en gardant à l'esprit ces deux questions de la cohérence et de l'actualité de la philosophie de Poincaré. Ne serait-ce que parce que l'ordre dans lequel ces études ont été placées a été déterminé par ces questions: c'est l'ordre inverse de l'ordre des raisons de Poincaré. Cette inversion s'accommodant mieux que l'ordre direct avec l'ordre dans lequel les difficultés de lecture de Poincaré ont été présentées ci-dessus.

Partons, avec Jean Mawhin, d'un fait brut de la science expérimentale: le mouvement du pendule. Il apparaît que quelque chose tourne. Est-ce la Terre? La question a passionné l'opinion publique. Poincaré, parce qu'il avait expliqué ne pas voir de différence entre les deux propositions, *la Terre tourne* et *il est plus commode de supposer que la Terre tourne*, nous dit y avoir gagné auprès de tous les journaux réactionnaires une

---

5. Rappelons que Goldschmidt fut l'un des promoteurs de la méthode structurale en histoire de la philosophie.

6. C'est l'opinion de Bourbaki dans les *Eléments d'histoire des mathématiques*.

7. Poincaré explique ce qu'est la valeur de la science dans l'introduction à *La Valeur de la science*.

publicité dont il se serait bien passé. La passion n'était pas moindre dans les milieux scientifiques. L'étude restreinte à la communauté scientifique belge le montre. Elle ne porte que sur un échantillon de la communauté scientifique, mais on n'ira pas douter de son exemplarité. Y a-t-il quelque chose qui tourne ? On pourrait écrire l'histoire de la mécanique sous la rubrique de l'histoire de la rotation. Tantôt les physiciens ont dit que quelque chose tournait, tantôt ils ont dit le contraire. La physique, après Poincaré, a-t-elle dépassé ces querelles ? L'épilogue de l'article de Jean Mawhin laisse penser que l'histoire de la rotation sera sans fin, et le fait brut conduit *eo ipso* à la discussion des principes.

Pierre Kerszberg et Éric Audureau abordent la question des principes de la physique, sujet de « La force », par le biais de la comparaison des vues de Poincaré et d'Einstein. Ils repoussent les évaluations habituelles de la doctrine de Poincaré : celle-ci n'est ni une anticipation de la théorie de la relativité restreinte, ni une position lacunaire par rapport à cette dernière. Ces conceptions s'opposent par une distribution différente des rapports de la cinématique et de la dynamique. Pour évaluer réellement leurs limites et leurs mérites, il faut prolonger la discussion sur le terrain des idées cosmologiques, car la réflexion de Poincaré porte sur la condition de possibilité de la science. Pour P. Kerszberg, cette dernière exigence conduit directement Poincaré à la formulation des principes et montre que ce n'est pas le perfectionnement des théories constituées qui l'intéresse. La formulation du principe de relativité, qu'on ne trouve ni chez Galilée ni chez Newton, permet à Poincaré de faire apparaître les liens étroits de ce principe avec le « principe d'inertie généralisé ». Il précède donc Einstein sur cet aspect essentiel de la théorie de la relativité.

La convergence des analyses de Kerszberg et d'Audureau sur le cas de la théorie de la relativité est instructive, car les sens de parcours de la pensée de Poincaré y sont opposés. Kerszberg s'interroge sur le sens de la transition qui conduit de l'expérience aux conventions (donc de « La nature » à « La force » et à « L'espace »), d'où il conclut, se prononçant sur le domaine intermédiaire de la physique générale, que les conceptions de Poincaré et d'Einstein ne sont ni mutuellement exclusives ni contradictoires. Tandis qu'Audureau, qui part des mathématiques (« Le nombre et la grandeur ») pour en arriver à la physique générale, juge que, du point de vue de ses principes premiers, Poincaré a légitimement repoussé la théorie de la relativité.

Pour Audureau, les contresens, diagnostiqués avec P. Kerszberg, sur le rôle de Poincaré dans la genèse de la théorie de la relativité s'expliquent par une erreur de méthode. Quand Poincaré apparaît dans les histoires de la philosophie, c'est toujours dans une rubrique qui ne s'adresse qu'à une partie de sa doctrine. Mais si on reconnaît un ordre dans ses raisons, la description de sa pensée appartient à l'histoire de la philosophie et à ses catégories. De ce point de vue, Poincaré est intuitionniste, et c'est sous cette lumière qu'il faut examiner ses décisions, notamment celle de repousser la relativité restreinte. La description de l'intuitionnisme « avec les mains » que, pour parler et agir comme les scientifiques, donne Audureau peut être remplacée, pour qui n'aime pas cette manière, par la lecture de l'essai de Gabriella Crocco. Le sens de l'expression « intuitionnisme de Poincaré » y est différent, mais la référence y est la même[8].

Avec Alain Michel, nous en venons à « L'espace ». C'est sur ce sujet que la pensée de Poincaré est la plus riche et, donc, la plus difficile à exposer. D'autant, souligne Michel, que les positions de Poincaré ont évolué sur les trois thèmes principaux de sa réflexion : l'applicabilité des différentes géométries à notre espace, la tridimensionnalité, les origines de nos idées fondamentales sur l'espace. Pour démêler cet écheveau, il faut être attentif à deux aspects : les principes doctrinaux, qui sont explicites, et la pratique mathématique, qui est implicite. L'histoire des mathématiques, liée au deuxième point de vue, nous éclaire sur les choix de Poincaré, car il a fait un choix parmi les orientations possibles de la géométrie future. Celui-ci s'inscrit dans un courant moderne, la théorie des groupes de transformations de Lie, et le concept, *a priori* pour Poincaré, de groupe est le fondement de son « conventionnalisme ». Il s'oppose ainsi à la tradition plus ancienne, et davantage liée à l'empirisme, incarnée par Riemann. C'est en raison de la prépondérance de cette dernière, suite à la découverte de la relativité générale, et faute de distinguer entre ces deux traditions que l'on a associé Poincaré au conventionnalisme de Carnap ou de Reichenbach. Mais chez Poincaré, il y a, comme chez Kant, élimination de l'espace physique, et celle-ci est solidaire de l'appartenance de Poincaré à la première tradition, tradition dont il aurait d'ailleurs pu être le père.

C'est également à la question du rôle de la géométrie dans la genèse de l'espace qu'est consacré l'article d'Anastasios Brenner. Cette question sert de test à Brenner pour comparer la philosophie de Poincaré à celles de Kant, telle qu'on la voyait au cours des deux dernières décades du XIXe siècle, et de Mill. Il en ressort une interprétation originale : en rejetant à la fois les vues de Kant et de Mill, Poincaré rompt avec les tentatives traditionnelles de fondation de la science. En sortant de la philosophie traditionnelle de la science, il est à l'origine d'un nouveau rapport entre philosophie et science qui sera rapidement validé par l'apparition du nouveau terme d'*épistémologie*.

« La logistique n'est plus stérile, elle engendre l'antinomie ! » Alors que dans les discussions sur l'espace et les principes de la physique, Poincaré ne nomme ni ne recherche vraiment ses adversaires, il en va tout autrement en ce qui concerne le contenu du premier chapitre de *La Science et l'hypothèse* : la nature et l'origine du nombre. S'agissant du fondement

---

8. Voir plus haut, note 1.

de toute sa théorie de la connaissance, Poincaré est allé explicitement à l'encontre de ses adversaires : Russell, Peano, Hilbert, Zermelo. Jacqueline Boniface s'emploie à la double tâche de délimiter les conceptions de Poincaré et d'en mesurer la part de vérité en les comparant à celles de ses adversaires. Un trait commun oppose Poincaré à ceux-ci : la logique, qui est déductive, donc stérile, ne permet pas d'expliquer le pouvoir créateur des mathématiques. Seul le principe d'induction, qui est synthétique *a priori*, le permet. En se concentrant sur le statut de la logique qui, chez chacun des protagonistes, assigne la délimitation des propositions analytiques et des propositions synthétiques, J. Boniface fait peu à peu ressortir de ces controverses les termes qui figureront dans l'énoncé du théorème d'incomplétude. Elle met ainsi en relief l'influence déterminante de Poincaré sur Hilbert au sujet de deux aspects cruciaux de la théorie de la démonstration : le constructivisme et la nécessité d'une preuve de non-contradiction.

Les deux derniers essais portent davantage sur l'appréciation globale de la pensée de Poincaré que sur un chapitre particulier de son œuvre, exercice auquel les auteurs peuvent se livrer sans danger grâce à leur connaissance approfondie des textes.

Quand Gabriella Crocco dresse le parallélisme entre les philosophies de la connaissance de Kant et de Poincaré, elle n'entend pas dire que Poincaré aurait lu Kant et qu'il s'en serait inspiré ni, non plus, le contraire. *Parenté* ne veut pas dire *identité* mais *ressemblance*, et plus que *ressemblance fortuite*. Si la parenté entre Kant et Poincaré est si profonde, c'est parce qu'ils placent tous deux l'origine de la connaissance dans les facultés du sujet et que, cela fait, ils veillent chacun à la vérité formelle des conséquences qu'ils en tirent. C'est l'héritage de la méthode structurale en histoire de la philosophie qui est assumé par G. Crocco. Cette méthode est indifférente au sens du parcours de l'histoire. Poincaré éclaire autant Kant que l'inverse, et c'est là la voie principale pour comprendre ce qu'est l'intuitionnisme.

Alors que G. Crocco dessine la philosophie de Poincaré en la comparant à ce qui lui est semblable et antérieur, Igor Ly fait l'opposé. Il expose systématiquement Poincaré en faisant valoir ce qui l'oppose aux philosophes contemporains. C'est la fameuse maxime de Quine, *Pas d'identité sans entités*, qui permet à I. Ly de faire voir en quoi Poincaré se distingue des contemporains. Les jugements d'égalité portent sur la mesure des grandeurs de faits bruts hors de nous (des sensations). Ces jugements sont justifiés par des cadres que notre esprit *impose* à la Nature. S'il en était autrement, si c'était la Nature qui nous imposait les cadres de la grandeur, de l'espace, etc., alors les jugements d'égalité proviendraient des choses et de leurs propriétés. Lorsque nous mesurerions la longueur d'un objet, nous mesurerions réellement *sa* longueur, nous postulerions les existences d'une chose et d'une propriété de cette chose. Et alors, derrière les égalités numériques instituées par l'usage des équations différentielles, la science nous ferait connaître l'existence d'entités hors de nous, alors qu'elle ne fait qu'organiser nos sensations au moyen des cadres. Les jugements d'égalité ne peuvent donc être des jugements d'identité. Tout le conventionnalisme de Poincaré découle du rejet de cette assimilation. Preuve que ce conventionnalisme, s'il paraît, avec son holisme physico-géométrique, retrouver un peu Quine, coupe à la racine tout lien avec le naturalisme comme avec toute forme d'empirisme.

Les fondements de la mécanique en amont et en aval de Poincaré. Réactions belges à l'expérience du pendule de Foucault

JEAN MAWHIN
Université catholique de Louvain
Mawhin@amm.ucl.ac.be

RÉSUMÉ. — Le pendule de Foucault a exercé sur les savants belges une fascination durable. Dès 1852, l'expérience de Foucault suscite l'intérêt de Schaar, Pagani et Gilbert. À la suite des travaux de Mach, Duhamel, Poincaré, Duhem et d'autres mathématiciens, physiciens et philosophes, les publications de la Société scientifique de Bruxelles abritent de vives discussions sur les notions d'espace et de mouvement absolus, entre les savants belges De Tilly, Mansion et Pasquier et leurs collègues français Vicaire et Lechalas. Le cinquantième anniversaire de l'expérience de Foucault est l'occasion d'une polémique entre Anspach et Pasquier, ce dernier défendant les idées de Poincaré. Au vingtième siècle, les études de Janne d'Othée et Bouny sur le pendule de Foucault montrent qu'ils sont définitivement acquis aux idées de Poincaré.

SUMMARY. — Foucault's pendulum has long fascinated Belgian scientists. From 1852 onward, the Foucault experiment attracted the interest of Schaar, Pagani and Gilbert. Following the work of Mach, Duhamel, Poincaré, Duhem and other mathematicians, physicists and philosophers, the publications of the Société scientifique de Bruxelles contain lively discussions of the concepts of absolute space and motion between the Belgian scientists De Tilly, Mansion, Pasquier and their French colleagues Vicaire and Lechalas. The fiftieth anniversary of Foucault's experiment is the source of a polemic between Anspach and Pasquier, the latter defending Poincaré's ideas against the former. In the twentieth century, the studies of Janne d'Othée and Bouny about Foucault's pendulum show that Poincaré's thesis has been fully adopted.

Introduction

Il y a cent cinquante ans, la célèbre expérience du pendule de Léon Foucault marque l'apogée de la mécanique triomphante. Entre la publication des *Principia* d'Isaac Newton, en 1687, et la deuxième moitié du XIXe siècle, le développement des méthodes analytiques dans l'étude du mouvement est prodigieux et culmine dans les travaux de Jean Le Rond d'Alembert, Louis Lagrange, Siméon Denis Poisson, William Rowan Hamilton et Carl Gustav Jacobi. Les fondements de la mécanique ne sont guère discutés pendant cette période. Seuls Gottfried Wilhelm Leibniz et George Berkeley critiquent Newton et son postulat d'existence d'un *espace absolu*, par rapport auquel tout corps est fixe ou en mouvement. Les lois de la mécanique newtonienne ne sont valables, *a priori*, que pour les mouvements absolus. Ces critiques pertinentes ont peu d'influence sur le développement de la mécanique rationnelle et de la mécanique analytique. Comme l'écrit Pierre Costabel[1] :

> La relativité du mouvement, c'est-à-dire le fait que le mouvement ne peut recevoir une définition précise que par rapport à un repère bien déterminé, était une notion déjà familière aux savants du XVIIe siècle. [...] Mais les promoteurs de la mécanique classique au XVIIIe siècle, et les créateurs de la mécanique analytique à la fin du XVIIIe et au début du XIXe siècle, ont été plus préoccupés de développer toutes les conséquences mathématiques des principes posés pour l'analyse dynamique du mouvement que d'instituer une réflexion sur l'incidence que pouvait avoir dans cette analyse l'attention portée au repère de mouvement. [...] C'est dans la première moitié du XIXe siècle que la lacune considérable que nous venons de signaler dans la loi fondamentale de la mécanique, à savoir l'absence d'attention au système de référence, est comblée par les travaux de Coriol. (*Journal de l'Ecole Polytechnique*, 1832 et 1835.)

La question du système de référence soulevée par les travaux de Gaspard Coriolis est cruciale dans l'expérience de Foucault. À la même époque, Adhémar Barré de Saint-Venant[2], Ferdinand Reech[3], et Gustaf Kirchhoff[4] s'attachent à définir plus clairement les notions de force et de masse.

En Belgique, l'expérience de Foucault suscite immédiatement l'intérêt de Mathias Schaar et Gaspard Pagani. La priorité du principe de la démonstration de la rotation de la Terre à l'aide d'un gyroscope est revendiquée par Ernest Lamarle, tandis que Philippe Gilbert perfectionne l'instrument en créant son barogyroscope et développe la théorie analytique du mouvement relatif.

Un peu plus tard, Ernst Mach et Jean-Marie-Constant Duhamel discutent les concepts d'inertie et de mouvement absolu. Leurs réflexions trouvent un écho dans des écrits d'Henri Poincaré, Pierre Duhem et d'autres mathématiciens, physiciens et philosophes. À la charnière des XIXe et XXe siècles, les *Annales de la Société scientifique de Bruxelles* et la *Revue des questions scientifiques* abritent de nombreuses et vives discussions sur le bien-fondé des notions d'espace et de mouvement absolu, sous la plume des savants belges Joseph-Marie De Tilly, Paul Mansion et Ernest Pasquier, et de leurs collègues français Eugène Vicaire et Georges Lechalas.

---

1. P. Costabel, « Apogée et incertitudes de la mécanique classique », *Histoire générale des sciences,* tome 3 : *La Science contemporaine,* vol. 1 : *Le XIXe siècle* (sous la dir. de R. Taton), Paris, Presses Universitaires de France, p. 103-104.

2. A. Barré de Saint-Venant, *Principes de mécanique fondés sur la cinématique,* Paris, lithographié, 1851.

3. F. Reech, *Cours de mécanique d'après la nature généralement flexible et élastique des corps,* Paris, Carilian-Goery et Dalmont, 1852.

4. G. Kirchhoff, *Mechanik,* Leipzig, Teubner, 1876.

Les nouvelles démonstrations faites à l'aube du XXe siècle, pour le cinquantième anniversaire de l'expérience de Foucault, provoquent une polémique entre les professeurs de mécanique des universités de Bruxelles et de Louvain, Ernest Pasquier et Lucien Anspach. Plus tard, le pendule de Foucault est encore l'objet d'études de professeurs de mécanique analytique à Liège, Louvain ou Mons, comme Henry Janne d'Othée, Charles-Jean de La Vallée Poussin, François Bouny et Florent Bureau.

Ainsi, bien avant d'inspirer à un célèbre sémiologue un *thriller* érudit et passionnant[5], le pendule de Foucault a exercé sur les savants belges une fascination durable, dont nous allons retracer les principaux épisodes. Ils montrent le rôle important joué dans ces débats par les idées d'Henri Poincaré sur les fondements de la mécanique.

L'expérience de Foucault

En janvier 1851, le physicien français Léon Foucault (1819-1868)[6] suspend dans la cave de sa maison, au 34 de la rue d'Assas à Paris, un pendule de deux mètres de long, et observe le mouvement de rotation de son plan d'oscillation. Le mercredi 8 janvier à deux heures du matin, Foucault note dans ses carnets :

> [...] le pendule a tourné dans le sens du mouvement diurne de la sphère céleste. [...] Le phénomène se développe avec calme, il est fatal, irrésistible. On sent, en le voyant naître et grandir, qu'il n'est pas au pouvoir de l'expérimentateur d'en hâter ni d'en retarder la manifestation.

Un peu plus tard, Foucault transpose son expérience à l'Observatoire de Paris. Ayant installé un pendule de 11 mètres de long, il convie, en termes aguichants, les académiciens à assister à sa démonstration, le 3 février 1851 :

> Vous êtes invités à venir voir tourner la Terre, dans la salle méridienne de l'Observatoire de Paris.

Comme l'écrit l'astronome et physicien français Jacques Babinet (1794-1872)[7] :

> Ce fut une séance académique bien remarquable que celle où M. Arago apporta cette brillante découverte à l'Institut et en établit les importantes déductions. La rotation de la Terre est ici manifestée sans prendre pour point de mire les objets étrangers, comme les corps célestes ou les rayons du Soleil qui tracent l'heure sur un cadran. C'était une observation à domicile et ce fut même dans une cave que l'appareil pendulaire de M. Foucault, si ingénieux et si simple, fonctionna pour la première fois.

---

5. U. Eco, *Le Pendule de Foucault*, Paris, Grasset, 1990.

6. Ph. Gilbert, « Léon Foucault, sa vie et son œuvre scientifique », *Revue des questions scientifiques*, 1879, vol. 5, p. 108-154, 516-563.

7. J. Babinet, « Foucault (Léon) », *Biographie générale*.

Grâce à l'intervention et à la générosité du prince-président Louis Bonaparte, un pendule de 67 mètres de long est construit au Panthéon en mars 1851, et cette fois, tous les Parisiens sont invités à venir le voir :

> Avez-vous vu tourner la Terre ? Voudriez-vous la voir tourner ? Allez jeudi, et jusqu'à nouvel ordre, tous les jeudis suivants, de dix heures à midi, au Panthéon.

Ainsi s'exprime un chroniqueur scientifique à la une du *National*, le 26 mars 1851, en des termes qui rappellent l'invitation envoyée par Foucault aux académiciens. Si le succès de foule est incontestable, la portée pédagogique de la leçon est moins évidente. La correspondance qu'elle suscite contient cette surprenante requête :

> Je serais désireux d'avoir une de vos pendules marchant par le mouvement de la Terre. Où pourrais-je me la procurer ?

Les théoriciens de la mécanique, vexés sans doute de n'avoir pas prévu le principe de l'expérience, redoublent d'énergie pour en expliquer, *a posteriori*, le résultat. À la suite de la communication de Foucault à l'Académie des sciences, les *Comptes rendus* de 1851 contiennent vingt-six notes sur le pendule, avec des signatures aussi prestigieuses que celles de Binet, Sturm, Poncelet, Bravais, Quet, Plana et Hansteen. L'explication théorique du résultat de Foucault (dans le cas des petites oscillations) est reproduite dans le traité de mécanique de l'astronome français Charles Delaunay (1816-1878), publié en 1857[8].

Les retombées belges de l'expérience de Foucault : Schaar, Houzeau de Lehaye, Pagani, Lamarle, Gilbert

L'expérience de Foucault exerce aussitôt une attraction particulière sur les savants belges. Dès 1851, le mathématicien d'origine luxembourgeoise Mathias Schaar (1817-1867)[9], alors professeur de mathématiques à l'athénée de Gand et répétiteur à l'université de la même ville, publie une note[10] qui éclaire et prolonge les travaux de Binet sur la théorie mathématique du pendule de Foucault.

La même année, l'astronome montois Jean-Charles Houzeau de Lehaye (1820-1888)[11] complète une de ses contributions à une encyclopédie populaire[12] par une note sur l'expérience de Foucault.

---

8. Ch. Delaunay, *Traité de mécanique rationnelle*, 2ᵉ édition, Paris, Langlois & Leclercq et Masson, p. 233-234.

9. P. Mansion, « Mathias Schaar (1854) », *Esquisses biographiques extraites du* Liber Memorialis *de l'Université de Gand*, Gand, Vanderpoorten, 1913, p. 20-25.

10. M. Schaar, *Sur le mouvement d'un pendule, en ayant égard à la rotation de la Terre*, Mémoires in-4° de l'Académie royale de Belgique, 1851, vol. 26, 14 p.

11 J.-B. Liagre, « Notice sur Jean-Charles Houzeau de Lehaye », *Annuaire de l'Académie royale de Belgique*, 1890, p. 207.

12. J.-Ch. Houzeau de Lehaye, « Note sur l'expérience de M. Foucault démontrant la rotation de la Terre », *Physique du globe et météorologie, Encyclopédie populaire*, Bruxelles, Jamar, 1851, p. 117-119.

Lors de la restauration de l'Université catholique de Louvain en 1834, la chaire de mécanique analytique est confiée à Gaspard Pagani (1796-1855)[13], un réfugié politique piémontais. Victime de problèmes de santé et du mal du pays, Pagani interrompt dès 1839 une production mathématique jusque-là tout à fait honorable. L'expérience du pendule de Foucault le sort de sa torpeur scientifique en 1852, lui inspirant une ultime note[14].

Suivant une suggestion de Louis Poinsot (1777-1859), l'infatigable Foucault invente un autre instrument mettant en évidence la rotation terrestre, le gyroscope avec suspension à la Cardan, qu'il présente à l'Académie des sciences le 27 septembre 1852[15]. Un professeur de génie civil de l'Université de Gand, Ernest Lamarle (1806-1875)[16], a précédé Foucault dans la découverte du principe du gyroscope[17]. La propriété utilisée par Foucault, consistant en ce que les corps tournant sur eux-mêmes ont une force d'orientation qui tend à diriger leur axe parallèlement à celui de la Terre, est signalée par Lamarle dans une note, figures et calculs à l'appui, contenue dans un paquet cacheté déposé en son nom à l'Académie royale de Belgique dans sa séance du 5 avril 1851. Dès l'annonce des expériences de Foucault sur le gyroscope, Lamarle adresse à l'Académie, lors de la séance du 22 septembre 1852, une réclamation de priorité et demande l'ouverture du paquet cacheté. Son contenu confirme les dires de Lamarle et la note du pli cacheté est insérée au *Bulletin* de 1852[18]. La même année, Lamarle publie quelques compléments sur le sujet[19].

13. J. Mawhin, « Une brève histoire des mathématiques à l'Université Catholique de Louvain », *Revue des questions scientifiques*, 1992, vol. 163, p. 369-386.

J. Mawhin, « Enseignement et recherche en analyse et mécanique à l'UCL : le cas de Pagani », *Sedes scientiæ. L'Émergence de la recherche à l'Université* (sous la dir. de P. Radelet-de Grave et B. Van Tiggelen), Turnhout, Brepols, 2003, p. 196-215.

J. Mawhin, « La mécanique analytique à l'UC. De Pagani à Lemaître », *Revue des questions scientifiques*, 2002, vol. 173, p. 2-18.

14. G. Pagani, « Mémoire sur le mouvement d'un point matériel rapporté à trois axes fixes dans un corps mobile autour d'un point », *Bulletin de l'Académie royale de Belgique*, 1852, vol. 19, p. 49.

15. L. Foucault, « Sur une nouvelle démonstration expérimentale du mouvement de la Terre », *Comptes rendus de l'Académie des sciences de Paris*, 1852, vol. 35, p. 421 ; « Sur les phénomènes d'orientation des corps tournants entraînés par un axe fixe à la surface de la Terre. Nouveaux signes sensibles du mouvement diurne », *Comptes rendus de l'Académie des sciences de Paris*, 1852, vol. 35, p. 424 ; « Sur la tendance des axes de rotation au parallélisme », *Comptes rendus de l'Académie des sciences de Paris*, 1852, vol. 35, p. 602.

16. J. De Tilly, « Notice sur la vie et les travaux de A.H.E. Lamarle », *Annuaire de l'Académie royale de Belgique*, 1879, p. 205-253.

17. Ch. et E. Lagrange, *Histoire des sciences en Belgique. Sciences physiques et mathématiques*, Bruxelles, Weissenbruch, 1881, p. 268-274.

18. E. Lamarle, « Sur la nouvelle expérience de Foucault : réclamation de priorité, suivie d'une note sur un moyen très simple, de constater par expérience le mouvement de rotation de la Terre et la direction de l'axe autour duquel ce mouvement a lieu », *Bulletin de l'Académie royale de Belgique*, 1852, vol. 19, p. 31.

19. E. Lamarle, « Résumé général présentant les bases du calcul, relatif aux effets que produit la rotation de la Terre sur le mouvement giratoire des corps entraînés dans la rotation diurne », *Bulletin de l'Académie royale de Belgique*, 1852, vol. 19, p. 274 et 436.

Philippe Gilbert (1832-1892)[20], qui succède à Pagani à l'Université de Louvain, est également un mécanicien distingué. Dans la foulée de Foucault, il invente et met au point le barogyroscope, nouvel instrument destiné à mettre en évidence la rotation de la Terre. Beaucoup plus maniable que le pendule, et d'utilisation plus facile que le gyroscope, cet appareil a l'honneur d'une description détaillée et illustrée dans le célèbre traité de mécanique de Paul Appell[21]. On doit aussi à Gilbert une savante analyse historique du problème de la rotation d'un corps solide autour d'un point fixe[22], une revue détaillée des preuves mécaniques de la rotation de la Terre[23] et un travail sur l'application de la méthode de Lagrange au mouvement relatif[24], largement cité et utilisé par Appell dans son *Traité* et réimprimé en 1889[25]. Gilbert a aussi publié ses leçons de mécanique[26]. Le mouvement d'un solide et le mouvement relatif occupent une partie importante du troisième livre. Le pendule et le gyroscope de Foucault y sont étudiés en détail, mais — délicatesse de l'auteur — le barogyroscope est passé sous silence.

Mais si la Terre tourne, par rapport à quoi tourne-t-elle ?

La critique de la notion de mouvement absolu : Mach, Duhamel et Maxwell

La mécanique de Newton se fonde sur la notion d'espace absolu et de mouvement absolu. L'expérience du seau tournant décrite par cet auteur semble prouver que les mouvements absolus existent bel et bien pour la dynamique[27]. Ce point de vue est combattu par le physicien et philosophe autrichien Ernst Mach (1838-1916)[28], dans un article de 1868[29], et surtout,

---

20. J. Mawhin, « Louis-Philippe Gilbert : de l'analyse mathématique aux sources du Nil, en passant par la rotation de la Terre et le procès de Galilée », *Revue des questions scientifiques*, 1989, vol. 160, p. 385-396.

21. P. Appell, *Traité de mécanique rationnelle*, 4e éd., Gauthier-Villars, Paris, 1923, tome II, p. 367-370.

22. P. Gilbert, « Étude historique et critique sur le problème de la rotation d'un corps solide autour d'un point fixe », *Annales de la Société scientifique de Bruxelles*, 1878, Série B, tome II, p. 255-350.

23. P. Gilbert, « Preuves mécaniques de la rotation de la Terre », *Revue des questions scientifiques*, 1882, vol. 11, p. 353-393.

24. P. Gilbert, « Mémoire sur l'application de la méthode de Lagrange à divers problèmes de mouvement relatif », *Annales de la Société Scientifique de Bruxelles*, 1882, Série B, vol. 6, p. 270-373 ; 1883, vol. 7, p. 11-110.

25. P. Appell, *Traité de mécanique rationnelle*, tome II, 2e éd., Paris, Gauthier-Villars.

26. P. Gilbert, *Cours de mécanique analytique. Partie élémentaire*, Paris, Gauthier-Villars ; Louvain, Peeters, 1re éd., 1877, 2e éd., 1882, 3e éd., 1891.

27. Voir par exemple M. Ghins, « L'inertie et l'espace-temps absolu de Newton à Einstein. Une analyse philosophique », *Académie royale de Belgique, Mémoires de la Classe des Lettres, Coll. in-8°*, 2e série, t. 69, fasc. 2, 1990, 238 p.

28. J. Mawhin, Mach, « Poincaré et le mouvement absolu : des réflexions stimulantes », dans *Philosophia scientiæ*, à paraître.

29. E. Mach, « Ueber die Definition der Masse », *Répertoire de la physique expérimentale*, 1868, 5 p.

en 1883, dans son célèbre livre sur le développement de la mécanique[30]. Cet ouvrage est traduit en français en 1904 par Émile Bertrand (1872-1929)[31], alors professeur de l'École des mines de Mons et, plus tard à l'Université de Liège[32]. Mach écrit (p. 217-225 de la traduction française) :

> Personne ne peut rien dire de l'espace absolu et du mouvement absolu, qui sont des notions purement abstraites, qui ne peuvent en rien être le résultat de l'expérience. [...] Les principes fondamentaux de la mécanique proviennent d'expériences sur les positions et les mouvements relatifs des corps. [...] Un mouvement peut être uniforme par rapport à un autre, mais se demander si un mouvement est uniforme *en soi* n'a aucune signification. Parler d'un « temps absolu », indépendant de toute variation, est tout aussi dépourvu de sens [...] c'est une oiseuse entité « métaphysique ». [...] Il semble que Newton ait fondé sur des raisons solides sa distinction entre mouvement absolu et mouvement relatif. Si la Terre est animée d'une [rotation] *absolue* autour de son axe, il s'ensuit que des forces centrifuges s'y manifestent, qu'elle est aplatie, que l'accélération de la pesanteur diminue à l'équateur, que le plan du pendule de Foucault tourne, etc. Tous ces phénomènes disparaissent si la Terre est au repos et si les corps célestes sont animés d'un mouvement absolu tel que la même rotation *relative* en résulte. Il en est en réalité ainsi si nous prenons *a priori* l'espace absolu pour point de départ ; mais en restant sur le terrain des faits, on ne connaît rien d'autre que l'espace et le mouvement relatifs. Abstraction faite de ce milieu inconnu de l'espace, qui ne doit pas être considéré, on trouve que les mouvements dans le système du monde sont relatifs et les mêmes, que l'on adopte le système de Ptolémée ou celui de Copernic. Ces deux conceptions sont également *justes* ; la seconde n'est que plus simple et plus *pratique*. L'univers ne nous est pas donné *deux fois*, d'abord avec une Terre au repos, puis avec une Terre animée d'une rotation, mais bien *une fois*, avec ses mouvements relatifs seuls déterminables.

Mach conclut qu'on peut seulement affirmer que la Terre tourne par rapport aux étoiles dites fixes :

> D'après moi il n'existe somme toute qu'un mouvement relatif, et je n'aperçois à cet égard *aucune* distinction entre la rotation et la translation. Une rotation relativement aux *étoiles fixes* fait naître dans un corps des forces d'éloignement de l'axe ; si la rotation n'est pas relative aux étoiles fixes, ces forces d'éloignement n'existent pas. [...] Pouvons-nous fixer le vase d'eau de Newton, faire ensuite tourner le ciel des étoiles fixes, et *prouver alors* que ces forces d'éloignement sont absentes ? Cette expérience est irréalisable, cette

---

30. E. Mach, *Die Mechanik in ihrer Entwickelung historisch-kritisch dargestellt*, Leipzig, F. A. Brockhaus, 1883, 1888, 1897, 1901, 1904, 1908, 1912, 1921, 1933.

31. L. Godeaux, « Émile Bertrand », *Bulletin des Amis de l'Université de Liège*, janvier 1930, p. 1-8.

32. E. Mach, *La Mécanique. Exposé historique et critique de son développement. Ouvrage traduit sur la quatrième édition allemande*, préface de E. Picard, Paris, A. Hermann, 1904, ix et 498 p. Réimpression : Paris, Gabay.

idée est dépourvue de sens, car les *deux* cas sont indiscernables l'un de l'autre dans la perception sensible.

La même critique de l'espace absolu est formulée à la même époque, avec moins de détails, par d'autres savants. Jean-Marie Duhamel (1797-1872), ancien professeur d'analyse et de mécanique à l'École Polytechnique, écrit, aux environs de 1870[33] :

Lorsque les distances d'un point aux différents points d'un système rigide varient, on dit que ce point est *en mouvement relativement à ce système*. Il est en *repos relatif* lorsque les distances restent constantes. Le mouvement et le repos ainsi conçus sont essentiellement relatifs : mais peut-on attacher un sens au repos ou au mouvement *absolu* ? Ceux qui en parlent supposent un espace sans bornes, dont tous les points ont une réalité, en quelque sorte personnelle et auxquelles ils attribuent, sans s'apercevoir du cercle vicieux, une immobilité absolue. Ils disent alors qu'un point est *en repos absolu*, quand ses distances aux divers points de cet espace ne changent pas ; et en *mouvement absolu*, quand elles varient. [...] L'immobilité absolue ne peut se définir, qu'en la supposant déjà quelque part ; c'est-à-dire qu'en faisant un cercle vicieux. [...] Et à quoi bon partir du relatif pour établir par induction un absolu imaginaire, d'où l'on tirerait les principes applicables au relatif qui est seul réel ? [...] Le système des étoiles est le plus considérable et le moins variable qu'il soit donné à l'homme de connaître ; c'est à ce système, que l'on peut sans inconvénient considérer comme immuable, qu'il est convenable de rapporter les grands mouvements, comme ceux de la terre et des autres planètes. Mais pour tout ce qui a pour objet le travail des hommes, [...] c'est au système des objets liés invariablement au globe terrestre qu'on rapport les mouvements, sauf à tenir compte ensuite, s'il le faut, du mouvement de la terre elle-même par rapport aux étoiles. [...]

Comme notre point de vue choquera presque tout le monde au premier abord, nous croyons utile de l'appuyer par quelques développements. [...] Il est encore sans doute des philosophes qui croient à l'existence de ce qu'on appelle l'*espace absolu*, indépendant de la création, qui existait avant elle, et subsisterait encore si elle était anéantie. Ils disent cet espace immobile, parce qu'il n'y aurait aucune raison pour qu'il se déplaçât d'un côté plutôt que d'un autre, et ne cherchent nullement à se rendre compte de ce qu'ils entendent par direction *absolue*. [...] Dans nos données de la science de l'étendue, nous pensons avoir fait justice de cet être imaginaire, qu'on appelle l'*espace*, et de la personnalité de ses points. Pour nous, par conséquent, le repos absolu est, non plus une chose impossible à reconnaître, mais tout simplement un non-sens.

Voir aussi P. Duhem, « Compte rendu de l'ouvrage de E. Mach, *La Mécanique. Exposé historique et critique de son développement* », *Bulletin des sciences mathématiques,* 2e série), 1re partie, vol. 38 p. 261-283.

33. J.-M. Duhamel, *Des méthodes dans les sciences de raisonnement,* 4 vol., Paris, Gauthier-Villars, 1865-1870, 4e partie, p. XVII-XIX et 223-225.

Le physicien-mathématicien écossais James Clerk Maxwell (1831-1879) exprime une opinion semblable en 1877[34] :

> L'espace absolu est conçu comme demeurant toujours semblable à lui-même et immuable. L'arrangement des parties de l'espace ne peut pas être plus altéré que l'ordre des portions de temps. [...] Mais, comme il n'y a rien qui permette de distinguer une portion de temps d'une autre, si ce n'est les différents événements qui s'y produisent, il n'y a rien qui permette de distinguer une partie de l'espace d'une autre, si ce n'est sa relation à la position de corps matériels. Nous ne pouvons décrire l'instant d'un événement que par référence à un autre événement, ou la position d'un corps que par référence à un certain autre corps. Toute notre connaissance, aussi bien du temps que de la position, est essentiellement relative.

On trouvera une discussion détaillée des différents points de vue concernant les fondements de la mécanique dans l'exposé sur les principes de la mécanique rationnelle rédigé par les frères Cosserat dans l'*Encyclopédie des sciences mathématiques*, d'après l'article allemand de Voss[35].

La discussion des principes de la mécanique en Belgique : la controverse De Tilly-Mansion

En 1887, le général Joseph-Marie De Tilly (1837-1906)[36], professeur à l'École royale militaire de Bruxelles, préside l'Académie royale de Belgique. Il doit donc prononcer un discours à la séance publique de la Classe des sciences et choisit pour thème : *Sur les notions de force, d'accélération et d'énergie en mécanique*[37]. Comme mathématicien, il s'est fait connaître par des travaux sur la géométrie et la mécanique non euclidiennes et, artillerie oblige, par des recherches de balistique. En 1878 déjà, il a publié un mémoire[38] dans lequel il conteste le point de vue de Duhamel et défend l'existence de l'immobilité absolue :

> Une force est la cause qui agit sur un point matériel [...] pour l'empêcher, soit de rester immobile, soit de décrire une droite d'un mouvement uniforme. Mais par rapport à quoi resterait-il immobile ? Par rapport à quel système décrirait-il une droite d'un mouvement uniforme ? C'est, répondra-t-on d'abord avec Duhamel, par rapport à un système de comparaison quelconque. Nous l'admettons, mais alors il ne s'agit que des *forces relatives à ce*

---

34. J. C. Maxwell, *Matter and Motion*, 1877 ; New York, Dover, 1956, p. 12.

35. E. et F. Cosserat, « Principes de la mécanique rationnelle », *Encyclopédie des sciences mathématiques pures et appliquées*, tome IV, *Mécanique*, chap. IV.1, Principes de la mécanique rationnelle, Paris, Gauthier-Villars, 1915, p. 1-187.

36. P. Mansion, « Joseph-Marie De Tilly (1837-1906). Esquisse biographique », *Revue des questions scientifiques*, 1906, vol. 60, p. 353-361.

37. J.-M. De Tilly, « Discours lu à la séance publique de l'Académie Royale de Belgique le 16 décembre 1887 », *Bulletin de l'Académie royale de Belgique*, 1887, 3e série, t. 14, n° 12.

38. J.-M. De Tilly, *Essai sur les principes fondamentaux de la géométrie et de la mécanique*, Bruxelles, 1878.

système (ou *forces apparentes,* comme les appellent Bour et M. Resal). N'y a-t-il rien de plus ? M. Gilbert dit que l'on a été conduit à attribuer l'immobilité au système des étoiles fixes, et c'est à ce système qu'il rapporte les mouvements absolus (et par conséquent les forces absolues). [...] Il semble que [...] Duhamel ait voulu dire, non seulement que l'immobilité n'existe nulle part dans l'univers matériel, mais en outre qu'il est même impossible de la concevoir et de la définir scientifiquement. Or il suffirait évidemment de la concevoir et de la définir pour pouvoir introduire en mécanique un système d'axes *immatériels,* invariables et immobiles, auxquels on rapporterait tous les mouvements, sans prétendre pour cela que certains points matériels partagent l'immobilité des axes. La définition d'un système immobile comprendrait deux définitions : celle d'un système sans translation et celle d'un système sans rotation. Sur le premier point, je me range à l'avis de Duhamel. Il est impossible, à l'aide des notions généralement admises, de définir un système sans translation. En translation, tout est relatif : le mouvement et le repos absolu sont indéfinissables pour nous. En rotation, il n'est pas de même ; car si tout y était relatif, que signifieraient les expériences du corps tombant librement (mines de Freiberg), du pendule de Foucault et du gyroscope ? Qu'entendrait-on par la manifestation dynamique du mouvement diurne du globe ? La question de savoir si c'est la terre ou si c'est le système des étoiles fixes qui tourne serait une question vide de sens, si l'on ne comprenait que les mouvements relatifs. [...] Évidemment, il n'en est pas ainsi. En géométrie et en cinématique, il est impossible de définir le mouvement absolu, mais les notions dynamiques, c'est-à-dire celles de masse et de force, nous en fournissent le moyen. Nous concevons que des forces s'exercent sur tel ou tel point matériel, indépendamment des mouvements que ces forces déterminent par rapport à tel ou tel système de comparaison. Nous concevons aussi qu'un point soit libre, c'est-à-dire débarrassé de l'action de toute force. [...] Ayant conçu de cette manière l'existence d'un système sans rotation, par rapport auquel les lois de la dynamique sont absolument vraies, [...] nous pourrons comprendre que plus ces lois s'approcheront d'être vérifiées pour un certain système invariable donné, plus ce système se rapprochera d'être un système sans rotation et à translation uniforme. [...] C'est dans ce sens qu'il faut comprendre que le système des étoiles fixes est le plus immobile que nous connaissions.

Après avoir discuté les notions de force et d'énergie, De Tilly reprend ses arguments dans son discours de 1887 :

Ni dans l'un ni dans l'autre de ces auteurs [de Saint-Venant et Tait], je ne trouve rien qui se rapporte à la question du mouvement absolu, ou de l'immobilité absolue dans l'espace. Or je ne crois pas qu'il soit possible de se passer de cette idée. Le célèbre Duhamel a exprimé, à ce sujet, une opinion tout à fait contraire à la mienne.

Il discute alors le principe d'inertie et distingue trois situations :

Ou bien le principe de l'inertie se rapporte à un système invariable *arbitraire,* qui est simplement considéré comme immobile, par convention ; ou bien il se rapporte à un système déterminé pris dans l'univers matériel ; ou, enfin, il se rapporte à un système réellement doué de l'immobilité absolue (que l'on considère celle-ci comme notion première, ou qu'on en donne une explication).

Après avoir étudié la première hypothèse, De Tilly analyse la seconde :

Considérons donc le système des étoiles fixes. Celui-ci a été adopté, comme terme de comparaison, par des auteurs éminents, et malgré cela il est presqu'aussi inadmissible que les précédents [...] Les lois dynamiques ainsi comprises ne sont plus en opposition avec l'expérience de Foucault ; mais celle-ci, au lieu d'être contradictoire, devient insignifiante. [...] Que pouvez-vous en conclure ? Que la terre possède effectivement [...] une rotation [...] relative, par rapport aux étoiles fixes. Mais personne n'en doutait. Ce n'est pas cela qu'on est en droit de vous demander de conclure de l'expérience de Foucault. Vous devez pouvoir en conclure logiquement que la terre tourne d'une manière absolue, sans quoi votre logique, votre mécanique et votre analyse se montrent inférieures au simple bon sens de la masse du public. [...] En partant, au contraire, d'un système de comparaison immobile, les conclusions deviennent rigoureuses. La terre tourne d'une manière absolue dans l'espace ; et comme la vitesse de rotation absolue que le calcul lui assigne est égale, dans les limites de l'observation, à sa vitesse de rotation relative par rapport au système invariable des étoiles fixes, nous en concluons que ce dernier est aussi, sensiblement, un système immobile. La notion d'immobilité absolue est donc, non pas inutile, comme le disait Duhamel, mais au contraire indispensable.

Un point de vue opposé est défendu par Paul Mansion (1844-1919)[39], professeur à l'Université de Gand, mathématicien éclectique qui a laissé une œuvre variée en analyse, en géométrie non euclidienne, en théorie des probabilités et en histoire et philosophie des sciences. Dans une première note, il rejoint d'emblée Duhamel dans sa négation de l'espace absolu[40] :

I. *Relativité du mouvement.* Duhamel, dans son ouvrage intitulé : *Des méthodes dans les sciences de raisonnement,* a prouvé que l'on ne peut considérer, en mécanique, que des mouvements *relatifs* par rapport à un système rigide.

À la suite des objections émises, Mansion revient sur la question en 1895[41] :

Le R. P. Leray, et sans doute beaucoup d'autres ne partagent pas cette manière de voir. Ils regardent l'espace comme un être passif réel et fini, dans

---

39. A. Demoulin, « Notice sur Paul Mansion », *Annuaire de l'Académie royale de Belgique,* 1929, p. 1-71.

40. P. Mansion, « Sur les principes de la mécanique rationnelle », *Annales de la Société scientifique de Bruxelles,* 1892, vol. 16, 1re partie, p. 81-85 ; reproduit dans *Mélanges mathématiques (1883-1898), op. cit.,* p. 69-74.

41. P. Mansion, « Sur l'inutilité de la considération de l'espace dit réel, en mécanique », *Annales de la Société scientifique de Bruxelles,* 1895, vol. 19, 1re partie, p. 56-58 ; reproduit dans *Mélanges mathématiques (1883-1898),* p. 120-122.

lequel sont plongés tous les corps et par rapport auquel on peut parler de mouvement et de repos absolu. [...] Sans entrer à ce sujet dans une discussion métaphysique, il nous semble facile de montrer, au point de vue de la mécanique, que cette conception ne présente aucune utilité. [...] La chose est presque évidente au point de vue de la mécanique physique. En effet, par hypothèse, cet espace réel est absolument inconnaissable, soit qu'on le considère dans ses parties, soit comme un tout. [...] En mécanique rationnelle, [...] l'on ne s'occupe que de figures idéales et de leur mouvement les unes par rapport aux autres. Si l'on suppose que ces mouvements soient déterminés par ceux de n points, on aura une description complète de ces mouvements si l'on connaît les distances mutuelles, en nombre $(1/2)n(n-1)$, que prennent successivement ces points. On pourra rapporter ces mouvements à un système d'axes rectangulaires déterminés par ces points; on pourra, par une fiction de langage, donner le nom d'axes *fixes* au système choisi et décrire le mouvement des points, par rapport à ces axes. Mais il est clair que cette description ne contiendra rien d'essentiel de plus que la description plus abstraite où l'on fait connaître à chaque instant les distances mutuelles des n points. Puisque l'on peut décrire tout phénomène de mouvement sans recourir aucunement à l'espace réel, quelle utilité y aurait-il à l'introduire, soit en mécanique physique, soit en mécanique rationnelle, et pourquoi parler de mouvement absolu par rapport à cet espace plutôt qu'à un corps rigide quelconque? Dans l'un et l'autre cas, les mots *mouvement absolu* n'ont qu'un sens conventionnel et, en réalité, tout relatif.

Ses idées ayant été de nouveau combattues, au nom cette fois de l'enseignement, par l'ingénieur français Eugène Vicaire (1839-1901)[42], Mansion[43] les réitère un an plus tard, en insistant sur le fait qu'il ne croit pas que « l'on doive séparer l'enseignement de la mécanique physique de celui de la mécanique rationnelle ».
En outre, il

ne met nullement en doute les principes de la mécanique physique. Mais, dans l'enseignement de la mécanique [...] il faut distinguer plus nettement qu'on ne le fait d'ordinaire les principes purement rationnels qui sont une suite de définitions, des vérités expérimentales.

Mansion résume encore son point de vue dans une autre note en 1901[44].

---

42. M. d'Ocagne, « Eugène Vicaire », *Revue des questions scientifiques*, 1901, vol. 49, p. 420-431.

Les articles de Vicaire sont publiés dans les *Annales de la Société scientifique de Bruxelles*, vol 18, 2e partie, 1894, p. 283; vol 19, 1re partie, 1895, p. 113 ; vol. 20, 1re partie, 1896, p. 6 et 8.

43. P. Mansion, « Sur les principes de la mécanique rationnelle et de la mécanique physique », *Annales de la Société scientifique de Bruxelles,* vol. 20, 1896, 1re partie, p. 19-20; reproduit dans *Mélanges mathématiques (1883-1898)*, Paris, Gauthier-Villars, 1898, p. 145-146.

44. P. Mansion, « Sur les principes de la mécanique », *Annales de la Société scientifique de Bruxelles,* 1901, vol. 25, 1re partie, p. 132-134.

Poincaré et les principes de la mécanique

Entre 1897 et 1901, le mathématicien français Henri Poincaré (1854-1912)[45] discute des principes de la mécanique dans deux articles célèbres[46]. Leur contenu est repris, dans une forme et un ordre quelque peu modifiés, au chapitre VII, « Le mouvement relatif et le mouvement absolu », de son premier ouvrage de philosophie scientifique[47]. Aucun de ces travaux ne cite Duhamel, Mach ou Maxwell — il faut dire qu'ils ne citent pas grand monde — et il est donc difficile de savoir si Poincaré a lu ces auteurs. Le mathématicien français insiste sur le caractère expérimental de la mécanique, discute la genèse de ses principes et critique les notions d'espace et de temps absolus :

> Les Anglais enseignent la Mécanique comme une science expérimentale ; sur le continent, on l'expose toujours plus ou moins comme une science déductive et *a priori*. Ce sont les Anglais qui ont raison.[...] D'autre part, si les principes de la Mécanique n'ont d'autre source que l'expérience, ne sont-ils donc qu'approchés et provisoires ? [...] La difficulté de la solution provient principalement de ce que les traités de mécanique ne distinguent pas bien nettement ce qui est expérience, ce qui est raisonnement mathématique, ce qui est convention, ce qui est hypothèse. Ce n'est pas tout :

> 1° Il n'y a pas d'espace absolu et nous ne concevons que des mouvements relatifs ; cependant on énonce le plus souvent les faits mécaniques comme s'il y avait un espace absolu auquel on pourrait les rapporter.

> 2° Il n'y a pas de temps absolu ; dire que deux durées sont égales est une assertion qui ne peut acquérir un sens que par convention.

> 3° Nous n'avons pas l'intuition directe de la simultanéité de deux événements qui se produisent sur des théâtres différents.

> 4° Notre géométrie euclidienne n'est elle-même qu'une sorte de convention de langage.

> Ainsi, l'espace absolu, le temps absolu, la géométrie même [...] ne préexistent pas plus à la Mécanique que la langue française ne préexiste logiquement aux vérités que l'on exprime en français.

Discutant la nature du *principe d'inertie*, Poincaré montre qu'il ne s'agit ni d'une vérité *a priori* qui s'impose à l'esprit, ni d'un fait expérimental, et propose de le remplacer par le principe suivant :

---

45. J. Mawhin, « Mach, Poincaré et le mouvement absolu : des réflexions stimulantes », *Philosophia scientiæ,* à paraître.
46. H. Poincaré, « Les idées de Hertz sur la mécanique », *Revue scientifique,* 1897, vol. 8, p. 734-743. « Sur les fondements de la mécanique », *Bibliothèque du Congrès international de philosophie* tenu à Paris du 1er au 5 août 1900, Paris, Armand Colin, 1901, vol. III, p. 457-494.
47. H. Poincaré, *La Science et l'hypothèse,* Paris, Flammarion, 1902.

les mouvements de toutes les molécules matérielles de l'univers dépendent d'équations différentielles du second ordre,

et conclut :

cette loi, vérifiée expérimentalement dans quelques cas particuliers, peut être étendue sans crainte aux cas les plus généraux, parce que nous savons que dans ces cas généraux, l'expérience ne peut plus ni la confirmer ni la contredire.

Poincaré poursuit en discutant le principe du mouvement relatif :

On a quelquefois cherché à rattacher la loi de l'accélération à un principe plus général. Le mouvement d'un système quelconque doit obéir aux mêmes lois, qu'on le rapporte à des axes fixes, ou à des axes mobiles entraînés dans un mouvement rectiligne et uniforme. C'est là le principe du mouvement relatif.

Mais pourquoi ce principe n'est-il vrai que si le mouvement des axes mobiles est rectiligne et uniforme ? Poincaré s'arrête au cas d'une rotation uniforme :

Si le ciel était sans cesse couvert de nuages, si nous n'avions aucun moyen d'observer les astres, nous pourrions, néanmoins, conclure que la Terre tourne ; nous en serions avertis par son aplatissement, ou bien encore par l'expérience du pendule de Foucault. Et pourtant, dans ce cas, dire que la Terre tourne, cela aurait-il un sens ? S'il n'y a pas d'espace absolu, peut-on tourner sans tourner par rapport à quelque chose, et d'autre part comment pourrions-nous admettre la conclusion de Newton et croire à l'espace absolu ? [...] Reprenons notre fiction : d'épais nuages cachent les astres aux hommes, qui ne peuvent les observer et en ignorent même l'existence ; comment ces hommes sauront-ils que la terre tourne ? Plus encore que nos ancêtres sans doute, ils regarderont le sol qui les porte comme fixe et inébranlable. [...] Bien des difficultés cependant ne tarderaient pas à éveiller leur attention. [...] Ils s'en tireraient sans aucun doute, ils inventeraient quelque chose, [...] accumulant les complications, jusqu'à ce que le Copernic attendu les balaye toutes d'un seul coup, en disant : Il est bien plus simple d'admettre que la Terre tourne, [...] parce qu'on exprime ainsi les lois de la mécanique dans un langage bien plus simple. Cela n'empêche pas que l'espace absolu, c'est-à-dire le repère auquel il faudrait rapporter la terre pour savoir si réellement elle tourne, n'a aucune existence objective. Dès lors, [...] ces deux propositions : *la Terre tourne,* et : *il est plus commode de supposer que la Terre tourne,* ont un seul et même sens ; il n'y a rien de plus dans l'une que dans l'autre.

Isolés de leur contexte, ces propos sont considérés par les milieux conservateurs comme une justification de la condamnation de Galilée par l'Église catholique[48] ! Des interprétations abusives de ses écrits dans la

---

48. Voir J. Mawhin « La Terre tourne-t-elle ? (À propos d'une polémique née d'un livre d'Henri Poincaré) », *Ciel et Terre*, 1995, vol. 111, p. 3-10 ; repris dans *Le Réalisme* (sous la dir. de J.-F. Stoffel), *Réminiscences* 2, Louvain-la-Neuve, Paris, Blanchard, 1996, p. 215-252.

presse réactionnaire forcent plusieurs fois Poincaré à préciser sa pensée. Ainsi, on peut lire, au chapitre XI de *La Science et la Réalité,* son deuxième ouvrage philosophique[49] :

> Une théorie physique, avons-nous dit, est d'autant plus vraie, qu'elle met en évidence plus de rapports vrais. À la lumière de ce nouveau principe, examinons la question qui nous occupe. Non, il n'y a pas d'espace absolu ; ces deux propositions contradictoires : *la Terre tourne* et *la Terre ne tourne pas* ne sont donc pas cinématiquement plus vraies l'une que l'autre. [...] Mais si l'une nous révèle des rapports vrais que l'autre nous dissimule, on pourra néanmoins la regarder comme physiquement plus vraie que l'autre, puisqu'elle a un contenu plus riche. Or à cet égard aucun doute n'est possible. [...] La vérité, pour laquelle Galilée a souffert, reste donc la vérité, encore qu'elle n'ait pas tout à fait le même sens que pour le vulgaire, et que son vrai sens soit bien plus subtil, plus profond et plus riche.

Une synthèse belge : le *Cours de mécanique analytique* de Pasquier

Lors du décès de Gilbert en 1892, l'enseignement de la mécanique analytique à l'Université de Louvain est repris par Ernest Pasquier (1849-1926)[50], ancien élève de Mansion, appelé à Louvain en 1873 pour y organiser l'enseignement de la mécanique appliquée dans les écoles spéciales d'ingénieurs nouvellement créées. Scientifiquement, Pasquier est surtout connu pour sa traduction française du monumental *Lehrbuch zum Bahnbestimmung der Cometen und Planeten* d'Oppolzer[51], et pour son rôle dans le problème de l'unification de l'heure dans les pays occidentaux.

Poursuivant la tradition gilbertienne, Pasquier publie en 1901, à Louvain et Paris, le premier tome de ses leçons de mécanique (une version reprographiée a paru en 1897). Cet ouvrage[52] se distingue de celui de Gilbert par une longue introduction à la théorie des vecteurs, encore naissante à l'époque, et par une discussion serrée des principes de la mécanique, influencée sans aucun doute par les joutes plus ou moins courtoises entre Mansion, De Tilly et Vicaire dans les journaux de la Société scientifique de Bruxelles, et par la lecture des travaux de Mach, Hertz, Helmholtz, Andrade, Poincaré, Boltzmann, Painlevé et Hadamard.

---

49. H. Poincaré, *La Valeur de la Science,* Paris, Flammarion, 1905.

50. *Manifestation en l'honneur de M. Ernest Pasquier à l'occasion du cinquantenaire de sa nomination de professeur à l'Université Catholique de Louvain,* 10 juin 1923.

J. Mawhin, « La mécanique analytique à l'UCL : de Pagani à Lemaître », *Revue des questions scientifiques,* 2002, vol. 173, p. 2-18.

51. Oppolzer, *Traité de la détermination des orbites des comètes et des planètes,* vol. 1, Paris, 1886.

52. E. Pasquier, *Cours de mécanique analytique,* Louvain et Paris, Uytspryst et Gauthier-Villars, t. I, 1901.

Charles-Jean de La Vallée Poussin, qui succède à Pasquier dans l'enseignement de la mécanique analytique à Louvain, insiste sur ce point dans la notice nécrologique de son prédécesseur[53] :

> Ce traité de mécanique est remarquable à plusieurs points de vue, mais surtout par l'importance qui y est attachée à l'exposition des principes. Ils s'y trouvent analysés avec une conscience, un souci d'exactitude et d'objectivité. [...] Il suffit de rappeler les polémiques qu'il soutint autrefois sur la relativité du mouvement et la clarté avec laquelle il dévoilait la tare des conceptions métaphysiques sur lesquelles on prétendait appuyer la réalité d'un mouvement absolu. D'ailleurs les aptitudes philosophiques de Pasquier le portaient tout naturellement à s'intéresser à ce genre de questions. N'apporta-t-il pas sa savante collaboration à l'Institut Supérieur de Philosophie fondé par l'illustre Cardinal Mercier ?

Voici quelques remarques de Pasquier sur les fondements de la mécanique[54] :

> Tels que nous les entendons, ces principes sont expérimentaux et concernent les forces physiques ; ce sont des postulats qui ne peuvent même être qu'indirectement vérifiées. Avec Duhamel, MM. Poincaré, Duhem, Mansion, etc., nous estimons que nous ne pouvons constater que des mouvements *relatifs* et que, comme l'a montré M. Poincaré, quand un phénomène comporte une explication mécanique, il en comporte une infinité. De toutes ces explications, la plus simple, qui est souvent aussi la plus féconde, est généralement considérée comme la vraie explication du phénomène. Par exemple, quand on étudie l'ensemble des mouvements des corps de notre système solaire, on arrive à l'explication la plus simple en regardant le soleil comme immobile et en rapportant les mouvements à ce que nous avons appelé le *solide stellaire* ou axes absolument fixes : *dans ces conditions,* les mouvements constatés obéissent aux lois de Kepler ou mieux à la gravitation universelle découverte par Newton. [...] Ce que nous venons de dire de la gravitation peut se répéter pour la rotation de la terre : les choses se passent comme si cette rotation existait en même temps que la gravitation, mais aucun phénomène mécanique ne peut en démontrer la réalité physique.

Dans le chapitre premier, « Considérations générales sur la mécanique », Pasquier écrit :

> Les mouvements que nous pouvons constater sont essentiellement relatifs ; en d'autres termes le mouvement dépend du corps de repère, du corps considéré momentanément comme fixe.

Dans le chapitre VI, « Sur ce qu'on est convenu d'appeler les principes fondamentaux de la mécanique », il remarque :

---

53. Ch.-J. de La Vallée Poussin, « Discours prononcé aux funérailles de M. Ernest Pasquier », *Annuaire de l'Université catholique de Louvain,* 1927-1929, p. LIII-LVI.
54. Pour plus de détails, voir J. Mawhin, « Mach, Poincaré et le mouvement absolu : des réflexions stimulantes », *Philosophia scientiæ,* à paraître.

[...] ces principes sont expérimentaux. D'après nous on doit les considérer comme des lois ou des hypothèses de mécanique physique, dont l'introduction dans la science a pour résultat de simplifier l'exposition des phénomènes de la nature et de rendre cette exposition conforme, non seulement à la réalité subjective des choses, mais peut-être même, dans beaucoup de cas, à leur réalité objective. [...] Ces principes sont donc de ces lois auxquelles on ne peut avoir une confiance absolue et qu'on doit être disposé à abandonner le jour où les conséquences qu'on en déduit logiquement seraient sûrement en contradiction avec l'expérience ou l'observation. [...] Les principes fondamentaux sont partiellement vérifiés dans le cas où les mouvements et les forces sont rapportés à des axes n'ayant par rapport au solide stellaire qu'une accélération insensible.

Tradition belge oblige, le livre de Pasquier fait la part belle au mouvement relatif :

Quand on étudie les mouvements des planètes ou les mouvements des corps placés à la surface de la terre en partant de la loi de gravitation, il y a lieu de remarquer, dès l'origine, que la rotation des corps du système solaire existant par rapport au système stellaire, cette rotation doit nécessairement exister aussi par rapport aux axes absolument fixes : faute de faire cette remarque, des phénomènes comme celui de la déviation des corps pesants ou du genre de ceux que présentent le pendule et le gyroscope de Foucault, sont considérés, par beaucoup d'auteurs, comme des preuves matérielles du mouvement *réel* de la rotation de la Terre, tandis que, d'après nous, ces phénomènes de rotation par rapport aux axes absolument fixes ne sont que la conséquence immédiate de la rotation bien connue de la Terre par rapport aux étoiles.

Le tome I se termine par un paragraphe intitulé « Sur certains phénomènes mécaniques résultant de l'existence simultanée de la gravitation universelle et de la rotation de la Terre ». Pasquier cite longuement le mémoire de Gilbert sur les *Preuves mécaniques de la rotation de la Terre,* mais il s'en démarque en concluant :

Aussi n'aurions-nous pas adopté l'en-tête que Gilbert a cru devoir donner à l'article, d'ailleurs excellent auquel nous avons renvoyé ci-dessus et qui a paru dans la *Revue des Questions Scientifiques* de 1882 : cet en-tête semble faire croire que les phénomènes mécaniques qui y sont étudiés prouvent péremptoirement la rotation de la Terre et qu'avant la connaissance de ces phénomènes on ne possédait pas de semblables preuves. C'est là une manière de voir généralement accréditée, mais que nous considérons comme erronée : pour nous, nous estimons que la rotation du ciel étoilé, constatée de tous temps par une observation quotidienne, prouve au moins aussi bien que ces phénomènes mêmes, la rotation de la Terre par rapport au solide stellaire. Quant au point de savoir si la Terre doit être regardée comme tournant réellement dans l'espace, nous dirons d'abord que, pour quelques-uns, une semblable question n'a pas de sens et qu'elle ne peut être résolue par le mathématicien, la mécanique ne pouvant, de sa nature, que constater des mouvements relatifs.

> Nous pensons toutefois, comme nous l'avons maintes fois fait remarquer, que si l'ensemble des phénomènes d'un ordre déterminé peut être interprété de plusieurs manières, l'esprit humain considère naturellement l'interprétation la plus simple comme étant aussi la plus satisfaisante et même comme étant la seule conforme à la réalité objective des choses.

Pasquier est bien préparé à célébrer le cinquantenaire de l'expérience du pendule de Foucault.

Le cinquantenaire de l'expérience de Foucault et la controverse Pasquier-Lechalas

Le 22 octobre 1902, la Société astronomique de France célèbre le cinquantième anniversaire de l'expérience du pendule de Foucault, en la reproduisant au Panthéon, à peu près dans les conditions primitives. Plus de deux mille personnes se pressent dans la nef, et le parterre de personnalités est impressionnant. Le ministre de l'Instruction publique, M. Chaumié, est accueilli par une brochette de notables, dont Camille Flammarion, Henri Poincaré (alors président de la Société astronomique de France), le général Bassot (président du Bureau des longitudes), Bouquet de la Grye (président de l'Académie des sciences), Janssen (doyen de l'Académie des sciences), Roujon, Nénot et Deslandres. Dans l'enceinte, on remarque la présence de savants comme Loewy, Darboux, Lippmann, Painlevé, Cailletet, Guillaume, l'abbé Moreux, ainsi que celle d'artistes comme Saint-Saëns, Bartholdi et Rodin, et de membres de la famille de Foucault. Dans son discours d'ouverture, l'astronome Camille Flammarion affirme avec emphase :

> La plus magnifique leçon d'Astronomie populaire qui ait jamais été donnée au grand public est assurément l'expérience mémorable faite ici même, il y a un demi-siècle, par Léon Foucault. C'était la démonstration pratique, évidente, majestueuse, du mouvement de rotation de notre globe.

Il ajoute :

> La base de notre moderne connaissance de l'univers, c'est ce fait si simple et si peu apparent en lui-même du mouvement de la Terre. [...] La preuve est affirmée depuis longtemps par le raisonnement. [...] Ou bien c'est le ciel qui tourne de l'Est à l'Ouest ; ou bien c'est notre globe qui tourne sur lui-même en sens contraire. Dans le premier cas, il faut supposer les corps célestes animés de vitesses proportionnelles à leurs distances. [...] Et cette rotation fantastique devrait s'accomplir autour d'un point minuscule ! Poser ainsi le problème, c'est le résoudre [...] Le mouvement de rotation diurne de la Terre est une certitude. [...] L'expérience directe n'est pas nécessaire, elle est curieuse, et elle a le grand avantage de parler aux yeux en mettant en évidence un mouvement dont nous sommes certains, mais que nous ne pouvons observer directement, puisque nous sommes entraînés avec lui. [...] Le principe de mécanique sur lequel cette expérience est fondée est que *le plan dans lequel on fait osciller un pendule reste invariable,* lors même que l'on fait tourner le point de suspension du pendule.

Ces paroles sont rapportées dans le compte rendu officiel de la cérémonie[55]. Elles sont loin de convaincre tout le monde dans la savante Société, puisque la livraison de janvier 1903 du même *Bulletin* reproduit l'article anonyme[56] d'un « polytechnicien sceptique », dont la conclusion est la suivante :

> Au point de vue des calculs astronomiques, peu importe que ce soit la Terre ou le monde céleste qui tourne : la science étudie les mouvements relatifs de l'un par rapport à l'autre et cela lui suffit.

La réponse de Flammarion, nettement moins emphatique que son discours, n'apporte guère d'élément neuf :

> Cette expérience est une simple confirmation, un fait matériel qui parle à tous les yeux, un complément, un point sur un *i*.

Cette discussion attire l'attention de Pasquier, qui y consacre aussitôt un article[57]. Le savant louvaniste se place d'emblée dans le camp du « polytechnicien sceptique », estimant que l'expérience du pendule de Foucault ne prouve pas ce qu'on veut lui faire prouver. Il ajoute :

> L'explication erronée que nous combattons, mais très accréditée, nous vient surtout de la capitale de la France, où ont eu lieu, il est vrai, les expériences les plus retentissantes sur le pendule. Dans ces conditions, nous pensons ne pouvoir mieux faire que de montrer qu'à Paris même, il existe bien d'autres sceptiques que le polytechnicien anonyme de l'*Illustration* et que de ce nombre sont les hommes les plus compétents.

Rappelant tout d'abord que, « quand on parle de mouvement, on commet un non-sens si l'on n'ajoute pas par rapport à quels corps on considère le mouvement », Pasquier rappelle l'insistance mise sur la relativité du mouvement par les *Programmes* officiels d'enseignement français et par le récent ouvrage de mécanique d'Appell et Chapuis[58]. Il invoque ensuite les discussions de Poincaré sur l'espace absolu mentionnées plus haut, et conclut :

> Ainsi, d'après MM. Appell, Chapuis et Poincaré, dont personne ne contestera la compétence, quand on dit que l'expérience du pendule de Foucault est une *preuve* de la rotation de la Terre, on parle d'une façon inintelligible, parce que « quand on dit qu'un corps est en repos ou en mouvement, cette proposition n'a aucun sens si l'on n'indique pas quels sont les autres corps par rapport auxquels on définit le repos ou le mouvement ».

---

55. *Bulletin de la Société astronomique de France*, novembre 1902, p. 465-467.

56. « Le pendule de Foucault prouve-t-il quelque chose ? », *Bulletin de la Société astronomique de France*, janvier 1903, p. 29-31, reproduction d'une lettre et d'une réponse extraites de l'*Illustration* du 29 novembre 1902.

57. E. Pasquier, « À propos du pendule de Foucault », *Revue des questions scientifiques*, 1903, vol. 53, p. 501-515.

58. P. Appell et Chapuis, *Leçons de mécanique élémentaire à l'usage des classes de première conformément aux programmes du 31 mai 1902*, Paris, Gauthier-Villars, 1903.

Mais alors, quelle conclusion convient-il de tirer des expériences de Foucault ? Celle de Pasquier est la suivante :

> Les observations de Tycho Brahé [...] supposent que [...] les mouvements des planètes sont rapportés à l'ensemble des étoiles considéré comme fixe et que, pour abréger, nous appelons le *solide stellaire*. La gravitation universelle [...] n'est à son tour établie que mathématiquement et si l'on considère les mouvements par rapport à ce même solide stellaire. C'est encore quand on rapporte ce mouvement à ce solide qu'on peut dire que la Terre tourne sur elle-même. Ce double fait de la rotation de la Terre et de la gravitation universelle par rapport au solide stellaire est connu depuis Newton, et pas n'était besoin de phénomènes observés à la surface de la Terre pour convaincre les plus incrédules. La déviation du plan d'oscillation du pendule, constatée en 1851, était certes un phénomène nouveau, mais sa constatation ne doit être considérée que comme une conséquence de lois antérieurement connues. [...] Ce nouveau genre de preuves a cependant, il faut le reconnaître, ajouté quelque chose à nos connaissances concernant la gravitation et la rotation de notre globe : elles ont mieux fait connaître l'influence *relative* de cette gravitation et de cette rotation sur les mouvements de points placés à sa surface. [...] Si la masse de la Terre avait été suffisamment moindre ou la vitesse de rotation suffisamment plus considérable, [...] l'effet de l'attraction de la Terre sur les corps placés à sa surface eût pu devenir insensible devant les effets de la rotation du globe.

L'article de Pasquier suscite à son tour une réaction de l'ingénieur français Georges Lechalas[59], un fidèle collaborateur de la *Revue des questions scientifiques*, à qui l'on doit en particulier une critique des idées de Poincaré[60]. La note de Lechalas est suivie d'« Observations » de Pasquier[61]. Lechalas remarque que les discours au Panthéon

> sont critiqués au point de vue des idées bien connues de M. Poincaré, idées qui du reste sont loin de lui appartenir spécialement mais à l'expression desquelles il a su donner un ton et une forme très caractéristiques.

Il poursuit en affirmant :

> Nous sommes bien loin de songer à contredire M. Pasquier, [...] car nous avons plus d'une fois combattu l'idole métaphysique de l'espace et du mouvement absolus ; mais il nous semble que l'école de M. Poincaré dénature le véritable caractère de l'ordre de questions auquel se rattache le débat sur la rotation de la terre.

---

59. Voir K. Chatzis, « Un aperçu de la discussion sur les principes de la mécanique rationnelle en France à la fin du siècle dernier », *Revue d'histoire des mathématiques*, 1995, vol. 1, p. 247.

60. G. LeChalas, « Les confins de la science et de la philosophie au Congrès international de philosophie de 1900 », *Revue des questions scientifiques*, 1901, vol. 50, p. 567-584.

61. G. LeChalas, « À propos du pendule de Foucault », suivi d'« Observations » de E. Pasquier, 1903, vol. 54, p. 211-215.

Son argument est le suivant :

À un point de vue purement pratique, il est très vrai que le choix du système d'axes auxquels on rapporte les mouvements doit simplement être fondé sur des raisons de commodité. [...] Mais, si l'on veut envisager philosophiquement la question, il est indispensable de se bien rendre compte de la différence capitale qui existe entre les axes liés aux étoiles fixes et tous les autres. [...] Celui qui, en métaphysique, admet l'existence d'un espace absolu est fondé à déclarer que la découverte d'un système d'axes réalisant de telles simplifications dans la mécanique de l'univers fait connaître, à une translation uniforme près, le mouvement absolu. [...] Le fait même que, *a priori*, on puisse affirmer la subordination nécessaire de cette simplicité à un choix spécial des axes montre que, si l'Auteur de la nature a voulu faire une oeuvre intelligible, pour ainsi dire, il n'a pu le faire que par rapport à des axes déterminés. D'où l'on doit conclure que cette subordination est absolument indépendante de l'hypothèse d'un mouvement absolu. En même temps d'ailleurs ressort la haute portée de la découverte d'un tel système d'axes, à quelque hypothèse qu'on se rattache, tandis que, pour M. Poincaré, elle n'a qu'un simple intérêt de commodité.

Lechalas rappelle qu'il a discuté ces questions dans un livre récent[62], avant de conclure :

Les orateurs du Panthéon ont pu avoir le tort d'adopter la thèse métaphysique de l'espace absolu et surtout de l'admettre implicitement, comme le grand public auquel ils s'adressaient ; mais, ce faisant, ils se plaçaient au point de vue même de Galilée et de ses contradicteurs et donnaient, somme toute, une plus exacte impression de ce grand drame historique que ne l'eussent fait des élèves de M. Poincaré. Tout ce qu'on peut leur reprocher est de n'avoir pas discrètement indiqué qu'il y a, sous le problème scientifique, un problème métaphysique que leur langage populaire tranchait implicitement.

Dans ses « Observations », Pasquier marque son accord avec Lechalas sur bien des points, mais ne peut le suivre dans ses remarques sur le discours du Panthéon :

Ces discours, à mon avis, ont le tort, non seulement, comme le reconnaît M. Lechalas, d'adopter implicitement un point de départ inexact, le mouvement absolu, mais encore de fausser l'esprit par des raisonnements manquant de rigueur ou fondés sur des prémisses non établies (comme c'est le cas pour l'invariabilité du plan du pendule). C'est précisément parce que le grand public ne se fait pas une idée exacte des choses qu'il fallait, au lieu d'abonder dans son sens, profiter de l'occasion pour lui dessiller les yeux « discrètement » ou non, peu importe.

---

62. G. Lechalas, *Étude sur l'espace et le temps*, Paris, Félix Alcan, 1896. Analysé par P. Mansion dans la *Revue des questions scientifiques*, 1896, vol. 49, p. 266-273 ; 2ᵉ éd., *ibid.*, 1910, p. 649-653.

Le pendule de Foucault du palais de justice de Bruxelles et la controverse Anspach-Pasquier

Les écrits de Pasquier provoquent aussi la réaction de Lucien Anspach (1857-1915)[63], professeur à l'Université libre de Bruxelles, un ingénieur civil, qui enseigne la mécanique appliquée et la stabilité des constructions à la faculté polytechnique et assure, de 1895 à 1914, le cours de mécanique dans cette faculté et celle des sciences. On se souvient de l'antagonisme philosophique entre les Universités de Louvain et de Bruxelles, cette dernière ayant été créée en 1834 par les milieux laïques, en réaction à la réouverture de l'université catholique. L'article[64] veut réagir

> aux polémiques dans lesquelles des hommes instruits, des savants, révoquent en doute la réalité du mouvement de la Terre. [...] Les polémiques [...] se sont produites à l'occasion du renouvellement de l'expérience du pendule de Foucault.

L'auteur rappelle l'expérience renouvelée au Panthéon, et celle réalisée au palais de justice de Bruxelles, le 5 avril 1903, par MM. Dony et Goldschmidt, de l'Université de Bruxelles, qui distribuent, à cette occasion, une brochure intitulée « Notes sur l'expérience de Foucault démontrant la rotation de la Terre ». Il rappelle aussi que les termes de cette brochure, teintés d'anticléricalisme, ont provoqué une querelle entre les journaux belges *Le XXe siècle*, catholique, et *La Chronique*. Mais ce qui apparaît plus grave aux yeux de l'auteur est la réaction du « polytechnicien sceptique », et surtout celle de Pasquier dans sa note « À propos du pendule de Foucault », analysée plus haut. Les arguments d'Anspach sont assez faibles. Sa réponse à la célèbre affirmation de Poincaré :

> L'espace absolu, c'est-à-dire le repère auquel il faudrait rapporter la Terre pour savoir si réellement elle tourne, n'a aucune existence objective. Dès lors, cette affirmation : « La Terre tourne » n'a aucun sens puisqu'aucune expérience ne permettra de la vérifier

se résume à un argument *ad hominem* :

> Détail piquant : M. Poincaré prêtait, en sa qualité de président de la Société astronomique de France, l'appui de son autorité à la mémorable séance dans laquelle M. Flammarion, se fondant sur les données indiscutables de la science, proclamait que la rotation de la Terre est démontrée.

Anspach, plus loin, se permet

> d'opposer ou du moins de formuler au système de M. Poincaré une objection ou du moins, de formuler une question : De ce que l'espace absolu nous est inconnu, est-il permis de conclure qu'il n'existe pas ?

---

63. A. Jaumotte, « Lucien Anspach », *Nouvelle Biographie nationale*, Bruxelles, Académie royale de Belgique, 1999, vol. 5, p. 17-19.

64. L. Anspach, « La Terre tourne-t-elle ? », *Revue de l'Université de Bruxelles*, 1903-1904, p. 99-117, 201-211.

tout en concluant curieusement :

> Le raisonnement de M. Poincaré nous paraît exact en ce sens que s'il n'y a pas d'espace absolu, il faut conclure logiquement à la non-existence de la rotation. Et c'est précisément parce que la rotation est une réalité incontestable, que l'on est amené à conclure à la réalité de l'espace absolu.

L'auteur cherche alors d'autres preuves de l'existence de l'espace absolu dans des considérations, aussi obscures qu'audacieuses, liées à l'évolution de l'univers :

> La conception d'une quantité infinie de matière immobile répandue dans l'espace depuis un temps infini, n'implique-t-elle pas l'existence objective de l'espace absolu, ayant comme corollaire le mouvement absolu, et le repos absolu ?

Anspach développe d'autres arguments peu convaincants, mêlés d'affirmations péremptoires comme :

> Dire que la Terre tourne, c'est proclamer une vérité scientifique. Dire que les étoiles tournent autour de la Terre, c'est formuler une hérésie. Et cette double proposition subsiste alors même que l'on aura fait aux adversaires de la rotation de la Terre les plus larges concessions, alors même qu'on leur aura accordé l'inexistence de l'espace absolu, l'inexistence de la vitesse.

La conclusion d'Anspach montre le véritable terrain sur lequel il a placé le débat :

> Et de même, la question de la rotation de la Terre serait indifférente : il serait scientifiquement vrai que la Terre tourne et qu'elle ne tourne pas. Et ce serait pour une question indifférente que le pape Urbain VIII aurait jeté Galilée en prison, après l'avoir contraint à la plus humiliante abjuration ! La tâche des théologiens est lourde. Il ne leur suffit pas de prouver que la Terre tourne tout en restant immobile. Aussi longtemps qu'ils n'auront pas établi que c'est Galilée qui a persécuté les papes, ils n'auront point réhabilité l'Église.

La réponse de Pasquier[65] est un modèle de clarté, de modération et de science. Il commence par invoquer Appell, Duhamel et Mach pour appuyer la thèse de l'inutilité de la notion du mouvement absolu comme base de la mécanique et de l'astronomie. Ensuite, il s'attelle à une discussion critique des principes fondamentaux de la mécanique, en citant largement Appell, Picard et Mach, et en insistant sur le fait que

> d'après les hommes les plus éminents de l'époque et contrairement à l'opinion de M. Anspach, les principes de la mécanique [...] sont pratiquement vrais, comme la gravitation et la rotation de la Terre, par rapport à des axes n'ayant qu'une accélération insensible relativement au solide stellaire. Les forces à

---

65. E. Pasquier, « La Terre tourne-t-elle ? Réponse à M. Anspach », *Revue de l'Université de Bruxelles*, 1903-1904, p. 417-446.

considérer dans chaque cas particulier doivent, en conséquence, se rapporter au même solide stellaire.

Il ajoute, conciliant :

Ceux qui adoptent l'espace absolu [...] opèrent comme si l'espace absolu n'était pas distinct du solide stellaire : dans ces conditions nous devons évidemment tous, absolutistes et relativistes, être *pratiquement* d'accord. Mais quelle différence dans les procédés, au point de vue philosophique !

Une fois n'est pas coutume, le relativiste est dans le camp des catholiques et l'absolutiste dans celui des libres-penseurs. Pasquier répond ensuite, point par point, aux arguments d'Anspach en montrant que la plupart d'entre eux utilisent des lois de la mécanique et de la gravitation dans des systèmes de référence où elles ne s'appliquent pas. Sa conclusion est la suivante :

La question en litige [...] n'est nullement, comme il le dit, de la compétence d'élèves de l'enseignement primaire. [...] Ce sont les principes mêmes de la mécanique qui sont en discussion, car la question à résoudre est surtout de savoir à quels axes se rapportent ces principes. Aujourd'hui, les affirmations des hommes les plus illustres, de Newton, par exemple, sont passées au crible d'une critique sévère et des esprits qui comptent parmi les plus éminents [...] : Poincaré, Appell, Duhem, Mach, Mansion, etc., sont d'accord pour rejeter la notion de l'espace absolu admise par Newton comme base de la science, et pour attribuer mathématiquement aux mouvements observés un caractère purement relatif. Cela n'empêche pas ces savants et beaucoup d'autres de reconnaître que, parmi les interprétations diverses dont un même phénomène est susceptible, il en est qui s'imposent en quelque sorte par leur extrême simplicité et leur fécondité incomparable. De ce nombre sont certainement la loi de la gravitation universelle et les principes de la mécanique. Or, et ce point est fondamental, qui adopte cette loi et ces principes par rapport à certains axes admet, par le fait même, la rotation de la Terre par rapport aux mêmes axes ! [...] En constatant la co-existence de la rotation de la Terre avec la loi de la gravitation et les principes de la mécanique, j'ai fourni à mon contradicteur, en faveur de cette rotation, un argument qu'il ne soupçonnait pas et qui doit cependant avoir, aux yeux de tous, une importance capitale.

Tout cela n'empêche pas l'Université libre de Bruxelles de célébrer le soixante-quinzième anniversaire de sa fondation, le 21 novembre 1909, en conférant à Henri Poincaré le titre de docteur *honoris causa,* et de graver à jamais sur un de ses murs un extrait du magnifique discours qu'il prononce à ces fêtes :

La pensée ne doit jamais se soumettre, ni à un dogme, ni à un parti, ni à une passion, ni à un intérêt, ni à une idée préconçue, ni à quoi que ce soit, si ce n'est aux faits eux-mêmes, parce que, pour elle, se soumettre, ce serait cesser d'être.

Les contributions belges ultérieures

Dans la première moitié du XXe siècle, les « preuves » de la rotation de la Terre continuent à passionner les mathématiciens et les mécaniciens belges, et leur philosophie reste unanimement poincaréenne. Ainsi, Henry Janne d'Othée (1884-1966), répétiteur à l'Université de Liège, où il deviendra professeur de physique mathématique et de mécanique analytique, se livre en 1911, devant la Société scientifique de Bruxelles, à une critique détaillée du principe de tendance des rotations au parallélisme de Foucault[66]. En 1913, il conclut comme suit une description des nouvelles expériences relatives à la démonstration mécanique de la rotation de la Terre[67] :

> Est-il nécessaire de faire remarquer, une fois de plus, aux lecteurs qui ont eu le courage de nous suivre jusqu'au bout, combien est *relatif* le caractère des preuves, tant cinématiques que dynamiques, que les expériences mécaniques apportent en faveur de la rotation de la Terre ? Il ne s'agira jamais que de la rotation de notre globe vis-à-vis du solide stellaire, et nullement de *rotation absolue*. D'ailleurs *l'espace absolu* (au sens newtonien du mot), même s'il est plus qu'une simple abstraction, n'est pas une notion qu'il est nécessaire d'introduire en Mécanique.

En 1932, le grand mathématicien louvaniste Charles-J. de La Vallée Poussin (1866-1962)[68] consacre une note[69] à la théorie mathématique du pendule de Foucault. Il ne suppose pas les oscillations infiniment petites et traite le problème par des procédés analytiques différents de ceux utilisés par le comte Magnus Louis Marie de Sparre (1849-1933)[70]. La Vallée Poussin obtient de cette manière l'expression analytique des éléments périodiques de l'oscillation et pousse plus loin que de Sparre l'étude de leur stabilité. Auparavant, il a publié à Louvain et Paris ses leçons de mécanique[71]. Si la discussion des principes prend beaucoup moins de place que

---

66. H. Janne d'Othée, « Quelques remarques sur le principe de la "Tendance des rotations au parallélisme" énoncé en 1852 par Léon Foucault », *Annales de la Société scientifique de Bruxelles*, 1911, vol. 35, p. 151-169.

67. H. Janne d'Othée, « Les nouvelles expériences relatives à la démonstration mécanique de la rotation de la Terre », *Revue des questions scientifiques*, 1913, vol. 74, p. 17-66.

68. P. Butzer et J. Mawhin, « A Biography of Charles-Jean de La Vallée Poussin », dans Charles-Jean de La Vallée Poussin, *Collected Works. Œuvres scientifiques,* vol. 1 (sous la dir. de P. Butzer, J. Mawhin et P. Vetro), Bruxelles et Palerme, Académie royale de Belgique et Circolo Matematico di Palermo, 2000, p. 3-9
   J. Mawhin, « La mécanique analytique à l'UCL : de Pagani à Lemaître », *Revue des questions scientifiques,* 2002, vol. 102, sous presse.

69. Ch.-J. de La Vallée Poussin, *Mouvement quasi pendulaire dans le vide à la surface de la Terre. Pendule de Foucault*, dans *Annales de la Société Scientifique de Bruxelles*, Sér. A, t. 52, 1932, p. 83-98.

70. Dans M. L. M. de Sparre, *Mouvement du pendule conique à la surface de la Terre*, Paris, Gauthier-Villars, 1882 ; « Sur le pendule de Foucault », *Annales de la Société scientifique de Bruxelles*, 1890, vol. 14, 2e partie, p. 284-367.

71. Ch.-J. de La Vallée Poussin, *Leçons de mécanique analytique*, Paris et Louvain, Gauthier-Villars et Uystpruyst, t. 1, 1re éd., 1924, 2e éd., 1932, t. 2, 1925.

chez Pasquier, la dynamique du solide et l'étude des effets gyroscopiques occupent plus de cent vingt pages des *Leçons*. Le barogyroscope de Gilbert y est décrit, illustré et analysé en détail.

En 1946, Florent Bureau (1906-1999)[72], professeur à l'Université de Liège, revient à la théorie mathématique du pendule de Foucault et du gyroscope. Dans une première note[73], il substitue, à la projection du pendule sur le plan formé par la tangente au méridien et la tangente au parallèle, un mobile fictif régi par les équations linéarisées. Deux articles sur le gyroscope[74] exposent l'approche utilisée dans ses leçons de mécanique à l'Université de Liège[75], qui consacrent de nombreuses pages à l'expérience du pendule de Foucault, et à l'utilisation du gyroscope et du barogyroscope dans la démonstration de la rotation de la Terre.

François Bouny (1885-1965)[76], professeur de mécanique rationnelle à la faculté polytechnique de Mons, publie son cours dans les années vingt[77]. Dans le premier tome (p. 209-210), il présente, comme Appell, les principes de mécanique « en suivant la méthode, aujourd'hui classique, de MM. Mach et Blondlot ».

Le tome II accorde une place importante à l'étude du mouvement relatif (chap. IX). En particulier, pour étudier le pendule de Foucault, Bouny utilise la méthode de l'observatoire auxiliaire de Junius Massau (1852-1909)[78]. Ce futur professeur à l'Université de Gand a introduit cette méthode en 1874, dans un mémoire couronné au Concours universitaire, en réponse à une question sur la théorie du gyroscope. Massau la reprend dans son *Cours de mécanique* autographié, un ouvrage novateur qui fait appel, dès 1879, au calcul vectoriel. En 1945, Bouny revient, devant la Société belge d'astronomie, sur les preuves mécaniques de la rotation de la Terre[79], et conclut sa conférence en parfaite conformité avec les idées de Mach et de Poincaré :

---

72. J. Mawhin, « Éloge de Florent Bureau (1906-1999) », *Bulletin de la classe des sciences de l'Académie royale de Belgique*, 6ᵉ sér., t. 11, 2000, p. 151-161.

73. F. Bureau, « Sur quelques problèmes de mécanique. II. Le pendule de Foucault », *Bulletin de la Société royale des sciences de Liège*, 1946, p. 17-21.

74. F. Bureau, « Sur quelques problèmes de mécanique. III. Sur l'intégration approchée des équations du mouvement du gyroscope », *Bulletin de la Société royale des sciences de Liège*, 1946, p. 176-187 ; « Sur le calcul de l'effet gyroscopique en mouvement relatif », *Bulletin de la classe des sciences de l'Académie royale de Belgique*, 5ᵉ sér., t. 32, 1946, p. 80-85.

75. F. Bureau, *Leçons de dynamique*, 3ᵉ fasc., Liège, Sciences et Lettres, 1946, p. 66-78, 137-161.

76. A. Jaumotte et P. Glansdorff, « François Bouny », *Biographie nationale*, t. XVII, Supplément, t. XIV, col. 82-100, Bruxelles, Bruylant, 1981-1982.

77. F. Bouny, *Leçons de mécanique rationnelle*, Paris et Mons, Blanchard et Reich, t. I, 1924 ; t. II, 1929.

78. F. Bureau, « Notice sur Junius Massau », *Annuaire de l'Académie royale de Belgique*, 1967, p. 3-44.

79. F. Bouny, « Les preuves mécaniques de la rotation de la Terre », *Ciel et Terre*, t. 61, fasc. 5-6, 1945, p. 5-32.

Demandons-nous d'abord ce que signifie la phrase qui paraît si simple : la Terre tourne. [...] S'il n'y avait qu'un seul point différencié dans l'espace, rien ne nous permettrait de définir sa position et, par suite, son mouvement. [...] Dans l'espace pur, considéré comme partout identique à lui-même, *rien ne permet de définir le mouvement d'un système isolé. Il n'existe donc que des mouvements relatifs.* La phrase : « la Terre tourne » ne prend de signification cinématique concrète que si nous donnons le repère par rapport auquel cette rotation s'effectue. À ce propos, on peut dire, comme le remarque H. Poincaré, qu'il suffit d'observer le mouvement diurne des constellations par rapport à nous, pour en conclure que *la Terre tourne par rapport à ces constellations.* Mais, nous dira-t-on, la mécanique ne parle-t-elle pas de *rotation absolue* de la Terre et des expériences telles que celles de Foucault ne donnent-elles pas justement des preuves mécaniques de cette rotation absolue ? Nous avons montré qu'il n'existe, à proprement parler, que des mouvements relatifs. Les mots *mouvement absolu* ne peuvent avoir qu'un *sens conventionnel.* La mécanique classique va nous permettre de définir, *jusqu'à un certain point,* ce sens conventionnel.[...] On peut alors se proposer de chercher le système de comparaison pour lequel les principes de la mécanique sont rigoureusement applicables. *C'est ce système de comparaison, s'il existe, qui définira conventionnellement le repos absolu.* Le repos et le mouvement *absolus* seront, *par définition,* le repos et le mouvement par rapport au repère pour lequel les mouvements s'effectuent en conformité avec les principes fondamentaux de la mécanique énoncés sous leur forme classique. Ce *choix conventionnel du repos absolu* a pour but de donner à la mécanique une forme aussi simple que possible. Il est donc dicté, comme l'a fait remarquer H. Poincaré, par une simple *raison de « commodité ».* Il serait abusif d'attacher aux mots mouvement ou repos absolu employés en mécanique un autre sens que le sens conventionel que nous venons de lui donner. [...] Cela signifie donc simplement que la Terre tourne par rapport à des axes relativement auxquels les principes fondamentaux de la mécanique sont pratiquement applicables. Ou encore, que la Terre tourne par rapport à tout système de références de Galilée. Ces preuves nous confirment aussi que l'ensemble moyen des étoiles dites fixes constituent, à très peu près, l'un de ces systèmes de Galilée ainsi que le demande la Mécanique céleste.

Le centenaire de l'expérience du pendule de Foucault est célébré en Belgique, le 8 mai 1951. En collaboration avec Charles Platrier, professeur à l'École polytechnique de Paris, François Bouny reproduit la célèbre expérience dans la grande salle du palais de justice de Bruxelles. La portée de la démonstration est expliquée, en présence des princes royaux, par les deux organisateurs. En 2001, le cent cinquantième anniversaire de l'expérience de Foucault voit refleurir les pendules dans différentes villes de Belgique. Signe des temps, des églises et des universités leur offrent l'hospitalité, et aucune controverse ne ternit l'anniversaire. Les savants sont peut-être devenus plus sages, à moins qu'ils n'aient trouvé de nouvelles arènes pour s'affronter.

Épilogue

Dans *Le Journal de la Science,* qui jalonne l'ouvrage collectif *200 ans de science, 1789-1989*[80], Jean Dhombres, donne, sous le titre « Paris. Mai 1851. La Terre tourne ! », une brève description de l'expérience de Foucault, assortie d'une discussion de son interprétation aussi remarquable qu'anachronique :

> À la demande du Président Louis Napoléon Bonaparte, le physicien Léon Foucault, qui n'a que trente-deux ans, vient de réaliser sous la coupole du Panthéon, une expérience spectaculaire. Un pendule de 28 kg attaché au sommet de la voûte oscille au bout d'un fil de 67 m et on peut constater le lent pivotement du plan d'oscillation autour de la verticale du point d'attache. Cette expérience qui fait suite à deux autres de dimensions plus modestes a pour but d'apporter par les moyens de la physique une preuve tangible et irréfutable du mouvement de rotation de la Terre. M. Foucault y parvient-il ? La réponse à cette question est longue et difficile et nous ne saurions la développer ici. Disons simplement que cette expérience démontre seulement que la Terre est en rotation par rapport à un référentiel défini par son centre et des directions d'étoiles, lequel peut, en l'occurence, faire figure de référentiel galiléen. Mais considérer qu'il s'agit là d'un mouvement absolu n'est qu'une interprétation purement conventionnelle. C'est uniquement par le biais de cette convention trop souvent passée sous silence que le pendule de Foucault peut produire une « démonstration » de la rotation de la Terre et que la mécanique peut, plus généralement, appuyer la thèse de Copernic.

Le dernier mot semble dit. Pourtant, à l'occasion d'une récente réédition, au Panthéon, de l'expérience de Foucault[81], *Le Monde* du 6 octobre 1995 titre encore « L'expérience de physique prouvant la rotation de la Terre doit être reproduite, ce jeudi, au Panthéon » et le style de l'article renoue avec le ton triomphal de 1851 et de 1902 :

> Aujourd'hui, le globe de Foucault va, une fois encore, y montrer le mouvement de la Terre. Ce n'est sans doute pas inutile, lorsqu'on se souvient qu'un récent sondage révélait que plus de 10% des Français ne savent toujours pas que la Terre tourne autour du Soleil.

On doute que le pendule de Foucault leur soit d'une quelconque utilité.

Cent ans après la publication de *La Science et l'hypothèse,* ces rotations et ces révolutions, réelles ou non, peuvent encore faire perdre la tête.

---

80. *Science & Vie Hors Série* n° 166, mars 1989, p. 161.
81. S. Deligeorges, *Le pendule de Foucault au Panthéon, 5 octobre 1995 - 10 avril 1996,* Paris, Musée National des Techniques, 1995.

La relativité selon Poincaré
De l'idée au principe

PIERRE KERSZBERG
Université de Toulouse-Le Mirail
pierre.kerszberg@univ-tlse2.fr

RÉSUMÉ. — La conception de Poincaré du principe physique de relativité est examinée en rapport avec le lien problématique entre la notion de convention et celle de vérité au sens classique. L'expression formelle du principe ne recouvre pas parfaitement ses multiples sens possibles, tous ancrés dans l'idée de relativité, qui elle-même renvoie tant à l'expérience préscientifique du monde qu'à l'idéal d'unité de la nature. On est ramené à la portée générale de la conception du monde de Poincaré, qui explique en particulier sa résistance à la théorie de la relativité d'Einstein.

ABSTRACT. — Poincaré's conception of the physical principle of relativity is examined in relation to the problematical connection between convention and the classical notion of truth. The formal expression of the principle does not completely express all of its possible senses, which are all rooted in the idea of relativity. The latter is connected with both the prescientific experience of the world and the ideal of the unity of nature. This leads back to the significance of Poincaré's worldview at large, explaining in particular his resistance to Einstein's

Redéfinition de la vérité scientifique

Selon un argument devenu assez courant, le conventionnalisme de Poincaré aurait constitué un obstacle épistémologique à la fondation d'une nouvelle physique comme la théorie de la relativité restreinte. À l'encontre de cet argument, on a pu également soutenir qu'en fait, Poincaré a découvert la relativité restreinte précisément parce que sa philosophie avait une valeur heuristique ; néanmoins certaines ambiguïtés propres à cette même philosophie ont empêché ses contemporains d'apprécier la véritable valeur de sa contribution[1]. Le but que nous nous fixons ici est d'essayer de tirer quelques enseignements de ce conflit d'interprétation, en rejetant tout à la fois la stérilité et l'ambiguïté du conventionnalisme. La philosophie de Poincaré est animée par une véritable vision qui va au-delà des théories constituées, qui renoue en profondeur avec une réflexion sur la condition de possibilité de la science. En ce qui concerne justement la relativité, la vision en question soutient le passage de l'idée (tirée de l'expérience) au principe (à la base des lois de la physique moderne et contemporaine), mais ce faisant,

---

1. Voir J. Giedymin, *Science and Convention. Essays on Henri Poincaré's Philosophy of Science and the Conventionalist Tradition,* Oxford, Pergamon Press, 1982.

elle porte aussi l'idée au-delà de sa formalisation et de sa réalisation sous forme de principe.

Ni Galilée ni Newton n'ont jamais formulé un principe de relativité. Galilée décrit le mouvement des papillons et des poissons lorsqu'ils se déplacent ou qu'on les déplace, pour conclure à la nullité de ce déplacement dans certains cas ; Newton énonce l'idée de relativité dans un corollaire aux axiomes ou lois du mouvement. Seul Leibniz, dans une certaine mesure, s'était approché d'une authentique formulation du principe. Bien avant la formulation par Einstein de la théorie de la relativité restreinte en 1905, Poincaré est bien le premier à formuler le principe de relativité, et il le fait de telle sorte qu'apparaît son rapport étroit avec le principe d'inertie. Poincaré commence par chercher une formulation du principe d'inertie, telle que ce principe n'apparaisse ni comme une vérité *a priori* ni comme un fait expérimental. Il l'énonce sous cette forme : « L'accélération d'un corps ne dépend que de la position de ce corps et des corps voisins et de leurs vitesses[2]. »

La parenté avec le principe de relativité est tout à fait frappante, puisque celui-ci s'énonce :

> Le mouvement d'un système quelconque doit obéir aux mêmes lois, qu'on le rapporte à des axes fixes, ou à des axes mobiles entraînés dans un mouvement rectiligne et uniforme [...] les accélérations des différents corps qui font partie d'un système isolé ne dépendent que de leurs vitesses et de leurs positions relatives, et non de leurs vitesses et de leurs positions absolues, pourvu que les axes mobiles auxquels le mouvement relatif est rapporté soient entraînés dans un mouvement rectiligne et uniforme[3].

Comme on le voit, la seule différence significative entre inertie et relativité tient au fait que la première relève des coordonnées, alors que la seconde relève des différences de coordonnées. Dans les deux cas, la formulation proposée l'est pour couper court à une alternative paralysante : le principe n'est ni une vérité *a priori* ni un fait expérimental. Il s'agit de montrer que s'ouvre une troisième voie, où l'expérience constitue le point de départ d'une généralisation ; en retour la forme généralisée constitue le fondement de l'expérience. (Poincaré appelle sa propre version du principe d'inertie « principe d'inertie généralisé ».)

La généralisation, selon Poincaré, est l'un des trois types d'hypothèses admissibles en science, à côté de l'hypothèse dite « naturelle » (comme la symétrie, ou comme celle selon laquelle l'influence des corps éloignés est négligeable) et de l'hypothèse dite « indifférente » (comme la question de savoir si la matière est atomique ou continue). L'hypothèse naturelle sera toujours la dernière que nous serons disposés à abandonner, tandis que l'hypothèse indifférente aide simplement notre raisonnement, sans avoir

---

2. Henri Poincaré, *La Science et l'hypothèse*, Paris, Flammarion, 1968, p. 113.
3. *Ibid.*, p. 129-130.

aucune influence sur la forme mathématique des théories ou leurs prédictions empiriques. En tant que généralisation, le principe d'inertie ou le principe de relativité ne sera jamais *complètement* vérifié, ce qui implique un élément de «convention» linguistique. Mais il faut bien s'entendre sur ce que signifie «non complètement vérifié». La loi d'inertie (dans la version «opérationnelle» donnée plus haut) est bien vérifiée dans certains cas particuliers, et Poincaré ajoute qu'«elle peut être étendue sans crainte aux cas les plus généraux, parce que nous savons que dans ces cas généraux l'expérience ne peut plus ni la confirmer, ni la contredire[4]». Or, le cas général ne pousse pas l'expérience au-delà de ses limites. Certes, il y a des expériences préalables qui inclinent la généralisation dans une direction plutôt qu'une autre. Mais en pratique, l'hypothèse généralisatrice *préexiste* à l'expérience: grâce à elle, l'expérience vérifie une relation de fait, et par là elle autorise une théorie générale[5].

On s'est demandé si le conventionnalisme n'était pas paradoxal, puisqu'il revient à affirmer tout à la fois que, d'une part, certaines hypothèses ne sont ni vraies ni fausses mais seulement plus ou moins commodes, dans la mesure où elles sont suggérées par l'expérience, et, d'autre part, que ces mêmes hypothèses sont commodes dans la mesure où elles sont comparables à la vérité définitive. Dans le cas présent, on voit que la convention apparaît au moment où le besoin se fait sentir de stabiliser le discours, où sa cohérence interne commence à s'imposer, et donc à poser des exigences au moment où l'expérience, ayant donné tout ce qu'elle avait à donner, est devenue muette. Pourquoi l'expérience constitue-t-elle le point de départ d'affirmations qui conduisent à des définitions, définitions placées finalement hors d'atteinte de l'expérience ultérieure? Considérons la loi de la dynamique newtonienne, qui énonce que la force est proportionnelle au produit de la masse inerte et de l'accélération. Elle n'est rigoureusement vraie que si on l'applique à l'univers entier; pour la vérifier, il faudrait pouvoir observer le mouvement du centre de gravité de tout l'univers, ce qui est évidemment irréalisable. De cette impossibilité pratique, Poincaré conclut que c'est par définition que la force est égale au produit de la masse par l'accélération; on est parti d'une vérité expérimentale, mais on ne peut s'en servir que comme définition. Mais, demande-t-il, un principe invérifiable n'est-il pas vide de toute signification et donc inutile[6]? C'est que l'expérience est un point de départ qui continuera toujours à «informer» les définitions auxquelles nous arrivons, parce qu'«il n'y a pas, dans la nature, de système parfaitement isolé, parfaitement soustrait à toute action extérieure; mais il y a des systèmes à peu près isolés»; toute expérience plus précise ne nous apprendra jamais que la loi n'était qu'à peu près vraie, ce que nous savions déjà.

---

4. *Ibid.*, p. 117.
5. *Ibid.*, p. 158-159.
6. *Ibid.*, p. 124.

L'expérience a pu servir de base aux principes de la mécanique, et cependant, une fois les principes établis, elle ne pourra jamais les contredire. Il semble que cette épistémologie élève une barrière entre l'expérience commune, entièrement soumise à l'expérience (bien que guidée également par des principes innés), et la connaissance scientifique, susceptible de provoquer l'expérience mais aussi capable de lui résister. Poincaré ne cache pas que toute tentative pour trouver dans l'expérience les notions premières de la physique est vouée à l'échec. Néanmoins, si les faits bruts dont on est parti continuent en effet à informer les définitions, la question essentielle est de savoir ce qu'il en reste effectivement; il va donc falloir saisir, sans perdre la rigueur des conclusions, le sens de la *transition* qui conduit de l'expérience à ces conventions librement choisies qui seraient à la base de la mécanique. En quoi consiste la transition de l'à-peu-près de l'expérience à la définition (loi ou principe)? Qu'assure-t-elle exactement? De la compréhension correcte de cette transition dépendent le sens et la portée de la philosophie naturelle de Poincaré.

Bien que leur validité ultime relève de l'idée commune de la commodité et non de la notion classique de vérité, les principes de la mécanique et ceux de la géométrie ne se situent pas exactement sur le même plan. Dans le cas de la mécanique, ses principes résultent directement des expériences, tandis que dans le cas de la géométrie, les faits physiologiques relatifs à notre corps constituent une suggestion indirecte de ses démonstrations. Il arrive un moment où la géométrie sort de l'expérience, alors que la mécanique est bien forcée de rester sur le terrain de l'expérience. Mais dans une mécanique comme celle de Newton, le voisinage de la géométrie et de la mécanique rend problématiques les conclusions sur le statut de ses propositions fondamentales. Un principe comme celui de la relativité de l'espace est certes indépendant, en vertu de son universalité même, des faits qui ont pu le suggérer. Il facilite simplement la coordination de ces faits. Cela n'a pas empêché Poincaré de signaler, dès son *Mémoire* de 1900 sur les *Principes de la mécanique*, que des conventions tomberaient dans l'arbitraire si, *de temps en temps*, l'attention n'était pas ramenée à l'origine expérimentale des conventions. Mais qu'est-ce que cette intermittence de l'esprit a à voir avec des principes soi-disant définitifs?

Poincaré a bien posé la question de la transition de l'à-peu-près de l'expérience à la généralité abstraite en rapport avec la constitution de l'espace à trois dimensions. C'est la rencontre de deux continus à deux dimensions — celui des données tactiles et celui des données visuelles — qui conduit au continu à trois dimensions, parce que seul ce dernier, par sa simplicité, permet de corriger les changements externes au moyen de mouvements internes. Mais dans le cas de la physique, il a pris le problème par l'autre bout, celui des lois déjà constituées. Évoquant la loi newtonienne de la gravitation universelle, il affirme que sa simplicité n'est peut-être qu'une conséquence du caractère encore approximatif de la loi. Il importe d'évaluer cette affirmation en repartant une fois de plus de l'expérience immédiate. Du reste, il y va de la possibilité même de la science. Quelques mois avant de mourir, Poincaré avait entrevu la nécessité de reprendre les enseignements de l'expérience immédiate à leur point de départ, dans le cadre de la physique des quanta. Alors que la continuité lui apparaissait (comme la simplicité) comme l'une de ces conditions sans laquelle la science n'existerait pas du tout, il se posait la question de savoir si l'hypothèse des quanta n'allait pas la remettre en question : « Le premier qui a vu un choc a cru observer un phénomène discontinu ; et nous savons aujourd'hui qu'il n'a vu que l'effet de changements de vitesse très rapides, mais continus[7]. » Si l'hypothèse des quanta s'avérait juste, c'est rien de moins qu'un retour aux premières impressions que nous avons des phénomènes naturels qui s'imposerait, intuitions initiales de faits bruts dont il faudrait alors réévaluer le sens et la portée.

Comprendre et voir : le cas du principe de relativité

Il est significatif que, pour comprendre le statut de l'à-peu-près de l'expérience empirique dans son rapport aux principes de la physique, Poincaré éprouve le besoin de partir d'une situation où l'à-peu-près se confond avec une expérience délibérément *partielle* du monde. Le cours normal de l'expérience qui conduit à la physique s'en trouve complètement renversé, mais ce renversement même jette une lumière essentielle sur le genre d'intelligibilité que la physique mathématique cherche et obtient de la nature.

Reportons-nous à la fameuse expérience de pensée où notre Terre serait perpétuellement entourée de nuages[8]. Cette expérience partielle du monde n'est pas une simple vue de l'esprit, puisqu'elle prend appui sur une caractéristique fondamentale de la science moderne. Ce n'est pas tant que l'univers total est réfractaire à l'expérience, c'est que l'objet de la nature selon la physique moderne ne se montre pas : la nature est essentiellement en manque d'être sensible. Pour les Grecs, au contraire, la physique était une science de l'étant sensible, c'est-à-dire de l'étant qui se montre d'une certaine manière ; ainsi Aristote dit que « les principes des choses sensibles sont sensibles », de sorte que la physique culmine dans « ce qui se révèle de manière constante et décisive à la connaissance sensible[9] ». Dans la science moderne, il y a une disproportion entre les capacités sensibles des observateurs et l'action que nos théories attribuent à la nature ; paradoxalement, elle réussit ce tour de force qui consiste à juger des objets et événements du monde par défaut de phénoménalité. Or, la possibilité de juger de la sorte par défaut devient critique lorsque l'objet auquel s'intéresse la physique n'est rien d'autre que la totalité de la nature.

---

7. Henri Poincaré, « L'hypothèse des quanta », *Dernières Pensées*, Paris, Flammarion, 1913, p. 127.

8. *La Science et l'hypothèse*, p. 132.

9. Aristote, *Du ciel,* 306a10, 18-19, trad. P. Moraux, Paris, Les Belles-Lettres, 1965.

Les observateurs de ce monde imaginaire connaissent les lois de la mécanique sur la base de ce que Poincaré appelle « principe du mouvement relatif » (qui n'est rien d'autre que la relativité galiléenne) : « Le mouvement d'un système quelconque doit obéir aux mêmes lois, qu'on le rapporte à des axes fixes ou à des axes mobiles entraînés dans un mouvement rectiligne et uniforme. » Dans une telle situation, écrit Poincaré, il serait tout de même possible de découvrir que la Terre tourne, c'est-à-dire les lois vraies du mouvement qui prévalent sur la Terre suivant le modèle cosmologique copernicien, mais avec cette différence capitale que la conclusion sur l'existence de l'espace absolu ne s'imposerait pas. Tout au plus notre humanité aurait-elle dû attendre beaucoup plus longtemps qu'elle ne l'a fait pour assister à la venue d'un Copernic capable d'anéantir les illusions propres à des lois de mouvement basées sur le modèle géocentrique. Comment donc les observateurs de la Terre perpétuellement entourée de nuages arriveraient-ils à des conclusions vraies ? Ils commenceraient par commettre une erreur sur la nature des forces, puisqu'ils les considéreraient toutes comme réelles, alors que la théorie du mouvement relatif dans le système héliocentrique fait la part entre des forces réelles et des forces fictives. Il est difficile de comprendre pourquoi dans ce contexte Poincaré appelle la force centrifuge force fictive, puisque dans la théorie newtonienne, elle est réelle en tant qu'elle résulte d'un mouvement réel, qui est le mouvement relatif à l'espace absolu. Sans doute cela reviendrait-il à présupposer déjà l'existence d'un espace absolu, que l'expérience en pensée veut justement mettre en question. Toujours est-il que la question se pose : Comment les savants imaginaires arriveraient-ils à distinguer comme il le faut les forces réelles des forces fictives ?

Dans la théorie newtonienne, les forces fictives semblent manifester seulement la présence de forces, alors qu'elles disparaîtraient dans un système de référence différent par rapport auquel elles n'engendrent aucun effet physique. Elles sont des artefacts du système de référence : comme des apparences qui n'ont d'autre raison d'être que d'apparaître, de « pures apparences », en quelque sorte, puisque si elles sont vues depuis un système de référence inertiel (qui a la particularité de ne pas se faire sentir du tout), elles disparaîtront sans laisser de trace. La cause de ces apparences est l'espace absolu, et cet espace a la particularité de n'être pas affecté en retour par les phénomènes dont il est la cause — l'espace absolu, dit Newton, ne pourrait être senti. Qu'est-ce qui va permettre aux observateurs du monde de Poincaré de se rendre compte que les forces qu'ils prennent pour réelles ne sont que de pures apparences, c'est-à-dire des phénomènes sensibles qui ne sont soutenus par aucun principe du monde sensible ? Poincaré nous demande de croire que, dans le cours de leurs investigations de la nature, les observateurs de cette Terre entourée de nuages seront probablement amenés à concevoir et réaliser quelque chose comme un système isolé. Mais dans leur physique, le centre de gravité du système ne pourrait évidemment pas suivre une trajectoire rectiligne, *ne serait-ce qu'à peu près*. Ils pourraient néanmoins chercher à stabiliser cette donnée de l'expérience. Afin de rendre compte de ce phénomène, ils pourraient invoquer les actions mutuelles entre les corps comme le facteur responsable des forces centrifuges. Toutefois, ces forces auraient la particularité de ne pas diminuer avec l'accroissement de la distance; au contraire, elles augmenteraient avec la distance, c'est-à-dire justement lorsque l'isolement du système est mieux réalisé. Par suite, un phénomène apparaîtrait qui serait en opposition absolue avec ce qui est anticipé selon les lois géocentriques du mouvement, mais néanmoins conformes à la relativité galiléenne. Commencerait alors la série des inventions arbitraires et de plus en plus compliquées, destinées à « sauver les apparences » : un milieu subtil comme l'éther exerçant une force répulsive, et finalement quelque chose comme les orbes de Ptolémée. C'est précisément cet excès d'apparaître qui inciterait les observateurs du monde de Poincaré, en dernière analyse, à reconnaître dans les effets de telles forces quelque chose comme de pures apparences, et donc à simplifier leur science : ils reformuleraient alors la mécanique newtonienne du point de vue héliocentrique.

Inversement, pour nous qui vivons entouré d'étoiles et autres objets célestes bien visibles, se pose la question de savoir pourquoi notre théorie de l'action physique (la physique newtonienne, dans le cas présent) est elle aussi fondée sur un défaut d'apparence, l'espace absolu — cause d'effets sensibles, mais qui n'est affecté par aucun de ces effets. Du point de vue de l'espace absolu, on a l'impression que *tout* l'à-peu-près est éliminé comme par magie. En effet, un référentiel adapté à la disparition de toutes les forces fictives coïnciderait avec l'espace absolu. Rapportées à un tel système, *toutes* les forces seraient réelles, tous les mouvements accélérés seraient absolus[10]; la validité du principe d'inertie deviendrait alors rigoureuse.

La situation décrite ici nous place au cœur de la philosophie naturelle de Poincaré, qu'il a lui-même résumée par l'image d'un antagonisme irréductible : l'esprit cesserait d'être ce qu'il est s'il n'était constamment tiraillé entre deux besoins opposés l'un à l'autre, celui de comprendre et celui de voir; or seul le fini nous est compréhensible, tandis que l'étendue que nous sommes capables de voir est infinie. Le monde imaginaire de Poincaré est un monde où il est fait violence à la vision, qui devient partielle et donc finie; par là l'œuvre de la compréhension finie peut commencer, dans

---

10. Il y a même plus : l'espace absolu devrait aussi nous permettre d'observer des différences de vitesse. Tous les participants au débat classique sur l'espace absolu et l'espace relatif ont été abusés par le point de vue tridimensionnel, qui suggère que, prises ensemble, la position, la vitesse et l'accélération doivent être toutes absolues ou toutes relatives. Friedman a démontré que seul le point de vue quadridimensionnel autorise la possibilité de relativiser la position et la vitesse, tandis que l'accélération demeure absolue. Voir Michael Friedman, *Foundations of Space-Time Theories*, Princeton, Princeton University Press, 1983, p. 16-17 et 228.

l'espoir de s'ajuster à la vision par le moyen théorique du système isolé. Mais il reste alors une ambiguïté sur le sens de l'action physique ; tout le développement historique des lois de la physique est là pour attester des tentatives faites pour fixer ce sens ; et si, comme Poincaré l'a déclaré à maintes reprises, parmi les lois de la physique qui changent continuellement au cours de l'histoire des sciences, quelque chose doit bien résister à l'épreuve du temps, c'est bien dans l'ajustement plus ou moins bien réalisé du comprendre et du voir qu'il doit résider.

Grâce à des réflexions sur le langage même de la mécanique classique, Poincaré aboutit successivement à trois conclusions capitales :

1. La mécanique classique n'est pas newtonienne.
2. La relativité de tous les mouvements est déjà vraie en mécanique classique.
3. La dynamique d'un système observé est inséparable de la dynamique du système qui l'observe.

Dès 1902, dans le chapitre « La mécanique classique » repris dans *La Science et l'hypothèse*, Poincaré déconstruit la sémantique de l'ontologie newtonienne ; il fait de la théorie physique un langage dont les propositions n'acquièrent un sens que par l'intermédiaire de pratiques expérimentales effectivement réalisables. C'est ainsi que, en partant des moyens effectivement disponibles à l'intuition directe, Poincaré conclut qu'il n'y a pas d'espace absolu, qu'il n'y a pas de temps absolu, que notre géométrie euclidienne n'est elle-même qu'une sorte de convention de langage. Il faut bien voir qu'il ne s'agit pas là de déclarations anti-newtoniennes, mais plutôt d'un approfondissement du sens premier de la mécanique newtonienne. Le paradoxe des absolus newtoniens, c'est qu'ils sont asymptotiques par rapport à l'expérience sensible et résultent de passages à la limite depuis les mesures relatives ; et cependant, ils ont aussi la prétention de fonctionner comme des principes de base sans lesquels la physique ne serait même pas possible. L'absolu ressaisi par Poincaré n'est plus une notion limite, mais un facteur de stabilisation du discours sur la portion du monde qui a été balisée par l'expérience. On le voit bien sur le deuxième point : Qu'est-ce qui nous empêche d'étendre le principe du mouvement relatif au cas du mouvement varié ? C'est que dire que la suite des phénomènes dépend des valeurs initiales des dérivées premières des distances entre les corps est conforme au principe d'inertie généralisé, mais pour ce qui est d'une nouvelle généralisation, plus poussée, de ce principe, qui ferait dépendre le cours ultérieur des phénomènes des valeurs initiales des dérivées secondes, « nous hésitons à [l']admettre[11] ». Il y a une résistance, qui vient des habitudes de l'esprit contractées depuis les succès de la mécanique newtonienne. En d'autres termes : la généralisation qu'est le principe

---

11. *La Science et l'hypothèse*, p. 137.

d'inertie exprimé sous la forme énoncée plus haut est *devenue* comparable à une hypothèse de type naturel; il faudrait donc la distinguer d'une hypothèse pour ainsi dire absolument naturelle. L'hypothèse de l'inertie s'accroche au niveau newtonien, et lui reste tributaire, parce qu'elle est devenue naturelle, alors qu'elle se présentait d'abord comme une généralisation. Pour passer à des équations du mouvement qui soient conformes à la relativité générale (par exemple au sens leibnizien), et qui soient en même temps empiriquement adéquates, il faudrait rien moins que bousculer une hypothèse devenue naturelle: est-ce plus ou moins difficile que d'abandonner une hypothèse absolument naturelle?

L'hypothèse qui fait dépendre les phénomènes des valeurs initiales des dérivées secondes, parce qu'elle suscite l'hésitation et une interrogation nouvelle, ne cadre pas exactement avec une hypothèse qui, bien que suggérée par l'expérience, est formée par l'esprit de telle façon qu'elle ne pourra plus être démentie par elle. Ici, l'hypothèse est suggérée une fois de plus par une analogie avec une expérience partielle du monde. Même des astronomes situés dans un système solaire analogue au nôtre, mais privés de la vue d'étoiles fixes, arriveraient à une physique newtonienne, mais ils n'en seraient pas satisfaits une fois pour toutes, car, s'apercevant que des constantes qu'ils avaient prises pour essentielles (dépendant d'une loi de la nature) sont en fait accidentelles (telle valeur aurait pu être différente), ils se demanderaient s'il n'y aurait pas intérêt à ce que les équations qui définissent les distances ne soient pas d'ordre supérieur au second. Nous partageons avec eux une même interrogation; cette interrogation vient de ce que, tout comme le système solaire idéalement isolé, notre univers entier est, dit Poincaré, lui aussi limité. À cause de cette limitation de fait, on sera toujours forcé de se dire que « les valeurs des distances à un instant quelconque dépendent de leurs valeurs initiales, de celles de leurs dérivées premières et encore d'autre chose ». On le voit: l'impossibilité pratique d'observer tout l'univers, alliée au fait que tous les mouvements observés sont relatifs, induit aussi bien la définition (comme la loi de la dynamique newtonienne) que sa mise en question, la stabilisation du discours aussi bien que sa déstabilisation.

Deux possibilités s'offrent alors pour identifier l'« autre chose ». La première est de faire des hypothèses pour donner à l'espace absolu le statut d'un observable en principe (orientation absolue de l'univers dans l'espace, corps invisible dont la position ou la vitesse absolue pourrait être détectée). Dans ce cas, l'observabilité n'existe justement qu'en principe, elle ne pourrait jamais exister en fait. Une limitation de fait vient donc cette fois au secours de la définition: tant que nos instruments donnent le genre d'indications qu'ils ont données jusqu'à présent, la physique newtonienne ne pourra être démentie.

L'autre possibilité est d'introduire explicitement les dérivées secondes, puisque la généralisation plus poussée reste une possibilité de principe.

Examinons les conséquences des propriétés d'invariance pour les lois physiques du mouvement dans le cas de systèmes de référence en rotation. Poincaré montre qu'il faut considérer un système composé d'au moins deux points matériels : dans ce cas, les mouvements de rotation sont des mouvements inertiels, ce qui donne au principe d'inertie un contenu bien plus étendu que pour un seul point matériel. Les équations du mouvement rotationnel sont des équations différentielles du troisième ordre vis-à-vis des différences de coordonnées ; cette propriété mathématique correspond donc à une sorte d'inertie rotationnelle[12]. De fait, en supposant que le monde que nous observons est l'univers entier, il n'y a pas de système d'axes de coordonnées extérieur qui permettrait de *voir* si ce monde est en rotation ou non ; par conséquent, ce sont en effet des équations du troisième ordre qui exprimeront ces observations[13]. Par contre, si on envisage des petits mondes séparés par une distance suffisamment grande, sans action mécanique l'un sur l'autre, on pourra considérer que l'un se présente pour l'autre *visiblement* comme un système d'axes étranger, ce qui permettra de décider par simple observation s'il y a ou non rotation, et les équations redeviendront des équations du deuxième ordre. C'est pourquoi, dans le cas de mondes séparés, le principe de relativité devient une vérité testable expérimentalement, alors que dans le cas de tout l'univers, il est une convention invérifiable, jamais prise en défaut. Nous sommes ici au cœur de la transition que nous cherchons à comprendre, qui conduit d'une vérité expérimentale à une convention : c'est le pouvoir de la vision qui décide de ce que nous pouvons comprendre de l'action physique. À propos du principe de relativité comme vérité expérimentale, Poincaré se demande « quel est le sens de cette vérité ». Il conclut : « Il est aisé de le déduire des considérations qui précèdent : il signifie que l'action mutuelle de deux corps tend vers zéro quand ces deux corps s'éloignent indéfiniment l'un de l'autre ; il signifie que deux mondes éloignés se comportent comme s'ils étaient indépendants ». Or, que l'influence des corps très éloignés soit négligeable est, d'après Poincaré, l'une de ces hypothèses dites « naturelles » qui appartiennent à l'arrière-fond de toute physique mathématique[14]. Autrement dit, lorsque, de convention, le principe de relativité devient vérité expérimentale, son *sens* s'apparente à une hypothèse naturelle qui surplombe toute la physique mathématique comme sa condition de possibilité ultime et définitive. C'est donc seulement du point de vue du sens, non de la validité opératoire, qu'on peut dire qu'il existe un hiatus entre le principe de relativité et les équations qui lui correspondent ; ces équations

---

12. Voir John Earman, *World Enough and Space-Time. Absolute versus Relational Theories of Space and Time,* Cambridge, Mass., MIT Press, 1989, p. 84-87.

13. Henri Poincaré, « L'espace et le temps », *Dernières Pensées,* p. 104-106.

14. *La Science et l'hypothèse,* p. 166. Rappelons que ces hypothèses, dit Poincaré, sont les *dernières* que l'on peut se permettre d'abandonner.

ne seront pas les mêmes selon qu'on prend le principe comme convention ou comme vérité expérimentale[15].

Que faire de cette possibilité de principe qui consiste à pousser jusqu'au troisième ordre ? L'élargissement des principes est à la base de ce que Poincaré désignait dans ses conférences de 1904 à Saint-Louis (États-Unis), juste avant la formulation par Einstein de la théorie de la relativité restreinte, comme la « crise » de la physique mathématique. La crise en question apparaît bien comme une crise du sens des équations de la physique, non un dilemme sur le choix des équations. L'idée fondamentale de la physique de Newton, comme physique des forces centrales, était de débrouiller dans tous les détails l'écheveau compliqué que nous donnent nos impressions sensibles, pénétrant dans le détail de la structure de l'univers en isolant une à une les forces qui composent le tout ; une physique des principes lui a succédé, qui s'applique aussi bien aux forces centrales qu'à l'énergétique (Mayer, Carnot, Lavoisier, moindre action, action/réaction, relativité) : elle part de certaines vérités expérimentales de valeur générale, pour retrouver des équations plus générales que celles de Newton, mais qui les contiennent. Or, parmi ces principes, le principe de relativité semblait maintenant menacé par la théorie de l'électromagnétisme, puisque celle-ci aurait dû permettre de déceler le mouvement d'un corps par rapport à l'éther, lequel, puisqu'il est considéré comme immobile, serait apparu alors comme une incarnation de l'espace absolu[16]. Cependant, la physique expérimentale « a été plus fidèle aux principes que la physique mathématique[17] », et les expériences de Michelson ont ruiné l'espoir de mettre en évidence le mouvement absolu de la Terre (ou plutôt, note Poincaré, son mouvement relatif à l'éther). D'où la crise du sens : la physique est passée des à-peu-près de l'expérience à des généralisations qui les stabilisent, mais en fait, si l'on regarde l'évolution de la physique mathématique au tournant du vingtième siècle, on s'aperçoit que l'esprit humain s'est satisfait *trop vite* d'une généralisation déjà constituée comme l'est la mécanique

---

15. D'où l'inquiétude d'Earman, qui, faute de distinguer sens et validité opératoire, et s'intéressant seulement aux insuffisances empiriques notoires d'une théorie entièrement relationnelle de l'espace-temps, conclut tristement l'examen de ce chapitre de l'œuvre de Poincaré sur la rotation : « This conclusion not so neatly sweeps the difficulty under the rug. Whether the initial-value problem for the equations of motion is well posed in the usual sense *is secondary to the question of whether there are empirically adequate equations of motion that are properly at home in Machian or Leibnizian space-time. Poincaré's remarks do little help to settle this key question* » (*World Enough and Space-Time*, p. 87).

16. Il est vrai qu'il est arrivé à Poincaré de distinguer explicitement d'une part, le mouvement absolu (c'est-à-dire le mouvement relatif à l'espace absolu), qu'il considère comme dépourvu de sens, et, d'autre part, le mouvement relatif à l'éther, qui serait certes réel, mais qui serait toujours du mouvement relatif, à moins d'identifier l'éther à l'espace absolu, ce que Poincaré rejette définitivement.

17. Henri Poincaré, « La crise actuelle de la physique mathématique », *La Valeur de la science*, Paris, Flammarion, 1970, p. 132.

classique. Il prend cette généralité acquise comme modèle pour toute investigation de la nature, de sorte que les principes généraux prennent une valeur heuristique pour l'intelligibilité des détails de la nature ; à partir de ces principes, il redescend vers les à-peu-près de l'expérience pour y retrouver de fait la stabilité qui leur manquait. L'essentiel, c'est le changement de direction dans le raisonnement : de la généralité vers les à-peu-près de l'expérience, et non l'inverse, d'où le brouillage des pistes, comme c'est le cas ici, lorsque la physique expérimentale redevient paradoxalement le porte-parole des principes.

C'est pourquoi les théoriciens sont soumis à rude épreuve, car « si Lorentz s'en est tiré, ce n'est qu'en accumulant les hypothèses[18] ». Parmi ces hypothèses, celle du temps local paraît à Poincaré la plus ingénieuse, car elle concorde très bien avec une règle de synchronisation des horloges, qui exige que les horloges soient fixes les unes par rapport aux autres. Celle de la contraction des longueurs dans le sens du mouvement des corps par rapport à l'éther ne semble guère appelée que pour répondre à une difficulté subsistante. Celle enfin de la réduction des forces perpendiculaires au mouvement résout le paradoxe que faisait naître la théorie pour deux corps chargés se déplaçant dans la même direction parallèlement l'un à l'autre. Mais Poincaré n'est pas satisfait pour autant. Il se demande, en particulier, si on ne pourrait pas concevoir des signaux plus rapides que la lumière qui mettraient en évidence la translation d'un repère en faisant apparaître le dérèglement de la synchronisation obtenue avec la première méthode. On voit comment l'épistémologie de Poincaré sur le mouvement est ici impliquée : elle considère la compensation des effets comme réelle, alors que la distinction entre temps local et temps vrai serait conventionnelle : le mouvement est donc bien une réalité bien qu'il soit entièrement relatif, c'est-à-dire même si nous ne pouvons le percevoir ou en faire l'expérience directe sur les objets soumis au mouvement. Plus loin, à propos de la conservation de la masse, elle aussi contredite par l'électromagnétisme de Lorentz, il envisage une profonde modification de la mécanique classique : « de tous ces résultats, s'ils se confirmaient, sortirait une mécanique nouvelle qui serait surtout caractérisée par le fait qu'aucune vitesse ne pourrait dépasser celle de la lumière, pas plus qu'aucune température ne peut tomber au-dessous du zéro absolu[19] ». Alors il faut peut-être se résoudre à admettre que la mécanique classique tout entière ne devient elle-même qu'un à-peu-près (équivalent à l'à-peu-près de l'expérience immédiate), à corriger lorsque les vitesses deviennent très grandes. Cela est très difficile à admettre pour quelqu'un comme Poincaré, qui pense que la science ne procède pas par sauts absolus d'une construction à une autre ; au contraire, la science évolue par approfondissements successifs du sens des premières constructions.

---

18. *Ibid.*, p. 133.
19. *Ibid.*, p. 138-139.

Évidemment, pour continuer à respecter le principe de relativité, il faudra admettre de nouvelles équations de transformation reliant différents observateurs en mouvement de translation uniforme les uns par rapport aux autres : aussi bien pour le temps (à partir de l'échange de signaux lumineux) que pour l'espace (avec la contraction des longueurs) et pour les forces (qui devraient être considérées ensemble avec les transformations du principe de conservation de la matière de Lavoisier). En tout cas, Poincaré se débarrasse définitivement des équations galiléennes de transformation, que Lorentz lui-même s'obstinait à interposer entre l'éther et les coordonnées effectivement utilisées. Ce qui prouve que pour lui le changement des équations de transformation n'équivaut pas *ipso facto* à un changement du sens de la physique elle-même.

Alors que pour Einstein, le principe de relativité, entendu dans son sens le plus général et valant pour la physique tout entière, entraîne, si l'on y ajoute le postulat de la constance de la vitesse de la lumière, les règles de transformation de Lorentz, pour Poincaré, ce sont ces règles de transformation qui entraîneraient, si on ne veillait à les interpréter à la façon de Lorentz, la mise en question du principe classique de relativité. Dans sa théorie de la relativité restreinte, Einstein transforme le fait observé de la vitesse constante de la lumière dans tous les systèmes d'inertie en loi invariante. À quoi Poincaré rétorquerait qu'il s'agit d'une généralisation trop hâtive, puisqu'on ne s'occupe plus du sens de la transition proprement dite : on adopte la constance de la vitesse de la lumière comme une convention, alors que l'interprétation de Poincaré des équations de transformation de Lorentz dissuade d'élever le principe de relativité à la hauteur d'une convention. Poincaré insiste sur le fait que d'autres conventions sur la vitesse de la lumière restent toujours possibles ; de fait, il y a un nombre infini de conventions possibles. Plusieurs possibilités apparaissent pour étendre au contexte astronomique l'impossibilité où nous sommes de détecter un mouvement absolu. En particulier, on pourrait chercher un nouveau cadre théorique pour le phénomène de l'aberration de la lumière. Pourquoi en effet la vitesse de la lumière devrait-elle constituer un invariant incontournable et jouer un rôle fondamental, non seulement en électrodynamique (son « lieu naturel » pour ainsi dire), mais dans toutes les branches de la physique ? À cette question, Poincaré a imaginé deux réponses possibles. Soit toutes les forces ont, en dernière analyse, une origine électromagnétique ou quasi électromagnétique ; soit c'est l'observateur lui-même qui insère la vitesse de la lumière dans la nature du fait qu'il utilise des signaux lumineux pour mesurer des intervalles d'espace et de temps. Deux réponses, deux philosophies : la première est réaliste, la seconde en partie conventionnelle. Ainsi, passant de l'idée de relativité (Galilée/ Newton) à son principe, Poincaré s'est trouvé confronté à la tension (sans pouvoir la résoudre, mais précisément par respect pour cette tension) entre deux approches de la nature : la création libre de conventions, et le contact

brut avec la nature qui assigne des limites définies à cette activité intellectuelle par ailleurs tout à fait libre.

Poincaré opte pour une conception électrodynamique de l'inertie, et
de fait pour une vision générale de la nature qui est essentiellement
électrodynamique, où la matière n'existe pas à proprement parler. Vision
difficile à maintenir, puisqu'il semble qu'elle soit finalement incapable de se
suffire à elle-même. En particulier, Poincaré dote l'électron d'une capacité
de contraction dans le sens du mouvement relatif par rapport à l'éther,
mais il a besoin alors, pour assurer la stabilité de l'électron, d'une pression
que l'éther ne cesse pas d'exercer sur lui (pression dont l'origine n'est donc
pas électromagnétique). Cette explication de la contraction est le point le
plus délicat, puisqu'elle est considérée comme un effet dynamique. Au
contraire, selon Einstein, la contraction n'est qu'un effet cinématique,
résultant de la manière dont nous mesurons les intervalles d'espace et de
temps. Ces deux explications ne sont pas mutuellement exclusives ou contradictoires, mais l'orthodoxie veut aujourd'hui que la réduction de la
dynamique à des apparences cinématiques est « meilleure » que la reconnaissance d'une « traduction » des effets dynamiques en langage cinématique. Qu'est-ce à dire ? Poincaré rappelle que, pour construire une
dynamique relativiste, il faut tenir compte de la dépendance de la masse
par rapport à la vitesse, ce qui est possible dans le cadre d'une théorie de
l'origine électrodynamique de la masse de l'électron, théorie qui dépasse les
confins d'une simple dynamique relativiste. Dans sa théorie, Poincaré se
limite à la masse inertielle de l'électron, mais il est bien conscient du fait
qu'il est loin d'être certain que la masse inertielle des autres particules
puisse être expliquée complètement grâce à l'hypothèse de l'origine électrodynamique. Il n'est pas certain que les masses mécaniques se transforment comme les masses électrodynamiques, c'est-à-dire qu'en l'état, la
dynamique relativiste de Poincaré reste indépendante de sa vision globale-
ment électrodynamique de la nature.

On comprend dès lors la portée remarquable de l'attitude de Poincaré
vis-à-vis des principes et des conventions de la physique. Il n'y a pas de
contradiction entre l'idée que les principes sont des généralisations commodes tirées d'expériences et le besoin qui se fait sentir désormais d'abandonner les principes anciens : il existe des situations où un petit coup de
pouce imprimé aux vieux principes ne résout plus rien, ce sont des
situations où les principes en question ont donné tout ce qu'ils pouvaient
donner ; ils sont devenus stériles et donc inutiles. Autrement dit, même si
des expériences ne contredisent pas directement le contenu partiellement
conventionnel de ces principes, elles les condamnent, lorsque le moment
arrive où les sauver revient à leur donner un contenu purement formel, un
contenu qui ne nous apporte plus rien quant à l'intelligibilité des phénomènes en question. Quand la convention tombe, c'est qu'une des pistes qui
s'offraient pour mettre de l'ordre dans les à-peu-près de l'expérience s'avère

bouchée. Mais plutôt que de rebrousser chemin afin de s'assurer du sens de ce qui a été accompli, même si cet accomplissement n'arrivait pas à son terme, la physique, de par sa prédilection somme toute récente pour les principes, préfère s'aventurer impatiemment dans de nouvelles pistes. Le chemin est-il ouvert pour une troisième voie, après la physique des forces centrales et la physique des principes ? Même si certains principes demeurent, ils n'ont plus un statut *a priori* privilégié ; ils sont plutôt la synthèse *a posteriori* de la physique mathématique théorique et de la physique expérimentale, étant entendu que la crise en question de la physique est motivée par l'utilisation de nouveaux instruments (comme l'interféromètre) auxquels correspondent de nouvelles mesures (comme la vitesse de l'électron proche de la vitesse de la lumière), ce qui introduit de nouvelles conditions de possibilité de l'expérience, en contradiction avec les conditions antérieures.

Dans son dernier texte de 1912, « L'espace et le temps », Poincaré entreprend de dialoguer avec les partisans de la mécanique nouvelle (Einstein et Minkowski)[20]. Il montre, en recourant à sa philosophie de l'espace et du temps, et au principe de relativité tel qu'il l'entend, que ce radicalisme n'est pas nécessaire, et il estime, pour sa part, qu'un tel bouleversement dans les conventions fondamentales va être différé « encore longtemps ». La véritable difficulté, encore une fois, tient au sens des équations plutôt qu'aux équations elles-mêmes. Dans l'espace-temps à quatre dimensions, il y a des conflits sur ce que les observateurs voient : telle figure qui apparaît sphérique à un observateur apparaît comme un ellipsoïde à un autre. De plus, en raison de la perte de la simultanéité à distance, on ne peut plus parler d'un ordre absolu des événements au sens de la causalité ordinaire. Mais ce qui intéresse surtout Poincaré, c'est la présence d'un « absolument ailleurs » (au sens spatio-temporel) dans le diagramme de Minkowski, c'est-à-dire de zones du monde complètement séparées causalement l'une de l'autre par des « trous » de causalité. En relativité restreinte, il y a conflit sur le voir, qui entraîne l'irrésolution au niveau de l'action physique. C'est toute la conception de ce qu'on attend de la physique qui est ici en jeu, puisque le voir perd sa souveraineté et devient ineffectif dans certaines circonstances. Or c'est le pouvoir de la vision non obstruée qui permettait par exemple de trancher entre les lois du deuxième et du troisième ordre. On en retire l'impression que la théorie de la relativité restreinte est une physique comparable à celle que des observateurs construiraient sur une Terre perpétuellement entourée de nuages, mais dans un état qui n'est pas encore suffisamment avancé pour rétablir le recouvrement de la vision et de l'action physique. Poincaré voudrait surtout empêcher que l'hypothèse de l'espace-temps quadridimensionnel ne *devienne* naturelle. Car alors c'est rien de moins que l'idée à laquelle se

---

20. « L'espace et le temps », *Dernières Pensées*, p. 108-109.

ramène toute science de la nature qui est menacée, à savoir l'unité de l'univers.

L'unité de la nature

Du point de vue logique, un principe physique est analogue à une convention mathématique, un décret de l'esprit. Mais du point de vue de sa genèse, tant dans l'esprit du savant que dans le contexte de l'histoire de la science moderne, partant de faits suggestifs, si le principe correspond à l'expérience, il finit par s'en détacher. Or, une fois devenu transcendant, le principe redevient-il comparable à une pure convention au sens mathématique ? Il n'en est rien. Si la présence de conventions dans l'énoncé des lois physiques peut conduire à la conclusion que les lois peuvent varier en fonction du choix des conventions, que même les relations naturelles s'en trouvent modifiées, c'est une conclusion prématurée par principe, puisque bien loin de nous faire renoncer à un invariant universel indépendant des conventions, la physique continue à viser par principe des lois invariantes qui fixent « les relations entre les faits bruts », au-dessus de ces faits dits « scientifiques » qui, traduits dans un langage commode, définissent l'horizon opératoire de la science[21]. Traversée par une exigence d'autodépassement qui la reconduit à son point de départ préscientifique dans l'expérience immédiate des faits bruts, aucune théorie physique n'est jamais absolument en phase avec elle-même. Elle ne trouve son compte qu'au-delà d'elle-même : dans l'unité de la nature.

Cette unité n'est plus une hypothèse ; elle est de l'ordre du « sentiment » ou de la « croyance[22] », foi plus forte encore que celle en la simplicité de la nature, sur laquelle des réserves peuvent être émises. « La science marche vers l'unité et la simplicité[23] », mais pas de la même manière. Le diagnostic de Poincaré sur l'évolution des théories physiques est que la simplicité a été trop vite confondue avec un certain simplisme, comme c'était le cas dans la conception mécaniste du monde. Cette conception réclame par exemple l'homogénéité simple et absolue de la matière, sans quoi la mathématisation de la nature serait impossible ; mais pour Poincaré, c'est plutôt la superposition d'un grand nombre de phénomènes élémentaires tous semblables entre eux qui conduit la physique à adopter la forme mathématique. Le fait brut et élémentaire est un problème, non un observable ; ce problème est résolu par la composition de ce fait avec lui-même, qui permet de déduire le fait complexe de l'observation en lui donnant une forme mathématique. Quant à la marche vers l'unité, elle est une évidence d'autant plus difficile à comprendre qu'elle renvoie à une liaison intime et profonde entre l'esprit et les choses. C'est ainsi qu'une convention comme

---

21. « La science est-elle artificielle ? », *La Valeur de la science*, p. 170.
22. *La Science et l'hypothèse*, p. 161-162.
23. *Ibid.*, p. 183.

le principe de relativité ne sera jamais prise en défaut que dans le cas où elle s'applique à l'univers total ; mais quand bien même Poincaré affirme que « si les diverses parties de l'univers n'étaient pas comme les organes d'un même corps, elles n'agiraient pas les unes sur les autres », cela ne l'empêche pas de considérer comme une hypothèse naturelle le fait que l'action mutuelle de deux corps tend vers zéro au fur et à mesure de leur éloignement.

L'inquiétude de Poincaré, visible dans la tension de certaines de ses positions, ne sera pas restée vaine. La théorie de la relativité restreinte, en raison des poches de causalité neutralisée dans l'espace-temps quadridimensionnel, devait lui apparaître comme un acte de rupture avec le sentiment inébranlable en l'unité de l'univers. Comme en écho à cette inquiétude, la théorie de la relativité, suivant son propre cheminement, a bien vite retrouvé la cosmologie comme un problème explicite, sinon comme l'expression d'une aporie. La relativité restreinte s'est attaquée aux absolus newtoniens à caractère ontologique (l'espace et le temps). La relativité générale, pour sa part, s'est attaquée aux absolus newtoniens à caractère expérimental (l'égalité observée de la masse inerte et de la masse gravitationnelle). Quel est le rôle qui reste dévolu aux absolus dans les nouvelles théories ? Alors qu'espace et temps étaient deux concepts fondamentaux de la mécanique classique, en tant qu'ils empiétaient à la fois sur l'expérience subjective du monde et le soubassement ontologique de ce même monde, la relativité restreinte les amalgame dans un continuum quadridimensionnel absolu, séparant ainsi plus nettement le subjectif de l'objectif. Par exemple, l'expérience intuitive de l'écoulement du temps ne se retrouve dans ce continuum que moyennant l'intervention active d'une conscience[24]. En relativité générale, la généralisation du principe d'inertie a pour effet de reculer plus loin encore le moment où les absolus commencent à se manifester par rapport aux données de l'expérience. Ainsi, Eddington, philosophiquement assez proche de Poincaré, évaluait la priorité du concept d'invariance sur celui de causalité dans les équations du champ relativiste en déclarant que ces équations « ne sont plus qu'une définition du vide [...] Nous ne nous demandons pas comment la masse s'agrippe à l'espace-temps et cause la courbure postulée par notre théorie [...] la masse *est* la courbure[25] ». Incontestablement, le passage de la relativité générale à la cosmologie relativiste peut se comprendre comme la conséquence d'une interrogation lancinante sur le sens d'un invariant absolument universel qui ne soit pas une simple définition déguisée. Mais la cosmologie relativiste n'a jamais pu faire l'économie de certains principes (comme le principe

---

24. Voir Hermann Weyl, *Space, Time, Matter*, trad. H. L. Brose de la quatrième édition allemande, New York, Dover, 1952, p. 217.

25. Arthur S. Eddington, *The Nature of the Physical World*, Cambridge, Cambridge University Press, 1928, p. 156.

cosmologique) qui ne relèvent pas des équations de la relativité générale elle-même. Particulièrement significative est l'hypothèse d'une censure des pathologies causales (connue sous le nom d'hyperbolicité globale), qui, en colmatant les trous de causalité, non seulement cadre bien, parmi toutes les solutions cosmologiques possibles des équations de la relativité générale, avec l'hypothèse d'une singularité originelle, mais qui en plus sauve *in extremis* ce que des auteurs comme Hawking et Ellis appellent candidement « la simple notion du libre arbitre[26] ».

Armé de sa foi en l'unité de la nature, Poincaré déclarait : « Nous n'avons donc pas à nous demander si la nature est une, mais comme elle est une[27] ». Aujourd'hui, nous constatons que la cosmologie (relativiste et/ ou quantique) répond au comment à l'aide d'hypothèses qui ne s'apparentent à aucun des types d'hypothèse envisagés par Poincaré, mais plutôt à des sortes de décrets posés pour satisfaire coûte que coûte le besoin d'unité. Ce refuge trahit sans doute une inquiétude sourde sur la question de savoir si l'unité prévaut effectivement.

---

26. Stephen W. Hawking et George F. R. Ellis, *The Large-Scale Structure of Space-Time*, Cambridge, Cambridge University Press, 1973, p. 189.

27. *La Science et l'hypothèse*, p. 161.

Le conventionnalisme, conséquence de l'intuitionnisme

ÉRIC AUDUREAU

CEPERC-CNRS, Aix-en-Provence

eric.audureau@wanadoo.fr

RÉSUMÉ. — Partant du principe que la philosophie de la connaissance de Poincaré est cohérente, j'essaie de faire voir que son conventionnalisme en géométrie et en physique n'est qu'une conséquence de son intuitionnisme. Après avoir rappelé, dans la première section, ce qu'est l'intuitionnisme et décrit ce que l'intuitionnisme de Poincaré a de spécifique, je montre, dans la deuxième section, comment celui-ci retentit sur la conception de l'espace. Dans la troisième section, j'applique les conclusions précédemment établies à la question très controversée de la découverte de la relativité restreinte en renvoyant dos à dos les historiens : il n'a rien manqué à Poincaré pour découvrir la relativité restreinte, car, cette théorie étant incompatible avec son intuitionnisme, il n'avait aucune raison d'y adhérer.

ABSTRACT. — Taking for granted that Poincaré's epistemology is consistent, I attempt to show that his geometrical and physical conventionalism is no more than a consequence of his intuitionism. After having rehearsed the issues defining intuitionism and describing what is particular to Poincaré's version in the first section of the paper, I show, in the second section, how Poincaré's intuitionism influenced his conception of space. In the last section, I apply these now established conclusions to a very contested issue, the discovery of the special theory of relativity. Rejecting the view of historians on both sides of the issue, I argue that Poincaré had everything he would have needed to discover the special theory of relativity, but that since this theory is incompatible with his intuitionism, he had no reason to adopt it.

Je me propose de faire voir que le conventionnalisme — il serait préférable de dire les conventionnalismes — de Poincaré n'est pas un trait essentiel de sa théorie de la connaissance géométrique et physique, mais un caractère dérivé conjointement : a) de son intuitionnisme ; b) des conditions propres à la nature de la géométrie et à la pratique de la physique mathématique. En d'autres mots, il y a une conception philosophique qui singularise la pensée de Poincaré, c'est l'intuitionnisme, et il y a des distinctions entre les sciences (arithmétique, analyse, géométrie, physique) qui sont étrangères à la volonté de Poincaré et indépendantes de toute conception philosophique. C'est de l'application de cette conception philosophique à ces distinctions, philosophiquement neutres, que résulte le soi-disant conventionnalisme de Poincaré, « soi-disant », car ce conventionnalisme ne relève pas d'un choix délibéré mais est imposé par les divisions dans l'ordre de la connaissance.

Deux types de raisons convergentes conduisent à retenir cette interprétation. La première tient à Poincaré, la seconde à la nature de la philosophie.

Avec Kant, je dirai que le premier devoir d'un philosophe est d'être conséquent avec lui-même. Or, dès l'instant où l'on a décidé que Poincaré était un philosophe — et si on en avait décidé autrement, il n'y aurait pas lieu d'en parler ici —, on se met en demeure de devoir concilier sa position sur les fondements de l'arithmétique et de l'analyse avec sa conception de la connaissance géométrique et physique. On pourrait faire voir que les interprètes qui étudient critiquement le conventionnalisme de Poincaré, « en lui-même et pour lui-même », d'une part, isolent soit sa philosophie de la géométrie, soit sa philosophie de la physique du reste de sa pensée et, d'autre part, ne se privent pas de s'appuyer sur des considérations d'analyse ou sur une idée du « progrès » de la physique, que la doctrine de la connaissance de Poincaré repousse tantôt explicitement, tantôt par implication. Voilà pour le premier type de raisons : comme pour tout philosophe, on ne peut comprendre Poincaré lorsqu'on n'en regarde qu'un morceau.

On voit souvent des scientifiques considérer avec dédain tous ces mots en *isme* qui abondent dans les propos des professionnels de la philosophie. En un sens, ils ont raison. Il y a beaucoup trop de mots en *isme* et, qui plus est, ceux-ci sont souvent mal choisis. Mais ils ont également tort. Si on est rebuté par ces mots, c'est par la philosophie tout court que l'on est rebuté. La philosophie a autant besoin des *ismes* que la physique des mots en *ique*. En toute rigueur, on pourrait se passer des uns et des autres, mais il est commode de pouvoir les employer. Et sans aller jusqu'à dire qu'il serait aussi difficile de faire de la philosophie, ou d'en parler, sans employer ces mots qu'il le serait d'exprimer, ou de résoudre, des équations algébriques sans employer des abréviations comme x ou a, ainsi que le faisaient les algébristes du XVe siècle, notons que cette analogie a sa petite part de vérité. Un traitement raisonnable, cohérent et correct du vocabulaire essentiel de la philosophie paraît possible. Il permet de délimiter un nombre restreint de positions philosophiques, un nombre restreint d'*ismes*. Poincaré, s'il est philosophe, tombe dans une des cases de la classification des conceptions philosophiques possibles. Cette case est celle qui convient également à Descartes, Kant ou Brouwer, et il y a de bonnes raisons d'appeler intuitionnistes ceux qu'on y range.

Voilà, pour commencer, ce que j'entends par l'« intuitionnisme de Poincaré » : il est philosophe et, en tant que tel, il doit être rangé avec ceux qui viennent d'être mentionnés. La première partie de cet article illustre rapidement ces deux idées.

Lorsqu'on a un peu lu le Poincaré et réfléchi sur ce qu'est l'intuitionnisme mathématique, il n'est pas trop difficile d'admettre que celui-ci, en arithmétique, est intuitionniste. Il est moins aisé, car plus inhabituel, de comprendre comment cet intuitionnisme retentit sur la géométrie et la physique. Je poursuivrai cet article en rappelant la doctrine de Poincaré au sujet de l'espace et en faisant voir que celle-ci s'accorde en tous points avec son intuitionnisme arithmétique. Plus exactement, j'indiquerai pourquoi l'espace *physique*, un terme qui, sauf erreur, n'apparaît jamais sous sa plume, est pour Poincaré à la fois inexistant (c'est son intuitionnisme) et nécessaire (c'est la physique).

Je terminerai en mettant à l'épreuve mes deux hypothèses (Poincaré est philosophe et sa philosophie est l'intuitionnisme), un peu comme on soumet une théorie à l'expérience. Cette épreuve, ce sera celle du rôle de Poincaré dans la découverte de la relativité restreinte. Cette question est un classique de l'histoire des sciences : qui, de Poincaré ou d'Einstein, a découvert la théorie de la relativité restreinte ? Personne ne peut nier, aujourd'hui, que Sommerfeld a commis une grave injustice en n'incorporant pas de texte de Poincaré dans son célèbre recueil sur le principe de relativité[1]. Cependant, aller en déduire que Poincaré fut un précurseur ignoré de la théorie de la relativité ou, opinion opposée, qu'il a été incapable de la découvrir, c'est remplacer une injustice par une autre, car, tout simplement, de cette théorie, Poincaré ne voulait pas. Il n'en voulait pas par fidélité à son intuitionnisme, qui exclut toute hypostase de la notion suprasensible d'espace. La nouvelle injustice consiste donc à vouloir écraser l'histoire de la philosophie, qui veut expliquer pourquoi Poincaré est un penseur cohérent, avec la chronologie des découvertes scientifiques[2]. Cette nouvelle injustice est double : à l'égard de Poincaré, dont on ignore les raisons, et à l'égard de la philosophie, dont on ne veut pas écrire correctement l'histoire.

1. Poincaré est intuitionniste

Qu'est-ce qu'être philosophe ? Qu'est-ce que l'intuitionnisme ? Qu'est-ce que l'intuitionnisme de Poincaré ? Voilà la matière des trois paragraphes qui suivent. Pour des raisons évidentes, les deux premières questions seront traitées de façon plutôt allusive et la réponse à la dernière ne sera qu'esquissée.

1.1 Être philosophe

Être philosophe, c'est avoir l'esprit de système. Construire une philosophie, c'est construire un système en partant d'un axiome qui énonce ce qui est et qui réponde aux deux questions : Comment la connaissance est-elle possible ? Comment dois-je me comporter ? Il y a très probablement une philosophie morale chez Poincaré, mais, comme il le dit : « La morale et la science ont leurs domaines propres qui se touchent mais ne se pénètrent pas [...] Elles ne peuvent donc jamais se contrarier puisqu'elles ne peuvent jamais se rencontrer[3]. » Je m'autoriserai de ce point de vue partial, et peut-

---

1. Arnold Sommerfeld, *Das Relativitätsprinzip*, Leipzig, Teubner, 1922.
2. Ces chronologies dont Paul Veyne nous dit qu'elles sont la forme la plus candide de l'histoire.
3. Henri Poincaré, *La Valeur de la science*, rééd., Paris, Flammarion, 1970, p. 20. Dorénavant j'utiliserai, pour mentionner cet ouvrage l'abréviation VS. J'emploierai de même les abréviations *SH*, *SM* et *DP* pour désigner respectivement *La Science et l'hypothèse*, rééd.,

être typique de l'intuitionnisme, pour introduire une simplification qui consistera à biffer la seconde question et à limiter les indications sommaires qui suivent aux « demi-systèmes » philosophiques, qui ne répondent qu'à la question de la possibilité de la connaissance. La valeur de ces constructions que sont les systèmes philosophiques se mesure par le succès avec lequel ils sont à même de rendre compte de l'état réel de la connaissance scientifique[4]. Pourquoi faut-il les classer ?

Je l'ai dit plus haut, la prolifération des dénominations embrouille l'esprit. Le premier intérêt d'une classification est de permettre de reconnaître ce qui doit être authentiquement considéré comme un système philosophique et de déceler les allotypes d'un même système. C'est pour pouvoir écrire l'histoire de la philosophie que l'idée de classification des systèmes a été conçue. Kant, comme on le sait, conclut la *Critique de la raison pure* en mentionnant une lacune « dans le système » qu'il vient d'élaborer « et qui doit être remplie plus tard » : rédiger une histoire de la raison pure. Dans l'innocence qui est la sienne, Kant croit que cette histoire est derrière lui. Aujourd'hui, nous savons que nous devons ajouter son cas à cette histoire *par définition interminable*. Mais il y a une suggestion décisive dans le projet kantien de cette histoire : il ne faut pas l'écrire comme la succession chronologique des œuvres : les luttes qui se sont déroulées sur le champ de bataille de la métaphysique doivent êtres décrites en fonction des *buts* de ces batailles, c'est-à-dire selon des oppositions concernant les objets, les origines et les méthodes de la connaissance. C'est l'embryon de la méthode structurale en histoire de la philosophie, et il n'y a que l'hétérogénéité des traits distinctifs retenus par Kant qui le prive du titre de père de cette méthode.

Une classification des systèmes philosophiques est le premier des outils méthodologiques des professionnels de la philosophie. Elle est indispensable pour déchiffrer l'histoire de la philosophie. Privé d'une classification, l'historien court sans cesse le risque de faire prévaloir les ressemblances thématiques sur les considérations architectoniques et de glisser sur la pente savonneuse qui, de l'histoire de la philosophie, fait tomber dans l'histoire des idées philosophiques. Dès l'instant où l'on adopte l'hypothèse que Poincaré est philosophe, on s'astreint à lui attribuer une étiquette, un *isme*. L'un ne peut aller sans l'autre.

Paris, Flammarion, 1968 ; *Science et méthode*, rééd., Paris, Kimé, 1999 ; *Dernières Pensées*, Paris, Flammarion, 1913.

4. Voilà une nouvelle simplification abusive conséquente à l'emploi des mots « science » et « philosophie » qui nous paraissent beaucoup plus clairs qu'ils ne le sont réellement. L'intuitionnisme de Brouwer n'essaie pas de rendre compte de la science telle qu'elle est, mais de la transformer en ce qu'elle devrait être. Le résultat est une modification radicale des mathématiques avec de nombreuses « mutilations ». De même, Poincaré rejette la théorie de la relativité, comme nous le verrons plus bas. J'emploie donc l'expression « rendre compte de l'état réel de la connaissance scientifique » simplement pour fixer les idées.

Pour illustrer les effets de la classification des systèmes philosophiques, considérons les positions qui étaient en présence, telles qu'on a l'habitude de les décrire, dans les controverses sur les fondements des mathématiques. On y distingue trois types d'attitudes : le logicisme, le formalisme et l'intuitionnisme. Le propre du logicisme est de soutenir que le concept de nombre peut être construit logiquement. Réduite à la seule circonstance des débats sur les fondements des mathématiques, cette caractérisation paraît correcte. Elle oppose le logicisme au formalisme, pour lequel le nombre et la logique sont construits parallèlement, et à l'intuitionnisme, pour lequel la logique est stérile et le nombre une création de notre esprit. Mais l'examen des doctrines logicistes, celles de Frege, de Russell et de Carnap[5], laisse immédiatement voir qu'elles sont profondément distinctes et qu'elles n'ont été rassemblées sous une même étiquette qu'à cause de leur opposition circonstancielle au formalisme et à l'intuitionnisme. Si le sujet de la controverse avait été autre, si, par exemple, il avait porté sur la nature de la connaissance géométrique, la distribution des rassemblements et des oppositions aurait été différente.

Par conséquent, ce que recherche une classification des systèmes philosophiques c'est des invariants. Comment peut-on déterminer de tels invariants ? Par l'analyse. On considère les problèmes éternels de la philosophie, par exemple celui du continu, et on examine les réponses réelles, historiquement attestées, qui ont été données à ces problèmes. Ensuite, on se demande si, dans cette liste des réponses réelles, certaines ne peuvent pas être apparentées. Pour comprendre comment on procède pour faire ces regroupements, on peut songer aux classifications naturelles.

a) Les classifications naturelles mettent dans le même compartiment les chauves-souris, les girafes et les baleines ; leurs critères classificatoires dépassent donc les apparences. Il ne faut pas reprocher à une classification des systèmes philosophiques d'en faire autant.

b) Une classification naturelle n'est pas un animal ; une classification des systèmes philosophiques n'est pas une philosophie.

c) Une classification naturelle est indifférente à l'arrogance du chameau, à la fierté de l'aigle ou à la laideur du varan ; elle n'a pas de chouchou parmi les animaux. Une classification des systèmes philosophiques est neutre à l'égard des engagements philosophiques.

d) Une classification naturelle récapitule l'histoire naturelle ; une classification des systèmes philosophiques ne peut être indifférente aux phyla de l'histoire de la philosophie.

Voilà donc quatre conditions que doit satisfaire toute classification des systèmes philosophiques. La dernière d'entre elles doit cependant être

---

5. Pour Frege, les objets et les concepts existent ; pour Russell, il n'y a que des individus et des relations sur ces individus ; pour Carnap, seuls les noms des êtres existent.

nuancée, sinon sérieusement amendée. On ne peut négliger la réalité de la différence entre un être vivant, façonné par la nature, et un être abstrait, produit de la culture. Il faut comprendre cette condition sur les rapports de la philosophie et de l'histoire de la philosophie ainsi : L'histoire de la philosophie n'est pas la description de la succession temporelle de systèmes, mais l'histoire des conflits entre systèmes. Chaque système lutte pour la survie de son phylum en essayant de chasser du territoire de la philosophie les membres des autres espèces. Par conséquent, l'un des buts importants, pour ne pas dire le but principal, de l'histoire de la philosophie est l'anachronisme. Je veux dire que ce qui l'intéresse en premier lieu, c'est l'examen des différences et des ressemblances entre systèmes éléments d'une même classe. C'est comprendre comment un genre de philosophie résiste et évolue au milieu des épreuves auxquelles le soumettent les progrès de la science et les luttes incessantes avec les systèmes philosophiques adverses[6].

1.2 Être intuitionniste

J'appelle intuitionnisme ce que l'on appelle parfois philosophie du sujet ou, plus souvent, idéalisme. Pourquoi changer d'appellation ? Notons d'abord que le terme idéalisme est mal choisi. Il s'est imposé sous l'influence de la philosophie de Kant, que l'on appelle usuellement idéalisme transcendantal. L'abréviation, consistant à supprimer le qualificatif transcendantal, prête à confusion puisque le propre de l'« idéalisme » kantien est de répudier les conceptions de la théorie de la connaissance qui sont construites à partir des idées. Le terme idéalisme a donc une signification, dans le vocabulaire usuel de la philosophie, opposée à celle indiquée par sa morphologie. Cet usage, typique de l'emploi des *ismes* qui dégoûte les scientifiques, serait cependant insuffisant pour tenter de s'opposer à des habitudes bien établies. La véritable raison pour changer de nomenclature est ailleurs. Elle réside dans le fait qu'il n'existe pas de langage plus clair que celui de la science pour exprimer la réalité des distinctions dont s'occupe la théorie de la connaissance.

La vivacité de l'idéalisme s'est manifestée à l'occasion des controverses sur les fondements des mathématiques au début du XXe siècle, où il a trouvé dans la doctrine de Brouwer une expression nouvelle et radicale. C'est à cause de cette double circonstance, à savoir la remise en cause des principes du domaine le plus certain de la connaissance, les mathématiques, et l'actualité de cette remise en cause, à laquelle aucune issue totalement satisfaisante n'a encore été trouvée, qui recommande la mise à jour termi-

---

6. La classification des systèmes philosophiques la moins insatisfaisante que je connaisse est celle de Jules Vuillemin, *What are Philosophical Systems*, Cambridge, Cambridge University Press, 1986. C'est à elle que je pense en écrivant ces remarques rapides. Cette classification prolonge les réflexions de Martial Gueroult, *Philosophie de l'histoire de la philosophie*, Paris Aubier, 1979.

nologique proposée. Celle-ci est comme un changement de système de coordonnées qui nous place à un point de vue nous permettant d'observer et d'embrasser une classe plus large d'événements de l'histoire du problème de la connaissance et de le décrire en termes à la fois plus généraux et plus précis. Ce changement terminologique accompagne donc un changement de perspective qui tient compte, en particulier, du renouvellement de la nature de la logique[7]. En posant que l'idéalisme est une catégorie fondamentale pour la classification des systèmes philosophiques, on échangerait un cas particulier, et restreint à un état obsolète de la science, contre un cas général.

Deux types de raisons plaident pour cet élargissement de l'intuitionnisme. Premièrement, l'appréciation de Brouwer lui-même. Celui-ci, après avoir d'abord appelé Poincaré post-intuitionniste, l'a ensuite qualifié de pré-intuitionniste[8]. Il y a donc, pour Brouwer, un phylum intuitionniste qui va d'un prédécesseur de Poincaré à lui-même et qui passe par Poincaré. Deuxièmement, et c'est surtout cela qui compte, les traits essentiels de la théorie de la connaissance brouwerienne sont partagés par tous les intuitionnistes :

— la connaissance est une faculté du moi ;
— il n'y a pas d'infini en acte ;
— la logique est stérile ;
— l'ordre de la succession préexiste à celui de la coexistence (priorité du temps sur l'espace).

Si ces principes sont partagés par Descartes, Kant et Poincaré, l'examen de leurs doctrines permet de voir en retour ce qu'il y a de lacunaire dans la pensée de Brouwer pour en dégager une description complète de la conception intuitionniste de la connaissance. Pour Brouwer, c'est commettre un péché que de vouloir connaître le monde matériel. Sa doctrine est donc muette sur la question de la possibilité de la physique mathématique, question qui est centrale dans celles de ses illustres prédécesseurs. Il faut donc, pour compléter la caractérisation de l'intuitionnisme, ajouter aux principes brouwériens :

— la connaissance physique est subordonnée à la connaissance mathématique, et la cosmologie dépasse les possibilités de la connaissance positive[9].

---

7. Pour plus de précisions sur ce point, voir Éric Audureau et Gabriella Crocco, « Intuitionnisme et constructivisme chez Brouwer », *Formes et calcul* (sous la dir. de J. Boniface), Paris, Ellipses, 2003, p.188-215.

8. W. P. Van Stigt, *Brouwer's Intuitionism*, Amsterdam, North-Holland, 1990, p. 129.

9. La première proposition de cet énoncé est acceptée également par les réalistes ; c'est la proposition coordonnée qui les distingue des intuitionnistes.

Pour en terminer avec ces considérations sommaires sur la nature de l'intuitionnisme, il faut dissiper l'erreur de méthode qui consiste à chercher dans l'appel à l'intuition le critère de l'intuitionnisme[10].

D'une part, le terme *intuition* est compris en de si nombreuses acceptions, et celles-ci peuvent être si vagues qu'on serait en peine d'en donner une définition unique. Poincaré tente parfois de clarifier cette situation tout en renchérissant ailleurs dans la confusion. Dans un texte bien connu de *La Valeur de la science*, il déclare :

> Pour faire l'Arithmétique, comme pour faire la Géométrie, ou pour faire une science quelconque, il faut autre chose que la logique pure. Cette autre chose, nous n'avons pour la désigner d'autre mot que celui d'intuition. Mais combien d'idées différentes se cachent sous ces mêmes mots [sic] ?
>
> Comparons ces quatre axiomes
>
> 1° Deux quantités égales à une même troisième sont égales entre elles ;
>
> 2° Si un théorème est vrai du nombre 1 et si l'on démontre qu'il est vrai de *n* + 1, pourvu qu'il le soit de *n*, il sera vrai de tous les nombres entiers ;
>
> 3° Si sur une droite le point C est entre A et B et le point D entre A et C, le point D sera entre A et B ;
>
> 4° Par un point on ne peut mener qu'une parallèle à une droite.
>
> Tous quatre doivent être attribués à l'intuition, et cependant le premier est l'énoncé d'une des règles de la logique formelle ; le second est un véritable jugement synthétique *a priori*, c'est le fondement de l'induction mathématique rigoureuse ; le troisième est un appel à l'imagination ; le quatrième est une définition déguisée. [...]
>
> Nous avons donc plusieurs sortes d'intuition ; d'abord l'appel aux sens et à l'imagination ; ensuite, la généralisation par induction, calquée, pour ainsi dire, sur les procédés des sciences expérimentales ; nous avons enfin l'intuition du nombre pur, celle d'où est sorti le second [...] axiome [...] et qui peut engendrer le véritable raisonnement mathématique[11].

Aux côtés de cette analyse, on trouve d'autres textes où Poincaré ne s'exprime pas avec toute la clarté désirable, c'est là sans doute la rançon de son style si vivant, et il laisse parfois penser que ces différentes acceptions sont comme les modes différents d'une même faculté. Dans *L'Invention mathématique*, par exemple, on le voit prêter simultanément plusieurs acceptions à une seule occurrence du mot intuition :

> Une démonstration mathématique n'est pas une simple juxtaposition de syllogismes, ce sont des syllogismes *placés dans un certain ordre*, et l'ordre

---

10. Par exemple, van Stigt, dans l'ouvrage cité précédemment, tente d'établir que Poincaré n'est pas réellement intuitionniste en montrant que sa notion de l'intuition est différente de celle de Brouwer.

11. *VS*, p. 32-33.

dans lequel ces éléments sont placés est beaucoup plus important que ne le sont ces éléments eux-mêmes. Si j'ai le sentiment, l'intuition pour ainsi dire de cet ordre, de façon à percevoir d'un coup d'œil l'ensemble du raisonnement, je ne dois plus craindre d'oublier l'un des éléments, chacun d'eux viendra se placer lui-même dans le cadre qui lui est préparé, et sans que j'aie à faire aucun effort de mémoire[12].

Ici nous avons un élément épistémologique réel, l'ordre comme substitut de la mémoire, et un élément psychologique, la vision, qui sont communément désignés par « intuition ».

D'autre part, le terme intuition peut être employé *a contrario* de façon trompeuse dans le contexte d'une épistémologie qui n'est pas intuitionniste. Descartes est intuitionniste. Cependant, cet intuitionnisme est absent des *Règles pour la direction de l'esprit*. Dans cette œuvre, qu'il a renoncé à mener à son terme, Descartes reste tributaire de l'épistémologie aristotélicienne. C'est-à-dire que pour considérer l'« étendue réelle du corps », l'entendement doit se tourner vers l'image installée dans l'imagination puisque c'est l'imagination qui « forge une véritable idée corporelle » et que l'idée de l'étendue détachée de la figure réelle dans l'imagination est un « être philosophique et abstrait » que l'entendement ne peut avoir pour objet que par le moyen de l'abstraction[13]. Or le terme intuition appartient de façon exclusive au vocabulaire des *Règles*. Dès *Le Monde*, dès que sa philosophie est constituée, dès que son intuitionnisme est achevé, Descartes n'emploie plus ce terme[14].

1.3 L'intuitionnisme de Poincaré

Poincaré n'a pas professé de philosophie systématique. Ses ouvrages philosophiques sont des recueils en apparence hétéroclites, et la visée de ces livres est ambiguë ou, plus exactement, multiple : vulgarisation pour des publics très différents, controverses avec des savants, interrogation face aux bouleversements de la science de son temps, etc. Cet aspect de ses écrits est sans aucun doute responsable des interprétations si différentes que son œuvre a suscitées. La question préjudicielle qu'il faut résoudre est donc de savoir s'il y a une réelle unité de sa pensée ou si celle-ci se ramène à un ensemble de critiques, certes perspicaces, mais hétérogènes.

Dans l'introduction de *La Science et l'hypothèse*, Poincaré nous annonce qu'il faut repousser le nominalisme, le scepticisme et le dogmatisme

---

12. *SM*, p. 45-6
13. Doctrine identique à celle d'Aristote dans *De anima* 428 b10.
14. On peut cependant trouver parfois des exceptions dans la *Correspondance*, comme la lettre à Mersenne du 16 octobre 1639 : « [...] je distingue deux sortes d'instincts : l'un est en nous en tant qu'hommes et est purement intellectuel ; c'est la lumière naturelle ou *intuitus mentis*, auquel seul je tiens qu'on doit se fier. » Mais on doit remarquer qu'on ne peut se fier à cet « instinct » qu'une fois démontrée l'existence de l'âme. Cette subordination des raisons est absente des *Règles* où l'intuition, à elle seule, permet de connaître les natures simples.

naïf. Dans celle de *La Valeur de la science*, ainsi que dans le premier chapitre de *Science et méthode*, il condamne le pragmatisme qui identifie la vérité au succès dans l'action. Enfin, il repousse l'anti-intellectualisme[15]. Ces indications nous aident à circonscrire ses positions philosophiques. Si on doit lui prêter une doctrine, lui attribuer un *isme*, le choix devient très limité.

Pour les raisons qui viennent d'être énoncées, il est difficile de déceler une architectonique dans l'œuvre philosophique de Poincaré. Mais, ici encore, nous trouvons des suggestions précieuses dans l'introduction de *La Science et l'hypothèse*. Après avoir énuméré les doctrines qu'il rejette, Poincaré en vient aux considérations positives : ce que la science atteint

> ce ne sont pas les choses elles-mêmes, comme le pensent les dogmatistes naïfs, ce sont seulement les rapports entre les choses ; en dehors de ces rapports, il n'y a pas de réalité connaissable.

Telle est la conclusion à laquelle nous parviendrons, mais pour cela il nous faudra parcourir la série des sciences depuis l'arithmétique et la géométrie jusqu'à la mécanique et la physique expérimentale.

Selon l'interprétation ici défendue, ce texte est capital à deux titres. D'abord, cette série des sciences correspond aux quatre parties de *La Science et l'hypothèse* : « Le nombre », « L'espace », « La force » et « La nature ». Ce plan n'est pas que celui de l'ouvrage, c'est également celui que doit, pour Poincaré, suivre toute explication de la nature réelle et objective de la science (de la physique mathématique). Dans ses livres ultérieurs, Poincaré ne fait qu'approfondir, éclaircir et consolider les thèses qui déterminent cette progression de l'examen des matières, et les plans de *La Valeur de la science* et de *Science et méthode*, on le vérifie facilement, n'obéissent, contrairement à celui de *La Science et l'hypothèse*, qu'à des motifs circonstanciels[16]. On peut dire qu'il s'agit sans doute du seul document donnant des indications d'ordre architectonique sur la philosophie de la connaissance de Poincaré : le Moi qui est seul responsable de la mathématique pure à une extrémité, le Monde avec les faits bruts que nous livre l'expérience de la Nature à l'autre extrémité. Montrer que Poincaré est intuitionniste, c'est montrer que les strates intermédiaires entre ces deux extrémités, c'est-à-dire les conventions de la grandeur, du temps, de l'espace, des principes et, finalement, des lois de la physique, ne proviennent que des différents compromis que la faculté intellectuelle que nous voyons à l'œuvre en arithmétique doit faire avec les faits bruts, ainsi qu'avec les exigences de la communication et les legs du patrimoine de la science constituée. Ensuite, nous voyons que Poincaré paraît défendre un dogmatisme « non naïf » en plaidant pour l'existence des relations, et ce n'est pas

---

15. *VS*, p. 152.

16. Si le plan de *La Science et l'hypothèse* n'avait pas organisé le choix des textes, on verrait mal pourquoi Poincaré n'aurait pas inclus « La mesure du temps » dans ce premier recueil.

le seul texte où il affirme qu'il y a une connaissance objective de la réalité qui se ramène à la connaissance des rapports entre les choses[17]. Si tel était réellement le cas, Poincaré défendrait un réalisme de la relation qui serait strictement incompatible avec l'intuitionnisme. Il faut donc expliquer comment son intuitionnisme s'accorde avec cette affirmation.

Concernant l'intuitionnisme propre au nombre (première partie de *La Science et l'hypothèse*), je me bornerai, faute de place, à rapporter les thèses essentielles de l'intuitionnisme de Poincaré et les conclusions principales qu'il en tire quant à la fonction des mathématiques dans la connaissance.

L'infini en acte n'existe pas[18]. Ces nombres cardinaux transfinis que Cantor « s'est amusé à comparer[19] » « sont de purs néants[20] ». La logique ne mène qu'à des tautologies, et pour construire l'arithmétique, la géométrie ou une science quelconque, « il faut autre chose que la logique pure[21] ».

Quelle est cette « autre chose » ? C'est ce par quoi les deux définitions suivantes :
1) « un nombre entier fini est celui qui peut être obtenu par additions successives, c'est celui qui est tel que n n'est pas égal à $n-1$;
2) un nombre entier est celui sur lequel on peut raisonner par récurrence, qui ne sont pas identiques, sont équivalentes en vertu d'un jugement synthétique *a priori* ; on ne peut pas passer de l'une à l'autre par des procédés purement logiques[22] ». Aussi, dire que Russell et Hilbert « ont définitivement tranché le débat entre Kant et Leibniz et ruiné la théorie kantienne des mathématiques, c'est évidemment inexact. Je ne sais si réellement ils ont cru l'avoir fait, mais s'ils l'ont cru, ils se sont trompés[23] ».

On voit facilement la parenté de ces vues avec celles de Brouwer. Mais ce qui singularise l'intuitionnisme de Poincaré, c'est le fait que ce que nous voyons à l'œuvre dans les synthèses de l'arithmétique n'est qu'une manifestation particulière d'une faculté générale dont il souligne constamment la portée dans *La Science et l'hypothèse*, qui est, répétons-le, le seul de ces ouvrages qui soit un peu composé. La première référence à cette faculté apparaît dans le premier chapitre de *La Science et l'hypothèse*. Après s'être demandé pourquoi le jugement sur lequel repose le raisonnement par récurrence s'impose à nous « avec une irrésistible évidence », Poincaré répond :

---

17. Par exemple *SH*, p. 49 et 176.
18. *DP*, p. 104.
19. *SM*, p. 126.
20. *DP*, p. 132.
21. *VS*, p. 32. Avant la publication des *Principles of Mathematics* de Russell, Poincaré estimait que la logique se réduisait à la syllogistique. Après avoir pris connaissance des travaux de Russell, il dira : « La logique n'est plus stérile, elle engendre l'antinomie ! »
22. *SH*, p. 39-41 ; *SM*, p. 149-150.
23. *SM*, p. 152.

C'est qu'il n'est que l'affirmation de la puissance de l'esprit qui se sait capable de concevoir la répétition indéfinie d'un même acte dès que cet acte est une fois possible. L'esprit a de cette puissance une intuition directe et l'expérience ne peut être pour lui qu'une occasion de s'en servir et par là d'en prendre conscience[24].

Dans ce contexte, cette explication ne présente rien d'inattendu. Les jugements synthétiques *a priori* de l'arithmétique sont le produit d'un acte réflexif du moi. Tous les intuitionnistes pourraient en dire autant. Aussi l'important n'est-il pas là. Ce qui compte, c'est les faits de connaissance que Poincaré associe à cette faculté que l'esprit a « de concevoir la répétition indéfinie d'un même acte dès que cet acte est une fois possible ». Or nous trouvons, dans des contextes très différents, deux autres passages de *La Science et l'hypothèse* où Poincaré s'exprime dans des termes similaires et où il renvoie explicitement au texte juste cité du premier chapitre sur « La nature du raisonnement mathématique ».

Le premier passage se trouve au terme de l'exposé de ce qui fait l'objet de la géométrie[25]. Nous entrerons dans cet exposé plus bas. Il s'agit seulement de noter qu'après avoir présenté la première loi de la géométrie, la loi de l'homogénéité de l'espace qui est fondée, comme le sont, pour Poincaré, toutes les lois de la géométrie, sur l'entité <corps rigide, sensibilité du sujet réfléchissant>, Poincaré remarque à propos de cette loi :

> On peut dire aussi qu'un mouvement qui s'est produit une fois peut se répéter une seconde fois, une troisième fois, et ainsi de suite, sans que ses propriétés varient.
>
> Dans le chapitre premier, où nous avons étudié la nature du raisonnement mathématique, nous avons vu l'importance qu'on doit attribuer à la possibilité de répéter indéfiniment une même opération.
>
> C'est de cette répétition que le raisonnement mathématique tire sa vertu ; c'est donc grâce à la loi d'homogénéité qu'il a prise sur les faits géométriques.
>
> Pour être complet, il conviendrait d'adjoindre à la loi d'homogénéité une foule d'autres lois analogues dans le détail desquelles je ne veux pas entrer, mais que les mathématiciens résument d'un mot en disant que les déplacements forment « un groupe ».

Le second passage vient en conclusion de la discussion sur les origines épistémologiques de la physique mathématique. Poincaré y a expliqué com-

---

24. *SH*, p. 41.

25. *SH*, p. 88. Jules Vuillemin, dans sa préface à *La Science et l'hypothèse*, p. 15-16, fait ce rapprochement mais, curieusement, il estime que « si Poincaré n'a pas poursuivi son analyse dans cette direction, il semble que ce soit à cause de son conventionnalisme géométrique ». Selon l'interprétation que je propose, le conventionnalisme est, au contraire, une conséquence de la doctrine de la répétition indéfinie de l'opération élémentaire. Gabriella Crocco, dans l'article « Intuition, construction et convention dans la théorie de la connaissance de Poincaré » paraissant dans ce numéro, propose une interprétation identique.

ment « les efforts des savants ont toujours tendu à résoudre le phénomène complexe donné directement par l'expérience en un nombre très grand de phénomènes élémentaires[26] », et il conclut ainsi[27] :

> La connaissance du fait élémentaire nous permet de mettre le problème en équation ; il ne reste plus qu'à en déduire par combinaison le fait complexe observable et vérifiable. C'est ce qu'on appelle *l'intégration* ; c'est l'affaire du mathématicien.
>
> On peut se demander pourquoi, dans les sciences physiques, la généralisation prend volontiers la forme mathématique. La raison est maintenant facile à voir ; ce n'est pas seulement parce que l'on a à exprimer des lois numériques ; c'est parce que le phénomène observable est dû à la superposition d'un grand nombre de phénomènes élémentaires *tous semblables entre eux* ; ainsi s'introduisent tout naturellement les équations différentielles.
>
> [...] les mathématiques nous apprennent en effet à combiner le semblable au semblable. Leur but est de deviner le résultat d'une combinaison sans avoir à faire cette combinaison pièce à pièce. Si l'on a à répéter plusieurs fois une même opération, elles nous permettent d'éviter cette répétition en faisant connaître d'avance le résultat par une sorte d'induction. Je l'ai expliqué plus haut dans le chapitre sur le raisonnement mathématique.

Nous pouvons donc tirer trois conclusions au sujet de l'intuitionnisme de Poincaré. Premièrement, cet intuitionnisme déborde le cadre de l'arithmétique puisque la faculté à l'origine de cette science s'applique tout également à la géométrie et à la physique mathématique. Deuxièmement, le principe d'induction arithmétique n'est qu'un cas particulier de cette faculté générale, la possibilité de répéter indéfiniment une opération élémentaire, que Poincaré met au principe de toute connaissance mathématique. Troisièmement, les mathématiques ont un rôle directeur et constitutif pour la physique. Le contenu réel des propositions de la physique est réduit aux relations exprimées par les opérations d'intégration et de différentiation. La nature relationnelle des équations différentielles explique donc l'affirmation de Poincaré selon laquelle ce que nous connaissons « ce sont seulement les rapports entre les choses » et qu'« en dehors de ces rapports il n'y a pas de réalité connaissable ». Et lorsque Poincaré souligne, dans la citation ci-dessus, que le caractère numérique des lois de la physique ne suffit pas à expliquer leur généralité, il veut souligner, contre Duhem dont il partage l'opposition au dogmatisme naïf, que si la physique mathématique peut atteindre la généralité, c'est grâce à cette sorte d'induction qui est une faculté de notre esprit.

Toute doctrine philosophique comporte une part critique qui s'adresse aux assomptions essentielles des philosophies adverses et une partie positive qui propose de nouvelles solutions aux problèmes résolus par les philosophies adverses. Concernant les fondements de l'analyse, la partie critique

---

26. *SH*, p. 167-168.
27. *SH*, p. 171. C'est Poincaré qui souligne.

de l'intuitionnisme de Poincaré est correcte, si on entend par là qu'elle porte sur le point qui permet d'identifier et de réidentifier l'intuitionnisme au cours de l'histoire de la raison pure : l'infini n'existe pas. La partie positive, en revanche, est inaccomplie. L'expédient adopté par Poincaré pour résoudre les paralogismes du continu physique, c'est-à-dire la notion de prédicativité, est insatisfaisant, car il ne tranche pas une question préjudicielle : qu'est-ce qu'une fonction ? Ou, en termes plus prosaïques, les mathématiques sont-elles un fait dont la raison doit rendre compte, ou est-ce à la raison de dire ce qu'elles peuvent être ? L'intuitionnisme de Poincaré est inaccompli, car contrairement à celui de Brouwer, il n'a pas tranché cette question. La trancher revient à rejeter l'usage inconditionné du principe de démonstration par l'absurde, et donc à adopter un nouveau concept de négation avec le cortège de conséquences que cette révolution impose à l'architecture des mathématiques[28]. Constatant que les acteurs du débat sur les fondements de l'analyse campaient irrémédiablement sur leurs positions, Poincaré a essayé de décrire d'« un point de vue purement objectif, comme si nous étions nous-mêmes placés en dehors de ces écoles, comme si nous décrivions une guerre entre deux fourmilières[29] », les positions en présence. Il a discerné deux écoles, les cantoriens et les pragmatistes, au nombre desquels il s'est compté. Il faut comprendre cette attitude ainsi : « Pour continuer à faire de la physique j'ai besoin de théorèmes d'analyse que mon opposition légitime au réalisme des cantoriens ne me permet pas de démontrer ; c'est cet usage à la fois injustifié et indispensable du concept de continuité qui est pragmatique. » Mais si l'on croyait que cet acte classificatoire tardif venait s'opposer à l'idée que Poincaré est intuitionniste, il n'y aurait qu'à lui donner la parole pour dissiper ce malentendu :

> Et pourquoi les Pragmatistes refusent-ils d'admettre des objets qui ne pourraient être définis par un nombre fini de mots ? C'est parce qu'ils considèrent qu'un objet n'existe que quand il est pensé, et qu'*on ne saurait concevoir un objet pensé indépendamment d'un sujet pensant*. C'est bien là de l'*idéalisme*. Et comme un sujet pensant c'est un homme, ou quelque chose qui ressemble à l'homme, que c'est par conséquent un être fini, l'infini ne peut avoir d'autre sens que la possibilité de créer autant d'objets finis qu'on le veut[30].

2. Connaissance de l'espace et conventionnalisme

Dans l'*Introduction* de la *Valeur de la science*, Poincaré nous dit de ces cadres que nous nommons l'espace et du temps, et « dans lesquels la nature

---

28. Descartes, par exemple, a été, sur ce plan, beaucoup plus conséquent que Poincaré. Il a délibérément mutilé les mathématiques pour ne conserver que celles qui étaient conformes à son intuitionnisme. Sur ce point, voir Jules Vuillemin, *Mathématiques et métaphysique chez Descartes*, Paris, PUF, 1960.

29. *DP*, p. 144.

30. *DP*, p. 158-159 ; c'est moi qui souligne.

nous paraît enfermée », que « ce n'est pas la nature qui nous les impose, [mais que] c'est nous qui les imposons à la nature parce que nous les trouvons commodes ». Les discussions du conventionnalisme de Poincaré ont surtout été provoquées par cet appel à la commodité. Elles supposent ainsi un renversement des raisons : c'est la recherche de la commodité qui nous aurait conduits à imposer l'espace qui nous convient à la Nature plutôt que de laisser celle-ci nous l'imposer. On a oublié la condition préliminaire : nous *devons* imposer espace et temps à la nature, car ceux-ci n'existent pas. Typiquement, Reichenbach salue en Poincaré un promoteur du conventionnalisme géométrique, conventionnalisme grâce auquel Helmholtz a montré définitivement que la théorie kantienne de l'espace était indéfendable. Mais, précise Reichenbach, Poincaré « néglige la possibilité de formuler des propositions objectives au sujet de l'espace réel et estime qu'il est impossible de "découvrir à l'empirisme géométrique un sens raisonnable"[31] ». On voit donc que les méprises sur le conventionnalisme géométrique ont leur origine dans l'ignorance de l'antidogmatisme radical de Poincaré, qui s'étend à toutes les notions suprasensibles et auquel l'espace et le temps n'échappent pas.

Bien entendu, Poincaré, en déclarant que la nature ne nous impose pas les cadres du temps et de l'espace, ne défend pas un point de vue original. Pratiquement aucun théoricien de la physique, à la fin du XIXe siècle, n'est disposé à défendre la conception « absolutiste » de l'espace et du temps. Mach ou Maxwell, pour ne citer que deux auteurs parmi les plus célèbres, partagent avec Poincaré ce rejet des concepts newtoniens. Ce que, d'ailleurs, Poincaré confirme : « Quiconque parle d'espace absolu, emploie un terme vide de sens. C'est là une vérité qui a été proclamée depuis longtemps par tous ceux qui ont réfléchi à la question, mais qu'on est trop souvent porté à oublier[32]. » En d'autres termes, il ne suffit pas de déclarer que l'espace absolu n'existe pas, il faut aussi en tirer toutes les conséquences. Reichenbach, qui paraît assimiler la position de Poincaré à une variante de celle de Helmholtz ou de Mach, néglige les deux aspects essentiels qui distinguent cette doctrine de toute autre : son caractère anti-empiriste et tout le parti qu'elle tire de la distinction entre géométrie pure et géométrie physique.

L'espace est donc un cadre que nous imposons à la nature, car, contre Newton, on ne peut prétendre que l'espace existe. D'où vient ce cadre et comment le concevons-nous ?

L'espace peut être considéré selon trois aspects : comme une notion mathématique lorsqu'il est l'objet de la géométrie pure ; comme une notion physique, c'est alors le réceptacle dans lequel se situent et se meuvent les

---

31. Hans Reichenbach, *The Philosophy of Space and Time*, New York, Dover, 1958, p. 36.

32. *SM*, p. 97

objets matériels; enfin comme une notion psychologique, c'est-à-dire comme la représentation que l'homme, comme tout être animé, se fait de l'environnement dans lequel il évolue.

Lorsque Poincaré écarte d'emblée « l'idée d'un prétendu sens de l'espace qui nous ferait localiser nos sensations dans un espace tout fait, dont la notion préexisterait à toute expérience, et qui avant toute expérience aurait toutes les propriétés de l'espace du géomètre[33] », il parle évidemment de cet espace qui est une « forme flasque, sans rigidité, qui peut s'appliquer à tout[34] », c'est-à-dire de l'espace physique[35]. En niant qu'il existe un espace physique, Poincaré rejette l'idée que l'on puisse trouver dans la nature :

a) les grandeurs spatiales, au sens de la dimension physique, c'est-à-dire ces entités que dans le langage des dimensions on nomme longueur (L), surface (L^2) et volume (L^3);

b) la grandeur au sens mathématique du terme, c'est-à-dire le nombre qui mesure la distance entre deux objets;

c) la forme de l'espace, c'est-à-dire des propriétés telles que l'indice de sa courbure (constante) ou le nombre de ses dimensions.

Il en résulte que le cadre spatial que nous imposons à la nature ne peut trouver que son origine soit dans la notion mathématique d'espace, soit dans la notion psychologique, soit, encore, dans la combinaison de ces deux notions. Le problème de l'origine de l'espace est donc de savoir comment nous parvenons à imaginer un cadre où se déroulent les phénomènes physiques et qui soit continu, infini, tridimensionnel, homogène et isotrope comme l'est l'espace relatif de la géométrie physique.

2.1 Théorie de l'espace représentatif

Ce cadre, les empiristes « disent que c'est l'expérience qui nous l'impose » tandis que pour les kantiens, « nous naissons avec notre espace tout fait ». Poincaré nous dit que sa conception revient à accorder une part de vérité et une part d'erreur à chacune de ces deux positions[36].

Voyons d'abord la part d'erreur des kantiens.

La géométrie pure ne peut, à elle seule, nous faire connaître ce qu'est l'espace, car elle nous livre plusieurs concepts d'espace. Les axiomes de la

---

33. *DP*, p. 36.

34. *Ibid.*, p.40.

35. On ne trouvera pas sous la plume de Poincaré d'expressions telles que « l'espace physique n'existe pas ». C'est cependant le sens qu'il faut prêter, par exemple, à une expression telle que « le principe de la relativité de l'espace » (*SM*, p. 97). Une complication supplémentaire provient du laxisme dont fait preuve Poincaré dans l'emploi de sa terminologie. Ainsi, il parle parfois de « l'espace géométrique » (*SH*, p. 77) pour désigner les propriétés géométriques prêtées à l'espace de la physique.

36. *SM*, p. 101.

géométrie, contrairement à ceux de l'arithmétique, peuvent être niés[37]. Cette possibilité, qui exprime le caractère indéterminé de la connaissance géométrique, l'oppose à l'arithmétique sans pour autant altérer la certitude de la connaissance géométrique. Mais elle fait voir que celle-ci ne s'impose pas à notre esprit avec la même force que le principe arithmétique d'induction et que les axiomes de la géométrie ne sont pas synthétiques *a priori*. Cette différence s'explique par le fait que ces derniers ont un contenu : ce sont des définitions déguisées[38]. Chacune de ces définitions stipule une convention qui, au critère de la seule possibilité logique, équivalant, en mathématiques, à l'existence, associe une image des êtres géométriques suprasensibles[39]. La convention, conséquence de la définition déguisée, remplit le rôle d'un être au sens où elle permet de passer de l'existence (logiquement) possible à une forme d'existence réelle. Mais cette existence n'est pas celle d'une chose dans la nature, sa réalité est celle du dessin d'une chose. Ce caractère fictif n'est pas en soi un obstacle pour imposer une géométrie à la nature puisque, nous l'avons vu, une telle fiction est inévitable. La difficulté vient du pluralisme géométrique. En droit, du point de vue de la déduction mathématique, toutes les géométries synthétiques se valent car toutes sont cohérentes, pour autant que la géométrie euclidienne le soit. L'équivalence logique des géométries suffit

---

37. *SH*, p. 74. Qu'on cooaye de se soustraire au principe d'induction, dit Poincaré, « et de fonder en niant cette proposition, une fausse arithmétique analogue à la géométrie non euclidienne, — on n'y pourra pas parvenir ». La crédulité des zélotes de la méthode axiomatique est telle que, comme leur maître Hilbert, ils en viennent parfois à voir dans la remarque de bon sens de Poincaré une prise de position philosophique. Frege, qui n'est pas intuitionniste, on en conviendra, fait la même remarque à Hilbert. Ce qui unit les réalistes et les intuitionnistes contre l'hilbertisme, c'est que face au constat de cette opposition catégorielle entre arithmétique et géométrie, l'hilbertisme prétend résoudre l'opposition dans une espèce de méthode universelle (la méthode axiomatique) tandis que la clairvoyance philosophique exige une explication de cette opposition et, surtout, sa prise en compte dans l'examen des possibilités de l'application des mathématiques à la connaissance du monde sensible de la physique. La distinction entre arithmétique et géométrie est réelle. Il est illusoire d'imaginer une méthode qui ne la rende qu'apparente et il est désastreux, pour les progrès de la connaissance, de procéder comme si cette illusion était réalité.

38. Il faut réserver toutefois le cas des axiomes de l'ordre, comme le souligne Poincaré dans *DP*. Ceux-ci, d'une part, sont constitutifs de la succession avec laquelle nous formons le temps, lequel est logiquement antérieur à l'espace, et, d'autre part, requis par l'*analysis situs* qui permet de déterminer sans arbitraire les dimensions d'un continuum amorphe.

39. Je rapproche, avec cette interprétation, Poincaré de Descartes (sans délibérer sur l'intention de Poincaré). Pour la géométrie comme science de l'imagination, voir par exemple *SM*, p. 101-102 avec la généralisation de l'expérience du miroir déformant. Dans les passages de *SH* (p. 66-69) ou de *VS* (p. 55-57) où Poincaré discute de la même question, le terme « image » n'est pas employé. Si on admet que lorsque Poincaré revient sur un exposé, c'est pour en améliorer la précision, et puisque le texte de *SM* (1907) est postérieur à celui de *VS* (1903) et qu'il traite du problème de la relativité de l'espace dans la perspective d'une réponse à la relativité restreinte, qui, comme nous allons le voir, hypostasie une géométrie pure, on peut tenir cette modification terminologique pour significative.

pour rejeter l'idée que nous naissons avec notre espace tout fait puisqu'elles s'imposent toutes avec la même force à notre esprit. En fait, les géométries sont logiquement équivalentes, et aucune expérience ne peut nous permettre de vérifier si la courbure de l'espace est nulle, négative ou positive. C'est une première part d'erreur de l'empirisme. L'autre part d'erreur de l'empirisme, nous allons le voir dans un instant, réside dans la croyance que les associations de sensations, à elles seules, puissent nous permettre de connaître le nombre de dimensions de l'espace.

À toutes les géométries caractérisées par la méthode axiomatique correspond un groupe. Choisir la géométrie la plus commode, c'est donc choisir le groupe qui convient le mieux pour la pratique de la géométrie physique. Trois circonstances distinctes concourent, bien qu'à des degrés divers, à la sélection du groupe correspondant à la géométrie euclidienne en imposant, chacune pour leur compte, une nouvelle convention :

1) La physique est faite par des hommes. Ceux-ci, en tant que membres de l'espèce humaine, partagent le même cadre de représentation de leurs sensations.
2) Les postulats opérationnels s'appuient sur les instruments de mesure adoptés par les physiciens.
3) L'héritage de la physique mathématique nous presse de conserver certains principes que l'expérience a imposés, mais qu'elle ne peut révoquer.

L'espace représentatif[40], propre à notre espèce, correspond à l'organisation que nous imposons à la totalité de nos sensations dans le but d'assurer notre survie[41]. Aucun de nos sens, à lui seul, ne peut nous permettre de construire l'espace requis pour la géométrie physique. Par exemple, l'espace visuel pur n'a que deux dimensions et n'est pas homogène. L'espace visuel complet, obtenu lorsqu'on adjoint au précédent les sensations musculaires associées à l'effort d'accommodation et à la convergence des deux yeux, possède bien trois dimensions, mais il n'est pas isotrope et, surtout, la coordination de la convergence et de l'accommodation est contingente. Elle dépend des propriétés optiques de notre milieu ambiant. Celui-ci eût-il été différent, l'espace visuel complet aurait pu avoir quatre dimensions. Cet exemple montre que même un espace rudimentaire, comme l'est l'espace visuel complet, est organisé par l'association de différentes formes de la sensibilité (visuelle et musculaire). L'espace représentatif

---

40. Je me limite, dans cette présentation, à quelques indications sommaires. Pour une analyse des conceptions de Poincaré sur l'espace représentatif, recommandons Jules Vuillemin, « Poincaré's philosophy of space », *Space, Time and Geometry* (sous la dir. de P. Suppes), Dordrecht, Reidel, 1973, ainsi que, pour une synthèse moins technique, du même auteur, « L'espace représentatif selon Poincaré », *Henri Poincaré. Wissenschaft und Philosophie* (sous la dir. de J. L. Greffe et coll.), Berlin et Paris, Akademie Verlag et Blanchard, 1996.
41. *SM*, p.105-108.

est constitué de telles associations, ainsi que de suites d'associations et de représentations de ces suites d'associations[42]. Leur contingence, le fait que vivant dans un monde où la propagation des rayons lumineux suivrait une loi différente où nous pourrions avoir un espace visuel à quatre dimensions, montre que l'espace représentatif est acquis. C'est la part de vérité de l'empirisme.

Cependant, les associations de sensations ne procèdent pas toutes du même principe. Parmi nos impressions sensorielles, nous pouvons distinguer celles qui sont dues à des changements externes (involontaires) de celles qui proviennent des changements internes (mouvements volontaires de notre corps). Cette opposition permet à Poincaré de formuler sa célèbre distinction entre changement d'état et changement de position. Dans chacune des catégories des changements externes et internes, nous pouvons trouver certains changements qui ont un corrélat dans l'autre catégorie, au sens où ils compensent l'effet du changement pour l'annuler. Les changements de position qui peuvent ainsi être compensés définissent « une classe particulière de phénomènes que nous appelons déplacements. *Ce sont les lois de ces phénomènes qui font l'objet de la géométrie*[43] ». Ces lois d'associations de déplacements de certains corps, que nous percevons comme rigides, forment un groupe. Ce groupe n'est pas nécessairement le groupe euclidien, bien qu'il le soit de fait. Il pourrait être celui d'une autre géométrie, puisque la constitution de l'espace représentatif présuppose « l'ensemble de l'objet et de l'être sentant considéré comme formant un seul corps[44] », et donc l'assujettissement de la représentation de l'espace à la nature physique des choses externes qui provoquent les sensations. C'est cependant la géométrie euclidienne qui ressemble le plus à notre espace représentatif, et c'est là un résultat de l'évolution de notre espèce. Nous nous conformons donc à notre nature lorsque nous employons la géométrie euclidienne, et c'est une première raison pour la juger commode.

La nature de notre espace représentatif livre un premier critère de sélection pour choisir le cadre spatial que nous imposerons à la Nature. Ce critère est formellement justifié par le fait qu'il s'appuie sur le concept de groupe qui fonde la classification des géométries synthétiques. Epistémologiquement, le concept de groupe repose sur une faculté de l'esprit. Par conséquent, la théorie de l'espace représentatif, en elle-même et comme critère de sélection de la géométrie physique, reste subordonnée à l'intuitionnisme. Mais l'espace représentatif n'est qu'une approximation grossière de l'espace géométrique. Ce que, dans ce dernier, nous appelons un point correspond, dans le premier, à une sensation. Les éléments de l'espace représentatif sont à ceux de l'espace géométrique ce que les nébuleuses sont aux étoiles[45]. Or la mesure des sensations induit un ordre qui viole la notion commune de la transitivité de l'égalité[46]. De sorte que l'étape suivante que doit franchir l'intuitionnisme consiste à identifier la sensation, à partir de laquelle est construit l'espace représentatif et le point mathématique, à partir duquel sont construits les espaces mathématiques. L'objectif ultime étant, évidemment, d'imposer à la Nature l'espace mathématique servant les besoins de la physique mathématique, c'est-à-dire permettant de mesurer les distances. Le passage de l'espace représentatif à l'espace de la géométrie physique se dédouble donc en deux problèmes : comment légitimer la transition de la sensation au point ? Cette transition joue-t-elle, au sein des géométries synthétiques, un rôle discriminant ? En d'autres termes, la commodité subjective de la simplicité associée à notre nature rencontre-t-elle, avec ces deux problèmes, des obstacles réels ?

> Qu'on réalise un cercle matériel, qu'on en mesure le rayon et la circonférence, et qu'on cherche à voir si le rapport de ces deux longueurs est égal à p qu'aura-t-on fait ? On aura fait une expérience, non sur les propriétés de l'espace, mais sur celle de la matière avec laquelle on a réalisé ce rond, et de celle dont est fait le mètre qui a servi aux mesures[47].

Évidemment, le résultat de la mesure ne sera pas égal à p. Il faut donc « expliquer comment on a été conduit à [...] attribuer une sorte d'existence concrète[48] » à de tels symboles. Le passage de la mesure physique à son expression mathématique, qui implique une analyse du continu mathématique, est l'objet d'une construction de l'esprit[49] que Poincaré décrit au second chapitre de *La Science et l'hypothèse*.

Les grandeurs de la géométrie physique, comme toutes celles de la mécanique classique, sont continues et mesurables. La géométrie est née quand on a voulu introduire la mesure dans le continu mathématique à plusieurs dimensions décrit par cette géométrie purement qualitative qu'est l'*analysis situs*[50]. Le passage de l'espace représentatif à l'espace géométrique comporte donc deux étapes : la création du continu mathématique et l'application des règles de la mesure à ce continu qualitatif.

Puisque l'espace représentatif est construit à partir de la théorie des groupes de déplacements appliquée à la sensation, l'indiscernabilité du changement de la position A à la position B et l'indiscernabilité du changement de la position B à la position C, combinées à la discernabilité du changement de la position A à la position C, conduisent également à la violation de la

---

42. Par exemple la représentation des suites de sensations musculaires que je sentirais si je voulais atteindre un objet donné.

43. *SH*, p. 87.

44. *SH*, p. 90.

45. *SH*, p. 59.

46. En vertu de la loi de Fechner, l'intensité de la sensation est égale au logarithme de l'excitation. Soit trois sensations A, B et C. A peut être indiscernable de B, B indiscernable de C et A discernable de C, d'où $A = B$, $B = C$ et $A < C$.

47. *SH*, p. 95.

48. *SH*, p. 50.

49. *SH*, p. 55 : « [...] l'esprit a la faculté de construire des symboles, et c'est ainsi qu'il a construit le continu mathématique, qui n'est qu'un système particulier de symboles. »

50. *SH*, p. 60.

notion commune de la transitivité de l'identité. C'est pour lever ces contradictions qu'il faut passer du continu physique, qui tombe sous la sensation, au continu mathématique, qui est une création de l'esprit. La création d'un continu consiste à intercaler indéfiniment des termes entre deux termes donnés. «Tout se passe comme pour la suite des nombres[51]», nous dit Poincaré, rappelant ainsi que pour lui, la création du continu mathématique repose sur son principe épistémologique fondamental, c'est-à-dire, derechef, le pouvoir qu'a l'esprit de répéter indéfiniment une opération une fois que celle-ci a été possible. Poincaré a une conception singulière du continu, car pour lui, les nombres rationnels forment déjà un continu. Celui-ci est insuffisant pour les besoins de la géométrie puisqu'il ne permet pas de définir le point d'intersection du cercle inscrit dans un carré avec la diagonale du carré; il faut, pour définir le continu mathématique proprement dit, considérer un continu du second ordre où on intercale entre deux termes donnés des échelons construits selon la loi de formation des nombres incommensurables[52]. Mais l'essentiel demeure, ce continu, ainsi que tous ceux d'ordre supérieur, est obtenu par des procédés qui n'excèdent pas ceux à l'œuvre dans les jugements synthétiques *a priori* de l'arithmétique. Sa construction n'impose aucun critère de sélection parmi les géométries possibles

En définissant un continu par l'intercalage de termes, on ne fait que ranger des termes dans un certain ordre et on ne livre aucun élément permettant de comparer les intervalles entre termes de ce continu. Pour les applications de la géométrie, «il faut apprendre à comparer l'intervalle qui sépare deux termes quelconques[53]». Les grandeurs mesurables sont définies par des conditions très générales, comme celles de l'additivité, qui laissent inspécifiée la définition de la distance. C'est donc au prix d'une convention que nous décrétons que deux intervalles sont de même mesure. C'est une convention analogue que doit faire le physicien lorsque, transportant sa règle d'un corps à un autre, il décrète que les longueurs de ces corps sont égales ou inégales. En effet, l'expérience ne nous conduit ni à penser, ni à vérifier qu'une règle conserve sa longueur lorsque nous la déplaçons d'un lieu à un autre. Pour comparer des longueurs, nous devons donc postuler

---

51. *SH*, p. 53.

52. Le caractère générique de la notion de continu chez Poincaré (on peut définir des continus du troisième ordre, etc.) s'explique par le fait que chez lui le concept de continu est lié à celui de dimension. Sa célèbre définition inductive de la dimension s'appuie sur le concept de coupure dont l'origine est psychophysique, et non pas analytique, comme chez Dedekind. Le fait que cette conception de la coupure puisse s'appliquer à un ensemble de rationnels explique que Poincaré considère que de tels ensembles sont des continus. Enfin, il faut également noter que si Poincaré reçoit la définition des incommensurables de Dedekind, c'est probablement au prix d'une équivoque. Dedekind «démontre» son théorème d'existence de l'infini à l'aide du procédé de l'adjonction d'une pensée à l'ensemble de ses pensées. Ce procédé est tout à fait conforme aux conceptions de Poincaré et, bien entendu, ne permet pas de démontrer l'existence de l'infini actuel.

53. *SH*, p. 56.

que la règle est rigide. La géométrie associée au déplacement de la règle rigide est identique à celle associée à « l'ensemble de l'objet et de l'être sentant considéré comme formant un seul corps », bien qu'elle soit construite à partir d'une entité plus simple puisque l'être sentant de l'espace représentatif est supprimé de la caractérisation de l'espace de la géométrie physique. Pour celui-ci les conditions de mesurabilité les plus commodes sont aussi les plus naturelles : on pose que les instruments de mesure des grandeurs physiques se comportent de façon identique en tout lieu et de tout temps. La pratique de la physique mathématique conduit donc, elle aussi, à retenir l'espace euclidien comme cadre de description de la Nature.

Il reste à voir comment les principes hérités de l'histoire de la physique nous conduisent, à leur tour, à choisir la géométrie euclidienne. L'attitude de Poincaré à l'égard de la théorie de la relativité va nous en livrer l'occasion.

3. Poincaré et la Relativité restreinte

C'est un lieu commun de dire que la pensée de Poincaré a été discréditée à deux reprises par la Théorie de la Relativité. D'abord, bien que disposant de tous les éléments permettant de construire la « mécanique nouvelle », non seulement Poincaré n'en a pas formulé les principes, mais, de plus, une fois la relativité restreinte découverte par Einstein, il en a obstinément refusé les conclusions. Le second discrédit est beaucoup plus grave. La doctrine du conventionnalisme géométrique repose sur la prise en considération des seules géométries synthétiques, Poincaré ayant écarté, dans la discussion du problème de l'espace, la possibilité de tenir compte des géométries analytiques de Riemann, car la plupart d'entre elles donnent une définition de la longueur incompatible avec le mouvement d'une figure invariable. Par conséquent, le domaine de validité du conventionnalisme, s'il en est un, est limité à la considération des espaces à courbure constante. Mais puisque Einstein a montré, avec la Relativité Générale, que l'espace avait la forme d'un « mollusque » et que le concept riemannien de distance était nécessaire pour décrire cette forme, la doctrine de Poincaré peut être rangée dans le musée des curiosités de l'histoire des sciences.

Cette belle histoire préjuge de plusieurs décisions.

Lorsqu'on limite son propos à la comparaison du conventionnalisme et de la Relativité restreinte pour faire voir que Poincaré était fondé à maintenir sa conception, il semble qu'on ne fasse que différer la véritable épreuve pour l'intuitionnisme, celle de la Relativité Générale. Cependant, paradoxalement, c'est plutôt Poincaré qui serait victime de la décision arbitraire de séparer la Relativité restreinte de la Relativité Générale. Je ne traiterai pas, faute de place, cette question que j'ai abordée ailleurs[54] mais je donnerai quelques indications sur les termes dans lesquels elle se pose.

---

54. Éric Audureau, « Cosmologie et classification des systèmes philosophiques », dans les actes du colloque *L'Œuvre de Jules Vuillemin*, Paris 26-29 juin 2002, à paraître.

3.1 Poincaré et la relativité générale

La doctrine de Poincaré est arrêtée dès le milieu des années 1890. L'article sur « La nature du raisonnement mathématique » est de 1894, celui sur le continu de 1893, son premier article sur la géométrie de 1892, et nous avons vu à quel point les différents éléments de doctrine présents dans ces essais sont solidaires. De cette philosophie qui subordonne la connaissance physique à la connaissance mathématique et la connaissance mathématique à une faculté du moi, Poincaré n'a, à partir de la publication de La Science et l'hypothèse, si ce n'est avant, fait que préciser la forme et tirer les conséquences, notamment celles qui s'imposaient face à des objections en puissance comme celles que fournira la théorie de la relativité. Lorsqu'il l'a modifiée[55], ces modifications n'ont atteint aucun point essentiel de cette philosophie.

La situation est tout autre pour Einstein. D'abord, celui-ci est-il philosophe ? Son meilleur biographe, Abraham Pais[56], dit qu'il l'était comme il était violoniste. Quant à Einstein, il nous livre lui-même les éléments suivants : 1° il a procédé à la manière des physiciens en prenant les questions de la théorie de la relativité les unes après les autres et sans plan établi ni doctrine philosophique à défendre ; 2° il a décrit cette démarche dans sa réponse à Northrop avec ses célèbres remarques sur l'opportunisme épistémologique du physicien qui peut être tantôt idéaliste, tantôt réaliste, tantôt positiviste et même pythagoricien[57] ; 3° il a changé de convictions philosophiques avec le temps. Dans une lettre de 1938, il déclare : « J'ai commencé par un empirisme sceptique qui se rapprochait plus ou moins de celui de Mach. Mais le problème de la pesanteur m'a converti à un rationalisme qui conduit à rechercher la seule source crédible de la vérité dans la simplicité mathématique[58]. » Mais qui pourrait nier que « le problème de la pesanteur » est la question centrale affrontée par la relativité générale ? Pour Einstein, par conséquent, la théorie développée dans le mémoire de 1916, avec son extension cosmologique de 1917, est loin d'avoir mis un point final aux interrogations qui ont précédé à l'élaboration de la théorie de la relativité. Ces remarques montrent suffisamment à quelles simplifications abusives on aboutirait en comparant une doctrine

---

55. Deux exemples de modifications : la reconnaissance du fait que les logiques nouvelles ne se réduisaient pas à la syllogistique et l'atténuation des effets de l'expérience de pensée de Delbœuf, dont Poincaré dit, dans DP, qu'elle ne concerne que la relativité psychologique de l'espace (espace représentatif) mais pas la relativité physique de l'espace (espace de la physique géométrique). Cette rétractation est importante, car elle est conduite dans le cadre d'une discussion du principe d'équivalence de la relativité générale.

56. Abraham Pais, Subtle is the Lord, Oxford, Oxford University Press, 1982 ; je cite la traduction française, Albert Einstein, La Vie et l'œuvre, Paris, InterÉditions, 1996.

57. Paul Arthur Schilpp, dir., Albert Einstein, Philosopher-Scientist, La Salle, Open Court, 1949, p. 683-684.

58. Albert Einstein, Correspondance, présentée par H. Dukas et B. Hoffmann, Paris, InterEditions, 1980, p.86

59. Au sens où elle considère d'emblée toutes les questions qu'on doit se poser à son sujet : quelle est l'origine de la connaissance mathématique ? Comment les mathématiques, qui

complète[59] de la connaissance, comme l'est celle de Poincaré, à l'état passager d'une pensée qui s'est transformée peu à peu en doctrine philosophique parce qu'elle a entraîné de façon spectaculaire, en créant la théorie de la relativité, la physique dans le domaine de la spéculation cosmologique, tandis que la philosophie de Poincaré avait pour objectif explicite de mettre la physique à l'abri de la contamination philosophique.

La relativité générale, c'est une classe d'un nombre indéfini de cosmologies qui ont en commun d'améliorer la loi de la gravitation de Newton au prix de la destruction du langage des équations de dimension. Il faut être grand géomètre, après Einstein, pour pouvoir entrer en philosophie pure[60]. Au XVIIe siècle, on se disputait sur les questions cosmologiques avec des mots ; aujourd'hui, on doit le faire avec les interprétations géométriques (il y en a, répètons-le, un nombre indéfini) de la théorie de la relativité[61]. Cela, si l'on croit que cette théorie est « vraie ». Si l'on croit que la physique produit des « théories » qui sont vraies.

Ce sont là deux croyances que Poincaré n'admet pas. On peut montrer que son conventionnalisme dispose de la première question[62]. Einstein, d'ailleurs, contrairement à ses interprètes et porte-voix, l'a reconnu, me semble-t-il, explicitement dans *La Géométrie et l'expérience*[63],

nous font connaître des objets immatériels, peuvent-elles s'appliquer à la connaissance des objets matériels ? Qu'est-ce que la vérité et d'où vient son caractère objectif ?

60. Sauf si on suppose que la problème de la nature de l'espace n'est pas une question centrale de toute philosophie théorique. Mais pour défendre une telle idée, il faut recevoir une conception de la philosophie qui s'oppose à celle qui a prévalu de l'Antiquité à Poincaré. Une telle conception de la philosophie m'échappe et, à plus forte raison, échappe à cet article qui essaie d'expliquer que Poincaré est philosophe au sens où Descartes et Kant le sont.

61. Il est remarquable que la plupart des cosmologies relativistes réintroduisent les postulats conventionnels de Poincaré sur l'espace et le temps que la relativité générale avait sanctionnés. Sur ce point, voir Audureau, « Cosmologie et classification... ».

62. Dans sa conférence de Lille de 1909, paru dans son ouvrage *La mécanique nouvelle* (Paris, Gauthier-Villars, 1924, p. 13), Poincaré dit ceci : « [...] la masse coefficient d'inertie croît avec la vitesse ; devons-nous conclure que la masse coefficient d'attraction croît également avec la vitesse et reste proportionnelle au coefficient d'inertie, ou, au contraire, que ce coefficient d'attraction demeure constant ? C'est là une question que nous n'avons aucun moyen de décider. » Nous sommes donc libres de poser le principe d'équivalence comme nous sommes libres de le repousser.

63. Albert Einstein, *Œuvres choisies*, Paris, Le Seuil, 1991, vol. V, p. 73. Einstein présente la conception de Poincaré pour faire voir qu'il a adopté une conception opposée au cours de l'élaboration de la relativité générale. Pourquoi et comment peut-il prendre le contrepied d'une conception tout à fait juste ? Bien qu'admettant que règles et horloges « ne jouent pas le rôle d'éléments irréductibles dans l'édifice conceptuel de la physique » (p. 74), Einstein estime que l'état actuel de la physique permet de les considérer provisoirement comme tels « car nous sommes loin d'être parvenus à une connaissance si sûre des fondements théoriques de la physique atomique que nous puissions donner des constructions théoriques exactes de ces entités ». Einstein pense donc 1) que la critique poincaréenne de l'usage de la règle est justifiée mais 2) qu'elle n'est pas aboutie et 3) que son aboutissement devrait conduire à découvrir les étalons de mesure dans la nature. D'où l'on doit conclure que soit il s'illusionne

lorsqu'il déclare : « *Sub specie æterni*, [la] conception de Poincaré est, à mon avis, tout à fait juste. » Sur la deuxième question, rappelons que, pour Poincaré, les théories sont pour une grande part des imageries provisoires. Parler de la force ou des atomes ou de l'ether, c'est faire de la métaphysique. Les seules choses que la physique mathématique puisse dire avec précision et certitude, ce sont celles qu'elle exprime avec ces relations entre une fonction et ses dérivées qu'on appelle équations différentielles.

On voit que la question de la condamnation du conventionnalisme par la relativité générale n'est pas aussi simple qu'on le croit généralement. Elle dépend, au moins, de deux questions préjudicielles qui sont également pertinentes pour analyser l'attitude de Poincaré à l'égard de la relativité restreinte qui va maintenant nous occuper : 1) Qu'est-ce que la théorie de la relativité (restreinte) ? 2) En quoi consistent les progrès de la physique ?

3.2 Le faux problème de la découverte de la relativité restreinte

On trouve toutes sortes d'opinions au sujet du rôle de Poincaré dans la découverte de la relativité restreinte

1) Einstein n'a fait qu'expliciter les conséquences des découvertes de ses prédécesseurs, notamment Lorentz et Poincaré[64].

2) Poincaré disposait de tous les éléments pour développer la théorie de la relativité ; il s'en fallait de peu qu'il n'y parvienne ; cependant, il n'a pas franchi le pas décisif à cause de son nominalisme. « Sans Lorentz et sans Poincaré, Einstein n'eût pu aboutir[65]. »

3) Einstein a découvert pratiquement seul[66] la relativité restreinte ; Poincaré a compris le travail d'Einstein ; il aurait pu faire lui-même cette découverte mais, par une réaction assez caractéristique chez les hommes de science, il fut effrayé par ses conséquences et n'alla pas jusqu'au bout de sa pensée[67].

4) Einstein a découvert pratiquement seul la relativité et Poincaré n'a jamais compris le travail d'Einstein[68].

---

en disant que Poincaré a raison, soit il reconnaît que deux types de vérités peuvent coexister sans que les partisans de l'un ou de l'autre aient les moyens de l'imposer. Ce dernier cas correspond à la définition de la philosophie, et c'est bien de cela qu'il s'agit dans la critique relativiste de l'intuitionnisme de Poincaré.

64. C'est le point de vue d'Edmund Whittaker, *A History of the Theories of Aether and Electricity*, New York, Nelson and Sons, vol., 2, 1953.

65. Louis de Broglie, *Savants et découvertes*, Paris, Albin Michel, 1951.

66. Par « pratiquement seul », j'entends dans l'indifférence ou l'ignorance des résultats de Poincaré et de Lorentz, et de nombreux résultats expérimentaux comme l'expérience de Michelson et Morley. Cette question, très débattue, est secondaire. La nature de la relativité restreinte, c'est-à-dire le contenu de l'article d'Einstein de 1905, le fait voir, et Einstein a raison de dire que l'expérience de Fizeau suffisait pour y parvenir.

67. Gerald Holton, *L'Imagination scientifique*, Paris, Gallimard, 1981.

68. Pais, *Albert Einstein*.

À la première opinion, on peut répondre en citant Einstein : « S'ils parviennent à convaincre les autres c'est leur affaire[69]. » Dans les trois autres, un même point de vue est partagé : il y a une chose à laquelle il fallait arriver, découvrir la relativité restreinte, à laquelle Poincaré n'est pas parvenu.

Dans une conférence donnée en octobre 1910 devant le *Berliner Wissenschaftlische Verein*, Poincaré parla, au sujet des travaux d'Einstein, de « l'apparition d'un courant qui a perturbé l'équilibre de ses opinions antérieures[70] ». Or dans « L'espace et le temps », publié en 1912 et repris dans *Dernières Pensées*, nous voyons que l'équilibre de ses opinions antérieures est maintenu avec, de plus, ce fait supplémentaire remarquable que l'extension du principe de relativité à des « axes tournants » y est analysée. Poincaré ne fait donc pas que maintenir sa position face à la relativité restreinte, mais il indique la conséquence formelle, requise par le principe d'équivalence de la masse inerte et de la masse pesante, d'une extension du principe de relativité aux systèmes uniformément accélérés[71]. On pourrait presque dire qu'il attend la relativité générale de pied ferme. Ce fait invite à porter une nouvelle appréciation sur le rôle de Poincaré dans l'histoire de la relativité restreinte. Au lieu de répondre à la question posée par Pais : « Pourquoi Poincaré n'a-t-il jamais compris la relativité restreinte ? », il faut se demander : Pourquoi Poincaré, qui a parfaitement compris la relativité restreinte, ne l'a-t-il jamais acceptée ?

Cette façon de voir est assez proche de la seconde opinion ci-dessus, due à Louis de Broglie, au sens où elle explique les réticences de Poincaré par ses convictions philosophiques. Elle en diffère par trois aspects ; elle subordonne le nominalisme de Poincaré à son intuitionnisme mathématique ; en conformité avec les troisième et quatrième opinions, qui sont celles de Holton et Pais et qui bénéficient d'une assise historiographique peu contestable, elle ne voit pas en Poincaré un prédécesseur d'Einstein ; enfin, elle n'exprime pas de regrets pour l'occasion manquée de la découverte de la relativité, car, et c'est là le nerf de la question, il n'est pas dit que, du point de vue de la philosophie de la connaissance de Poincaré, la physique y ait perdu quoi que ce soit.

Rappelons, pour commencer, les « anticipations » de Poincaré. Pour lui, la relativité de l'espace signifie que les coordonnées n'ont pas de

---

69. Max Born, et Albert Einstein, *Correspondance*, Paris, Le Seuil, 1972, p. 213.

70. Pais, *Albert Einstein*, p. 167.

71. Il faudra décrire ce que nous observons par des équations différentielles du 3e ordre, tandis que pour le principe de relativité du mouvement uniforme, cette description est donnée par des équations différentielles du 2e ordre. Avec le principe de relativité du mouvement uniformément accéléré, les équations du 2e ordre, qui définissent les coordonnées, varieront et les équations du 3e ordre, qui nous sont données de façon unique lorsque nous cessons d'employer le principe de relativité dans son usage habituel de compartimentation de l'univers, ne nous permettront pas d'éliminer les constantes d'intégration et de choisir, parmi toutes les solutions possibles, celle qui convient.

signification physique. Tout mouvement est donc relatif. Par ailleurs, il n'y a pas de temps absolu, la simultanéité de deux événements est toujours relative, et lorsque nous parlons du temps, il s'agit d'un temps local qui n'existe que par rapport à nous. Il faut accepter l'hypothèse de Lorentz selon laquelle les corps se contractent selon la direction de leur mouvement relatif. Le principe de relativité du mouvement, combiné avec l'hypothèse précédente, obéit au « groupe de Lorentz »; par conséquent, la loi d'addition des vitesses n'est pas la loi classique mais la loi « relativiste ». La vitesse de la lumière devient alors une limite infranchissable et la masse de l'électron, qui augmente avec la vitesse, tend vers l'infini quand sa vitesse tend vers celle de la lumière.

Que manque-t-il alors à Poincaré pour que l'on puisse dire qu'il a découvert la relativité restreinte ? En suivant Pais, on peut donner de cette lacune la description simplifiée[72] suivante.

Einstein part de deux postulats :

1) Le principe de relativité qui veut que les lois de la physique aient la même forme dans tous les référentiels d'inertie ;
2) Le principe de la constance de la vitesse de la lumière, selon lequel, dans tout référentiel d'inertie, la lumière possède une vitesse constante c, qu'elle soit émise par un corps en repos ou par un corps en mouvement uniforme.

De ces postulats il déduit les relations fondamentales de la cinématique relativiste, c'est-à-dire les transformations de Lorentz. Puis, de ces relations, il déduit la dynamique relativiste.

Poincaré, pour arriver à la formule d'addition relativiste des vitesses et aux formules de la dynamique de l'électron part du principe de relativité, de l'hypothèse que la vitesse de la lumière est une vitesse limite et « d'une transformation remarquable découverte par Lorentz et qui doit son intérêt à ce qu'elle explique pourquoi aucune expérience n'est susceptible de nous faire connaître le mouvement absolu de l'Univers ».

En d'autres termes, ce qui a manqué à Poincaré, c'est de voir que la contraction de Lorentz était une conséquence du principe de relativité et du principe de la constance de la vitesse de la lumière. La contraction de Lorentz n'est pas indépendante, au sens logico-mathématique du terme, des deux autres principes.

---

72. Une des simplifications importantes consiste à omettre, dans la présentation du point de vue de Poincaré, le rôle de l'éther. Bien que celui-ci pense, nous l'avons vu, que l'éther n'est qu'une fiction métaphysique et qu'il n'y a pas d'espace absolu, il fait encore référence à l'éther dans la conférence de Lille de 1909. Comme il part de l'impossibilité de mettre expérimentalement en évidence le vent d'éther et, donc, de déceler une anisotropie de la vitesse de la lumière, une forme simplifiée de son point de vue est de dire qu'il accepte le postulat de la constance de la vitesse de la lumière.

Comme Poincaré maintient encore la nécessité de cette troisième hypothèse en 1909, Pais peut à bon droit déclarer qu'«il ne comprit donc pas l'une des caractéristiques les plus fondamentales de la relativité restreinte[73]».

3.3 Physique et cosmologie dans la Relativité restreinte

Poincaré avait reproché à Lorentz la multiplication des hypothèses. Après la découverte d'Einstein, le même reproche peut lui être adressé. La simplicité logique fait la première différence entre Einstein et Poincaré.

« C'est dans l'article d'Einstein que l'on trouve la première démonstration des transformations de Lorentz à partir des principes premiers[74]. » Il y a entre les deux « principes premiers » d'Einstein une différence importante. Le principe de relativité n'est pas une loi de la nature, mais l'expression de certaines conditions permettant de décrire les lois de la nature. Le principe de la constance de la vitesse de la lumière, par contre, est un fait de la nature. Dans une conférence donnée en 1922, Einstein explique que pour résoudre le conflit entre l'électromagnétisme, où la constance de la vitesse de la lumière est compatible avec le principe de relativité, et la mécanique, dont la règle d'addition des vitesses n'est pas compatible avec le principe de la constance de la vitesse de la lumière, il a dû s'interroger sur le concept de temps. C'est-à-dire qu'il a dû noter « le fait que le temps n'est pas défini de manière absolue, mais qu'il existe une relation indissociable entre le temps et la vitesse d'un signal[75] ». Le mémoire de 1905 sur la relativité restreinte débute en tirant les conséquences de ce fait. Einstein expose à quelles conditions deux observateurs animés d'un mouvement relatif uniforme peuvent s'accorder sur leurs mesures de temps et de longueur. Ces considérations bien connues permettent de voir ce qui distingue, plus profondément encore que la simplicité logique, l'approche d'Einstein de celle de Poincaré.

1) Comme pour Poincaré, il n'y a pas de temps absolu, mais le temps découle de quelque chose qui nous est imposé par la nature.

2) Cette chose, qui est première, est une vitesse, donc une grandeur cinématique. Chez Poincaré, une grandeur cinématique, comme la vitesse, est construite à partir de deux choses qui ne sont pas dans la nature, le temps et l'espace. Chez Einstein, le temps et l'espace, en tant que grandeurs physiques (celles de la géométrie et de la chronométrie), sont déduits d'une grandeur cinématique d'une chose, la lumière, que la nature nous impose.

3) A perçoit (par des signaux lumineux) une règle dans les mains de B (animé d'un mouvement uniforme) de longueur l. B dit à A: «La

---

73. Pais, *Albert Einstein*, p. 165.
74. *Ibid.*, p. 140.
75. *Ibid.*, p. 136.

règle qui est dans mes mains mesure *l'*. » Pour que *A* juge si *B* dit la vérité, il doit vérifier si ses apparences, une fois rectifiées par la loi de transformation des apparences, exprimée par la transformation de Lorentz, concordent avec les apparences de *B*. Le caractère objectif des mesures d'espace (et de temps) dépend de l'intersubjectivité des observateurs. Cette intersubjectivité est fondée dans la matérialité du signal lumineux. La contraction de Lorentz peut se constater, mais ce que l'on constate, c'est une apparence. Pour Poincaré, les transformations de Lorentz, qui associent espace et temps comme dans un espace à quatre dimensions, ont pour seul effet de réajuster les parts de convention que nous plaçons dans l'espace et le temps. Elles sont l'expression symbolique, et seulement symbolique, d'une propriété imperceptible par *ego*.

Pouvons-nous mettre en évidence cette déformation [la contraction de Lorentz]? Évidemment non; voici un cube qui a un mètre de côté; par suite du déplacement de la Terre, il se déforme, l'une de ses arêtes, celle qui est parallèle au mouvement, devient plus petite, les autres ne varient pas. Si *je* veux m'en assurer à l'aide d'un mètre, *je* mesurerai d'abord l'une des arêtes perpendiculaires au mouvement et *je* constaterai que mon mètre s'applique exactement sur cette arête; et, en effet, ni l'une ni l'autre de ces deux longueurs n'est altérée, puisqu'elles sont, toutes deux, perpendiculaires au mouvement. *Je* veux mesurer, ensuite, l'autre arête, celle qui est parallèle au mouvement; pour cela *je* déplace mon mètre et le fait tourner de façon à l'appliquer à mon arête. Mais si le mètre ayant changé d'orientation, et étant devenu parallèle au mouvement, a subi, à son tour, la déformation, de sorte que bien que l'arête n'ait plus un mètre de longueur, il s'y appliquera exactement, *je* ne me serai aperçu de rien[76].

Effectivement, pour percevoir la déformation il faut, comme le fait Einstein, faire intervenir un autre observateur pour lequel la Terre n'est pas en repos.

Il reste à se demander si la simplicité logique et si la double décision de fonder la chronométrie et la géométrie sur la cinématique et de fonder la cinématique sur l'existence d'un être physique, la lumière, sont, pour Poincaré, des impératifs auxquels la physique proprement dite doit se soumettre.

Comme la seule contrainte à laquelle soit astreint l'espace est sa caractérisation par un groupe de *déplacements* rigides, la notion de mouvement est incluse dans la détermination des espaces possibles et la décision de faire dépendre la cinématique de la géométrie, ou la décision inverse, est indifférente du point de vue de ce qui fonde l'usage d'une géométrie physique. Nous ne saurons sans doute jamais si Poincaré a vu qu'Einstein proposait une théorie des apparences. Mais puisque l'existence de la

---

76. *SM*, p. 85-86. C'est moi qui souligne les « je ».

lumière est une condition inhérente à la pratique de la physique, on pourrait se demander si celle-ci ne devrait pas figurer au premier rang des critères de sélection de l'espace commode, en compétition directe avec ce produit de l'évolution de l'espèce qu'est la configuration de nos organes sensibles, configuration à laquelle est soumise la construction de l'espace représentatif. Cependant, à elle seule, cette éventualité ne peut emporter la décision.

D'abord, nous ne pouvons exprimer le contenu du postulat sur la vitesse de la lumière sans employer les mathématiques, en l'espèce, les transformations de Lorentz. Ces transformations contiennent le symbole de la vitesse. D'où vient la signification objective de ce symbole ? Pour Poincaré, les mathématiques sont garantes de l'objectivité des lois de la physique. La signification de la proposition « la vitesse relative de B par rapport à A est v », qui commande le calcul du temps propre de B ou celui de la longueur d'une règle qu'il tiendrait entre ses mains, dépend de l'objectivité de celle de v. Celle-ci est obtenue par l'opération de dérivation d'une grandeur par rapport à une autre grandeur. La faculté intellectuelle de la répétition à l'œuvre dans l'opération de dérivation et la distinction de deux grandeurs, que tous les usagers de la théorie de la relativité continuent d'appeler l'espace et le temps, sont donc des conditions complémentaires qu'il faut ajouter aux définitions opérationnelles des mesures d'espace et de temps de la relativité. Quant à la question de la précédence de l'esprit sur la vue, on devine ce que peut en penser Poincaré[77] : « Qui nous a appris à connaître les analogies véritables, celles que les yeux ne voient pas et que la raison devine ? C'est l'esprit mathématique qui dédaigne la matière pour ne s'attacher qu'à la forme pure[78]. »

Ensuite, pour Poincaré, les théories physiques passent et les lois restent. Un fait paraît plaider définitivement contre l'idée que Poincaré n'avait qu'un pas à franchir pour parvenir à la relativité restreinte. Il s'agit de la dernière partie du mémoire de Palerme consacré aux ondes gravifiques. Poincaré y suppose que la propagation de la gravitation n'est pas instantanée mais se fait à la vitesse de la lumière. C'est sa manière d'accorder les lois de la mécanique avec celles de l'électromagnétisme. Comme l'a justement souligné Pais, Poincaré ne repense jamais la mécanique nouvelle sous la perspective d'une refonte de la cinématique. Son point de vue est avant tout dynamique, comme l'indique d'ailleurs le titre de son mémoire *Sur la dynamique de l'électron*. L'aspect qui distingue essentiellement, du point de vue physique, cette fois, Einstein de Poincaré, c'est donc la place de la cinématique dans l'édifice de la physique mathématique.

Pour traiter correctement cette question il faut d'abord dissiper deux malentendus répandus par la vulgate relativiste. 1) On dit souvent, et

---

77. Et l'on a déjà vu ce qu'Einstein en pensera quelques années plus tard.
78. *VS*, p. 106.

Einstein a contribué à la diffusion de cette opinion, que la relativité restreinte a porté un coup fatal à la doctrine kantienne du temps et de l'espace. On oublie que cette doctrine a été élaborée pour sauver la physique newtonienne des difficultés insurmontables que présentent les concepts newtoniens de temps et d'espace vrais, absolus et mathématiques. De sorte que si Kant a commis une erreur, ce n'est pas en considérant que l'espace et le temps précèdent l'expérience, car il en est déjà ainsi chez Newton, mais en croyant, comme Laplace, par exemple, qu'après Newton la physique était achevée. 2) Holton, dans son étude approfondie sur les origines de la relativité restreinte, rappelle que « Poincaré récusait l'espace absolu[79] » en présentant cet aspect de sa pensée comme une anticipation des vues d'Einstein. C'est en effet un lieu commun de dire que la Relativité a remis en cause le concept d'espace absolu, mais l'a-t-elle condamné aussi radicalement que le fît Poincaré ? Reprenons rapidement la question.

Pour Newton, je viens de le rappeler, le temps et l'espace sont absolus et mathématiques. Les grandeurs cinématiques, composées avec des ingrédients absolus et mathématiques, sont elles-mêmes mathématiques. On identifie, dans la mécanique newtonienne, les corps pondérables à des points matériels possédant une masse égale à celle de ces corps. Mais dans le langage de la cinématique pure, celui où toutes les grandeurs ont leurs dimensions composées à partir de L (pour la longueur) et de T (pour le temps), les points matériels deviennent immatériels, puisqu'ils sont privés de la masse, le seul attribut attestant leur matérialité. La critique impliquée par la Relativité restreinte, je l'ai dit un peu plus haut, revient à modifier le langage des équations de dimensions : on ne construit pas les mots de la cinématique à partir du temps et de l'espace, mais on dérive la syntaxe de ces deux derniers mots à partir du mot *vitesse*, un substantif dont on a vu quelle substance il désignait. En d'autres termes, dans la relativité restreinte, il n'y a pas d'espace ou de temps absolus et mathématiques, mais il y a un espace-temps absolu et mathématique. Einstein remplace deux absolus par un seul. Voilà la seule chose que l'on puisse dire au sujet de la critique des conceptions newtoniennes par la relativité restreinte.

C'est très différent de Poincaré dont la critique de Newton a une autre teneur. Il ne s'agit pas de réduire le nombre des substances mais de montrer que les substantifs du langage de la physique générale[80] ne sont que la nominalisation des verbes décrivant les actes justifiés de la physique mathématique. Il ne peut pas y avoir de cinématique autonome comme branche de la physique pour Poincaré. Les théories de la physique générale passent en justifiant d'une manière ou d'une autre leurs postulats

---

79. Holton, *L'Imagination scientifique*, p. 150.
80. J'emprunte l'expression de physique générale à Gabriella Crocco dans l'article paraissant ici.

d'existence, les lois mathématiques de la physique restent en s'accommodant des noms de ces substances qui ne sont que de passage[81].

Poincaré peut-il, comme il l'a cru, maintenir ses vues en dépit de l'existence de la relativité restreinte ? C'est, bien entendu, à la physique qu'est adressée cette question. Aussi la réponse dépend-elle de la juridiction de la physique et de ce qu'on entend par « progrès de la physique ».

La seule juridiction reconnue par la physique, c'est celle de l'expérience. Peut-on concevoir une expérience qui permette de trancher entre la conception nominaliste du temps et de l'espace comme constituant de la vitesse et la conception substantialiste de la vitesse ? Il est permis d'en douter. Que disent alors les manuels de physique sur les progrès de la relativité, sur la différence entre celle-ci et la mécanique classique ? « Pour ceux qui veulent juste en apprendre assez pour résoudre des problèmes, [...] la théorie de la relativité modifie simplement les lois de Newton en introduisant un facteur de correction pour la masse[82]. » Pour les autres, ceux qui veulent savoir « *quels genres de nouvelles idées et suggestions* sont apportées aux physiciens[83] » par « le principe de relativité d'Einstein et Poincaré[84] », il y a deux choses à retenir. D'abord, « "les idées étranges" doivent simplement être en accord avec l'expérience, et la seule raison que nous ayons de discuter le comportement des horloges, etc., est de démontrer que, bien que la notion de dilatation du temps soit étrange, elle est en accord avec la manière dont nous mesurons le temps ». Ensuite la Relativité « s'est révélée être d'une très grande utilité dans notre étude des autres lois physiques », car elle nous a enseigné à « regarder la manière dont les lois peuvent être transformées tout en gardant une forme invariante ». Si, dans ces deux legs, il fallait discriminer qui, de Poincaré ou d'Einstein, a laissé la plus grande part, on devrait sans hésiter répondre que c'est le premier.

Ce qui oppose irrémédiablement Poincaré à Einstein, ce ne sont pas les lois de la physique mais la portée de la théorie physique. Poincaré récuse l'existence du temps et de l'espace absolu, mais il ne prétend pas que la physique puisse être mise à contribution pour décider de ce qui la précède, c'est-à-dire les définitions du temps, de l'espace et du mouvement. Pour Einstein, la doctrine du temps et de l'espace est une partie intégrante de la théorie physique. Avec la relativité restreinte, nous mettons déjà un pied dans la cosmologie, et c'est là pour Poincaré un mouvement peut-être tolérable, voire inévitable, mais en aucun cas une décision relevant de la physique mathématique.

---

81. À l'appui de cette façon de voir, on peut rappeler qu'Einstein a donné en 1946 une démonstration de l'équivalence de la masse et de l'énergie indépendante de la cinématique relativiste.

82. Richard Feynman, *Cours de physique, Mécanique 1*, Paris InterEditions, p. 202.

83. *Ibid.*, p. 219.

84. *Ibid.*, p. 217.

La réflexion de Poincaré sur l'espace, dans l'histoire de la géométrie

ALAIN MICHEL
CEPERC, CNRS, Université de Provence
amichel@fr.inter.net

RÉSUMÉ. — Les conceptions de Poincaré en matière de physique mathématique demandent à être mises en relation avec son travail mathématique. Ce qu'on a appelé son « conventionnalisme géométrique » est étroitement lié à ses premiers travaux mathématiques et à son intérêt pour la géométrie de Plücker et la théorie des groupes continus de Lie. Sa conception profonde de l'espace et son insertion dans un environnement post-kantien concourent à composer les traits d'une doctrine dont on a souvent sous-estimé l'originalité, dans ses différences avec celle de Riemann.

ABSTRACT. — It is necessary to link the philosophical conceptions of Poincaré to his mathematical work. What has been named his « geometrical conventionalism » is closely tied to his first mathematical works and to his interest in Plücker's geometry and in the theory of continuous groups of Lie. His profound conception of space and the immersion in the post-Kantian tradition are the specific features of a doctrine greatly original, different in many respects from the Riemannian doctrine.

Introduction

Dans ce qu'il est convenu d'appeler sa « philosophie » de l'espace et de la géométrie, Poincaré a traité trois grands types de problèmes, qui consistent à chercher l'explication de trois grands ordres de faits : l'applicabilité des différentes géométries, euclidienne et non euclidiennes, à notre espace ; les origines de nos idées fondamentales de l'espace et de la géométrie ; le statut de l'énoncé-croyance usuel que notre espace a trois dimensions[1]. Il s'est prononcé simultanément sur chacun de ces points, et il est assez difficile de les séparer si l'on veut respecter la cohérence de sa pensée. C'est la première exigence. Mais cela ne veut pas dire que cette pensée soit restée fixe ou stable. Poincaré était tout sauf un dogmatique. S'il écrivait apparemment d'un seul jet et sans se relire ni raturer, il n'hésitait pas à reprendre ses analyses et à réviser ses vues chaque fois que, entre temps, des critiques lui étaient apparues légitimes, ou que de nouvelles théories, ou même de nouvelles expériences, lui donnaient l'occasion de les rectifier, à tout le moins de les reformuler. C'est ainsi qu'on le voit revenir, à intervalles quasiment réguliers, sur certaines questions, jusqu'à la fin de sa vie. Un

---

1. Nous empruntons cet excellent résumé à Dale M Johnson, *The Problem of Invariance of Dimension in the Growth of Modern Topology*, II, Archive for History of Exact Sciences, n° 25, 1981, p. 86.

bon exemple est celui de la question des dimensions de l'espace, pièce maîtresse de son épistémologie de l'espace, qu'il traite successivement en 1898, 1903, et 1912[2]. Il est donc légitime de se proposer de restituer les grandes lignes de ce qu'on peut supposer avoir été sa genèse.

Précisons immédiatement que, s'il s'agit bien de situer la formation des idées de Poincaré dans l'histoire de la géométrie, il n'est pas question pour autant d'y dissoudre ses positions philosophiques, ni d'ailleurs de supposer qu'il avait une connaissance parfaite des œuvres de l'histoire. On sait par exemple qu'il n'a pris connaissance qu'assez tard de l'œuvre de certains mathématiciens, notamment allemands, qu'au demeurant ce qui était, dans certains cas, une complète ignorance ne l'a pas desservi — on pourrait même soutenir le contraire —, dans sa création mathématique. Il ne saurait y avoir, pour Poincaré, d'explication par l'histoire, au sens où il n'y a pas de raisons historiques aux choix de Poincaré, mais on peut attendre de l'histoire qu'elle nous éclaire sur le choix de ses raisons. Car il y avait plusieurs manières de faire ce choix.

Cette histoire est alors particulièrement riche, et l'œuvre de Poincaré s'appuie solidement sur l'ensemble des conquêtes majeures de la pensée géométrique de la deuxième moitié du XIXe siècle. La plus grande partie tourne autour de la géométrie projective et des géométries non euclidiennes : fondation par Von Staudt de la géométrie projective dans son autonomie, relativement à la géométrie euclidienne classique, suggestion par Cayley de l'idée d'une métrique projective générale, susceptible de régler à la fois la géométrie euclidienne et les géométries non euclidiennes, formulation par Plücker de son principe d'équivalence, qui ne représente lui-même qu'un aspect du principe général de dualité de Poncelet et Gergonne, publication (en 1869) de la thèse d'habilitation de 1854 de Riemann (*Sur les hypothèses qui servent de fondement à la géométrie*) qui affirme, entre autres, l'égalité de validité des trois géométries à courbure constante (euclidienne, hyperbolique, elliptique), premières réflexions sérieuses sur le fondement de la géométrie (après une tentative de Steiner) de Helmholtz, enfin et surtout, dominant le tout, le prodigieux développement de la théorie des groupes de transformations de Lie, dans lequel le fameux programme d'Erlangen de Klein, en 1872, ne fait somme toute, à la réflexion, que figure d'épisode, chargé après coup d'une valeur symbolique et d'une signification de paradigme.

---

2. Henri Poincaré, « On the Foundations of Geometry », *The Monist*, vol. V, n° 9, 1898-1899 (une traduction en français, par Louis Rougier, de la traduction anglaise de l'étude manuscrite originale qui s'était perdue, est parue ensuite *Des fondements de la géométrie*, Paris, 1921 ; voir aussi *La Science et l'hypothèse*, Paris, 1902, chap. v, « L'expérience et la géométrie », § VIII, supplément) ; « L'espace et ses 3 dimensions », *Revue de métaphysique et de morale*, 1903, vol. 11 (voir aussi *La Valeur de la science*, Paris, 1905, chap. III (« La notion d'espace »), chap. IV (« L'espace et ses 3 dimensions ») ; « Pourquoi l'espace a 3 dimensions », *Revue de métaphysique et de morale*, n° 20, 1912 (voir aussi *Dernières Pensées*, Paris, 1913, chap. III).

Les traits primitifs de la doctrine, qui resteront fondamentaux, sont fixés dans les textes du premier recueil « philosophique » qu'il ait publié, *La Science et l'hypothèse*. On y trouve formulé, en des termes qui ne varieront guère, ce qu'on appelle communément son « conventionnalisme », un conventionnalisme que l'on qualifie souvent de « géométrique ». Illustré d'abord par l'interprétation du statut des axiomes de la géométrie, il est ensuite étendu aux principes de la physique, sans que Poincaré y inclue jamais les axiomes de l'arithmétique ni les lois de la physique, admettant, semble-t-il, pour l'analyse, une situation mixte (les théorèmes de l'analyse peuvent être des vérités synthétiques *a priori*). Cette doctrine trouve son point d'appui essentiel, et aussi quelques unes de ses insuffisances, dans la théorie des groupes de transformation de Sophus Lie, qui lui fournit en même temps les bases de son explication de la genèse de nos idées d'espace et de sa théorie du continu. C'est de là qu'il faut donc partir.

Dans les prises de position épistémologiques de Poincaré, il convient, nous semble-t-il, de distinguer deux sortes de raisons : les raisons de droit, qui sont de l'ordre des principes doctrinaux, les plus explicites, et les raisons de fait, qui sont de l'ordre de la pratique mathématique, plus cachées, demeurant le plus souvent implicites. Tentant de mettre en évidence ces dernières, nous ne pouvons nous dispenser de rappeler, à intervalles réguliers, celles des premières que nous estimons essentielles à sa doctrine. Il va de soi que nous ne prétendons pas en faire le tour, ni même nous prononcer sur les questions les plus importantes qu'elles soulèvent. Résumons donc d'abord les traits bien connus de son « conventionnalisme ».

1. Le « conventionnalisme géométrique » de Poincaré

C'est en premier lieu une réponse à un problème de *théorie de la connaissance* : quel est le statut épistémologique des géométries (en incluant *a priori* le cas éventuel d'une géométrie unique, donc de *la* géométrie), qui sont les plus étroitement reliables, ou applicables, à l'espace ?

D'abord Poincaré accepte la géométrie comme une science mathématique exacte, à ce titre partie de notre connaissance mathématique certaine. Aucune remise en cause n'est ici recevable. Les géométries jugées les plus capables de fournir une description de notre espace seront du même coup considérées comme exactes.

C'est ainsi que Poincaré n'a jamais eu le point de vue de la géométrie pure, abstraite. Il s'est défié des géométries très générales, développées dans des espaces abstraits, à la manière de Riemann. Le trait le rapproche de Klein : comme ce dernier, et la plupart des mathématiciens de son temps, Poincaré est soucieux d'application et de concret[3]. Élève d'Hermite, on le

---

3. Klein n'a jamais montré d'inclination à adopter un point de vue vraiment général. Par exemple, à propos des géométries non euclidiennes et le problème des formes d'espace, il

voit refuser les théories générales, celles qui sont forgées pour le plaisir d'inventer des théories générales, et adopter une attitude de prudence dans les exemples qu'il prend de ses théories les plus audacieuses, notamment en ce qui concerne les espaces à plusieurs dimensions. Soit l'exemple de son «théorème du retour» dans les *Méthodes nouvelles de la mécanique céleste* : il commence par le démontrer dans le cas d'un liquide ordinaire dans l'espace usuel (à 3 dimensions), et ce n'est qu'ensuite, au prix de multiples précautions destinées à aider son lecteur par des raisonnements analogiques, qu'il étend le théorème à un espace à nombre quelconque de dimensions, pour l'appliquer finalement aux systèmes dynamiques généraux obéissant aux équations de Hamilton. C'était au demeurant déjà le cas, dans le même ouvrage, de sa théorie des invariants intégraux : « la représentation géométrique dont nous avons fait usage, y explique-t-il, ne joue évidemment aucun rôle essentiel ; nous pouvons la laisser de côté, et rien n'empêchera d'étendre les découvertes précédentes au cas où le nombre de variables est plus grand que 3 ».

Ainsi notera-t-on que la question de la relation de la géométrie à l'espace ne se pose, comme l'a remarqué Jules Vuillemin, que pour des espaces *concrets*, c'est-à-dire ici compatibles avec le déplacement d'une figure rigide (comme c'est le cas des espaces de Helmholtz-Lie), à défaut d'être empiriques, et non pour des espaces donnés abstraitement, c'est-à-dire par des formules analytiques. Pour de tels espaces, définis par des conditions purement analytiques, comme des formules en coordonnées, le conventionalisme apparaît comme un truisme. On peut naturellement choisir à sa guise le système de coordonnées, ainsi que les fonctions particulières qui expriment tel changement de coordonnées.

Du point de vue de Poincaré, l'expérience ne peut nous fournir une connaissance absolument certaine, car des résultats expérimentaux sont par nature toujours sujets à révision. Ainsi la géométrie, même restreinte à cette branche qui s'applique à notre espace, ne peut être une science empirique.

D'autre part les géométries applicables à notre espace doivent être *reliées* à la science empirique. La géométrie spatiale doit commencer avec

---

ne considère pas, à la différence de Killing, le problème de la détermination des structures de toutes les algèbres de Lie fini-dimensionnelles possibles. Il ne cherche pas à exhiber toutes les possibilités logiques. Il a eu le souci quasi exclusif de la pertinence *physique* de la géométrie non euclidienne, et ce trait est peut-être dû à l'influence de Plücker, qui a été professeur, non seulement de mathématiques, mais encore de physique expérimentale. Or, *physiquement*, selon lui, à la différence de Riemann qui a cru à l'intérêt physique du concept de variété à courbure variable (mais Klein considère que la contribution majeure de Riemann à la géométrie non euclidienne est le concept de variété à courbure constante), l'expérience semble exiger une variété à courbure constante. C'est toujours l'expérience qui délimite chez lui les possibilités géométriques : il ne montre pas d'intérêt pour un développement de la géométrie qui se situerait en dehors des bornes imposées par l'expérience.

l'expérience et être fondée dans l'expérience. S'il s'agit de géométrie spatiale, ce ne peut être de l'analyse pure.

D'où la question de fond : comment rendre compte de la relation entre la géométrie spatiale et l'expérience, étant donné la séparation instituée des mathématiques exactes, dont relève la géométrie, et de la connaissance empirique, inexacte ?

Il s'agit bien d'une question de théorie de la connaissance, qu'on peut interpréter, sans danger d'en fausser le sens, comme la mise en forme d'une question léguée par la doctrine kantienne. Celle-ci installe en effet à son point de départ la discontinuité entre l'intuition, comme donnée empirique à la source de l'expérience, et le concept, comme essence logique, au fondement de la pensée[4]. Mais Poincaré rejette la solution kantienne, de type rationaliste, fondée sur une forme *a priori* de notre sensibilité, comme incompatible avec l'égalité de statut qu'on doit reconnaître par ailleurs à toutes les géométries, qu'elles soient euclidiennes ou non euclidiennes. Au total, le conventionalisme géométrique se présente comme un *intermédiaire* entre l'empirisme géométrique, que Poincaré critique explicitement, et le rationalisme kantien, qui lui paraît à réformer. Entre ces deux pôles,

---

4. On se contentera de rappeler que Kant est parti de l'opposition tranchée entre *vérités de raison* et *vérités de fait* (selon la distinction de Leibniz), de leur radicale dissociation : d'un côté l'usage logique de la raison analytique, de l'autre l'expérience, qui lui est irréductible. Voir les écrits pré-critiques, *Recherche sur l'évidence des principes de la théologie naturelle et de la morale*, montrant qu'il y a une différence entre l'analyse abstraite des concepts en philosophie et le processus synthétique de la définition mathématique, *Essai pour introduire en philosophie le concept de grandeur négative,* exposant la distinction entre opposition logique et opposition réelle, et encore *De l'unique fondement possible d'une démonstration de l'existence de Dieu* (1763-1764), *De la forme et des principes du monde sensible et du monde intelligible* (dite « Dissertation de 1770 »), etc., tous écrits qui dénoncent l'*incompatibité* radicale de la tradition de la logique formelle avec les procédés féconds de la science rationnelle, la différence entre la fonction logique de la pensée dans le jugement, où le concept est analytique, discursif, non producteur, et sa fonction rationnelle dans les mathématiques ou la physique, qui est productrice et dynamique en raison de sa relation à l'intuition. Ce qu'il y a de fécond dans les procédés de la science ne peut venir de la logique, discipline formelle, fondée sur la subsomption des concepts, mais seulement de l'expérience, dont le donné intuitif est source de toute synthèse. On pourrait aller jusqu'à parler en général de mise en œuvre d'un *postulat de discontinuité* qui, tout en étant lié à des éléments doctrinaux très importants, tels que l'identification comme essentielle de la tâche d'avoir à isoler les éléments purs de la connaissance, le met en opposition flagrante avec Leibniz, pour lequel il n'y a partout, entre phénomène et chose en soi, entre sensibilité et entendement, qu'une différence de degré, non de nature, si bien que l'on passe insensiblement du premier au second. D'où la grande question de la quasi totalité des post-kantiens : n'y aurait-il pas, entre le réel et notre entendement, un « abîme » qui ne peut être comblé ? Et Kant n'est-il pas obligé d'admettre finalement un *hiatus*, selon sa propre expression dans la *Critique du jugement*, entre l'analogie universelle, constituée par les lois pures de l'entendement transcendantal, et les analogies particulières, ou empiriques, que sont les lois de nos sciences ? D'une certaine manière, Poincaré, qui était certainement informé de ces difficultés de la théorie kantienne (il était proche d'Emile Boutroux), répond à cette question.

Poincaré admet que l'établissement d'une relation précise entre expérience et géométrie spatiale est affaire de *conventions*. On impose une géométrie à notre espace par le moyen de conventions, bien que ce soit l'*expérience* qui nous guide dans le choix de ces différentes conventions. On choisit les conventions qui sont les plus appropriées à l'expérience, et on leur confère le statut de principes agréés, susceptible de les protéger d'une réfutation future. Les conventions ne sont pas empiriquement contrôlables, elles ne sont pas soumises à l'expérience, bien qu'on puisse toujours concevoir que, pour de bonnes raisons, notamment liées à l'expérience, on puisse remplacer une convention agréée par une autre.

La relation de la géométrie avec l'expérience s'établit donc sur la base d'un équilibre soigneusement délibéré.

L'expérience joue un rôle dans la création de la géométrie, et ce rôle est double : les concepts et les hypothèses géométriques proviennent de l'expérience, et justice est ainsi rendue à l'empirisme ; mais, du statut de généralisations empiriques idéalisées auquel ce dernier se borne ses prétentions, les hypothèses géométriques sont élevées au rang de principes conventionnels ou de conventions terminologiques, protégées dès lors de toute sanction par l'expérience. Dans les applications, par exemple dans notre choix d'un système de géométrie métrique, nous sommes guidés par certains critères comme la simplicité.

Tout cela ne suffit pas à faire de la géométrie une science empirique, et part doit être faite au rationalisme. La géométrie n'est pas ouverte à la réfutation par contrôles, ou « tests », expérimentaux. Elle est une science exacte, et on peut même aller jusqu'à dire, en ce sens, que ce sont les géométries les plus applicables à notre espace qui sont les plus exactes. C'est pour garantir cette exactitude que Poincaré exige la position d'un élément *a priori* — élément qui sera tout naturellement, dans un premier temps[5], le concept de groupe abstrait. Selon Poincaré, l'esprit a la capacité innée de construire des groupes continus, qui ne se limitent pas aux groupes euclidiens, et d'en appliquer quelques-uns à l'expérience. C'est cette partie *a priori* de notre entendement[6] qui garantit que la géométrie peut être exacte et certaine.

En bref, les conventions servent de *pont* entre la connaissance empirique inexacte et les mathématiques précises. De ce point de vue, l'épistémologie géométrique de Poincaré peut être présentée comme un essai de

---

5. Sans renoncer à cette vue, d'abord exclusive, Poincaré la complètera ensuite (notamment après ses travaux relatifs à l'*analysis situs*) par un second élément, l'intuition topologique des continus à plusieurs dimensions.

6. La conception de Poincaré diffère sur ce point de celle de Kant. Pour Poincaré, l'élément *a priori* qui est pertinent pour la géométrie spatiale se trouve dans l'entendement, alors que, pour Kant, il s'agit d'une forme de la sensibilité.

réconciliation, ou plutôt de position d'une médiation, entre la certitude mathématique et l'incertitude, ou la « faillibilité », de l'expérience.

Revenons un instant sur ces deux points : le rôle et les limites de l'expérience.

Quant au premier, Poincaré souligne souvent le fait que ses conventions ne sont pas choisies arbitrairement. Elles ne sont pas de simples conventions de langage, comme quand nous décidons qu'un mot pourra être utilisé en lieu et place d'une autre expression linguistique généralement plus complexe — ce qui ne veut pas dire qu'elles n'ont pas un aspect de convention linguistique. Mais il ne donne qu'un petit nombre de ces règles générales d'acceptation ou de refus qui seraient susceptibles de nous aider à choisir les conventions, et il n'en analyse guère la signification. Ses règles principales pour choisir une convention plutôt qu'une autre paraissent être : la conformité approchée à l'expérience ordinaire, ce que recouvre semble-t-il l'expression de « commodité » ; la simplicité ; des considérations empiriques relevant de ces deux dernières, et liées par exemple à notre connaissance de l'existence dans la nature de corps solides dont les mouvements approchent de près les conditions de réalisation d'une structure de groupe euclidien. Dans tous les cas, il ne s'agit que de guides, plus ou moins subjectifs. L'expérience ne fournit jamais que des résultats inexacts. On doit, pour en dériver une convention précise, en fournir des interprétations, qui par nature peuvent varier et impliquer des éléments subjectifs[7].

Quant au second, il faut admettre que nous ne soumettons jamais à un contrôle expérimental les géométries, même les géométries métriques appliquées, relativement aux groupes de corps physiques et de leurs mouvements, mais que nous *ajustons* notre géométrie aux expériences par un choix approprié de la définition de la « congruence » et par des procédés d'essence linguistique analogues. En bref, comme on a proposé de le dire, nous adoptons, relativement aux géométries métriques, l'« attitude nominaliste[8] », d'où il résulte qu'elles fonctionnent alors pour nous comme des

---

7. La simplicité notamment est un critère plutôt vague, qui peut avoir un sens psychologique, pragmatique, mathématique. Poincaré pense semble-t-il surtout à la simplicité *mathématique* : simplicité d'une expression, d'une équation, d'un calcul, d'une théorie..., en comparaison d'une autre. L'aspect esthétique (élégance, économie dans la présentation) est ici moins important sans doute que l'aspect objectif, qui le rapproche des deux autres, et marque la dépendance de la situation réelle telle qu'elle se présente dans l'expérience. Il y a des cas où un système de coordonnées est plus commode, plus simple qu'un autre, mais le système de coordonnées le plus simple dans *un* cas n'est pas nécessairement le plus simple dans *tous* les cas. De même, il peut y avoir des raisons pour considérer une géométrie non euclidienne comme la plus simple pour traiter une situation physique précise. En général, on n'a pas de règles sûres, universellement applicables.

8. C'est un trait de ce que Poincaré appelle la « métaphysique moderne » (dans la lettre, destinée à la publication, qu'il adresse à C. Flammarion, pour s'expliquer, à la suite de la polémique suscitée par ses réflexions sur la rotation de la Terre dans *La Science et l'hypothèse*, voir Henri Poincaré, « La Terre tourne-t-elle ? », *Bulletin de la Société astronomique de*

langages plutôt que comme des théories empiriques — cela même dans les applications physiques. Elles demeurent donc des sciences exactes, non sujettes à révision, ce qui ne pourrait être le cas si on admettait qu'elles fussent expérimentalement contrôlables.

L'esprit humain a la possibilité de créer toute une variété de géométries, c'est-à-dire de langages géométriques alternatifs. On choisit, par convention, l'un d'entre eux comme la meilleure représentation de notre espace, et le meilleur langage mathématique pour nos théories physiques[9]. Pour Poincaré, comme pour Klein et Lie, *une géométrie n'est rien d'autre que l'étude d'un groupe*. Les groupes possibles de géométrie spatiale sont tous suggérés par les mouvements de corps solides dans la nature. La convention que les classes de déplacements forment un groupe est pertinente, mais seulement partielle. On peut l'exprimer plus complètement en incorporant en elle l'alternative que les déplacements forment un groupe euclidien *ou* qu'ils forment l'un des groupes non euclidiens. On choisira le groupe euclidien parce qu'il est le meilleur de ce point de vue pour la géométrie spatiale : il est mathématiquement le plus simple, à l'inverse d'autres groupes, il contient un sous-groupe invariant, et il est conforme à notre expérience des corps solides.

Les géométries, qu'elles soient euclidiennes ou non euclidiennes, sont autant de manières possibles de décrire les phénomènes naturels, et il est possible de passer de l'une à l'autre en construisant des dictionnaires spécifiques de termes équivalents pour les différentes géométries. Envisagées de ce point de vue, elles constituent des systèmes de langage complexes qui, présentés axiomatiquement, constituent des « définitions implicites » de leurs termes primitifs. Le fait que quelques uns au moins de ces langages sont inter-transformables, et même inter-traductibles, rend possible le choix de commodité, et présente l'avantage de faciliter la solution des problèmes géométriques : par un choix convenable de la géométrie, on peut simplifier la solution d'un problème, exactement comme on peut le faire par un choix convenable du système de coordonnées[10]. C'est l'aspect de conven-

---

France, 1904, vol 8, p. 216-217) : l'absence de justification absolue des énoncés de l'existence des choses, du monde extérieur, d'une réalité intangible qui se situerait au delà de nos approches théoriques. C'est un des aspects de ce qui semble caractériser le mieux sa philosophie de la science : l'idéalisme.

9. Poincaré plaide notamment pour la possibilité de deux systèmes d'alternatives (formulables en thèses de « philosophie du non » à la manière de Bachelard) : (1) non-euclidianisme : la géométrie spatiale peut être une forme de géométrie non euclidienne ; (2) non-tridimensionnalité : il est possible de concevoir notre espace autrement qu'à 3 dimensions.

10. Le choix d'une géométrie est donc effectivement, comme le dit et le répète Poincaré, semblable à celui d'un système de coordonnées : il est matière d'agrément (« de commodité »). D'où l'importance du concept général d'invariance : un système de coordonnées représente un choix spatial — choix d'un repère, ou référentiel, qui implique toujours une manière particulière de repérer les positions et de mesurer. L'essentiel, c'est-à-dire l'objectif, c'est ce qu'il y a d'absolu, au sens d'indépendant de ces méthodes de repérage et de mesure. C'est l'invariance, donc le groupe.

tion linguistique, que retiendront exclusivement Carnap, Reichenbach et leurs successeurs.

2. Une application privilégiée : la genèse de nos idées d'espace

Comment obtenons-nous notre connaissance de l'espace et de ses propriétés ?

Pour répondre à cette question, Poincaré expose ce qui est une véritable théorie de la *genèse* de nos idées d'espace et de notre connaissance de la géométrie spatiale ; elle constitue une expression importante de son conventionnalisme[11].

Dès le départ, il adopte une psychologie référée au sujet, de type *associationniste et sensationniste* ; elle va servir de cadre à sa théorie de la genèse de l'espace et de la géométrie. À partir de cette position subjectiviste, il décrit la manière dont on acquiert les relations spatiales, pour constituer finalement l'espace géométrique.

Les sensations par elles-mêmes, qu'elles soient visuelles, tactiles ou musculaires, ne nous donnent pas la notion d'espace directement. Elles n'ont pas en soi de caractère spatial. Elles ne peuvent donc produire par une relation causale directe, comme une vue empiriste naïve pourrait le laisser croire, la notion d'espace ou de géométrie d'un espace. Ici intervient un point fondamental : pour Poincaré, nous n'avons pas de connaissance, ou d'appréhension, *directe* de l'espace physique.

L'expression même d'« espace physique » ne fait pas partie de son vocabulaire philosophique. De son point de vue, il y a un espace *sensible ou représentatif* construit à partir de sensations visuelles, tactiles, cinesthésiques, et par un processus de classification. Cependant, cet espace empirique n'a aucune des propriétés du véritable espace *géométrique* : il n'est ni infini (ou même non-borné), ni homogène ni isotrope. L'explication vise moins l'origine et les propriétés de l'espace empirique que celles de l'*espace géométrique pur, espace conceptuel sur lequel nous raisonnons et que nous pouvons utiliser dans nos théories physiques*[12]. Poincaré considère cependant

---

11. E. Mach, dans ses études de 1901-1903 qui développent une théorie empirique et psycho-physiologique des origines de la géométrie, tiendra à se démarquer d'abord de Poincaré. Voir ses 3 articles : Mach, Ernst, « On Physiological, as Distinguished from Geometrical Space », *The Monist*, 1901, vol 11, n° 3 ; « On the Psychology and Natural Development of Geometry », *Tje Monist*, 1902, vol. 12, n° 4 ; « Space and Geometry form the Point of View of Physical Inquiry », *The Monist*, 1903, vol. 14, n° 1. Vues reprises ensuite dans l'ouvrage *Space and Geometry in the Light of Physiological, Psychological and Physical Inquiry*, Chicago, 1906.

12. C'est seulement l'ingrédient géométrique d'une théorie de physique mathématique (ou de « mathématique appliquée »), envisagée en tant qu'elle porte sur les traits spatiaux des phénomènes, qui est conventionnelle, et non la théorie toute entière. Chez Poincaré, c'est la géométrie qui est conventionnelle : *toute* la géométrie (à la différence de Riemann, chez lequel une partie de la géométrie, celle qui concerne la détermination de la métrique de l'espace, et notamment l'hypothèse qui soutient la représentation de l'étalon de mesure, relève de l'empirie) mais *seulement* la géométrie.

les sensations comme ayant une fonction significative dans la création et le développement de notre concept d'espace géométrique : elles fournissent à notre esprit l'*occasion* de construire l'espace géométrique. Notre esprit forge une relation entre les sensations et l'espace géométrique par des actes de classification et d'analyse de certains *changements* de nos sensations.

Supposons un objet devant nous, en mouvement, hors de notre centre de vision. On peut le ramener au centre de notre rétine par un mouvement de nos yeux ou de notre corps. En termes sensationnistes, on peut rétablir notre sensation primitive de l'objet. Poincaré donne l'exemple d'une sphère placée devant nous, et comportant un hémisphère bleu et un autre rouge. Si on voit d'abord l'hémisphère bleu, et qu'ensuite la sphère tourne, de telle sorte que le rouge devienne visible, nous pouvons ramener notre sensation de bleu par des changements de nos sensations internes, par exemple, en tournant nous-même autour de la sphère. Nous sommes capables de corriger un changement *externe* de sensations, une rotation de la sphère, par un changement *interne* de sensations, par un mouvement autour de la sphère qui constitue une rotation compensatoire. Cela est souvent possible, mais pas toujours, comme le montre l'exemple d'un changement d'état chimique, celui d'un liquide passant du bleu au rouge par une réaction d'ordre chimique. En général, il y a des changements indépendants de notre volonté, et non accompagnés de sensations musculaires. Ces changements externes que nous pouvons corriger par des changements internes de manière à rétablir notre impression première sont appelés « déplacements » ; les autres, ceux que nous ne pouvons corriger, « altérations ».

On peut de plus classer ces changements externes qui sont des déplacements. Une telle classification est cruciale pour la théorie de Poincaré. Si les hémisphères offraient deux autres couleurs, et que la sphère subisse une rotation, on pourrait corriger le changement externe des impressions, le déplacement, par le même changement interne que celui utilisé auparavant. Le changement interne serait le même en ceci que les sensations musculaires seraient les mêmes, alors que les visuelles ne le seraient pas. Donc, dans ce cas, il y a une variété de déplacements équivalents. En termes géométriques, la classe de tous les déplacements ainsi équivalents est supposée correspondre à une rotation de 180 degrés. Cependant, Poincaré ne peut, à ce stade, utiliser un tel langage géométrique, puisqu'il en est encore à en expliquer l'origine.

De même, on peut imaginer qu'il est possible de distribuer tous les déplacements individuels externes en classes. En effet, il y a des classes d'équivalence : deux déplacements externes sont *équivalents* si, et seulement si ils peuvent être corrigés par *le même* changement interne, au moins sur le plan des sensations motrices. De la même manière, on peut considérer des déplacements internes, c'est-à-dire des changements internes correspondant à des déplacements externes, et imaginer qu'ils sont distribués en classes d'équivalence, coextensives à celles des déplacements externes. Ces déplacements individuels, plus précisément les classes de déplacements individuels (qu'il appelle aussi, par abus de langage, « déplacements »), sont fondamentales pour la création de la géométrie. On apprend à rassembler les déplacements en classes d'équivalence par une application active de l'esprit. L'opération revient à pratiquer une abstraction sur les mouvements purs, tels que les translations et les rotations, à partir des sensations, en écartant les propriétés incidentes, comme la couleur. Ainsi les classes de déplacements engendrées au niveau des sensations s'identifient aux mouvements et transformations au niveau plus élevé de la géométrie.

On a fait remarquer que beaucoup de difficultés subsistaient, relatives en particulier à l'identification précise des déplacements individuels et à leur classification. Il s'agit d'une théorie qui n'est peut-être pas entièrement plausible: comment déterminer des déplacements plus ou moins exacts à partir de sensations musculaires? Comment développer une géométrie globale, à partir de ces phénomènes locaux[13]? Une fois encore, l'hypothèse clé nous paraît être que tout ensemble de classes de déplacements forme un *groupe* au sens mathématique abstrait[14]. La théorie se trouvait ainsi en relation étroite de correspondance avec les travaux de Lie sur les fondements de théorie des groupes de la géométrie, dont les résultats étaient exposés dans les trois parties du monumental traité de Lie et Engel publié entre 1886 et 1893. C'est par là que l'épistémologie de Poincaré s'articule à l'histoire.

Avant d'y venir, il nous faut encore préciser en quoi la position médiatrice de la convention renvoie à la conception de l'espace.

3. Le statut médiateur de la convention et le principe de relativité: l'exemple de l'hypothèse d'existence des groupes de déplacements

On a vu que si le problème épistémologique est bien celui, posé pour la première fois par Kant, de la condition de possibilité de la mise en relation de la théorie et du fait, on ne peut, pour le résoudre, se satisfaire du synthétique *a priori* kantien. La géométrie spatiale, dans sa spécification concrète évoquée plus haut, doit servir d'intermédiaire entre les théories et les faits expérimentaux. Poincaré soulignera, dans sa discussion avec Le Roy, que les faits scientifiques ne sont pas « faits » (créés de toutes pièces) par le savant, comme on se complaisait parfois à le dire alors, mais que ce ne sont jamais que les faits bruts, ordinaires, les faits du sens commun, *traduits* dans le langage de la science. Ces faits d'expérience, ou d'ailleurs d'observation, ne sont comparables aux prédictions théoriques que s'ils

---

13. Ces difficultés ont été soulignées notamment par Torretti, voir: Torretti, Roberto, *Philosophy of Geometry from Riemann to Poincaré*, Dordrecht, 1978, p. 343-345.

14. Selon les vues de son temps, Poincaré définit le concept par la propriété de clôture, conçue comme la propriété essentielle: une classe de déplacements suivie d'une autre redonne une classe de déplacements.

sont *préalablement rendus homogènes* aux théories qui permettent les prédictions. Et c'est la géométrie qui fournit les outils, ou moyens, de la description géo-chronométrique et cinématique exigée pour cette homogénéisation, ainsi que les termes de comparaison pour l'évaluation des théories physiques.

D'où l'élimination, déjà relevée, de l'espace mécanique ou physique. Tout se passe en effet comme si, aux yeux de Poincaré, l'espace de la géométrie suffisait à la physique. C'est la géométrie qui procure le schéma dans lequel les données de l'expérience se déploient pour avoir le sens théorique qui les rend acceptable par la science. Aussi est-il impossible qu'elles la contredisent. Or l'élimination de l'espace physique est elle-même liée par une relation d'essence au « principe de relativité », lequel entraîne à son tour la disjonction de la géométrie et de l'expérience qui est au cœur du conventionnalisme de Poincaré.

L'énoncé que donne le chapitre v de *La Science et l'hypothèse* du principe de relativité stipule que « l'état des corps et leurs distances mutuelles à un instant quelconque dépendront seulement de l'état de ces mêmes corps et de leurs distances mutuelles à l'instant initial ».

Et non pas de leurs relations à l'espace[15]. Le principe signifie que l'information empirique n'a pas de rapport avec la structure de l'espace géométrique. Il prive ainsi de sens la question même de savoir si la géométrie peut être soumise à la décision de l'expérience. Dans cette mesure, comme le souligne Jules Vuillemin, Poincaré est plus radical que Klein, car ce n'est pas seulement, comme chez ce dernier, l'imagination de l'espace, mais encore l'espace lui-même dans son rapport à la réalité physique qui est conventionnel[16]. À vrai dire, on peut donner au principe diverses formes, géométrique, mécanique, physique en général : quelle que soit cette forme, il s'agit toujours d'affirmer l'existence d'invariants relatifs à certains groupes de transformations. Une théorie des invariants relatifs à un groupe de transformations n'est rien d'autre qu'une théorie de la relativité par rapport à un groupe.

Analogue ici à celle de Mach, la position de Poincaré consiste à dire qu'une stricte application de la loi exigerait qu'on considérât l'univers entier.

> Mais si notre système est l'univers entier, l'expérience est impuissante à nous renseigner sur sa position et son orientation absolues dans l'espace. Tout ce que nos instruments si perfectionnés qu'ils soient, pourront nous faire connaître, ce sera l'état des diverses parties de l'univers et leurs distances mutuelles. (...)

---

15. Poincaré, *La Science et l'hypothèse*, Paris, 1968, p. 98
16. Voir Jules Vuillemin, *Le Conventionnalisme géométrique et la théorie des espaces à courbure constante*, 1974.

> Les lectures que nous pourrons faire sur nos instruments, à un instant quelconque, dépendront seulement des lectures que nous aurions pu faire sur ces mêmes instruments à l'instant initial.

Elles ne peuvent donc par elles-mêmes nous permettre de décider entre les géométries. Elles sont indépendantes de l'interprétation géométrique de ces lectures.

D'où la pluralité. C'est la géométrie qui opère la traduction de la nature en langage mathématique que nous venons d'évoquer. Mais il y a plusieurs manières possibles de le faire, et non par la seule géométrie euclidienne, comme au temps de Galilée ou Newton. Il y a autant de traductions possibles que de géométries disponibles, qui sont elles-mêmes traductibles entre elles. La formulation de la théorie scientifique doit convenir au système de description choisi, mais son pouvoir prédictif restera inchangé dans ses diverses traductions.

Reprenons son exemple favori des déplacements, en tant qu'ils sont à l'origine de l'espace.

Des déplacements individuels, on ne peut dire en toute rigueur, on l'a vu, qu'ils forment un groupe, car ils dépendent des sensations d'objets individuels. Même des déplacements équivalents peuvent commencer et finir avec des sensations distinctes, de sorte qu'il n'est pas toujours possible de combiner deux déplacements individuels par succession. On fait alors l'hypothèse qu'il existe toujours deux classes quelconques de déplacements individuels compatibles. La *propriété* des déplacements de former un groupe n'est peut-être pas tout à fait évidente, mais la *condition* que les déplacements forment un groupe est absolument nécessaire pour la géométrie, ou, pour mieux dire, pour la géométrisation.

Le problème philosophique est la justification de cette hypothèse.

Aux yeux de Poincaré, elle n'est ni *a priori*, ni empirique.

Elle n'est pas *a priori* car elle n'est pas évidente ou absolument certaine, du fait de la complexité de la compensation des changements externes par les changements internes, et de leur composition en classes.

Elle n'est pas empirique, car elle serait alors ouverte au verdict de l'expérience, et, en cas de falsification, la géométrie serait détruite. Il y a des réfutations apparentes, de déplacements qui ne forment pas un groupe, que nous rejetons comme réfutations. Nous préférons les ajuster pour qu'ils rentrent dans les classes de déplacements en satisfaisant la loi de groupe (voir sa distinction de la forme et de la matière du groupe). En négligeant les non-déplacements nous faisons pour ainsi dire rentrer de force les déplacements dans ce moule de théorie des groupes. Nous faisons *une convention*, non arbitraire, mais cohérente avec l'expérience ordinaire. Les déplacements qui paraissent satisfaire la loi de groupe s'insèrent dans des classes obtenues approximativement à la loi de groupe. Dans l'analyse finale, nous renforçons la loi par une convention, pour obtenir la construction de la géométrie qui se fonde sur la théorie des groupes. Nous élevons la loi de clôture pour les groupes de déplacements au statut d'un principe conventionnel, que nous choisissons de ne pas réfuter.

L'existence même du groupe des déplacements garantit que l'espace résultant est homogène, isotrope, et non borné : autant de propriétés qui le distinguent de l'espace représentatif. Un tel groupe de transformations à 6 paramètres (tout déplacement suffisamment petit pouvant être engendré par 6 rotations infinitésimales) est *continu* au sens de Lie : les classes de déplacements forment un continu physique « parfait ». Nous choisissons par convention le groupe euclidien des mouvements (isométries directes) rigides, préservant l'orientation, comme la meilleure représentation du groupe des déplacements. Cette convention est justifiée par le fait que le groupe euclidien a un sous-groupe *invariant*, celui de toutes les translations, propriété qui fait défaut aux groupes non euclidiens. Ainsi, la géométrie de l'espace devient seulement l'étude des propriétés formelles[17] d'un certain groupe continu à 6 paramètres, le groupe euclidien. On impose ce groupe à la nature, bien que l'expérience nous guide dans le choix du groupe le meilleur pour l'application à la nature[18].

4. La théorie des groupes de transformations de Sophus Lie, fondement mathématique du conventionalisme de Poincaré.

4.1. Premiers mémoires et premiers travaux.

Comme plusieurs commentateurs l'ont suggéré, les travaux de Lie sur les groupes sont la véritable origine du conventionnalisme géométrique de Poincaré[19].

A la fin du premier mémoire dans lequel on trouve trace d'une position philosophique concernant le statut des axiomes de la géométrie, *Sur les hypothèses fondamentales de la géométrie,* mémoire dont le titre pourrait plutôt évoquer Riemann[20], Poincaré déclare :

---

17. On sait que Poincaré distingue entre la « forme » (ensemble des opérations envisagé abstraitement, défini par la clôture) et la « matière » (domaine ou espace des objets pour les opérations) du groupe. La distinction est proche de celle des algébristes d'aujourd'hui entre un groupe « opérant » dans un espace, et cet espace même.

18. C'est ainsi, nous semble-t-il, qu'on pourrait résoudre la difficulté soulevée par Torretti (*op. cit.* note 12) dans l'explication de l'origine du concept de continu. Poincaré confond d'après lui sa relation d'indistinguabilité dans l'expérimentation du poids avec la relation d'égalité ou d'identité de quantité par simple usage du signe d'égalité. La relation d'indistinguabilité, n'étant pas transitive, n'est pas du tout la même que celle d'égalité ou d'identité.

19. C'est notamment le cas de Giedymin, Jerzy, *On the origin and Significance of Poincaré's conventionalism,* Studies in History and Philosophy of Science 8, 1977, p. 287.

20. Poincaré, Henri, *Sur les hypothèses fondamentales de la géométrie,* Bulletin de la Société mathématique de France, XV, 1887 ; *Œuvres,* 11, p. 79-91.

Ce résultat n'étonnera pas les mathématiciens qui ont lu les remarquables travaux de M. Sophus Lie sur la théorie des groupes. [...] Nous ferons par la suite de fréquents emprunts au Mémoire du savant norvégien.

On y voit Poincaré s'inspirer clairement de l'approche de « théorie des groupes » qui a été celle de Lie en géométrie[21], une approche qui consiste dans une méthode pour trouver tous les groupes continus possibles pour les différentes géométries d'une variété à deux dimensions, ou du plan. On peut considérer que c'est en raison de ce rattachement à Lie :

1) que Poincaré met en avant dans tous ces essais l'idée que le concept de groupe, comme concept *a priori*, forme un fondement naturel et sûr pour la géométrie, que *la géométrie est l'étude des groupes continus* ;

2) qu'il exclut les géométries plus générales considérées par Riemann dans sa thèse d'habilitation ;

3) qu'il se restreint au point de vue dit « de Helmholtz-Lie » sur le problème de l'espace. Comme Klein, il ne garde que les espaces à courbure constante — à l'exclusion de ceux à courbure variable, c'est-à-dire de toutes les géométries riemanniennes dans lesquelles « l'axiome de libre mobilité » n'est pas valide, et bien qu'il les accepte comme mathématiquement (analytiquement) possibles[22].

---

21. Lors de sa première visite à Paris de 1882, Lie avait trouvé Poincaré déjà convaincu pour son propre compte de l'importance du concept de groupe, et il dit dans une lettre à Klein que Poincaré lui avait expliqué que toutes les mathématiques ne sont qu'« une histoire de groupes » (« eine Gruppengeschichte » ; lettre d'octobre 1882, citée, ainsi que les faits suivants, par Hawkins, Thomas, *The Erlanger Programm of Felix Klein : Reflections on its Place in the History of Mathematics*, Historia Mathematica, 11, 1984, p. 447). Dans un des trois suppléments (écrits en vue du Grand Prix des sciences mathématiques, republiés récemment : Gray, Jeremy, *The three supplements to Poincaré's prize essay of 1880 on Fuchsian fonctions*, Archives internationales d'histoire des sciences, 32, 1982, p. 221-235) à un premier mémoire sur les fonctions fuchsiennes, Poincaré avait conclu que « la géométrie était l'étude du groupe des déplacements formé par les déplacements auxquels on peut soumettre une figure sans la déformer ». Il était prêt à recevoir la leçon de Lie. C'est bien ce qui s'est passé. Dans la même lettre à Klein, Lie indique que Poincaré ne connaissait pas alors le Programme d'Erlangen, et en effet on n'a pas de témoignage d'une quelconque influence de ce dernier sur un Poincaré parvenu par sa propre voie aux mêmes conclusions. Comme Emile Picard, Poincaré a été impressionné par Lie et ses travaux. Entre 1883 et 1892, les deux mathématiciens publient de nombreux mémoires sur les applications de la théorie de Lie à divers domaines des mathématiques : théorie des fonctions complexes, géométrie algébrique, systèmes des nombres hyper-complexes, équations différentielles, fondements de la géométrie. Poincaré en vient lui-même à s'intéresser à l'application de la théorie de Lie (surtout les « algèbres de Lie ») au « problème de l'espace » de Helmholtz en 2 dimensions, et c'est justement le sujet du mémoire de 1887.

22. La fin du mémoire, en forme de commentaire épistémologique, affirme : « Les lecteurs qui m'ont suivi jusque là n'ont pu manquer d'observer que ce qui précède a une relation au célèbre mémoire de Riemann... ils n'ont pu non plus manquer de remarquer certaines différences entre nos méthodes et résultats respectifs... », et un peu plus loin :

L'étude de 1887, dont l'intérêt historique est de contenir un exposé de l'essentiel de ce qui deviendra son bréviaire conventionnaliste, montre que Poincaré rejette non seulement la conception kantienne mais aussi la conception riemannienne. Il considère cette dernière comme empiriste, parce qu'elle implique qu'il est possible de décider quelle géométrie est vraie sur la base de fondements, c'est-à-dire de faits, expérimentaux. La leçon du mémoire, c'est que la source du conventionnalisme géométrique de Poincaré ne doit pas être cherchée dans les vues et la discussion des fondements de la géométrie de Riemann, mais ailleurs, à savoir dans la théorie des groupes de Lie.

C'est ce que viendrait confirmer le travail proprement mathématique de Poincaré de cette période, à propos duquel nous ne pouvons malheureusement entrer dans le détail.

C'est au cours de ses recherches sur les fonctions automorphes d'une variable complexe (dites par lui fuchsiennes » ou « kleinéennes ») que Poincaré introduit pour la première fois des considérations de géométrie non euclidienne. Il y avait rencontré ce qu'on appelle aujourd'hui le « groupe modulaire », c'est-à-dire le groupe des transformations $T : z \rightarrow T(z)$ données par l'expression :

$$z \rightarrow \frac{az+b}{cz+d} \qquad ad - bc \neq 0 \qquad (1)$$

où a, b, c, d sont des constantes réelles. Pour ces transformations, les fonctions analytiques définies sur un ouvert connexe D du plan complexe sont invariantes. Poincaré avait montré, en utilisant les géométries non euclidiennes, que pour tout groupe discontinu de transformations de ce type, il existe un *domaine fondamental* borné par des segments ou des cercles, et dont les transformés par des éléments de G recouvrent D sans chevauchement. Réciproquement, étant donné un tel polygone circulaire, satisfaisant certaines conditions explicites relatives aux angles et côtés, on peut montrer qu'il est le domaine fondamental d'un groupe discontinu de transformations de type (1).

On sait qu'en commençant ses recherches, Poincaré ignorait à peu près tout de la littérature. Son idée d'associer à tout groupe fuchsien un domaine fondamental, comme celle d'utiliser la géométrie non euclidienne est sans aucun doute une innovation personnelle (elle n'est jamais men-

---

« Riemann caractérise une géométrie par l'expression de l'élément d'arc en fonction des coordonnées. Il est ainsi conduit à un très grand nombre de géométries logiquement possibles et dont je n'ai même pas parlé. Cela tient à ce que j'ai pris pour point de départ la possibilité de mouvements ou plutôt l'existence d'un groupe de mouvements qui n'altèrent pas les distances. » Compte tenu de sa réfutation *a priori* de toute tentative d'établir expérimentalement la vérité d'une géométrie non euclidienne — par exemple par des mesures de parallaxe —, il semble plausible de supposer que Poincaré aurait aussi rejeté toute conclusion fondée sur des mesures attestant que l'espace a une courbure variable.

tionnée dans les travaux sur les fonctions modulaires avant 1880). Il est raisonnable de penser qu'il y a eu en fait convergence avec le travail de Lie, accueil de possibilités déjà développées dans une certaine mesure par Poincaré, virtualités que Lie a en quelque sorte cristallisées.

4.2. La théorie de Plücker-Lie.

De l'aveu même de leur auteur, les nouvelles conceptions développées par Lie dans son mémoire de 1871, *Sur une classe de transformations géométriques*[23], sont « fondées sur le fait qu'une courbe de l'espace qui dépend de 3 paramètres peut être choisie comme élément pour la géométrie de l'espace » et que, en général, le choix d'une géométrie est une affaire d'opportunité : on développe et on utilise une géométrie dans la mesure où elle se révèle avantageuse ou commode pour résoudre les problèmes du moment[24]. Un des grands résultats de Lie a consisté à établir que la géométrie dite « de Plücker », dont Klein a démontré qu'elle était interprétable comme géométrie métrique à 4 variables, peut être transformée, par une « transformation de contact », en une géométrie spatiale dont l'élément est une sphère, c'est-à-dire en une géométrie sphérique. Cette opération consistant à transformer une géométrie en une autre présente de grands avantages : un problème concernant les sphères peut être transformé en un problème concernant les droites, ce qui peut procurer les moyens d'une résolution plus simple. Le « *principe de transformation* » qui règle une telle opération peut être considéré comme un des fondements du conventionnalisme géométrique de Poincaré.

La théorie de Lie dérive elle-même de celle de la réciprocité, plus généralement de la dualité, dite de Poncelet-Gergonne. Cette dernière

23. Lie, Sophus, *Über eine Klasse geometrischer Transformationen*, Forh. Videnskabs-Selskabet Christiania, 1871, p. 182-245 ; Gesammelte Abahndlungen, 1, p. 153-210 ; les idées principales en avaient été déjà exposées dans une note de Lie et Klein des Monatsberichte... de Berlin (15 décembre 1870). On en trouve une traduction anglaise dans le *Source Book in Mathematics* de D. E. Smith, p. 485-523.

24. Au début de son mémoire, Lie se réfère à « la conception philosophique de la géométrie » et ajoute : « la géométrie analytique cartésienne traduit tout théorème de géométrie dans un théorème algébrique, et entraîne que la géométrie du plan devient une représentation de l'algèbre à 2 variables et, de même la géométrie de l'espace, une interprétation de l'algèbre à 3 quantités variables... Plücker a attiré notre attention sur le fait que la géométrie analytique de Descartes est encombrée par un double arbitraire. Descartes représente un système de valeurs pour les variables x et y par un point du plan ; comme on le dit ordinairement, il a choisi le point comme élément de la géométrie du plan, alors qu'on aurait pu avec une égale validité utiliser pour cela la droite ou toute courbe dépendant de 2 paramètres. De plus, Descartes représente un système de quantités (x, y) par ce point du plan dont les distances aux axes donnés sont égales à x et y ; dans un nombre infini de systèmes de coordonnées, il en choisit un particulier. Le progrès de la géométrie au XIXᵉ siècle a été largement rendu possible par la claire reconnaissance de ce double arbitraire dans la géométrie analytique de Descartes. » (cité par Giedymin, *On the Origin aud Significance of Poincaré's Conventionalism*, p. 287).

permet d'en saisir l'esprit en évitant les complications techniques qu'exigerait le rappel des travaux fondateurs de Lie.

La géométrie projective a habitué les géomètres à considérer les figures engendrées par des plans, des droites, etc., d'où l'idée de regarder ces plans, droites, etc., comme des *éléments générateurs* de la géométrie, au même titre que les points (les points ne sont pas engendrés par des droites, mais l'on peut identifier un point à la gerbe de droites passant par lui). Toute projectivité transforme de la même manière points et gerbes de droites correspondantes, et c'est la *loi* suivant laquelle s'effectuent toutes ces transformations qui est la source de toutes les propriétés projectives des figures ponctuelles : en remplaçant dans les énoncés « point » par « gerbe », on a des énoncés encore valides. Ainsi, la géométrie projective réglée et la géométrie ponctuelle peuvent être considérées comme des chapitres respectifs l'une de l'autre, ce sont deux aspects différents d'une *seule et même géométrie*. Mais le choix de la droite comme élément générateur modifie profondément l'espace et le groupe de cette géométrie. L'espace dont les éléments sont les droites est à 4 dimensions au lieu de 3 : il subsiste cependant quelque chose de commun, et c'est l'étude du *groupe*, de la loi de composition des opérations.

Il suit de ce principe que, si l'on prend la droite comme élément fondamental de la géométrie projective plane, on arrive à une géométrie tout à fait identique à la géométrie initiale. En géométrie dans l'espace, la situation est quelque peu différente : le principe de dualité énonce ici que c'est la géométrie des plans dans l'espace projectif qui est identique à la géométrie projective des points dans l'espace ordinaire. La géométrie des droites dans l'espace projectif est quelque chose de tout à fait nouveau : l'espace des droites est à 4 dimensions (on peut par exemple prendre les coordonnées du point P d'intersection d'une droite avec xOy et celles de l'intersection P' de la même droite avec xOz).

Il devait revenir à Plücker d'élaborer analytiquement le principe.

Dans son ouvrage de 1828[25], il part de la remarque très simple que l'équation d'une droite, donnée en coordonnées homogènes dans le plan :

$$u_1x_1 + u_2x_2 + u_3x_3 = 0 \qquad\qquad (2)$$

est complètement *symétrique* en u et en x. Plücker en profite pour interpréter alors les coefficients u comme les quantités variables, de sorte que l'équation en vient à représenter le système de droites passant par le point fixé x (si les quantités x_i sont fixées, les u_i, ou tous nombres proportionnels, sont les coordonnées d'une droite dans le plan). Ainsi, tout comme l'équation $f(x_1,x_2,x_3)$ représente une collection de points, $f(u_1,u_2,u_3)$ représente une collection de droites, ou « courbe linéaire » (par exemple les tangentes

---

25. Plücker, Julius, *Analytisch-geometrische Entwicklungen*, Essen, 1828 (un second volume paraîtra en 1836).

à une courbe ponctuelle forment une courbe linéaire : dans le cas d'une conique, c'est la duale, ou conique linéaire). Il en irait exactement de même de l'équation $u_1x_1+u_2x_2+u_3x_3+u_4=0$ d'un plan en coordonnées parallèles dans l'espace.

En 1846[26], Plücker généralise l'argument de l'ouvrage de 1828, il admet la droite comme élément de base possible dans le plan *et* dans l'espace, et nomme les termes u_i « *coordonnées linéaires* » (ou « *coordonnées de droites* »). En termes des coefficients u, l'équation (2) représente le faisceau des droites passant par le point x, donc, en un sens, le point x lui-même. On peut interpréter l'équation linéaire *aussi bien* comme l'équation d'une droite en coordonnées ponctuelles que celle d'un point en coordonnées linéaires (et il en va de même du point et du plan dans l'espace).

Le point fondamental, comme l'a bien vu Plücker, consistait dans la remarque suivante : le caractère symétrique en u et x de l'équation (2) pour la configuration unitaire point / droite, d'où résulte la possibilité d'intervertir les deux termes dans tout énoncé fondé sur leur simple concaténation, rend possible une formulation et une démonstration *algébriques* du principe de dualité.

Etant donnée une équation générale f(r,s,t)=0, *si* on interprète r,s,t comme les coordonnées homogènes x_1,x_2,x_3 d'un point, alors on a l'équation d'une courbe ponctuelle (ou courbe algébrique), mais *si* on les interprète comme les coordonnées u_1,u_2,u_3 d'une droite, on a l'équation de la courbe linéaire (ou faisceau algébrique) duale. Et toute propriété démontrée par un procédé algébrique pour une courbe ponctuelle donnera une propriété duale pour la courbe linéaire parce que l'algèbre est la même sous les deux interprétations. Utilisé jusqu'alors de manière plutôt heuristique, et souvent comme une sorte de *deus ex machina*, le « principe de dualité » de Poncelet-Gergonne y trouvait l'instrument de son élucidation théorique, et la voie d'une libération opératoire. Le contenu mathématique essentiel en était clarifié comme *équivalence* du point et de la droite en tant qu'éléments de base de la géométrie plane —du point et du plan pour la géométrie dans l'espace, d'où résultera directement, une fois mis au point le concept d'espace abstrait (ou variété) l'idée de la liberté du choix de l'« élément d'espace » comme point de départ de la géométrie.

Dans le Programme d'Erlangen, Klein théorisera cette notion d'équivalence, énonçant que deux théories géométriques apparemment différentes peuvent devenir *équivalentes* (gleichbedeutend) en ce sens précis que, par une correspondance bijective (ou 1-1) entre des *éléments* spatiaux convenablement choisis dans chacune, on établit un *isomorphisme* entre leurs groupes associés. Quant au « programme » lui-même, on ne souligne pas

---

26. Plücker, Julius, *System der Geometrie des Raumes in neuer analytischer Behandlungsweise, insbesondere die Theorie der Flächen zweiter Ordnung und Classe enthaltend*, Düsseldorf, 1846.

assez que, pour être correcte, et en tout cas complète, sa description exige trois traits, et non pas deux. Pour déterminer une géométrie, la donnée du domaine ou de l'espace et celle du groupe ne suffit pas : il convient d'y ajouter l'*élément générateur*, l'atome ou l'élément le plus simple du domaine[27].

Le concept de variété n-dimensionnelle de Grassmann offrait un autre champ d'application des idées fécondes de Plücker. Jusqu'alors perçu comme une généralisation vide, il acquiert un contenu géométrique substantiel, qui le fait sortir du domaine des constructions algébriques formelles.

Rappelons brièvement la définition des coordonnées plückériennes[28]. Soient X et Y des points de l'espace projectif à 3 dimensions, de coordonnées (x_i) et (y_i), i=1,2,3,4. Les coordonnées de droite de Plücker déterminées par X et Y sont alors les 6 quantités : $P_{12}, P_{13}, P_{14}, P_{34}, P_{42}, P_{23}$, avec : $p_{ik}=x_i y_k - x_k y_i$. Ces coordonnées linéaires, dites « plückeriennes » sont liées par la relation : $P_{12}P_{34}+P_{13}P_{42}+P_{14}P_{23}=0$. Elles forment donc une variété à 4 dimensions. Plücker les conçoit comme les éléments d'une sorte de *géométrie à 4 dimensions*. La géométrie linéaire, construite à partir d'un ensemble dépendant de 4 paramètres, procure donc un modèle de théorie d'objets à 4 dimensions dans l'espace ordinaire, dont il apparaît que la dimension n'est fixée à 3 que pour autant qu'on considère les points comme objets géométriques de base, que l'on a effectué le libre choix des points comme éléments d'espace. En choisissant un ensemble de base dépendant d'un nombre suffisant de paramètres, il est possible d'étudier des variétés de dimension arbitrairement grande sans abandonner l'espace à 3 dimensions. L'espace multi-dimensionnel reste inséré dans l'espace à 3 dimensions.

---

27. Prenons le cas de la géométrie plane. On peut choisir différents éléments comme éléments générateurs : point, ligne (orientée ou non), cercle, parabole, en général un « élément linéaire » (point+direction en ce point). Il y correspond ce qu'on appelle aujourd'hui un sous-groupe dit *stabilisateur*, celui qui conserve l'élément générateur. Par exemple, pour la géométrie euclidienne, si ξ est un cercle de diamètre fixé, le groupe correspondant est celui des rotations (avec une ligne droite, c'est celui des translations/réflexions). Si G opère dans E, on définit le sous-groupe de G *stabilisateur* de x∈E comme l'ensemble {g ; g∈G, gx=x}] Si ξ et ξ' sont tels que leurs groupes stabilisateurs sont les mêmes, alors les géométries sont elles-mêmes *équivalentes*. Ainsi, si on a deux géométries de domaine d'opération et de groupe communs, par exemple le plan et le groupe G des isométries, mais d'éléments générateurs différents, par exemple, pour le premier, un point, pour le second, un cercle de diamètre fixé de longueur *a*, ces géométries seront *équivalentes* en ce sens précis qu'elles auront le même groupe stabilisateur. Dans la pratique, elles coïncideront, par application possible de l'une sur l'autre : cercle η → centre ξ ; point ξ → cercle de centre ξ, de rayon *a*, avec le rôle de la *droite* joué par le trajet entre lignes parallèles, rempli par des cercles de rayon *a*, le rôle de l'*angle* joué par deux de ces directions, avec un cercle commun $η_0$, et un angle qui est l'angle des lignes médianes.

28. Plücker, *System der Geometrie des Raumes in neuer analytischer Behandlungsweise*, n°258.

On voit les conséquences, dès lors qu'on pourra disposer du concept de groupe abstrait. S'il n'y a pas de sens géométrique à assigner à une variété une dimension qui lui soit « naturelle », on doit établir une séparation conceptuelle entre l'espace objectivement existant (à 3 dimensions) et la construction mathématique d'une variété (de dimension arbitraire). L'interprétation de cette séparation en termes matériels conduit directement, au-delà du Programme d'Erlangen, aux idées de Riemann et de Hilbert, et à la géométrie de la théorie de la relativité. On avait là une pierre d'attente pour le concept de groupe de transformations dans l'espace à n dimensions.

Les idées de Plücker ont sans aucun doute beaucoup influencé Poincaré. Mais, comme on l'a déjà remarqué, l'autre source, encore plus proche, solidaire d'ailleurs de celle de Plücker, est certainement à chercher chez Lie. Les recherches, souvent menées en commun avec Klein, de ce dernier, ont puissamment contribué à promouvoir l'idée que le concept de groupe est le véritable fondement de la géométrie. Chacune des géométries les plus importantes, d'Euclide, de Lobatchevski, de Riemann, correspond à un groupe continu particulier, au sens de Lie, par exemple l'objet de la géométrie euclidienne ordinaire est l'étude du groupe des déplacements euclidiens, qui la contient toute en lui, et il y a autant de géométries que de groupes de transformations. Le but d'une géométrie est l'étude des propriétés des figures qui restent inaltérées quand on leur fait subir un déplacement quelconque — propriétés indépendantes de leur position et de leur orientation. Une fois le groupe supposé connu, tous les théorèmes de géométrie s'en déduisent par le calcul. Un algébriste qui disposerait de ce groupe pourrait reconstituer les notions, proprement géométriques de point, de droite, de plan, etc. C'est le fond même du Programme d'Erlangen, qui doit beaucoup, à la fois dans ses origines et dans ses développements, au travaux de Lie sur les groupes continus. Poincaré a fait sienne cette conception[29].

29. Voir Hawkins, Thomas, *The Erlanger Programm of Felix Klein: Reflections on its Place in the History of Mathematics.*

On en trouverait une ultime confirmation dans le travail de 1898 (cité note 2). Poincaré y établit l'existence de trois variétés particulières sur lesquelles le groupe des déplacements peut opérer : le 3-espace de points, relié au type des sous-groupes rotatifs ; le 4-espace des droites, relié au type hélicoïdal ; le 5-espace des droites (avec des points fixés sur elles), relié au type des « gerbes » rotatives. Dans ces trois dérivations, Poincaré fait clairement une application directe du *principe d'équivalence de Plücker* pour construire les espaces de dimensions différentes par choix de différents éléments de base. Il en conclut que nous choisissons le nombre 3 comme nombre de dimensions de notre espace parce que : 1) c'est le plus petit nombre ; et 2) le sous-groupe ou élément associé se présente de lui-même, étant relié à nos idées empiriques de lieu et de point. Dans ce choix, on retrouve les deux aspects traditionnels de la convention chez Poincaré : sa nature linguistique et sa dépendance vis-à-vis de l'expérience. Bien que d'autres représentations soient possibles, l'expérience nous guide vers celle-ci comme vers celle qui se trouve particulièrement appropriée. Finalement, la 3-dimensionnalité de l'espace repose sur une

5. Conclusions. Poincaré entre Lie et Riemann

La question des rapports de Poincaré à l'œuvre de Riemann a été consi-dérablement embrouillée du fait à la fois des événements intervenus dans l'histoire de la théorie physique après la mort du premier, avec l'apparition de la Relativité générale, et des vues rétrospectives que cette dernière a inévitablement engendrées. Un bon exemple des ambiguïtés et confusions dont a été recouverte la position de Poincaré est fourni par la revendication du « conventionnalisme géométrique » par la tradition empiriste, celle de Carnap, de Reichenbach, et des membres du Cercle de Vienne. Poincaré a, de manière trop claire, et à de trop nombreuses reprises, critiqué et rejeté l'empirisme, pour qu'on en accepte aussi facilement les conclusions. Cer-tains, comme Grünbaum[30], ont voulu en corriger les excès, en expliquant les origines riemanniennes de l'idée conventionnaliste. La construction riemannienne du concept d'espace à partir d'un continu pris comme variété n-dimensionnelle générale, d'abord métriquement amorphe, structuré ensuite librement par choix de relations métriques, fondement de la possi-bilité de la mesure et de la congruence (caractère amorphe de l'espace, métriques alternatives, conventionnalité de la congruence), serait la véri-table origine du conventionnalisme de Poincaré.

Une telle interprétation permet de laver en quelque sorte ce dernier du soupçon de manquer au devoir élémentaire de l'empiriste, de préférer toujours la leçon de l'expérience à la pérennité de la théorie. En interprétant comme il le fait l'épreuve expérimentale, par exemple les mesures paral-lactiques, Poincaré refuse moins le verdict de l'expérience qu'il ne réaffirme la thèse riemannienne de structuration *a posteriori* d'un espace initialement amorphe par la métrique. Il n'y avait rien là de contradictoire avec un empi-risme modéré, qui serait celui de Poincaré. Un autre avantage de la dite interprétation est de montrer que Poincaré, s'il combat « l'empirisme géo-métrique » — et peut donc être enrôlé chez les empiristes modérés, proches de Carnap ou Reichenbach[31], comme veut le faire Grünbaum — n'est pas

---

convention *raisonnable*, qui s'insère dans la continuité de notre expérience. Par ailleurs, en créant une variété d'espaces de différentes dimensions par le principe de Plücker, Poincaré reste dans les limites des sous-groupes non euclidiens à 6 paramètres. Il veut considérer des espaces et des géométries associées à ces sous-groupes. Acceptant la solution de Lie du « problème de Helmholtz » comme une borne et une contrainte, il considère seulement trois groupes ou géométries, et leurs espaces correspondants.

30. Dans ses ouvrages classiques : Grünbaum, Adolf, *Philosophical Problems of Space and Time*, New York, 1965 ; *Geometry and Chronometry in Philosophical Perspective*, Minneapolis, 1968.

31. Ainsi, Poincaré n'invoque jamais la distinction entre géométrie pure, abstraite, et géométrie appliquée, même après sa lecture des *Grundlagen der Geometrie* de Hilbert, qui a été semble-t-il pour lui une véritable révélation, notamment de la richesse des géométries suscitées par le point de vue axiomatique. Cette indifférence est d'autant plus remarquable que l'interprétation, par Poincaré, des géométries comme systèmes de langage (avec la position des conventions définitions déguisées, l'« attitude nominaliste », etc.), plutôt que comme

anti-empiriste ou nominaliste pour autant, puisqu'il est avéré par les textes qu'il a formellement, et à plusieurs reprises, rejeté le nominalisme de Le Roy.

L'empirisme géométrique consiste dans l'idée qu'il y a une métrique intrinsèque dans l'espace lui-même, à découvrir par l'expérience, ou alors que, s'il n'y a pas de métrique intrinsèque dans l'espace (comme c'est peut-être le cas), elle peut de toute façon être mise expérimentalement en évidence *ailleurs* : par exemple dans les « forces de liaison » qui opèrent sur, ou dans, l'espace même — exactement comme on peut découvrir par expérience si l'espace physique est euclidien, non euclidien, ou doté d'un non-euclidianisme variable, ce qui est une autre idée des empiristes.

La question du statut de la géométrie, de son rapport à l'expérience et à la physique, est trop complexe chez Poincaré pour pouvoir être envisagée ici dans toute son extension. Nous nous contenterons des remarques suivantes, que nous semble autoriser la mise en relation exigée des positions épistémologiques avec le travail mathématique.

Enraciné dans les travaux de Lie et Plücker, le « conventionnalisme » de Poincaré ne paraît pas avoir été directement inspiré par une forme, au demeurant assez hypothétique, de ce dernier, qu'on trouverait chez Riemann[32]. La thèse de l'amorphisme de l'espace, fondement de la conventionnalité de la congruence ou de la métrisabilité alternative, énonce une propriété structurale de l'espace physique. Il n'est pas sûr qu'on puisse l'attribuer sous sa forme stricte à Poincaré, pour lequel il y a moins amorphisme de l'espace qu'élidation, pour ne pas dire négation, ou élimination de l'espace en tant qu'entité physique. Si l'espace physique est élidé c'est qu'il est moins métriquement amorphe qu'intrinsèquement inobservable.

---

théories empiriques, aurait pu conduire à les rejeter du côté du calcul ininterprété —à l'opposé des géométries appliquées, « coordonnées », ou « correspondantes », aux lois formelles, familières à la tradition empiriste. C'est chez lui, nous semble-t-il, le cadre même de la distinction qui est refusé, ou ignoré. Et elle l'est à cause de la conception qu'a Poincaré de la géométrie.

32. En fait, quand on lit le mémoire de Riemann, on est frappé par l'absence, dans son texte, de toute trace claire d'idée et de terminologie conventionnalistes. Si la simplicité est évoquée, c'est seulement au sens où on parle de simplicité relative d'hypothèses empiriques alternatives. La tendance est manifestement empiriste. La conventionnalité (en un sens) de la congruence peut avoir été une conséquence de la stipulation du caractère amorphe de l'espace physique comme variété continue. Cependant cela même est incertain si l'on se réfère à la suggestion explicite de Riemann d'avoir à chercher, selon les termes du passage célèbre du §III de son mémoire de 1854, « le fondement (la cause ?) des relations métriques... dans les forces qui opèrent sur (l'espace) » (« es muss ... der Grund der Massverhältnisse ausserhalb, in *darauf* wirkenden Kräften gesucht werden. »). Il ne serait guère surprenant que le jeune Poincaré ait réagi à ce qui lui apparaissait chez Riemann comme une prise en compte insuffisante de la conventionnalité de la congruence. Si tel était le cas, alors sa critique viserait à la fois la non-reconnaissance par Riemann de la nature conventionnelle de critères extrinsèques des relations métriques *et* l'idée que l'expérience peut permettre de découvrir la nature euclidienne ou non de l'espace physique.

La séparation, d'essence hilbertienne[33], entre géométrie et physique est d'abord interprétable ontologiquement : les termes géométriques ne se réfèrent pas à la réalité (la géométrie ne prédique rien de la réalité), à la différence des termes physiques, dont ils sont ontologiquement indépendants. Chez Poincaré, il s'agit d'une thèse épistémologique plus encore qu'ontologique. Les termes géométriques ne prédiquent rien d'observationnel. On ne préjuge pas de la réalité : si la référence réelle est possible, elle est en tout cas inobservable[34].

Les notions fondamentales de la mécanique n'ont aucun sens, si on les prend comme absolues. Poincaré a eu la conscience aigüe de cette impossibilité d'observer des positions et mouvements spatiaux absolus, et de l'importance de cette impossibilité pour la philosophie de la science. La non-pertinence totale de l'espace absolu pour l'observation ou l'expérimentation scientifique apparaît comme le fondement dernier du fait que le choix d'une géométrie pour la description des phénomènes physiques est une affaire purement conventionnelle.

Son « principe de relativité » ne pouvait dès lors coïncider avec celui d'Einstein, qui continue à croire à quelque chose comme un espace physique, se révélant plus proche en cela de Riemann, lequel parle toujours de l'« espace », au sens quasiment newtonien d'une réalité physique, réservoir de points, à la fois géométriques et physiques. Poincaré ne saurait en fin de compte adopter la position de Riemann parce qu'elle n'est pas cohérente avec la sienne propre, avec la séparation instituée entre géométrie

---

33. Poincaré n'a sans doute jamais conçu la géométrie comme une discipline « formelle », de la manière que pourrait suggérer la description de Hilbert. Tout au contraire, on voit bien que, pour lui, elle reste une sorte de science naturelle, disons plutôt, pour éviter toute ambiguïté, concrète. Ce qu'il a de commun avec Hilbert, la disjonction de la géométrie d'avec toute référence ou signification factuelle (et absolue, pour Poincaré), n'a sans doute pas tout à fait le même sens pour lui. En tout cas, cela ne procède pas d'un souci de soustraire la géométrie, discipline qui a la teneur et l'unité d'une science rationnelle, à l'épreuve de l'expérience, donc de la relativité empirique (Reichenbach parle de « relativité de la géométrie »). Il n'y a, et il ne saurait y avoir, rien d'empiriquement vérifiable en géométrie. C'est, relativement à la tradition empiriste, une autre idée de la géométrie, de sa structure, de ses pouvoirs, de sa fonction dans la science.

34. *Voir, dans Science et hypothèse*, ch. VII, Le mouvement absolu et le mouvement relatif, la fameuse présentation, qui a suscité un scandale, des hypothèses ptoléméenne et copernicienne (cf. note 7). Il n'y a pas de sens à énoncer que « la terre tourne autour du soleil... », mais seulement à dire qu'« il est plus commode de supposer que la terre tourne ». La raison en est que l'espace absolu n'a « aucune existence objective ».

On soulignera l'originalité et la profondeur de cette conception. Tant Galilée que Newton, ou même Einstein, ont travaillé avec une certaine conception de l'espace comme d'une réalité physique. Ils pensent intuitivement, on pourrait dire instinctivement, que le mouvement a lieu dans l'espace, et se trouve déterminé relativement à cet espace. Poincaré pense qu'on peut, sans dommage pour la théorie physique, « se dispenser de cette hypothèse », et faire l'économie du support spatial.

et physique, et l'indifférence à la notion d'espace physique comme intermédiaire entre espace géométrique et espace représentatif.

Il n'est pas interdit de penser qu'il y avait peut-être aussi à cela une raison plus cachée, que peut seulement rendre visible l'histoire des mathématiques.

Il n'y avait pas de place pour le schéma de Klein dans la géométrie de Riemann.

Selon Klein, une géométrie est un espace, ou un ensemble de points, avec une structure, et les applications bijectives de l'espace sur lui-même qui conservent la structure forment un groupe, qu'on peut appeler groupe des automorphismes.

Selon Riemann, un automorphisme d'un espace riemannien est une application de l'espace sur lui-même conservant la distance, et il peut arriver que le seul automorphisme de l'espace soit l'identité. D'après Riemann et Helmholtz, seuls les espaces de courbure constante peuvent avoir « suffisamment » d'automorphismes. Aussi la géométrie elliptique, une géométrie à courbure constante positive, a été pendant longtemps appelée « géométrie riemannienne », de même que la géométrie hyperbolique a été appelée « lobatchevskienne » (ou « bolyaienne », ou « gaussienne »).

D'abord élaboré comme un principe de classification des géométries existantes et une aide, le programme de Klein finit par promouvoir l'idée que la géométrie peut être *définie* comme théorie des invariants d'un groupe. Quant à Riemann[35], il travaillait à l'intérieur d'une tradition géométrique plus ancienne que celle de Klein et du programme d'Erlangen. Il n'y a pas de coordonnées, ni de mouvements chez Euclide — pas plus qu'il n'y en a dans la formulation moderne, hilbertienne, des fondements de la géométrie. On ne vérifie pas la congruence des triangles en se donnant la peine de mouvoir le plan entier, une procédure inconcevable pour Euclide. Ce dont on a besoin, c'est de comparaisons de distances, et Riemann introduit les mesures de longueur sur les courbes. L'existence d'un groupe de mouvements conservant la congruence, dans les cas d'Euclide et de Hilbert, est une conséquence quasi accidentelle, *a posteriori*. Les coordonnées et les applications jouent un rôle secondaire en géométrie. C'est avec Klein qu'elles deviennent objet primordial, jusqu'à procurer la définition de son essence.

Il faudra attendre Elie Cartan pour apercevoir que les deux points de vue, de Klein et de Riemann, loin d'être irréconciliables, pouvaient être unifiés dans une grande synthèse susceptible de procurer un cadre géométrique adéquat aux théories les plus générales de la mécanique, relativistes

---

35. Comme l'a remarqué avec une grande pertinence D. Laugwitz: Laugwitz, Detlef, *Bernhard Riemann, 1826-1866, Turning points in the philosophy of mathematics*, Boston-Berlin, 1999, p. 249-250.

ou non. L'inscription dans la tradition géométrique de Plücker-Lie, qui éloignait Poincaré de la voie riemannienne, devait aussi l'écarter de celle qui allait conduire aux accomplissements einsteiniens. Telle est la part de l'histoire, irréductible même à celle du génie.

Géométrie et genèse de l'espace selon Poincaré

ANASTASIOS BRENNER
Université de Toulouse-Le Mirail
brenner@univ-tlse2.fr

RÉSUMÉ. — L'emploi par Poincaré de la notion de convention au sujet des hypothèses géométriques signale un déplacement par rapport aux problématiques traditionnelles. La découverte des géométries non euclidiennes montre qu'il n'y a pas de cadre spatial unique ; plusieurs systèmes sont possibles. On affirme ainsi l'existence d'un aspect essentiel de la connaissance qui ne dérive pas des faits et ne relève ni de l'inné ni de l'intuition. L'introduction de la notion de convention, dont il s'agit de prendre la mesure, ouvre la voie à une prise en compte des facteurs décisionnels en science. Nous nous proposons, dans cet article, d'analyser l'argumentation de Poincaré en reconstruisant sa position face aux doctrines de Kant et de Mill.

ABSTRACT. — By understanding geometrical hypotheses as conventions, Poincaré significantly alters the traditional philosophical discussion of space. The discovery of non-Euclidean geometries proves that there is not a single spatial framework ; several systems are possible. Thus, there is an essential feature of knowledge that derives neither from empirical facts nor from intuition or innate understanding. The introduction of the notion of convention, whose significance is at issue here, provides a way of understanding the element of free choice in science. This article aims at analyzing Poincaré's reasoning, by contrasting his viewpoint with that of Kant and Mill.

Introduction

La géométrie constitue sans aucun doute un domaine privilégié chez Poincaré. L'examen critique qu'il propose de cette discipline fournit l'une des origines de sa philosophie. C'est à propos de la science de l'espace que Poincaré introduit la notion de convention si caractéristique de sa doctrine. Une fois sa position déterminée au sujet des axiomes géométriques, il s'engage dans deux directions : d'une part les sciences mathématiques pures, d'autre part les sciences mathématisées de la nature. Si chaque science demande un traitement spécifique, la géométrie sert de référence. C'est encore dans le domaine de la géométrie que la connexion entre les découvertes scientifiques de Poincaré et ses réflexions philosophiques est la plus manifeste : la fécondité des géométries non euclidiennes sur le plan mathématique invite à repenser la notion d'espace.

Poincaré écrit à un moment de transition : la géométrie est en train de subir une révolution. Le statut de la géométrie classique a été bouleversé par la découverte des géométries non euclidiennes. La physique va bientôt changer de langage mathématique. À cet égard, Poincaré nous livre un témoignage sur la série de révolutions dans les domaines mathématique et physique, qui débouche sur la science contemporaine. Il rompt nettement avec les réponses traditionnelles. En même temps, la solution qu'il propose rencontre des difficultés que les développements scientifiques et philosophiques ultérieurs révéleront. Mais il se peut que dans cet effort d'évaluation, un aspect de l'œuvre de Poincaré ait été quelque peu négligé : sa démarche, son style ou sa méthode. Kuhn l'a remarqué : le changement de paradigme scientifique correspond à une époque privilégiée pour la réflexion philosophique. Il en va ainsi de la révolution einsteinienne, comme précédemment de la révolution copernicienne. D'où la difficulté du discours épistémologique : lorsqu'un paradigme fait preuve de fécondité, le scientifique peut impunément ignorer la philosophie. Mais tout paradigme finit par s'épuiser. S'ouvre alors une période d'incertitude : le scientifique ne peut plus se passer de philosophie. Poincaré en est un exemple typique. Il reste à savoir comment il conçoit cette réflexion philosophique sur la science. Quelle étape marque-t-il dans le développement de la philosophie des sciences de Comte à nos jours ? Afin de répondre à ces questions, nous pouvons convoquer diverses recherches récentes.

Depuis une dizaine d'années, on assiste à un regain d'intérêt pour l'œuvre poincaréenne. Ce retour est dû pour une part à l'évolution de la philosophie des sciences elle-même. Kuhn et ceux qui le suivent ont développé une critique du positivisme logique ; ils ont réclamé un rôle pour l'histoire des sciences. L'approche historique associée à la difficulté d'élaborer une nouvelle conception de la science a conduit à revenir sur le développement de la philosophie des sciences, afin de procéder à un véritable examen historique. Le Cercle de Vienne a fait l'objet de travaux nombreux. L'attention s'est naturellement portée sur ses sources, et Poincaré a sa place dans cette histoire, lui que le *Manifeste du Cercle de Vienne* signale parmi les précurseurs de la conception scientifique du monde. Mais le reflux du positivisme logique en tant que doctrine, les recherches sur les langues naturelles et le développement des sciences cognitives nous incitent à regarder d'un autre œil les réserves de Poincaré à l'égard du logicisme et du formalisme ainsi que sa façon de recourir à la psychologie.

1. Géométrie et convention

Dans son article de 1891, « Les géométries non euclidiennes », Poincaré emploie, semble-t-il pour la première fois dans son œuvre, le terme de convention pour qualifier le statut des postulats de la géométrie : « *Les axiomes géométriques ne sont [...] ni des jugements synthétiques* a priori *ni des faits expérimentaux. Ce sont des conventions*[1]. » En employant ce terme, Poincaré rejette les deux solutions classiques. Il est clair que l'expression de synthétique *a priori* renvoie à la conception des mathématiques de

---

1. Poincaré (1891), p. 773, c'est l'auteur qui souligne ; 1902, p. 75. Le terme de *convention* ne figurait pas dans les textes antérieurs incorporés au chapitre XII de *La Science et l'hypothèse*.

Kant, qui est cité auparavant dans l'article. En refusant que les axiomes géométriques soient des faits expérimentaux, Poincaré s'écarte de la conception énoncée par Mill. Cet auteur a également droit à une mention dans le texte. Nous reviendrons par la suite sur ces deux références.

Mais prenons note du contexte géométrique dans lequel apparaît cette thèse cardinale de Poincaré. Sa grande découverte faite dix ans plus tôt concernait les fonctions fuchsiennes, ou automorphes, et exploitait l'analogie avec les géométries non euclidiennes[2]. La réflexion sur la géométrie en 1891 s'appuie sur ses recherches scientifiques et son expérience de mathématicien. En fait, l'article de 1891 ne fait que prolonger une réflexion déjà entamée. Dans un article antérieur, on trouve déjà ce constat négatif: « On peut se demander [...] ce que sont les hypothèses. Sont-ce des faits expérimentaux, des jugements analytiques ou synthétiques *a priori*? Nous devons répondre négativement à ces trois questions[3]. » En introduisant le concept de convention, Poincaré cherche à échapper à l'alternative traditionnelle de l'*a priori* et de l'empirique.

Poincaré introduit, dans son texte, une série de fictions. Ces fictions servent à vulgariser des résultats scientifiques; ce sont aussi des expériences de pensée. Retenons-en une:

> Supposons, par exemple, un monde renfermé dans une grande sphère et soumis aux lois suivantes: la température n'y est pas uniforme; elle est maxima au centre, et elle diminue à mesure qu'on s'en éloigne, pour se réduire au zéro absolu quand on atteint la sphère où ce monde est renfermé [...]. Je supposerai de plus que, dans ce monde, tous les corps aient le même coefficient de dilatation, de telle façon que la longueur d'une règle quelconque soit proportionnelle à sa température absolue. Je supposerai enfin qu'un objet transporté d'un point à un autre, dont la température est différente, se met immédiatement en équilibre calorifique avec son nouveau milieu[4].

Nous sommes là en présence d'une géométrie riemannienne à trois dimensions. En un sens, ce monde imaginaire n'est pas si différent du nôtre: les corps qui nous entourent se dilatent sous l'effet de la chaleur, seulement le coefficient de dilatation est variable d'une substance à l'autre, et l'équilibre thermique ne s'établit qu'au bout d'un certain temps. Il apparaît alors que nous avons tendance à dissocier l'espace abstrait de l'espace matérialisé par des corps concrets. Poincaré fait remarquer que « rien dans ces hypothèses n'est contradictoire ou inimaginable ». Nous pouvons très bien concevoir de multiples géométries. Celle que nous avons adoptée s'explique en partie par les propriétés prédominantes du monde qui nous environne.

---

2. Poincaré rappelle les circonstances de cette découverte dans *Science et méthode*, livre 1, chap. III. Pour une présentation récente, voir J. Mawhin (1998).
3. Poincaré (1887), p. 90.
4. Poincaré (1891), p. 641-642; (1902), p. 89.

Poincaré cherche ici à présenter au non-spécialiste les géométries non euclidiennes. En effet, dès les années 1820, Lobatchevski bâtit tout un système sans recourir au postulat d'Euclide d'après lequel « par un point on ne peut faire passer qu'une parallèle à une droite donnée[5] ». Il admettait la possibilité d'une infinité de lignes parallèles. Mais ce n'est qu'au milieu du XIXᵉ siècle que la communauté mathématique prit conscience de l'importance de ce résultat. Riemann développa alors un nouveau système, en quelque sorte opposé à celui de Lobatchevski, dans lequel le nombre de parallèles est ramené à zéro. Il restait un long travail consistant à consolider ces découvertes et à les étendre. Poincaré participe à cet effort au cours des années 1880-1890. Cette remise en cause de l'unicité de la géométrie ainsi que l'étrangeté des conséquences des nouvelles géométries donnent lieu à diverses interrogations. Poincaré se met à commenter ses travaux scientifiques, et ses commentaires prennent une tournure de plus en plus philosophique. Ainsi est-il conduit à se pencher sur la question de la nature des axiomes ou hypothèses de la théorie. L'emploi du langage mathématique en physique entraîne encore Poincaré à réfléchir aux rapports entre la géométrie et le monde réel. C'est dans ce contexte qu'il recourt à la notion de convention.

Or on n'a pas assez prêté attention à l'originalité de ce choix. Dupréel se plaignait encore en 1925 du peu de place accordé à la notion de convention dans les dictionnaires philosophiques : « Ce désaccord entre les lexiques et l'usage s'explique sans doute en partie par le fait que c'est assez récemment que les théories "conventionnalistes" ont été imposées à l'attention du public philosophique[6]. » En effet, le terme de convention ne figure dans aucun des dictionnaires philosophiques de langue française en usage aux alentours de 1900, ni dans celui de Franck, ni dans le *Vocabulaire* de Goblot, ni dans la première édition du vocabulaire de Lalande. On pourrait étendre cette observation aux pays germanophones : le terme de convention ne figure pas non plus dans la première édition du *Wörterbuch der philosophischen Begriffe* d'Eisler publié en 1899. Ceci est d'autant plus étonnant que nous avons affaire ici à une notion classique : elle remonte aux origines de la philosophie, et son usage est consacré, depuis Platon et Aristote, dans le cadre des discussions au sujet de l'origine du langage et de la nature du régime politique. Seul le *Dictionnary of Philosophy and Psychology* de Baldwin fait exception, en signalant brièvement l'emploi du terme dans le domaine politique et en renvoyant à Hume. Cette omission ne tardera pas à être réparée. « Convention » apparaît dans la troisième édition du *Wörterbuch* de 1910, dans laquelle les conceptions de Poincaré sont évoquées. Autour du mot se cristallise tout un débat, et l'entrée correspondante de l'édition suivante est considérablement étoffée. Le néologisme

5. Poincaré (1891), p. 769 ; (1902), p. 63.
6. Dupréel (1925), p. 283.

« conventionnalisme » y figure pour désigner la doctrine de Poincaré et de ceux qui le suivent.

On peut certes trouver diverses intuitions antérieures, mais la problématique contemporaine de la convention prend indéniablement son origine chez Poincaré. Schlick fait remarquer que « par un choix convenable, on peut toujours obtenir, sous certaines conditions, une désignation non ambiguë du réel au moyen du concept ». Et il ajoute : « C'est Poincaré qui a introduit le terme " convention" dans ce sens plus étroit dans la philosophie naturelle, et l'une des tâches les plus importantes de cette discipline est d'explorer la nature et la signification des diverses conventions que l'on trouve dans les sciences de la nature[7]. »

Que signifie au juste « convention » ? Tout en consignant le terme dans le sens de Poincaré, Lalande fait état de ses réserves dans la seconde édition de son *Vocabulaire* de 1926 : « Les mots *convention, conventionnel* pris en ce sens ont de graves inconvénients : 1° ils désignent déjà dans la langue courante, et dans celle de la science, une décision réfléchie prise en commun [...] ; 2° même lorsqu'il s'agit de plusieurs individus, il arrive souvent qu'il n'y ait eu aucune entente volontaire entre eux, mais que les décisions concordantes se sont trouvées prises par les uns et les autres parce que, sans être nécessaires, elles étaient raisonnables et naturelles ; 3° enfin ces mots impliquent l'idée, souvent péjorative d'une règle accidentelle, arbitraire, qui n'a point de fondement dans la nature des choses. » Certes, convention se dit de plusieurs manières. À l'instar de certains commentateurs allemands, on pourrait forger une expression spécifique pour désigner chacun de ses sens : fonctionnel, axiomatique, judiciel, normatif et instrumental[8]. Nous préférons énoncer la série de problèmes que résume le terme de convention : le langage de la science, les hypothèses fondamentales, la décision expérimentale, les critères rationnels et la théorie de l'instrument.

2. Ni Kant ni Mill

Penchons-nous maintenant sur la référence à Kant que nous avons évoquée plus haut. Poincaré critique, dans la conclusion de son article, la thèse selon laquelle les axiomes de la géométrie sont synthétiques *a priori*. Dès le début de son texte, il emploie de façon appuyée le vocabulaire kantien. Parmi les axiomes qu'énoncent les traités de géométrie, certains relèvent de l'analyse ; Poincaré les écarte du champ de son étude : « Je les regarde comme des jugements analytiques *a priori*, je ne m'en occuperai pas[9]. » On

---

7. Schlick (1918), p. 71.
8. Par exemple Schäfer à la suite de Hübner. Voir Schäfer (1986-1995).
9. Poincaré (1891), p. 769 ; (1902), p. 63 : « Deux quantités égales à une même troisième sont égales entre elles. » Kant reconnaît de tels jugements en géométrie : « Un petit nombre de principes, supposés par les géomètres, sont, il est vrai, réellement analytiques et

s'attend donc à ce que Poincaré s'occupe des propositions que Kant quali-
fiait de synthétiques *a priori*. Le terme d'analytique revient à plusieurs
reprises; il est clair que Poincaré cherche à caractériser, par contraste avec
l'analyse, le domaine de la géométrie[10].

Comment faut-il entendre cette référence à Kant? À première vue,
nous avons peu d'éléments pour en juger. Le philosophe allemand n'est cité
qu'une seule fois dans l'ouvrage. Même en élargissant notre enquête aux
trois autres livres philosophiques de Poincaré, nous ne découvrons qu'une
seule série de remarques relatives à Kant dans *Science et méthode*. On y
apprend que Poincaré refuse la réduction des mathématiques à de l'analytique *a priori* que proposent les logicistes. Il écrit: «Pour M. Couturat,
les travaux nouveaux, et en particulier ceux de MM. Russell et Peano, ont
définitivement tranché le débat, depuis si longtemps pendant entre Leibnitz
et Kant. Ils ont montré qu'il n'y a pas de jugement synthétique *a priori*[11].»
En revanche, Poincaré ne croit pas le débat tranché. Il laisse entrevoir les
limites de sa critique de Kant. Dans le domaine de l'arithmétique et de
l'analyse, le concept de synthétique *a priori* est tout à fait pertinent, et
Poincaré s'en sert pour caractériser le raisonnement par récurrence ou
principe d'induction complète. L'idée est déjà présente dans la première
version du texte tiré d'un article de 1891; elle est exploitée de nouveau
dans un article de 1894, « Sur la nature du raisonnement mathématique»,
qui formera le premier chapitre de *La Science et l'hypothèse*. Le livre suit
l'ordre classique de classification des sciences. Lorsque Poincaré introduit
la notion de convention, il a déjà l'intuition de sa conception de l'arithmétique. Il n'est pas loin d'avoir étendu sa problématique aux hypothèses
de la mécanique, dont la nature commode avait été soulignée. La notion de
convention vient se glisser, à côté de la tripartition kantienne des jugements,
en tant que nouvelle rubrique. Quelle est la signification de cette innovation? Il faut bien reconnaître que Poincaré bouscule la structure de la
théorie de Kant; la tâche du philosophe se trouve modifiée: elle consiste à
explorer les conventions tacites, les définitions déguisées, et à reconstruire
les étapes de la genèse de nos notions fondamentales.

Poincaré ne s'attache pas directement au texte kantien, qu'il ne cite
jamais; il se réfère aux idées de Kant, telles qu'elles ont été comprises à son
époque. Il convient d'examiner la pensée de Poincaré par rapport aux

---

reposent sur le principe de contradiction; mais ils ne servent aussi, comme propositions
identiques, qu'à l'enchaînement dans la méthode et nullement de principes.» Et il donne les
deux exemples suivants: «Le tout est égal à lui-même» et «Le tout est plus grand que sa
partie», (1781-1787), B16.

10. Poincaré (1891), p. 772, 773; (1902), p. 71, 73. Pour Kant, la plupart des propositions géométriques, comme celles de l'arithmétique, sont synthétiques *a priori*. Par exemple:
«que la ligne droite soit la plus courte entre deux points, c'est une proposition synthétique»
(1781-1787, B16. Cf. B41, A163/B204, 1220/B268, A716/B744).

11. Poincaré (1908), p. 127. Voir p. 129, 152.

débats qui ont eu cours pendant les deux dernières décennies du XIXe siècle. Dans la première version de son texte, Poincaré signale trois auteurs contemporains : Calinon, Lechalas et Renouvier. En effet, ces auteurs ont publié plusieurs articles dans la *Revue philosophique* et dans *Critique philosophique*. Calinon développe sur le plan mathématique ce qu'il appelle la géométrie générale, c'est-à-dire un système géométrique réunissant les présuppositions communes aux géométries d'Euclide, de Lobatchevski et de Riemann[12]. C'est Lechalas qui s'efforce d'en dégager les conséquences philosophiques[13]. Ces nouveaux développements mathématiques nous obligent, à son avis, à rejeter la nécessité traditionnellement attachée à la géométrie euclidienne. Renouvier lui répond, en partisan du « néocriticisme[14] ». S'il est prêt à retoucher la philosophie kantienne à la lumière des découvertes scientifiques, il veut maintenir l'intuition centrale de Kant. Renouvier refuse à la géométrie générale le même statut que celle d'Euclide. Seule celle-ci est véritable : « D'entre toutes ces classes de propositions composant le contraire du vrai, la classe de l'absurde est celle à laquelle appartient la géométrie imaginaire, parce qu'elle part de la supposition que l'une des lois principales de notre représentation de l'étendue et de la figure n'exprime point une relation réelle[15]. » Couturat, qui vient prendre part au débat, ne se range pas à l'avis de Renouvier. Il ne suffit pas de moderniser le kantisme en évoquant les résultats de la science ; nous devons entrer dans la logique interne de la pensée scientifique. Le cas de Poincaré montre que l'on peut donner pleinement signification aux géométries non euclidiennes sans pour autant rejeter le rationalisme. Et Couturat de proposer sa propre lecture : « M. Poincaré donne raison implicitement au criticisme, et apporte à la thèse de l'idéalité de l'espace un argument précieux et, selon nous, décisif[16]. » S'il est vrai que certains arguments de Poincaré pourraient s'interpréter de cette façon, il ne me semble pas que Couturat ait bien saisi le sens de sa conclusion. Il en donne ce commentaire : « Rien n'empêche [...] — que les axiomes géométriques — soient des jugements synthétiques *a priori*, ce qui ne contredit nullement la théorie de M. Poincaré, à savoir que ce sont des conventions arbitraires, des définitions déguisées. En effet, les postulats sont arbitraires [...] ; mais notre auteur reconnaît qu'en fait "notre choix, parmi toutes les conventions possibles, est guidé par des faits expérimentaux" ; à moins qu'ils ne s'imposent à l'esprit par une nécessité d'ordre esthétique, pour parler le langage de Kant, parce qu'ils définissent l'espace euclidien, forme *a priori* de la sensibilité[17]. » Pourtant,

---

12. Voir Calinon (1889).

13. Voir Lechalas (1890).

14. Tout en s'inspirant de Kant, Renouvier d'efforce d'affiner sa doctrine. Il critique les notions de substance et d'infini actuel et met l'accent sur l'importance de la relation.

15. Renouvier (1891), p. 43.

16. Couturat (1893), p. 74.

17. Couturat (1893), p. 76.

les éclaircissements de Poincaré montrent que la convention ne saurait être assimilée au synthétique *a priori*, et il en vient à rejeter expressément l'espace comme forme *a priori* de la sensibilité[18].

On pourrait mesurer encore la distance prise par rapport à Kant en étudiant le vocabulaire employé. En localisant le synthétique *a priori* dans le raisonnement par récurrence, Poincaré opère un déplacement significatif : nous devons distinguer soigneusement, dans un système déductif, les définitions, les axiomes et les démonstrations. Puis, en remontant en deçà de ces éléments du discours mathématique, on dégagera le procédé rationnel très général qui est à l'œuvre. Cette remarque de Le Roy vient éclairer la démarche de Poincaré : « Rien n'existe qui réponde parfaitement à la notion de ce que Kant appelle "pur", c'est-à-dire qui soit tout à fait indépendant de l'expérience[19]. » Le problème qui sollicite les scientifiques philosophes après Kant est celui des sciences pures et des sciences appliquées. La géométrie n'apparaît plus comme source primaire des mathématiques, mais comme une discipline intermédiaire.

Examinons maintenant la relation que Poincaré entretient avec l'empirisme :

> Stuart Mill a prétendu que toute définition contient un axiome, puisqu'en définissant on affirme implicitement l'existence de l'objet défini. C'est aller beaucoup trop loin ; il est rare qu'en mathématique on donne une définition sans la faire suivre par la démonstration de l'existence de l'objet défini [...]. Il ne faut pas oublier que le mot existence n'a pas le même sens quand il s'agit d'un être mathématique [...]. Un être mathématique existe, pourvu que sa définition n'implique pas contradiction [...]. Mais si l'observation de Stuart Mill ne saurait s'appliquer à toutes les définitions, elle n'en est pas moins juste pour quelques-unes d'entre elles[20].

Poincaré fait vraisemblablement allusion au passage suivant du *Système de logique* de Mill :

> Il y a donc une distinction réelle entre les définitions de noms et celles qu'on appelle à tort définitions de choses ; mais cette différence consiste en ce que celles-ci énoncent tacitement, en même temps que la signification d'un nom, un point de fait. Cette assertion tacite n'est pas une définition ; c'est un postulat[21].

Mill applique cette théorie de la définition à la géométrie. Les définitions géométriques recouvrent en fait deux propositions : une définition

---

18. Poincaré (1898), p. 8.
19. Le Roy (1960), p. 10.
20. Poincaré (1891), p. 771-772 ; (1902), p. 70. Cf. (1908), p. 132.
21. Mill (1843), p. 144 ; trad. franç., p. 162. Il est à noter que la traduction française, due à Louis Peisse, date de 1866. Elle n'a été réimprimée qu'en 1988, indice de l'oubli dans lequel était tombé Mill entre-temps.

nominale et une présupposition d'existence. La démonstration repose en fait sur la seconde. Ainsi,

> Cette proposition « Un cercle est une figure limitée par une ligne dont tous les points sont à égale distance d'un point intérieur » est appelée la définition du cercle ; mais la vraie proposition, dont tant de conséquences découlent et qui est réellement un premier principe en géométrie, est que des figures conformes à cette description existent[22].

Ce texte écrit en 1843 précède la diffusion des géométries non euclidiennes. On est en présence d'une interprétation empiriste des mathématiques. Bien entendu, Poincaré ne suivra pas entièrement Mill. Il précise qu'existence en mathématiques veut dire non-contradiction ; elle ne signifie pas réalité concrète. Mais il retient l'idée d'une dépendance mutuelle des axiomes et des définitions. Ainsi, certaines définitions contiennent des axiomes implicites, et des axiomes peuvent figurer des définitions déguisées.

Toutefois, il faut bien être conscient d'un renversement de la problématique. Poincaré n'accepte d'aucune manière la conception millienne des mathématiques. En effet, il déclare : « De quelque façon qu'on se retourne, il est impossible de découvrir à l'empirisme géométrique un sens raisonnable[23]. » Poincaré met en garde d'autres lecteurs comme Mouret, qui, à l'inverse de Couturat, avait compris son texte comme une défense de l'empirisme[24]. En se servant de la notion de convention, Poincaré marque sa distance à l'égard de l'empirisme de Mill. Car si les définitions contiennent des axiomes, le mathématicien aura pour tâche impérative de les expliciter. Mais une fois tous les axiomes nécessaires formulés, il reste que ces axiomes s'apparentent à des définitions déguisées ; en les posant, on choisit une géométrie particulière. Poincaré est donc très proche de ce nominalisme que Mill récuse en évoquant de façon remarquable la notion de convention :

> Depuis Aristote, et probablement depuis une époque plus reculée, il a été admis, comme vérité évidente, que la Géométrie est déduite de définitions. Cela put aller assez bien tant que la définition fut considérée comme une proposition expliquant la nature des choses. Mais Hobbes vint, qui rejeta absolument cette conception de la définition et soutint qu'elle ne fait autre chose que déclarer la signification d'un nom. Mais il continua cependant d'affirmer aussi ouvertement que ses prédécesseurs que les *archai, Principia*, les prémisses originelles des mathématiques et même de toute science étaient les définitions ; d'où ce singulier paradoxe, que le système de vérités scientifiques, bien plus, toutes les vérités acquises par le raisonnement, sont

---

22. Mill (1843), p. 257 ; trad. franç., p. 294.
23. Poincaré (1902), p. 101.
24. Voir l'échange entre Poincaré et Mouret dans les pages de la *Revue générale des sciences* ; Poincaré (1892).

déduits des *conventions arbitraires* — *arbitrary conventions* — des hommes sur la signification des mots[25].

Si Mill rejette les entités abstraites, tout comme les nominalistes modernes, il critique ce qu'il appelle le nominalisme de Hobbes.

3. Crises scientifiques et réflexion épistémologique

Ainsi Poincaré s'écarte-t-il à la fois de Mill et de Kant. Il reste à comprendre la spécificité de sa position. Poincaré voit dans les développements ultérieurs un apport décisif. Ses interlocuteurs privilégiés sont Riemann, Helmholtz et Sophus Lie ; ses travaux présentent des analogies avec ceux de Mach et vont inspirer les analyses du Cercle de Vienne. Poincaré revendique la pertinence d'une étude génétique de la notion d'espace. En parlant des associations d'idées qui ont conduit à l'espace ordinaire, il note : « Sont-ce ces associations [...], qui constituent cette forme *a priori* dont on nous dit que nous avons l'intuition pure ? Alors je ne vois pas pourquoi on la déclarerait rebelle à l'analyse et on me dénierait le droit d'en rechercher l'origine[26]. » Il remonte la pente de l'habitude, il cherche à remettre en cause les associations acquises. Nous ne sommes pas loin de Bergson, et l'on ne s'étonnera pas que Le Roy ait décelé une convergence entre les deux auteurs. Toutefois, Poincaré refuse d'accorder une priorité à la continuité ; il émet l'hypothèse que nous construisons le continu à partir d'une discontinuité primordiale[27].

Prenons le cas de l'espace visuel. Une image des objets extérieurs est projetée sur le fond de la rétine ; le tableau comporte seulement deux dimensions. La profondeur de l'espace nous est donnée par autre chose que la vue, à savoir les sensations d'accommodation et de convergence. L'espèce humaine a été amenée à synthétiser et à classer d'une certaine manière l'ensemble de ces sensations, parvenant ainsi aux trois dimensions de l'espace ordinaire. Mais il serait tout à fait possible de maintenir séparées accommodation et convergence, et, de cette manière, de construire une quatrième dimension. Nous pourrions même, en introduisant le toucher, séparer chaque muscle de manière à obtenir une multiplicité de dimensions. Sur le plan théorique, rien ne doit nous arrêter dans l'élaboration de systèmes mathématiques. Ces systèmes ne sont pas seulement légitimes, mais éclairent notre conception ordinaire[28].

---

25. Mill (1996), t. 7, p. 144-145 ; trad. franç., p. 163 ; c'est moi qui souligne. Il est intéressant de noter, à la suite de H. Pulte, que Carl Gustav Jacobi, peu d'années après, emploiera le terme de convention en un sens positif pour qualifier les hypothèses de la mécanique. Cependant, il n'étend pas cette thèse aux hypothèses de la géométrie et ne développe pas l'idée d'une immunité de la théorie par rapport à l'expérience. Son cours de mécanique analytique, prononcé en 1847-1848, restera inédit jusqu'en 1996. Voir Pulte (2000).

26. Poincaré (1905), p. 96.

27. Voir Poincaré (1905), p. 42.

28. On pourrait noter diverses analogies entre la théorie poincaréenne de l'espace et celle de Mach. Cependant, Poincaré, contrairement à Mach, refuse que les sensations aient un caractère spatial. Voir Poincaré (1898), p. 5. Cf. Mach, (1906), p. 13.

Dans son exposé de *Science et méthode,* Poincaré se sert du concept mathématique de coupure. Mais c'est le concept de groupe, employé dans ses écrits techniques, qui est fondamental. Poincaré insiste sur l'importance d'une théorie dynamique. Grâce à la mobilité de notre corps, nous obtenons des indications indispensables sur le monde. Ainsi parvenons-nous à distinguer deux types de changement: externe et interne. Un changement externe peut être compensé par un changement interne. Nous pouvons, par exemple, suivre des yeux un objet en mouvement, retenant l'image de l'objet au centre de l'œil. Les changements s'exercent de différentes manières, et il nous est possible de les associer et de les classer. Mais il faut bien noter ce qu'on fait par là: « La classification n'est pas une donnée brute de l'expérience, parce que la compensation [...] n'est jamais effectivement réalisée [...]. Néanmoins, le fait même que l'esprit ait l'occasion d'accomplir cette opération est dû à l'expérience[29]. » L'esprit poursuit pour ainsi dire son mouvement; il outrepasse l'expérience afin de forger des concepts maniables et efficaces.

Le déplacement des corps solides constitue une expérience essentielle dans la formation de la notion d'espace. Nous pouvons composer leurs déplacements. Nous définissons ainsi une opération sur ces déplacements. La compensation d'un changement externe par un changement interne représente alors l'opération inverse. De cette manière est introduit le concept de groupe. Mais en considérant l'ensemble des déplacements comme un groupe, nous dépassons les données de l'expérience; nous transformons des lois expérimentales en lois mathématiques. Et Poincaré de recourir ici à la notion de convention: « Quand l'expérience nous apprend qu'un certain phénomène ne correspond pas *du tout* aux lois indiquées, nous l'effaçons de la liste des déplacements. Quand elle nous apprend qu'un certain changement ne leur obéit qu'*approximativement*, nous considérons ce changement, *par une convention artificielle*, comme la résultante de deux autres changements composants[30]. » On pourrait parler d'une idéalisation. Et Poincaré de tirer du concept de groupe d'autres propriétés de l'espace: son caractère homogène, isotrope et illimité. Enfin, parmi les groupes possibles, on parvient à la géométrie euclidienne en choisissant le groupe le plus simple. Plus que sur le détail de la description, nous souhaitons porter notre attention sur la méthode et ses implications.

La théorie de Poincaré fera l'objet de critiques. Déjà son élève Le Roy reconnaît l'apport de la logique mathématique, tout en marquant la spécificité de la pensée mathématique. En effet, dans *La Pensée mathématique pure,* issue d'un cours qu'il donne durant les années vingt, Le Roy manifeste une bonne connaissance des développements de la logistique.

---

29. Poincaré (1898), p. 10. Voir Vuillemin, « L'espace représentatif selon Poincaré », dans Greffe (1996), tome 1, p. 282.

30. Poincaré (1898), p. 11.

Sachant prendre ses distances avec Poincaré, il donne raison sur de nombreux points à Russell. En particulier, Le Roy signale la convergence des deux penseurs au sujet de la construction de l'espace. En faisant fond sur la théorie des groupes, Poincaré est moins éloigné qu'il ne le pense de Russell, qui s'appuie sur la théorie des ensembles.

De même, Carnap, tout en se réclamant de Poincaré dans ses premiers articles, n'en marque pas moins les limites de son conventionnalisme :

> La thèse principale du conventionnalisme [*Konventionalismus*], établie par Poincaré et continuée par Dingler, énonce que, pour la construction de la physique, on doit poser des conventions [*Festsetzungen*] qui relèvent de notre libre choix. Il s'ensuit que les constituants du contenu des propositions physiques qui proviennent de ces conventions ne peuvent être confirmés ni réfutés par l'expérience. Le choix de ces conventions ne doit pas être fait d'une manière arbitraire, mais seulement d'après des principes méthodiques définis, parmi lesquels le principe de simplicité, qui détermine en dernière instance la décision[31].

Il ne s'agit pas seulement de reconnaître la pluralité des options. Certains choix sont plus appropriés que d'autres. On portera l'attention sur les critères de décision.

Poincaré invoquait la simplicité en faveur de la géométrie euclidienne en tant que langage mathématique de la physique. Or la théorie de la relativité et les développements de la physique au cours des années 1910 obligent à reprendre le problème à nouveaux frais. C'est ici que Carnap peut manifester son originalité. Il y a un flottement notoire dans l'appréciation de la simplicité, et il convient de définir plus précisément ce concept. Doit-on préférer la simplicité de la partie mathématique de la théorie physique ou la simplicité de la physique dans son ensemble, y compris les connexions avec la perception ? Carnap introduit la fiction d'une physique complètement achevée, ce qui lui permet de laisser les problèmes concrets en suspens et de porter son regard sur la structure de la physique ainsi que sur son rapport avec le système des sciences. Une physique achevée comporterait, outre une pure axiomatique, un dictionnaire permettant de traduire l'un dans l'autre le langage de la perception et le langage de la théorie physique, ainsi qu'une description complète de l'état du monde pour deux instants quelconques du temps. Dès lors, il existe deux manières différentes d'appliquer le principe de simplicité : soit on retient le système axiomatique le plus simple, soit on vise à obtenir la représentation la plus simple des contenus de sensation[32]. Carnap soutient la possibilité de cette seconde voie. Ce qui lui permet de défendre la théorie de la relativité et d'envisager l'unité des sciences. Tout en s'appuyant sur le conventionnalisme, Carnap introduit ici des thèmes qui se retrouvent dans sa *Construction logique du monde*.

---

31. Carnap (1923), p. 90 ; c'est moi qui traduis.
32. *Ibid.*, p. 104.

Conclusion

Les écrits philosophiques de Poincaré ont pu dérouter. Il n'est pas facile de distinguer les textes scientifiques des textes philosophiques. Certains articles destinés aux mathématiciens doivent être pris en compte pour parfaire l'exposé de la philosophie poincaréenne de la géométrie. Mais même les articles philosophiques présentent un style original. L'exposé de résultats techniques alterne avec l'examen de problèmes philosophiques. Certes, l'argumentation est impeccable ; Poincaré dégage avec précision les conséquences et débusque avec acuité les présupposés. Mais comment intégrer les résultats scientifiques dans le cadre d'une discussion philosophique ? Comment adapter le langage philosophique à la méthode scientifique ? Il s'agit d'un effort de rapprochement, et Einstein aura lui aussi à dissiper les malentendus qui pourraient surgir entre le philosophe et le scientifique. Dans un texte rétrospectif, il écrit : « Le savant [...] n'a pas le moyen de pousser si loin — que le théoricien de la connaissance — ces tentatives de systématisation en matière de théorie de la connaissance [...] ; les conditions extérieures que lui imposent les faits d'expérience ne lui permettent pas de se laisser trop restreindre, dans l'édification de son univers conceptuel, par son attachement à une théorie systématique de la connaissance »[33]. Parmi les différentes positions qu'il a adoptées au cours de sa vie, celle de Poincaré a pu fournir à un moment donné une réponse pertinente pour la tâche poursuivie.

On voit se mettre en place ici un nouveau rapport entre philosophie et science. L'apparition dans la langue française d'un nouveau vocable, celui d'épistémologie, en est un indice[34]. Ce néologisme permettait aux penseurs du début du XXe siècle d'exprimer commodément plusieurs choses : l'autonomie d'une discipline, la distance prise par rapport à cette « philosophie des sciences » inventée par Ampère et illustrée par Comte. En se servant du terme d'épistémologie, on levait des ambiguïtés ; il ne s'agissait plus d'une philosophie émanée de la science ni d'une philosophie scientifique. La nouvelle épistémologie ne comportait pas de condamnation de la métaphysique ; elle entrait dans une autre relation avec la philosophie[35]. En posant l'existence de conventions cachées au cœur de la science, Poincaré coupe court aux tentatives traditionnelles de fondation. Une con-

---

33. Einstein (1989-1993), p. 164.

34. Meyerson (1908), p. XIII. C'est cette occurrence que signalent les grands dictionnaires de la langue française. Mais on trouve des occurrences jusque dans les discussions du Premier Congrès international de philosophie de 1900, qui a dû servir à en propager l'emploi. Voir le résumé du mémoire de Wilbois par Le Roy et la réponse de Russell aux objections, *Congrès 1900. Comptes rendus*, p. 540-562.

35. Ainsi que l'écrit Le Roy en parlant de la « nouvelle philosophie » : « Il y a en elle quelque chose de vraiment nouveau : une conscience très claire de ce qui l'oppose à la science malgré les rapports étroits qu'elle soutient avec celle-ci. C'est par là notamment qu'elle réalise un progrès sur les doctrines similaires qui l'ont précédée. » (Le Roy, 1901, p. 295.)

vention est posée : elle ne possède pas de nécessité ; elle est simplement motivée. Il est inutile de chercher un enracinement univoque dans l'expérience ou dans la raison. On sort du cadre de la philosophie traditionnelle de la connaissance. Poincaré attire l'attention sur de nouveaux problèmes : la pluralité des langages possibles, les modalités de la décision, la sous-détermination de la théorie par rapport à l'expérience, le rôle des hypothèses en science et le caractère de la pratique expérimentale. Il n'apporte peut-être pas une réponse entièrement satisfaisante à tous ces problèmes. Mais Poincaré définit ici plusieurs thèses majeures de la philosophie des sciences du XXe siècle.

Bibliographie

Brenner, Anastasios (1996), « La nature des hypothèses physiques selon Poincaré », voir Greffe, 1996, p. 389-395.

— (2002), « The French Connection : Conventionalism and the Vienna Circle », *History of philosophy of science* (sous la dir. de M. Heidelberger et F. Stadler), Dordrecht, Kluwer, p. 277-286.

— (2003), *Les Origines françaises de la philosophie des sciences*, Paris, Presses Universitaires de France.

Calinon, A. (1889), « Les espaces géométriques », *Revue philosophique*, n° 27, p. 588-595.

Carnap, Rudolf (1923), « Über die Aufgabe der Physik und die Anwendung des Grundsatzes der Einfachstheit », *Kant-Studien*, vol. 28, p. 90-107.

— (1928), *Der logische Aufbau der Welt*, Hambourg, Meiner, 1961 ; *La Construction logique du monde*, trad. franç. de T., Rivain, introduction d'É. Schwartz, Paris, Vrin, 2002.

Congrès international de philosophie (1900-1901), *Actes*, 3 vol., Paris, Armand Colin ; *Comptes rendus, Revue de métaphysique et de morale*, vol. 8, p. 503-698.

Couturat, Louis (1893), « L'année philosophique, par F. Pillon », *Revue de métaphysique et de morale*, vol. 1, p. 63-85.

Dupréel, E. (1925), « Convention et raison », *Revue de métaphysique et de morale*, p. 283-310.

Einstein, Albert (1949), *Albert Einstein. Philosopher Scientist* (sous la dir. de P. A. Schilpp), La Salle., Open Court, 1982 ; trad. franç. : *Œuvres* (sous la dir. De F. Balibar), vol. 5, Paris, Seuil, 1991.

Folina, Janet (1994), « Poincaré on Mathematics, Intuition and the Foundations of Science », *Philosophy of Science Association*, n° 2, p. 217-226.

Giedymin, Jerzy (1982), *Science and Convention*, Oxford, Pergamon.

Granger, Gilles-Gaston (1996), « Vérité et convention », *Philosophia scientiæ*, vol. 1, n° 1, p. 3-19.

Greffe, Jean-Louis, G. Heinzmann et K. Lorenz (dir.) (1996), *Henri Poincaré, science et philosophie*, vol. 1, Paris, Blanchard ; vol. 2 et 3, *Philosophiæ scientiæ*, vol. 1, n° 4.

Heinzmann, Gerhard (1988), « Poincaré's Philosophical Pragmatism and the Problem of Complete Induction », *Fundamenta Scientææl*, vol. 9, p. 1-19.

Kant, Immanuel (1781), *Critique de la raison pure*, dans *Œuvres philosophiques*, (sous la dir. De F. Alquié), trad. franç., 3 vol., Paris, Gallimard, 1980.

Lechalas, Georges (1890), « La géométrie générale et les jugements synthétiques *a priori* », *Revue philosophique*, p. 158-169.

Le Roy, Édouard (1901), « Sur quelques objections adressées à la nouvelle philosophie », *Revue de métaphysique et de morale*, vol. 9, p. 292-327, 407-432.

— (1960), *La Pensée mathématique pure*, Paris, Presses Universitaires de France.

Mach, Ernst (1886), *Analyse der Empfindungen*; trad. franç.: *L'Analyse des sensations*
    (trad. de F. Eggers et J.-M. Monnoyer), Nîmes, J. Chambon, 1996.

— (1896), *Die Principien der Wärmelehre*, Leipzig, Barth; trad. ang.: *Principles of the Theory of Heat*, Dordrecht, Reidel, 1986.

— 1905, *Erkenntnis und Irrtum*; trad. franç.: *La Connaissance et l'erreur* (trad. de M. Dufour), Paris, Flammarion, 1908.

— 1906, *Space and Geometry*, Chicago, Open Court.

Mawhin, Jean (1998), « Henri Poincaré, ou les mathématiques sans œillères », *Revue des questions scientifiques*, vol. 169, n° 4, p. 337-365.

Meyerson, Émile (1908), *Identité et réalité*, Paris, Vrin, 1951.

Mill, John Stuart (1843), *A System of Logic*, dans *Collected Works* (sous la dir. de J. M. Robson), tomes 7 et 8, Londres, Routledge. 1996; trad franç. de L. Peisse, Bruxelles, Mardaga, 1988.

Poincaré, Henri (1887), « Les hypothèses fondamentales de la géométrie », *Bulletin de la Société mathématique de France*, vol. 15, p. 203-216.

— (1889-1892), *Théorie mathématique de la lumière*, 2 vol., Paris, G. Carré.

— (1891), « Les géométries non euclidiennes », *Revue générale des sciences*, vol. 2, p. 769-774.

— (1892), « Sur les géométries non euclidiennes, réponse à M. Mouret », *Revue générale des sciences*, vol. 3, 1892, p. 74-75.

— (1898), « Des fondements de la géométrie », *Scientific Opportunism/L'Opportunisme scientifique* (textes choisis par L. Rougier, établis par L. Rollet), Bâle, Birkhäuser, 2002.

— (1902), *La Science et l'hypothèse*, préface de J. Vuillemin, Paris, Flammarion, 1968.

— (1905), *La Valeur de la science*, préface de J. Vuillemin, Paris, Flammarion, 1970.

— (1908), *Science et méthode*, Paris, Kimé, 1999.

— (1913), *Dernières Pensées*, Paris, Flammarion, 1963.

Pulte, Helmut (2000), « Beyond the Edge of Certainty: Reflections on the Rise of Physical Conventionalism », *Philosophia Scientiæ*, vol. 4, n° 1, p. 47-68.

Renouvier, Charles (1889), « La philosophie de la règle et du compas », *Critique philosophique*, vol. 2, p. 337-349.

— (1891), « La philosophie de la règle et du compas », *L'Année philosophique*, p. 1-66.

Schäfer, Lothar (1986-1995), « Der Konventionalismus des beginneden 20. Jahrhunderts: Entstehungsbedingungen, Einsichten, Probleme », *Handbuch Pragmatischen Denkens* (sous la dir de H. Stachowiak), Hambourg, Felix Meitner.

Schlick, Moritz (1918), *Allgemeine Erkenntnislehre*, Berlin, Springer, 1925; trad. angl: *General Theory of Knowledge* (trad. de A.E. Blumberg), Vienne, Springer, 1974.

Schmid, Anne-Françoise (2001), *Henri Poincaré. Les sciences et la philosophie,* Paris, L'Harmattan.
Vuillemin, Jules (1976), « Conventionalisme géométrique et théories des espaces à courbure constante », *Science et métaphysique* (sous la dir. de S. Docks), Paris, Beauchesne, p. 65-105.

Poincaré et le principe d'induction

JACQUELINE BONIFACE
Université Toulouse 2 Le Mirail
boniface@univ-tlse2fr

RÉSUMÉ. — Le principe d'induction est lié à la définition des nombres entiers d'une façon à la fois essentielle et sujette à controverse. Fonde-t-il ces nombres, ou bien trouve-t-il en eux son fondement ? Son statut lui-même peut être conçu de diverses manières. Est-il donné par l'expérience, par l'intuition, par la logique, par convention ? Ces questions furent l'objet d'une âpre discussion, autour des années 1905-1906, dans le cadre plus large d'un débat sur les fondements des mathématiques qui opposa Poincaré aux logicistes (en particulier Russell et Couturat) et aux « axiomatistes » (en particulier Peano et Hilbert). Nous proposons dans cet article de faire le point sur les termes et les enjeux de cette discussion. Nous montrerons en outre qu'elle fut l'occasion d'une redéfinition de l'analytique et, par suite, des frontières de la logique.

ABSTRACT. — The principle of induction is linked essentially to the definition of "integers", but at the same time has been the subject of controversy: Is the principle founded on integers or, on the contrary, are integers founded on it ? The principle itself can be understood in different ways: as a result of experiment, intuition, logic or convention. These topics were hotly debated in the years 1905-06, in the context of a larger debate on the foundations of mathematics, in which Poincaré opposed the logicists (in particular Russell and Couturat) and the "axiomatists" (in particular Peano and Hilbert). This article reconsiders what is at stake by looking at the debate in detail and also shows that the debate provided an opportunity for redefining analyticity, and in doing so, redefining the domain of logic.

Introduction

Dans le premier chapitre de *La Science et l'hypothèse*, intitulé « Sur la nature du raisonnement mathématique[1] », Poincaré relève une contradiction apparente qui mettrait en question la possibilité même de la science. La contradiction repose sur la nécessité supposée, pour une science, d'être à la fois rigoureuse et créative. Elle s'appuie en outre sur une réduction de la rigueur à la méthode déductive et sur une caractérisation de cette dernière comme stérile. Si la science est rigoureuse (entendez déductive), alors elle est nécessairement stérile et n'apportera donc aucune connaissance nouvelle, ce qui est impossible. Si la science est créative, alors elle n'est pas entièrement déductive, donc pas complètement rigoureuse, ce qui est également impossible. Pour résoudre l'aporie, si l'on maintient la nécessité, pour la science, d'être à la fois rigoureuse et créative, il faut revoir les présupposés qui identifient d'une part rigueur et déduction, d'autre part

---

1. Paru une première fois dans la *Revue de métaphysique et de morale* en 1894, cet article est repris dans Poincaré, 1902.

déduction et stérilité. Poincaré ne remet pas en question le second; c'est le premier qu'il scrute. Tout raisonnement mathématique est-il déductif, ou bien y a-t-il en mathématique des raisonnements non déductifs et pourtant rigoureux ? C'est en arithmétique, là où la pensée mathématique est « restée pure », qu'il choisit d'enquêter pour répondre à cette question. Le raisonnement non déductif et pourtant rigoureux qu'il y découvre est le raisonnement par récurrence, fondé sur le principe d'induction. Avant de nous intéresser à ce raisonnement, voyons ce qu'il en est du présupposé que Poincaré n'interroge pas, à savoir la caractérisation de la déduction comme stérile.

Si le raisonnement déductif est stérile, c'est qu'il est tautologique. Ce caractère tautologique apparaît d'une façon particulièrement nette dans le syllogisme, qui est la forme *princeps* de la déduction. Dans le syllogisme, en effet, la conclusion est « contenue » dans les prémisses, elle particularise la première proposition. « Le raisonnement syllogistique, dit Poincaré, reste incapable de rien ajouter aux données qu'on lui fournit; ces données se réduisent à quelques axiomes, et on ne devrait pas retrouver autre chose dans les conclusions[2]. » La déduction, que Poincaré décrit comme une suite de syllogismes, ne serait donc « qu'une manière détournée de dire que A est A[3] ». Même si Poincaré concède que tous les raisonnements déductifs ne se réduisent pas complètement au syllogisme, ces raisonnements sont cependant, selon lui, tous « impuissants », et cette impuissance est due à leur caractère *analytique*. C'est donc finalement le caractère analytique du raisonnement déductif qui est cause de stérilité. Puisque, selon la définition kantienne, un jugement est analytique si « le prédicat B appartient au sujet A comme quelque chose déjà contenu (implicitement) dans ce concept A[4] », tout jugement analytique, et donc tout raisonnement déductif, ne ferait, en effet, que développer le contenu implicite des données initiales.

Frege et les logicistes, on le sait, se sont opposés à ce qu'ils jugeaient être une sous-estimation de la valeur des jugements analytiques. Frege, par exemple, reprochait à Kant de déterminer d'une manière trop étroite les concepts, par « une simple conjonction de caractères[5] ». Ce qui, explique-t-il, est « la manière la moins féconde de construire des concepts ». Aucune des définitions mathématiques fécondes, par exemple celle de la continuité d'une fonction, ne procède ainsi. Dans de telles définitions, dit-il, « on ne peut pas savoir d'avance ce qu'on en pourra déduire; on ne se contente plus de retirer de la boîte ce qu'on y a placé ». Il conclut ainsi :

> De telles déductions accroissent notre connaissance et il faudrait, si on veut être fidèle à Kant, les tenir pour synthétiques. On peut cependant les

---

2. Poincaré, 1902, p. 10.
3. *Ibid.*, p. 10.
4. Kant, 1781, p. 63.
5. Frege, 1884, p. 100 ; trad. franç., p. 212.

démontrer d'une manière purement logique : elles sont donc analytiques. Elles sont bien, en fait, contenues dans les définitions, mais elles le sont *comme une plante l'est dans une graine*, non pas comme une poutre l'est dans la maison. Souvent, plusieurs définitions sont nécessaires à la démonstration d'une proposition ; elle n'est donc contenue dans aucune d'entre elles prises séparément, bien qu'elle découle de leur conjonction par le seul fait de la logique pure[6].

C'est en fait une redéfinition de l'analytique que propose Frege ; selon cette nouvelle définition, l'analytique n'est plus caractérisée comme tautologique, et la science peut prétendre à la rigueur déductive sans être menacée de stérilité.

On pourrait penser, de prime abord, que la divergence entre Frege et les logicistes d'une part, Poincaré et les kantiens de l'autre, n'est finalement qu'une question de vocabulaire : des propositions étant appelées *analytiques* par les premiers alors qu'elles sont nommées *synthétiques* par les seconds. Cette divergence ne se réduit cependant pas à une querelle de mots ; la frontière entre propositions analytiques et propositions synthétiques délimite en effet le domaine de la logique. C'est d'ailleurs ce qu'exprime Poincaré lui-même dans sa critique de la logique de Russell, où il écrit au sujet des principes indémontrables que Russell y introduit :

> Mais ces principes indémontrables, ce sont des appels à l'intuition, des jugements synthétiques *a priori*. Nous les regardions comme intuitifs quand nous les rencontrions, plus ou moins explicitement énoncés, dans les traités de mathématiques ; ont-ils changé de caractère parce que le sens du mot logique s'est élargi et que nous les trouvons maintenant dans un livre intitulé *Traité de logique* ? Ils n'ont pas changé de nature ; ils ont seulement changé de place[7].

Alors que cette question de la délimitation du domaine de la logique semble être secondaire aux yeux de Poincaré, elle nous paraît être au cœur de la controverse qui l'opposa aux logicistes. Le statut du principe d'induction, qui fut très discuté lors des débats qui ont alimenté cette controverse, y a une importance centrale, car il décide du rapport entre logique et arithmétique ainsi que du fondement de cette dernière.

1. Le principe d'induction : principe intuitif, principe logique ou définition ?

L'exemple de raisonnement non déductif et pourtant rigoureux, auquel Poincaré parvient en parcourant les démonstrations élémentaires de l'arithmétique, est, nous l'avons dit, le raisonnement par récurrence. Selon ce raisonnement, « on établit d'abord un théorème pour $n = 1$; on montre ensuite que s'il est vrai de $n - 1$, il est vrai de n et on en conclut qu'il est vrai pour tous les nombres entiers[8] ». La caractéristique de ce procédé, qui

---

6. *Ibid.,* p. 100-101, trad., franç., p. 212. Nous soulignons.
7. Poincaré, 1905, p. 829.
8. Poincaré, 1902, p. 19.

est le *principe d'induction complète*, est « qu'il contient, condensés pour ainsi dire en une formule unique, une infinité de syllogismes[9] ». Ce qui distingue donc le raisonnement par récurrence d'un raisonnement déductif, qui, lui, contient seulement un nombre *fini* de syllogismes, c'est qu'il est un « instrument qui permet de passer du fini à l'infini ». Ce raisonnement, qui est pour Poincaré le « raisonnement mathématique par excellence », est indispensable pour établir les théorèmes généraux de l'arithmétique, et donc pour faire de cette discipline une science.

Quelle est la nature du principe d'induction qui fonde le raisonnement par récurrence ? Poincaré le définit d'abord négativement. Le principe d'induction est irréductible au principe de non-contradiction et ne peut pas être donné par l'expérience, car les deux ne peuvent fonctionner que dans le fini. Ce principe, « inaccessible à la démonstration analytique et à l'expérience », est donc un jugement *synthétique* a priori. Ce jugement ne saurait se réduire à une convention comme les axiomes de la géométrie, selon la conception de Poincaré. On ne peut pas non plus assimiler ce jugement à l'induction telle qu'elle est utilisée dans les sciences physiques, car une telle induction, reposant sur la croyance en un ordre de l'univers, est toujours incertaine. Pourtant ce jugement s'impose à nous « avec une irrésistible évidence ». Pourquoi ? « C'est, répond Poincaré, qu'il n'est que l'affirmation de la puissance de l'esprit qui se sait capable de concevoir la répétition indéfinie d'un même acte dès que cet acte est une fois possible. » Cette faculté de l'esprit, Poincaré l'appelle encore « intuition du nombre pur ». Elle est le complément indispensable de la logique : la logique « qui peut seule donner la certitude est l'instrument de la démonstration : l'intuition est l'instrument de l'invention[10] ».

Bien que Poincaré se réclame de Kant, sa conception de l'intuition est très différente de celle de Kant. Plus exactement, Poincaré distingue trois sortes d'intuition : « d'abord, l'appel aux sens, et à l'imagination ; ensuite, la génération par induction, calquée, pour ainsi dire, sur les procédés des sciences expérimentales », enfin « l'intuition du nombre pure[11] ». C'est cette dernière qui est à l'origine du principe d'induction et qui « peut engendrer le véritable raisonnement mathématique ». Elle est la seule des trois sortes d'intuition à ne pas nous tromper ; elle n'est pas sensible mais intellectuelle, alors que pour Kant, l'intuition est toujours sensible. Ainsi, selon Poincaré, le raisonnement mathématique, notamment en analyse, comprend deux composantes, la logique, réduite à un calcul aveugle, et l'intuition du nombre pur, qui fonde le principe d'induction.

Pour les logicistes, et en particulier pour Frege et Russell, la logique ne se réduit pas à être l'« instrument de la démonstration » ; elle en est aussi

---

9. *Ibid.*, p. 20.
10. Poincaré, 1905, p. 37.
11. *Ibid.*, p. 33.

la matière ; elle est la « science de l'être-vrai ». L'arithmétique doit se développer en un système de propositions analytiques, dérivées à partir d'un noyau de vérités logiques. Ce système n'est pas purement formel, il a un contenu qui est en germe dans les propositions primitives. Ce qui fait dire à Frege que l'arithmétique est une « logique développée ». Ainsi, la logique n'est pas seulement rigoureuse, elle est aussi efficace et créative. Cette fécondité ne repose pas sur le pouvoir d'un sujet, qu'il soit mathématicien, esprit humain, voire sujet transcendantal, elle repose sur la « source logique », le « réservoir de pensées » inépuisablement disponibles. « Les lois de la logique, écrit par exemple Russell, quoiqu'on ait coutume de les appeler "lois de la pensée", sont des lois aussi objectives que la loi de la gravitation. Les vérités abstraites expriment des relations qui subsistent entre les universels ; l'esprit peut reconnaître ces relations, mais ne peut les créer[12]. »

Frege marqua le début du mouvement logiciste en tentant de donner un fondement purement logique à l'arithmétique. Son projet, entrepris dans la *Begriffsschrift*[13] (*Idéographie*), parue en 1879, est achevé dans les deux tomes des *Grundgesetze der Arithmetik*[14] (*Lois fondamentales de l'arithmétique*), en 1893 et 1903. Ce projet comprend une définition purement logique du concept de nombre et une démonstration purement logique du principe d'induction. Contrairement à Poincaré qui affirmait que le principe d'induction est indémontrable, Frege entend faire de ce principe une simple conséquence du concept de succession dans une suite, concept défini dans le troisième chapitre de la *Begriffsschrift*, et ainsi le fonder dans la logique. Il écrit dans les *Grundlagen* :

> Seule cette définition de la succession dans une suite permet de réduire aux lois logiques générales l'inférence de n à $(n+1)$, qui pourrait sembler propre aux mathématiciens[15].

Russell fut le premier à reconnaître l'intérêt du travail de Frege. Plus de vingt ans après la parution de la *Begriffsschrift*, il donna une analyse critique très élogieuse des « doctrines arithmétiques et logiques de Frege » dans l'appendice A aux *Principles of Mathematics*[16]. Il vanta notamment sa « très admirable théorie des suites (*progressions*) ou plutôt des suites généralisées (*series*) que l'on peut engendrer par des relations de un à plusieurs[17] ». Sa propre théorie est tout à fait parallèle à celle de Frege ; Russell insiste toujours à la fois sur l'antériorité du travail de Frege et sur l'indépendance de ses propres découvertes. Nous présenterons la théorie

---

12. Russell, 1911, p. 58 ; repris dans Heinzmann, 1986, p. 301.
13. Frege,1879.
14. Frege, 1893, Frege 1903.
15. Frege, 1884, p. 93 ; trad. franç., p. 206.
16. Russell, 1903.
17. *Ibid.*, § 495.

logiciste, et plus particulièrement la conception logiciste de l'induction mathématique, à partir de la théorie de Russell qui fut l'objet de la critique de Poincaré.

Dans les *Principles of Mathematics*, Russell part de l'axiomatisation de Peano auquel il reconnaît le mérite d'avoir montré que la théorie des nombres peut être dérivée de trois notions primitives : 0, nombre, successeur, et de cinq propositions primitives :

1. 0 est un nombre.
2. Le successeur de tout nombre est un nombre.
3. Deux nombres différents n'ont pas le même successeur.
4. 0 n'est le successeur d'aucun nombre.
5. Toute propriété possédée par 0 et par le successeur de tout nombre est vraie de tous les nombres.

Cependant, pour Russell, le travail accompli par Peano est à compléter. Pour Peano et les axiomatistes, un système axiomatique constitue une définition, dite « par postulats », ou, selon l'expression de Poincaré, une définition « déguisée » des notions primitives introduites par le système. De telles définitions sont inacceptables pour les logicistes, notamment parce qu'elles n'assurent pas l'unicité de ce qui est défini. Un système axiomatique définit au contraire une infinité d'objets. Afin que les nombres satisfaisant aux axiomes de Peano soient *déterminés* et correspondent à nos nombres ordinaires, il faut, selon les logicistes, donner aux notions primitives une interprétation qui soit conforme à la réalité, c'est-à-dire leur donner un fondement logique :

> Nous désirons que « 0 », « nombre » et « successeur » aient une signification telle que nous ayons notre compte de doigts, nos deux yeux, notre nez, [...] nous voulons que nos nombres soient *déterminés*, et ne se contentent pas de satisfaire certaines propriétés formelles. La théorie logique de l'arithmétique, elle, permet de définir une interprétation déterminée[18].

Le problème de Russell sera donc de faire accéder les notions primitives, puis les propositions primitives, considérées dans un premier temps comme simples principes, au statut de définitions, c'est-à-dire de leur donner un contenu déterminé. Ceci concerne notamment la 5ᵉ proposition de Peano, le principe d'induction :

> La clé du problème, c'est l'induction mathématique. Souvenons-nous qu'au chapitre premier, c'était là le contenu de la cinquième proposition primitive concernant les nombres naturels : si une propriété appartient à 0, ainsi qu'au successeur de tout nombre qui la possède, elle appartient à tout nombre. Nous l'avons présentée comme un principe, nous allons maintenant en faire une définition[19].

---

18. Russell, 1919, trad., p. 47-48.
19. *Ibid*, p. 70.

À cette fin, Russell définit les notions de propriété et de classe héréditaires, de propriété et de classe inductives, et de postérité.

On dit qu'une propriété est « héréditaire » dans la suite des nombres naturels, si, quand elle appartient à un nombre n, elle appartient aussi au successeur de n, $n + 1$. Une classe est dite de même « héréditaire », lorsque, si n appartient à cette classe, il en est de même pour $n + 1$. [...] On dit qu'une propriété est « inductive » quand elle est héréditaire et appartient à 0. Une classe est dite de même « inductive » lorsqu'elle est héréditaire et contient 0. [...] On définit la « postérité » d'un nombre naturel donné, par rapport à la relation « prédécesseur immédiat » (la converse de la relation « successeur »), comme la totalité des objets qui appartiennent à toute classe héréditaire contenant ce nombre[20].

À partir de ces définitions, dont il donne ensuite des énoncés plus généraux en les appliquant à une relation R quelconque, Russell peut définir les nombres naturels comme « la postérité de 0 pour la relation "prédécesseur immédiat" ». Il s'ensuit d'abord une réduction du nombre des notions primitives de trois à deux (la notion de nombre découle des deux autres), et du nombre des propositions primitives de cinq à trois (la première, affirmant que 0 est un nombre, et la dernière, le principe d'induction, sont conséquences de la définition précédente des nombres naturels). Russell donne ensuite des définitions logiques des deux notions primitives, 0 et successeur, puis démontre les trois propositions primitives restantes. Ainsi, pour Russell, l'induction mathématique, de principe devient *définition*; elle n'est plus liée à des notions primitives considérées comme indéfinissables et susceptibles d'une infinité d'interprétations, mais à des notions définies logiquement, et donc déterminées: la logique est *ontologique*.

Ce sont ces thèses que Poincaré critiqua sévèrement dans deux articles parus dans la *Revue de métaphysique et de morale*, en 1905 et 1906, sous le titre « Les mathématiques et la logique[21] ». La critique de Poincaré visait aussi, en plus des travaux de Russell diffusés en France par Couturat, ceux de Peano et de Hilbert. En considérant le principe d'induction comme un principe intuitif, Poincaré s'opposait en effet à la fois aux points de vue axiomatiques, représentés par Peano et par Hilbert, et à la conception logiciste, représentée par Russell et Couturat. Nous verrons plus loin les divergences entre Poincaré et Hilbert.

Concernant la présentation axiomatique de Peano, Poincaré objecte que le principe d'induction qui y est introduit doit être considéré soit comme un axiome proprement dit, soit comme une définition par postulats. Le premier cas, selon Poincaré, fait appel à l'intuition, le second nécessite une preuve de non-contradiction. Si donc on veut véritablement ancrer

---

20. *Ibid.*, p. 71-72.
21. Voir Poincaré, 1905 et 1906.

l'arithmétique, et par suite toutes les disciplines mathématiques, dans la logique, il faudra démontrer la non-contradiction du système axiomatique de Peano. Or une telle démonstration est, selon Poincaré, aussi impossible qu'elle est nécessaire. En effet, elle exige de procéder soit « *par l'exemple* », en cherchant « à former un exemple d'un objet satisfaisant à la définition[22] », soit en établissant qu'on ne peut déduire, à partir des axiomes, deux propositions contradictoires. La première solution n'est pas toujours possible, la seconde implique l'utilisation du principe d'induction qu'il s'agit de définir, ce qui constitue un cercle vicieux. Sur cette critique du système de Peano, Russell est d'accord avec Poincaré ; nous avons vu qu'il juge ce système insuffisant ; l'amélioration qu'il propose évite le cercle vicieux évoqué par Poincaré. En effet, les définitions que Russell donne des notions et des propositions primitives de Peano ne sont pas des « définitions déguisées », des définitions par postulats, mais des définitions *directes*. Ce sont de « *véritables* définitions » qui assurent l'unicité des concepts mathématiques par leur réduction (logique et ontologique) à des idées logiques antérieurement admises et qui ne nécessitent donc pas une démonstration de non-contradiction.

Une deuxième objection de Poincaré concerne le rapport du principe d'induction à la définition des nombres entiers. Pour Russell, le principe d'induction permet de définir la suite des nombres naturels. « Par l'expression "les nombres inductifs", écrit-il, nous désignerons l'ensemble jusqu'ici appelé "ensemble des nombres naturels". Dans la mesure où elle rappelle que la définition de l'ensemble utilise l'induction mathématique, l'expression "nombres inductifs" est préférable[23]. » Pour Poincaré, au contraire, la définition des nombres naturels précède le principe d'induction : « Un nombre peut-être défini par récurrence ; sur ce nombre, on peut raisonner par récurrence ; ce sont deux propositions distinctes. Le principe d'induction ne nous apprend pas que la première est vraie, il nous apprend que la première implique la seconde[24]. » Si, pour Poincaré, le principe d'induction ne peut entrer dans la définition des nombres naturels, c'est qu'une telle définition serait inévitablement circulaire. D'une manière plus générale, selon Poincaré, toute définition du nombre est nécessairement circulaire. « Il est impossible, dit-il, de donner une définition sans énoncer une phrase, et difficile d'énoncer une phrase sans y mettre un nom de nombre, ou au moins le mot plusieurs, ou au moins un mot au pluriel[25] ». Cette remarque est sans doute juste, mais elle ne constitue pas, nous semble-t-il, une critique valable des définitions logicistes. Ce ne sont pas en effet ces définitions qui sont circulaires, mais leur traduction dans un lan-

22. Poincaré, 1905, p. 819.
23. Russell, 1919 ; trad. franç., p. 79.
24. Poincaré, 1905, p. 835.
25. *Ibid.*, p. 821.

gage courant inadéquat. Ainsi, la définition de zéro que donne Frege dans les *Grundlagen* — « 0 est le nombre cardinal qui appartient au concept non identique à soi-même[26] » —, après avoir défini le nombre cardinal qui appartient au concept *F* comme « l'extension du concept "équinumérique au concept *F*"[27] », nous paraît échapper à la critique de Poincaré. En effet, Frege lui-même montre que le terme « équinumérique » (*gleichzahlig*), qu'il définit par la correspondance biunivoque, ne suppose pas l'idée de nombre. Il prend l'exemple d'un maître d'hôtel qui voudrait s'assurer qu'il y a sur la table autant de couteaux que d'assiettes : « il n'a pas besoin, dit Frege, de compter les uns et les autres dès lors qu'il met un couteau à droite de chaque assiette, de sorte que chaque couteau soit sur la table à droite d'une assiette ». « Les assiettes et les couteaux, ajoute-t-il, sont dans une correspondance biunivoque parce qu'ils sont tous liés entre eux par le même rapport de position[28]. »

Une troisième objection faite par Poincaré nous paraît plus sérieuse. Il s'agit encore d'un cercle vicieux, mais qui concerne cette fois l'usage du mot « tous », lié à la considération de classes infinies :

> Le mot *tous* a un sens bien net quand il s'agit d'un nombre fini d'objets ; pour qu'il en eût encore un, quand les objets sont en nombre infini, il faudrait qu'il y eût un infini actuel. Autrement *tous* ces objets ne pourront pas être conçus comme posés antérieurement à leur définition et alors si la définition d'une notion *N* dépend de *tous* les objets *A*, elle peut être entachée de cercle vicieux, si parmi les objets *A* il y en a qu'on ne peut définir sans faire intervenir la notion *N* elle-même[29].

Et Poincaré note que dans la définition russellienne du principe d'induction le mot *tous* intervient :

> Appelons *classe récurrente* toute classe de nombres qui contient zéro, et qui contient $n + 1$ si elle contient *n*.
>
> Appelons *nombre inductif* tout nombre qui fait partie de *toutes* les classes récurrentes. [...]
>
> Un nombre inductif est celui qui appartient à *toutes* les classes récurrentes ; si nous voulons éviter un cercle vicieux nous devons entendre : *à toutes les classes récurrentes dans la définition desquelles n'intervient pas déjà la notion de nombre inductif*[30].

Russell reconnaît la difficulté, en 1908, dans son article « Mathematical Logic as Based on the Theory of Types[31] ». Il écrit ainsi qu'« une affirmation concernant "toutes les propriétés de *x*" est toujours dénuée de

26. Frege, 1884, p. 87 ; trad. franç., p. 200.
27. *Ibid.*, p. 79-80 ; trad. franç., p. 194.
28. Frege, 1884, p. 81-82 ; trad. franç., p. 195-196.
29. Poincaré, 1906, p. 316.
30. *Ibid.*, p. 308-310.
31. Russell, 1908.

sens ». La nécessité de telles affirmations se manifestant dans de nombreux cas, et « tout spécialement en relation avec l'induction mathématique », Russell propose de remplacer « tous les » par « un quelconque ». Ainsi, poursuit-il, nous pouvons dire « une propriété quelconque, possédée par 0, et par le successeur de tout nombre qui la possède, est une propriété de tous les nombres finis », ce qui permet de définir le principe d'induction. Mais le problème persiste si l'on veut définir un nombre entier ; du principe d'induction énoncé précédemment, on ne peut en effet déduire qu'« un nombre fini est un nombre qui possède *toutes* les propriétés possédées par 0 et par le successeur de tout nombre qui les possède[32] ». « Si nous limitons la portée de cette affirmation aux propriétés des nombres du premier ordre, nous ne pouvons en inférer qu'elle vaut aussi pour les propriétés du deuxième ordre. Nous ne pourrons prouver, par exemple, que si m et n sont des nombres finis, $m + n$ est un nombre fini. » En effet, « m est un nombre fini » est, dans la théorie des types de Russell, une propriété du deuxième ordre, car elle enveloppe l'ensemble des propriétés inductives (qui sont du premier ordre). Pour résoudre la difficulté, Russell introduit un axiome, l'axiome de réductibilité, selon lequel « toute fonction propositionnelle est équivalente, pour toutes ses valeurs, à une certaine fonction prédicative », une fonction prédicative étant une fonction d'un ordre immédiatement supérieur à l'ordre de son argument[33]. Il suffit alors de remplacer, dans la définition d'un nombre fini, « toutes les propriétés » par « toutes les propriétés prédicatives ». Mais cette solution, comme le fait remarquer Poincaré en 1909, dans son article « La logique et l'infini », revient en fait à remplacer un principe par un axiome[34]. Qu'il y ait là un gain demande à être prouvé. Plus radicalement encore, Wittgenstein contesta le caractère logique de l'axiome de réductibilité et des deux autres axiomes que Russell avait dû introduire, l'axiome de l'infini et l'axiome

---

32. *Ibid.*, § 5, p. 80 ; trad. franç., p. 330.

33. Une fonction est dite d'ordre 1 si elle n'admet pour argument que des individus ; une fonction est d'ordre 2 si elle admet pour argument des fonctions d'ordre 1, et, éventuellement, des individus ; une fonction est d'ordre n si elle admet comme argument des fonctions d'ordre $n - 1$ et, éventuellement, des individus, des fonctions d'ordre 1, ..., des fonctions d'ordre $n - 2$. Pour prendre un exemple, « x est courageux », « x est mortel » sont des fonctions du premier ordre, car elles ne mettent en cause que l'ensemble des individus susceptibles de constituer les valeurs de x, « x possède toutes les qualités d'un bon général », « x est un nombre » sont des fonctions d'ordre 2, car elles enveloppent l'ensemble des propriétés de premier ordre : pour la première : « être courageux », « être bon stratège », etc., pour la seconde : toutes les propriétés inductives. L'axiome de réduction permet de dire, dans le premier exemple, qu'il existe une qualité spécifique que possèdent tous les grands généraux, dans le second exemple, qu'il existe une fonction prédicative F, donc d'ordre 1, équivalente à « x est un nombre ». Cette fonction F étant d'ordre 1, on peut lui appliquer le principe d'induction (ce qui permet par exemple de démontrer que la somme de deux nombres entiers est un nombre entier).

34. Poincaré, 1909, p. 470.

multiplicatif. Il écrit ainsi dans une lettre à Russell : « [L'axiome de réductibilité] *n'est absolument pas une proposition logique*, de même que l'axiome de l'infini et l'axiome multiplicatif. *Si ces propositions sont vraies, elles sont ce que j'appellerai "accidentellement" vraies et non pas "essentiellement" vraies*[35] ». Selon Wittgenstein, seules les propositions « essentiellement » vraies, qu'il appelle des *tautologies*, c'est-à-dire les propositions dont la vérité ne dépend pas d'un état de choses dans un monde donné, sont des propositions logiques. Et l'axiome de réductibilité ne remplit pas, selon lui, cette condition nécessaire. Russell reconnut le bien-fondé de la critique wittgensteinnienne.

> Il y a une certaine noblesse d'attitude que le logicien doit préserver : il ne doit pas condescendre à tirer argument de ce qu'il voit autour de lui. De ce strict point de vue logique, je ne vois aucune raison de penser que l'axiome de réductibilité est une vérité logiquement nécessaire, ce qu'on veut dire lorsqu'on affirme qu'il est vrai dans tous les mondes possibles. C'est donc un défaut d'admettre cet axiome dans un système logique, quand bien même il serait empiriquement vrai[36].

Après des tentatives infructueuses, pour se passer de l'axiome de réductibilité, Russell, reconnut, très honnêtement, son échec, en 1925 :

> Il serait possible de sacrifier les suites bien ordonnées infinies à la rigueur logique, mais la théorie des nombres réels fait partie intégrante des mathématiques ordinaires, et peut difficilement faire l'objet d'un doute raisonnable. Nous sommes donc en droit de supposer qu'un axiome logique vrai justifiera cela. L'axiome requis peut être plus restreint que l'axiome de réductibilité mais, s'il en est ainsi, il reste à découvrir[37].

Le projet logiciste de réduction de l'arithmétique, et par suite de toute la mathématique, à la logique n'est ainsi qu'en partie réalisé. Le « poids » logique des notions et propositions primitives, qui doit se transmettre à toutes les disciplines scientifiques déduites de l'arithmétique, n'est pas tout à fait suffisant pour ancrer totalement ces disciplines dans la logique. La faute en revient aux classes infinies, source de paradoxes, dont l'évitement nécessite le recours à des principes non logiques (axiome de réductibilité, par exemple). La définition logiciste du principe d'induction ne parvient donc pas, malgré les amendements que lui a apportés Russell, à ébranler la conviction de Poincaré, ni à désarmer son ironie. Ce dernier conclura finalement le débat, en 1906, par ces mots : « La logistique n'est plus stérile, elle engendre l'antinomie »[38].

---

35. Wittgenstein, 1971, lettre de novembre 1913, p. 228.
36. Russell, 1919, p. 192-193 ; trad. franç., p. 353.
37. Russell, 1910-1913, 2ᵉ éd., 1925, § VII, p. XIV.
38. Poincaré, 1906, p. 316.

2. Le principe d'induction est-il démontrable?

Nous avons vu que Poincaré reprochait à Peano de considérer le principe d'induction comme une « définition déguisée » du nombre entier, c'est-à-dire comme une définition par postulats, sans fournir de preuve de la non-contradiction du système axiomatique. Il considérait une telle preuve à la fois comme nécessaire et comme impossible. Hilbert, qui avait abordé dès 1899 le problème du fondement de l'arithmétique, juste après ses *Grundlagen der Geometrie,* reprend l'idée péanienne d'un fondement axiomatique de l'arithmétique, mais partage avec Poincaré l'idée de la nécessité d'une preuve de non-contradiction du système axiomatique. Contrairement à Poincaré, il considère cependant une telle preuve comme possible et présente au Congrès des mathématiciens de 1904, à Heidelberg, l'ébauche d'une construction axiomatique de l'arithmétique et de la logique, ainsi que les premiers linéaments d'une preuve de non-contradiction de ce système. Hilbert reconnaît à Frege « le mérite d'avoir correctement saisi les propriétés essentielles du nombre entier et la signification du principe de l'induction complète[39] », mais pense pouvoir aller plus loin que son prédécesseur en évitant les difficultés qui avaient, finalement, fait échouer ce dernier. Alors que Frege, et à sa suite Russell, pensaient pouvoir trouver le fondement de l'arithmétique *dans* la logique, Hilbert va tenter une construction *simultanée* des lois de la logique et de l'arithmétique. Poincaré fit une analyse détaillée de la construction de Hilbert, suivant « pas à pas le développement de la pensée de Hilbert », dans son article *Les mathématiques et la logique* dont la première partie était consacrée à la logique de Russell.

Le présupposé de la doctrine logiciste, l'enracinement de la mathématique dans la logique, nous l'avons souligné, est corrélatif d'une objectivité accordée à celle-ci. Le but de l'entreprise logiciste est par conséquent de trouver le noyau logique objectif duquel toute la mathématique va découler, et de le déterminer avec précision, ce qui revient à établir les *définitions* des notions primitives. La définition a, en effet, pour Frege et pour Russell, une « légitimité objective[40] »; elle « nous fait passer du domaine des possibles subjectifs à celui de la détermination objective[41] ». Pour Hilbert, au contraire, il n'y a pas d'objectivité logique. Vouloir cerner, en les définissant, les notions primitives est une entreprise stérile, car, dit-il, « à cet endroit, il n'y a rien, et tout se perd, devient confus et vague, dégénère en un jeu de cache-cache[42] ». L'objectivité, absente du fond logique, selon Hilbert, est donc à chercher ailleurs. Elle sera constituée, au

---

39. Hilbert, 1904, p. 175; trad. franç., p. 256.
40. Frege, 1884, p. 90; trad. franç, p. 203.
41. Frege, 1884, p. 93; trad. franç., p. 205.
42. Hilbert, lettre à Frege du 29 décembre 1899, dans Rivenc et Rouihlan, 1992, p. 226.

départ même de la démarche hilbertienne, par la donnée de certains objets primitifs. Au contraire de la méthode logiciste, qui est *analytique*, c'est-à-dire *régressive*, la méthode hilbertienne est *synthétique*, c'est-à-dire *constructive*. Partant d'éléments simples donnés dans l'intuition sensible et de principes premiers, elle se développe déductivement jusqu'aux conséquences. La recherche sur les fondements n'est pas pour Hilbert un but mais un moyen; le but est la construction de l'édifice.

On comprend, dès ces premières remarques, que Poincaré est plus proche de Hilbert que de Russell ou Frege. Il partage avec Hilbert, par exemple, la conviction que la logique ne peut suffire à fonder l'arithmétique. Les deux mathématiciens se sont cependant opposés sur le statut du principe d'induction. Pour Poincaré, nous l'avons vu, ce principe est indémontrable, Hilbert, quant à lui, entendait bien en donner une démonstration.

Dans la critique qu'il fait de la construction de Hilbert, Poincaré note à deux reprises l'utilisation illicite du principe d'induction. Les commentateurs s'accordent en général pour donner raison à Poincaré. Examinons les termes de la controverse. Hilbert énonce d'abord les deux premiers axiomes, définissant l'égalité:

1. $x = x$
2. $x \equiv y$ e $w(x)$ I $w(y)$

Les conséquences de ces axiomes sont obtenues en remplaçant les indéterminées qui y figurent par des combinaisons des deux objets simples donnés au départ: 1 et $\equiv$, ces deux objets étant, par ailleurs, considérés comme simples signes dépourvus de sens. Hilbert observe qu'on ne peut obtenir, comme conséquences de ces axiomes, que des identités; il en déduit qu'on ne peut pas obtenir de contradictions, c'est-à-dire d'assertions de la forme $a \wedge \bar{a}$ (a et non a). «Mais comment verra-t-on que toutes ces propositions sont des identités?» objecte Poincaré. Et il poursuit ainsi:

> Considérons une série de conséquences déduites de nos axiomes, et arrêtons-nous à un certain stade de cette série; si à ce stade, nous n'avons obtenu que des identités, nous pourrons vérifier qu'en appliquant à ces identités l'une quelconque des opérations permises par la logique, on n'en pourra déduire que de nouvelles identités.
> On en conclura qu'à aucun moment on ne pourra obtenir autre chose que des identités; mais *raisonner ainsi, c'est faire de l'induction complète*[43].

La critique de Poincaré serait valable si le domaine considéré était un domaine fermé, déjà constitué. Ce qui n'est pas le cas. Hilbert, en effet, *construit progressivement* la classe des conséquences de ses axiomes. Pour cela, il commence par introduire dans cette classe les conséquences du premier axiome, qui est le principe d'identité. À partir de cet axiome, en

---

43. Poincaré, 1906, p. 20.

remplaçant l'indéterminée x, de chaque côté du signe =, par une même combinaison d'objets simples, on ne peut, bien évidemment, obtenir que des identités. À ce stade de la construction, Hilbert n'a donc, dans la classe d'assertions vraies qu'il constitue, que des identités. Le second axiome est une inférence dont la prémisse est la conjonction de $x = y$ et d'une assertion notée $w(x)$, symbolisant une combinaison quelconque contenant l'indéterminée x. Pour obtenir des conséquences non hypothétiques à partir de cette inférence, il faut d'une part remplacer les x par une même combinaison d'objets simples et le y par une (autre) combinaison d'objets simples, et d'autre part prendre pour $x = y$ et pour $w(x)$ des assertions vraies. Ces assertions sont à prendre dans le stock disponible des assertions vraies, qui, nous l'avons vu, sont toutes, à ce stade de la construction, des identités. Or le conséquent est de la même forme que la combinaison $w(x)$, et est donc aussi une identité, obtenue à partir de la précédente en remplaçant la combinaison prise pour x par celle prise pour y. Notons d'ailleurs que x et y sont nécessairement le même objet, puisque l'égalité $x = y$, pour être une assertion vraie, doit être aussi une identité. L'affirmation de Hilbert ne nécessite donc pas de démontrer, comme le pense Poincaré, qu'en appliquant à une identité des opérations logiques valides, on obtient encore une identité, mais elle consiste à *observer*, concernant le second axiome, que les seuls énoncés vrais possibles, obtenus comme conséquences, sont des identités.

Après cette première étape, Hilbert introduit trois nouveaux objets : U (infini, ensemble infini), S (successeur), S' (l'opération successeur) et pose trois nouveaux axiomes :

3. $S(U\ x) = U\ (S\text{'}x)$
4. $S(U\ x) = S(U\ y)\ I\ U\ x = U\ y$
5. $\overline{S(U\ x) = U\ 1}$

Dans ces axiomes, les indéterminées désignent maintenant l'un quelconque des cinq objets simples fondamentaux ou l'une de leurs combinaisons. La combinaison $U\ x$ désigne un *élément* de l'ensemble infini U. L'axiome 3 exprime que le successeur d'un élément de U est un élément de U. En effet, soit x un élément de U, alors $S(U\ x)$ est le successeur de x ; c'est aussi un élément de U, à savoir S'(x). L'axiome 4 exprime le fait que si deux éléments de l'ensemble U ont même successeur, alors ils sont égaux. L'axiome 5 exprime le fait qu'il n'existe aucun élément de U dont le successeur soit 1 ; cet élément 1 sera appelé en conséquence « le premier élément » de U. Ces axiomes sont respectivement les axiomes 3, 4 et 2 de Peano. Hilbert n'énonce pas l'axiome 1 de Peano, « 1 est un nombre[44] », ou

---

44. Peano fait en réalité commencer la suite des nombres à 0 (et non à 1 comme Hilbert) et énonce comme premier axiome « 0 est un nombre ». On sait que cela ne change rien de fondamental puisque la définition péanienne s'applique en fait à toute progression

estime qu'il est sous-entendu dans l'axiome 5; et il laisse de côté, pour le moment, l'axiome d'induction complète (axiome 5 de Peano). La démonstration de la non-contradiction des cinq premiers axiomes suit le même principe que la démonstration précédente. Hilbert souligne d'abord que seul le 5ᵉ axiome est de la forme $\bar{a}$ (non a) et que, par suite, une contradiction ne pourrait avoir lieu que si a (la négation du 5ᵉ axiome) était une conséquence des quatre premiers axiomes: on aurait alors la contradiction $a \wedge \bar{a}$ (a et non a). Afin de montrer l'impossibilité de cette contradiction, il introduit la notion d'équation *homogène*: une équation est dite homogène si elle comprend le même nombre de signes (d'objets simples) de part et d'autre du signe =. Hilbert observe que les conséquences des quatre premiers axiomes sont nécessairement des équations homogènes, alors que les conséquences de la négation du 5ᵉ axiome ne le sont pas: dans ce dernier, en remplaçant x par une combinaison d'objets simples, on aura à gauche du signe = au moins un signe de plus qu'à sa droite. On ne peut donc, selon Hilbert, obtenir la négation du 5ᵉ axiome comme conséquence des quatre autres.

Le raisonnement de Hilbert est pris en défaut par Poincaré au niveau de l'axiome 4 dans lequel intervient, comme précédemment, une implication. Dire, comme l'affirme implicitement Hilbert, que si l'hypothèse $S(U\,x) = S(U\,y)$ est une équation homogène, alors le conséquent $U\,x = U\,y$ est aussi une équation homogène nécessite, selon Poincaré, le recours au principe d'induction. Comme précédemment, la critique de Poincaré serait valable si la classe des assertions vraies considérée par Hilbert était déjà constituée, ce qui n'est pas le cas. Ainsi dans l'axiome 4, qui, selon Poincaré, pose problème, les seules prémisses vraies pouvant être considérées sont nécessairement des équations homogènes. Il n'est pas besoin de vérification ou de démonstration de ce fait: cela vient de ce que les seuls énoncés vrais reconnus à ce stade de la construction de Hilbert sont les conséquences des trois premiers axiomes, lesquelles sont des équations homogènes. Il suit de là, *par simple considération morphologique*, que les conséquences de l'axiome 4 sont aussi des équations homogènes. En effet, si $U\,x = U\,y$ est une équation homogène (c'est-à-dire si x et y sont constitués par le même nombre d'objets simples), alors l'écriture de $S(U\,x)$ et celle de $S(U\,y)$ contiendront aussi le même nombre d'objets simples. Hilbert prouve ainsi, par des considérations purement morphologiques et donc sans utiliser le principe d'induction, contrairement à ce qu'affirme Poincaré, que l'on ne peut trouver parmi les conséquences des quatre premiers axiomes une assertion contredisant le cinquième.

Cependant, la preuve de non-contradiction de la théorie entière, dans la construction de 1904, est seulement ébauchée par Hilbert; elle deviendrait beaucoup plus difficile par la suite. Plus encore, on sait aujourd'hui

(autrement dit, la définition axiomatique définit non pas un ensemble de nombres, mais une classe d'ensembles). C'est d'ailleurs le reproche que lui adresse Russell (voir plus haut).

qu'une telle preuve « directe », c'est-à-dire purement syntaxique, de non-contradiction de l'arithmétique n'est pas possible. Seules sont possibles des preuves « par modèle », qui consistent à ramener la non-contradiction d'une théorie formalisée, à celle d'un modèle de cette théorie. Ainsi, la théorie de la démonstration ramènera la non-contradiction de l'arithmétique axiomatisée à celle, supposée, de l'arithmétique « intuitive ». De plus, les premières tentatives qui ont été faites, par Ackermann, Herbrand, von Newmann et Hilbert lui-même, entre 1924 et 1932, pour démontrer la non-contradiction de l'arithmétique par l'intermédiaire d'un modèle ont été vouées à l'échec. Ces tentatives entendaient en effet, conformément aux exigences du programme hilbertien, n'utiliser que des moyens strictement finitistes. Or, Gödel prouvait en 1932 qu'il est impossible de démontrer la non-contradiction de l'arithmétique formalisée à l'intérieur de ce système et donc a fortiori par des moyens strictement finitistes. Les tentatives finitistes de démonstration ne parvenaient ainsi qu'à démontrer la non-contradiction d'une partie seulement de l'arithmétique, ne contenant qu'une forme affaiblie du principe d'induction. Conformément au théorème de Gödel, il faut donc élargir le point de vue finitiste ; on peut alors concevoir des démonstrations utilisant des procédés constructifs, non formalisables dans le système de la théorie (Gödel, Kolmogorov et Gentzen ont donné des démonstrations de ce type). Une preuve de non-contradiction de l'arithmétique est donc possible, mais pas avec des moyens strictement arithmétiques.

Concernant le principe d'induction, ce n'est qu'en 1927 que Hilbert répond aux objections de Poincaré. Sa réponse consiste en la distinction de deux types d'induction : une induction intuitive, qui repose sur un procédé de composition et de décomposition des nombres, et l'induction proprement dite, qui repose sur un principe purement formel, l'axiome d'induction. Ce principe formel apparaît dans la mathématique formalisée de Hilbert comme un axiome dont la compatibilité avec les autres axiomes doit être assurée par une métamathématique dans laquelle peut éventuellement intervenir le principe intuitif. Remarquons que Hermann Weyl a identifié, à tort, le principe d'induction de Poincaré et le procédé intuitif d'induction de Hilbert ; il écrit ainsi : « Lorsque Poincaré qualifia l'*induction complète* de fondement ultime de la pensée mathématique et irréductible à quoi que ce soit de plus primitif, il pensait à la composition et à la décomposition des chiffres qui s'effectuent très intuitivement, et dont Hilbert use aussi dans ses constructions contentuelles »[45]. Le principe énoncé par Poincaré ne se réduit cependant pas à une induction finie ; Poincaré souligne au contraire que le mérite de ce principe est de permettre le passage du fini à l'infini.

---

45. Weyl, p. 1928 ; trad. franç., p. 166.

Conclusion

Il faut finalement souligner que chacun des interlocuteurs du débat que nous avons évoqué a permis d'élucider une question difficile. L'un des mérites de Frege et Russell fut de généraliser le principe d'induction et d'en donner une définition purement logique. Celui de Hilbert fut d'amorcer une démonstration de ce principe, qu'il jugea lui-même par la suite inaboutie et insuffisante, mais qui marqua la naissance de la théorie de la démonstration ou métamathématique. Quant à Poincaré, son rôle critique fut essentiel. Il inspira à Russell son « principe du cercle vicieux », contribua à l'élaboration de la métamathématique de Hilbert, et fut notamment à l'origine du dédoublement, effectué par Hilbert, du principe d'induction en un principe intuitif et un principe formel.

Pour revenir aux deux principales questions qui se posent à propos du principe d'induction, nous pouvons à présent donner des éléments de réponse. Concernant la possibilité d'une démonstration de ce principe, on peut répondre : oui, le principe est démontrable, mais pas à partir de n'importe quels autres principes ou axiomes. Nous avons vu que l'exigence strictement finitiste que Hilbert pensait dans un premier temps pouvoir imposer ne suffit pas, et qu'il faut des moyens plus puissants. Quant à la question de savoir si le principe d'induction est un principe logique ou un principe intuitif, nous avons déjà souligné que Hilbert distinguait deux principes, l'un intuitif, l'autre formel. On comprend alors la réponse prudente de Zermelo. Ce dernier ayant démontré diverses formes du principe d'induction dans le cadre de sa théorie des ensembles, et l'ayant ainsi « réduit à la définition des ensembles finis » qu'il y a donnée, ou à « une des définitions équivalentes », pose la question : « Mais en résulte-t-il que le principe en question soit un jugement analytique ? » Ce à quoi il répond lui-même : « Cela dépend de la nature des axiomes sur lesquels repose la théorie des ensembles et que nous avons été contraints d'utiliser dans chacune de nos démonstrations. Si ces axiomes, que je me propose d'énoncer complètement dans un autre article, ne sont que des principes purement logiques, le principe de l'induction le sera également ; si au contraire ils sont des intuitions d'une sorte spéciale, on peut continuer à regarder le principe d'induction comme un effet de l'intuition ou comme un "jugement synthétique a priori". Quant à moi, je n'oserais pour le moment, décider de cette question purement philosophique[46]. » Nous ajouterons à la réponse de Zermelo, que cette question purement philosophique a cependant eu le mérite, par la recherche d'un fondement purement logique du principe d'induction, de conduire à la construction d'axiomatiques de plus en plus satisfaisantes.

---

46. Zermelo, « Sur les ensembles finis et le principe de l'induction complète », 1907, dans Heinzmann, 1986, p. 155.

Bibliographie

Frege, Gottlob, *Begriffsschrift, eine der arithmetischen nachgebildete Formelsprache des reinen Denkens*, Halle, Nebert, 1879; trad. anglaise dans Heijenoort, 1967.

Frege, Gottlob, *Die Grundlagen der Arithmetik, eine logisch-mathematische Untersuchung über den Begriff der Zahl*, Breslau, W. Koebner, 1884; trad. franç. et introduction de C. Imbert, Paris, Seuil, 1972.

Frege, Gottlob, *Grundgesetze der Arithmetik, begriffsschriftlich abgeleitet*, vol. 1, Iéna, 1893; réed. Heildesheim, Olms, 1962.

Frege, Gottlob, *Grundgesetze der Arithmetik, begriffsschriftlich abgeleitet*, vol. 2, 1903, trad. anglaise et introduction de M. Furth, Berkeley et Los Angeles, University of California Press, 1964.

Heijnoort, Jeanvan, *From Frege to Gödel. A Source Book in Mathematical Logic*, textes choisis par J. van Heijenoort, Cambridge, Mass., Harvard University Press, 1879-1931.

Heinzmann, Gerhard, *Poincaré, Russell, Zermelo et Peano. Textes de la discussion sur les fondements des mathématiques*, Paris, Blanchard, 1986.

Hilbert, David, « Über die Grundlagen der Logik und der Arithmetik », *Verhandlungen des Dritten Internationalen Mathematiker Kongress in Heidelberg vom 8. bis 13. August 1904*, Leipzig, Teubner, 1905, trad. franç. par É. Boutroux dans *L'Enseignement mathématique*, 7e année, 1905; nouvelle trad. franç. par H. Sinaceur dans Rivenc et Rouihlan, 1992, Paris, Payot.

Kant, Emmanuel, *Critique de la raison pure*, 1781, trad. franç. dans *Œuvres philosophiques*, Paris, Gallimard, coll. « La Pléiade », 1980.

Largeault, Jean, *Intuitionisme et théorie de la démonstration*, Paris, Librairie Philosophique J. Vrin, coll. « Mathesis », 1992.

Poincaré, Henri, *La Science et l'hypothèse*, Paris, Flammarion, 1902.

Poincaré, Henri, « Les mathématiques et la logique », *Revue de métaphysique et de morale*, 1905, vol. 13, p. 815-835; reproduit dans Heinzmann, 1986, p. 11-34.

Poincaré, Henri, *La Valeur de la science*, Paris, Flammarion, 1905.

Poincaré, Henri, « Les mathématiques et la logique », *Revue de métaphysique et de morale*, 1906, vol. 14, p. 17-34 et 294-317; reproduit dans Heinzmann, 1986, p. 35-53.

Poincaré, Henri, « À propos de la logistique », *Revue de métaphysique et de morale*, vol. 14, p. 866-868; reproduit dans Heinzmann 1986, p. 145-147.

Poincaré, Henri, « La logique de l'infini », *Revue de métaphysique et de morale*, 1909, vol. 17, p. 461-482; reproduit dans Heinzmann, 1986, p. 235-256.

Rivenc, François et Philippe de Rouihlan, *Logique et fondements des mathématiques. Anthologie (1850-1914)*, Paris, Payot, 1992.

Russell, Bertrand, *Principles of Mathematics*, Londres, Allen et Unwin LTD, 1903; trad. franç. dans Russell, *Écrits de logique philosophique*, Paris, Presses Universitaires de France, 1989.

Russell, Bertrand, « Mathematical Logic as based on the Theory of Types », *American Journal of Mathematics*, 1908, vol. 20, p. 222-262; trad. franç. dans Rivenc et Rouihlan, 1992.

Russell, Bertrand et Alfred North Whitehead, *Principia Mathematica*, Cambridge, Cambridge University Press, 1910-1913.

Russell, Bertrand, « Le réalisme analytique », *Bulletin de la Société française de philosophie,* 1911, t. 11 ; repris dans Heinzmann, 1986, p. 296-304.

Russell, Bertrand, *Introduction to Mathematical Philosophy,* Londres, Allen and Urwin, 1919 ; trad. franç. de J.M. Roy, Paris, Payot, 1991.

Weyl, Hermann, « Diskussionsbemerkungen zu dem zweiten Hilbertschen Vortrag über die Grundlagen der Mathematik », *Abh. aus dem Math. Sem. D. Hamb. Univ.,* 6, 1928, p. 86-88, trad. in Largeault 1992.

Wittgenstein, Ludwig, *Carnets,* trad. franç. de G.-G. Granger, Paris, Gallimard, 1971.

Zermelo, Ernst, « Sur les ensembles finis et le principe de l'induction complète », 1907, *Acta mathematica,* 1909, vol. 32, p. 185-193 ; Heinzmann, 1986, p. 148-156.

Intuition, construction et convention dans la théorie de la connaissance de Poincaré

GABRIELLA CROCCO
Ceperc, Université de Provence
gabriella.crocco@wanadoo.fr

RÉSUMÉ.— La conception des mathématiques chez Poincaré est une pièce maîtresse de sa théorie de la connaissance. Les mathématiques y jouent un rôle constitutif et médiateur, très proche de celui que Kant leur avait assigné dans sa *Critique*. Afin d'éclaircir les rapports complexes entre les notions d'intuition, de construction et de convention chez Poincaré, nous nous appuyons sur les analogies et les contrastes avec la source kantienne. La continuité et la cohérence de la théorie de la connaissance de Poincaré en sortent renforcées.

ABSTRACT.— Poincaré's philosophy of mathematics plays a key role in his general philosophy of knowledge. Mathematics is considered, by Poincaré, as a constitutive element of experience and it plays a "schematic" role between the conventional frameworks of geometry and theoretical physics on one hand and, on the other hand, sensations. We stress the Kantian roots of such a conception of mathematics, trying to explain the respective importance of the notions of intuition, construction and convention in Poincaré's theory of knowledge.

Introduction

La théorie de la connaissance de Poincaré s'organise autour de trois notions : intuition, construction et convention. La comprendre signifie comprendre comment ces trois notions s'articulent, quelles sont leurs fonctions respectives dans la connaissance. Nous nous proposons donc d'examiner ces trois notions spécifiquement en rapport à la question de la nature de la connaissance mathématique et de son rôle.

Une hypothèse de recherche guidera cette analyse : les affirmations de Poincaré sur ces trois notions fondamentales doivent être interprétées à la lumière des difficultés épistémologiques qu'une science en proie à des transformations profondes causait à un homme de science kantien de la fin du XIXe siècle. Autour de ces trois notions, intuition, construction et convention, Poincaré définit une épistémologie systématique et cohérente, profondément kantienne dans ses choix fondamentaux[1].

---

1. Au-delà de toute interprétation philosophique des écrits de Poincaré, ce dernier, de manière très explicite dans les trois articles parus entre 1905 et 1906, en partie republiés dans *Science et méthode*, se range du côté des kantiens. En repoussant les attaques et les critiques de Couturat, Russell et Zermelo à propos de sa conception des mathématiques et du rôle que les principes synthétiques y jouent *a priori*, il affirme que les logicistes et les cantoriens, malgré leurs efforts, n'ont pu ruiner les mathématiques kantiennes, n'ont pas tranché le débat entre Leibniz et Kant. Voir Poincaré, « Les mathématiques et la logique », 1905, p. 835.

Cette hypothèse a été dictée par un constat : bien avant la crise des fondements, et donc avant la réponse intuitionniste à cette crise, bien avant la discussion même sur la dérivabilité ou non-dérivabilité du principe d'induction, Poincaré avait des raisons, inhérentes à sa conception de la nature de la connaissance, qui le conduisaient à rechercher dans le sujet un fondement aux mathématiques. Ce fondement n'est rien d'autre que ce que nous appellerons l'intuition de la répétition possible, intuition de l'infini potentiel que Poincaré appelle l'intuition pure du nombre[2]. Ces raisons ne peuvent être pleinement comprises si on ne souligne les racines kantiennes du cadre conceptuel proposé par Poincaré, et cela sous au moins deux aspects : la question de l'objectivité de la connaissance et celle de la nature des objets mathématiques.

Forte de cette hypothèse, nous essaierons d'abord de démêler la question des rapports entre intuition et convention, déterminant pour le rôle médiateur et schématique que Poincaré assigne aux mathématiques dans la connaissance. Ensuite, nous nous tournerons vers le couple intuition-construction, essentiel pour comprendre les mathématiques et leurs objets. Chacune de ces deux parties de l'analyse est précédée par un rappel des solutions kantiennes aux problèmes abordés par Poincaré. C'est donc par Kant, par l'analyse de ce que, de celui-ci, Poincaré reçoit ou rejette, que nous éclairons l'articulation intime entre intuition, construction et convention chez Poincaré.

1. Kant et Poincaré : le rôle constitutif et schématique des mathématiques

1.1 Kant, les mathématiques et l'objectivité de la connaissance

La solution kantienne au problème de l'objectivité de la connaissance repose, on le sait, sur le fait que chaque sujet connaissant dispose des mêmes moyens d'organisation, des mêmes conditions de détermination des données de la sensation en objets de connaissance. Toute connaissance débute avec la sensation ; les sensations sont des données subjectives, mais des moyens intersubjectifs d'organisation de ces données permettent de constituer à partir d'elles des objets de connaissance. Ces moyens d'orga-

---

2. La dernière expression est employée dans *La Valeur de la science* à la page 3. Comme Poincaré l'explique, sur cette intuition repose non seulement le principe de récurrence, mais aussi l'axiome d'homogénéité des groupes, le calcul différentiel et bien d'autres parties des mathématiques pures. L'expression « répétition possible » se justifie par la lettre même des textes de Poincaré. Dans *La Science et l'hypothèse*, p. 41, Poincaré s'exprime ainsi à propos du jugement sur lequel repose le principe de récurrence : « Pourquoi donc ce jugement s'impose-t-il à nous avec une irrésistible évidence ? C'est qu'il n'est que l'affirmation de la puissance de l'esprit qui se sait capable de concevoir la *répétition indéfinie* d'un même acte dès que cet acte est une fois *possible*. L'esprit a de cette puissance une intuition directe et l'expérience ne peut être pour lui qu'une occasion de s'en servir et par là d'en prendre conscience. » (C'est nous qui soulignons.) À chaque fois, donc, que nous parlons de répétition possible, il faut comprendre que cette répétition est indéfinie au sens où elle peut être illimitée.

nisation intersubjectifs sont d'une part les formes de la sensibilité (capacité réceptive des sensations), l'espace et le temps, d'autre part les catégories de l'entendement, les règles, les lois de production des objets de la connaissance. Toute sensation reçoit le premier niveau de généralité en recevant l'empreinte spatio-temporelle imposée par notre sensibilité aux données de la sensation. Le matériel de l'intuition (les données de la sensation une fois qu'elles sont passées par ce moule de la sensibilité) est unifié, récolté, déterminé en objets de connaissance pour le sujet, selon les règles dictées par l'entendement à travers les catégories.

Les mathématiques interviennent deux fois dans la synthèse des objets de la connaissance. La première fois directement, en tant qu'ingrédients mêmes de la synthèse à travers les catégories mathématiques de la quantité et de la qualité. La deuxième fois indirectement, à travers le temps dans la doctrine du schématisme, qui garantit l'applicabilité des catégories de l'entendement au matériel de l'intuition. D'où leur rôle constitutif et médiateur dans la connaissance des objets de l'expérience.

En ce qui concerne le rôle constitutif des mathématiques, il faut rappeler la distinction kantienne entre essence et existence d'un concept. Comme il a été souligné par Jules Vuillemin, les quasi-objets des mathématiques, ces constructions en elles-mêmes privées de réalité objective, reçoivent leur « vérité » au moment où, dans l'analytique transcendantale, la mathématique est montrée sous son aspect d'ingrédient nécessaire, constitutif de l'expérience possible[3]. Les mathématiques pures sont apodictiques, mais puisque le procédé de construction des concepts a trait à l'essence et non à l'existence, la question de la vérité, en tant qu'adéquation entre la chose et sa représentation, ne se pose pas pour les jugements mathématiques. Les objets mathématiques purs ne sont que des représentations auxquelles aucune chose en soi ne correspond. Ce n'est que lorsqu'on passe au domaine de l'existence, à la physique, à l'expérience possible, que la question de la vérité, de la validité objective peut être posée. Toutefois, dans la constitution d'une science physique, d'une théorie des corps, la texture mathématique des objets est une des garanties essentielles de la scientificité. Le passage de l'introduction aux *Principes métaphysiques de la nature*, cité par Vuillemin, est en ce sens explicite :

> Je prétends que dans toute théorie particulière de la nature, on ne peut attendre la science *proprement dite* qu'autant qu'on y trouve de mathématique. Car, d'après ce qui précède, tout ce qui mérite le nom de science, surtout dans le domaine de la nature, exige une partie pure, qui sert de fondement à la partie empirique et qui repose sur la connaissance *a priori* des choses de la nature. Or on appelle connaissance *a priori* d'une chose, une connaissance à partir de la possibilité de la chose. Mais la possibilité des choses naturelles déterminées ne peut pas être connue à partir des simples

---

3. Vuillemin, *Physique et métaphysique kantienne*, p. 14.

concepts. Car ceux-ci peuvent fournir sans doute la connaissance de la possibilité de la pensée (*Gedanken*) (savoir qu'il n'y a pas de contradiction interne) mais non la connaissance de celle de l'objet comme chose naturelle, lequel peut être donné en dehors de la pensée (comme existant). Donc pour connaître la possibilité des choses naturelles déterminées, par conséquent pour les connaître *a priori*, il est exigé quelque chose de plus : savoir que soit donnée *l'intuition a priori* qui correspond au concept, c'est-à-dire que le concept soit construit. Or, la connaissance rationnelle par construction des concepts est mathématique. Donc [...] une théorie pure de la nature concernant des choses *déterminées* (théorie des corps et théorie des âmes) n'est possible que par le moyen des mathématiques et comme dans toute théorie de la nature il n'est possible d'atteindre de science proprement dite que dans la mesure où il s'y trouve une connaissance *a priori*, la théorie de la nature ne contiendra de science proprement dite qu'autant qu'en elle la mathématique pourra s'appliquer[4].

Deux remarques à propos de ce texte nous permettront d'introduire certains aspects de la conception kantienne repris par Poincaré.

La première remarque porte sur l'opposition entre possibilité de la pensée d'une chose en général et possibilité de la connaissance d'une chose déterminée. Le texte des *Principes* présuppose trois niveaux auxquels il faut ramener l'analyse de la connaissance. Ces trois niveaux sont la possibilité logique, la possibilité réelle et l'objectivité[5]. La connaissance est connaissance d'objets par les concepts. Un concept est logiquement possible lorsqu'il peut être pensé, c'est-à-dire lorsqu'il est non contradictoire. Un concept est réellement possible lorsqu'il est en accord avec les conditions de l'intuition ; cela signifie que ses objets (les objets qui tombent sous ce concept) peuvent être exhibés dans l'intuition, ils sont possibles pour nous, car ils sont des objets dont nous pouvons avoir l'expérience, soit qu'il s'agisse d'objets qui nous sont donnés comme choses naturelles de l'extérieur, soit qu'il s'agisse d'objets qui peuvent être construits dans l'intuition pure. Enfin, un concept est objectif lorsqu'il concerne réellement un objet de l'expérience, lorsqu'il a trait à des choses naturelles qui ne sont pas que possibles en général, mais sont déterminées et existantes. Kant affirme donc que la connaissance *a priori* des choses déterminées de la nature (donc des choses existantes, données à nous par le sens externe) n'est possible que grâce à l'application des mathématiques. Par les mathématiques pures, nous avons la possibilité réelle des choses en général ; lorsque nous les appliquons, c'est-à-dire lorsque nous considérons leur contribution à la constitution des objets de l'expérience, nous pouvons par elles connaître *a priori* certains aspects des objets. La connaissance de ces aspects rend possible une théorie *a priori* des corps.

---

4. Kant, *Principes métaphysiques de la science de la nature*, Vorrede 360, traduction de J. Vuillemin.

5. Voir aussi à ce propos l'analyse de Brittan dans *Kant's Philosophy of science*, chap. 1.

Nous retrouvons chez Poincaré la même tripartition des objets de la connaissance, et donc des modes d'analyse de leurs concepts, à propos des concepts mathématiques. Comme chez Kant, ils doivent non seulement être logiquement possibles, mais aussi possibles pour nous, en accord avec les conditions de l'expérience, pour être réellement utiles et pour ne pas piéger l'esprit dans des contradictions fâcheuses. L'existence objective de certaines des constructions de l'esprit, comme le continuum mathématique, n'est rien d'autre que l'occasion que l'expérience donne à l'esprit d'appliquer à la connaissance du monde extérieur ces constructions.

La deuxième remarque concerne l'opposition entre synthèse mathématique et synthèse physique (ou dynamique), introduite par Kant dans la troisième section de l'Analytique transcendantale. La synthèse mathématique, opposée à la synthèse physique, y a été présentée comme synthèse de l'homogène, synthèse par «agrégation» de grandeurs extensives, et par «coalition» de grandeurs intensives[6]. D'une part, donc, la géométrie constitue l'expérience, et l'espace géométrique est identique à l'espace physique, car tous les phénomènes sont nécessairement des grandeurs extensives. D'autre part, la science de la mesure est constitutive de l'expérience, car tout objet de la sensation a une grandeur intensive, un degré qui peut être mesuré. Toutefois, la synthèse mathématique n'est pas suffisante pour la possibilité de la connaissance. Il y a théorie des corps, il y a physique mathématique, dans la mesure où les mathématiques peuvent être appliquées, mais elles, par elles-mêmes, sont incapables de nous donner des objets[7]. L'existence est donc posée par le concept mais n'est pas objectivable par lui. La physique mathématique, la théorie des corps déterminés, a besoin des mathématiques mais aussi de l'ontologie (ou métaphysique) qui traite de l'existence des choses en tant qu'elle est posée par leur concept de manière indéterminée. La synthèse physique, dynamique, qui constitue l'objet selon la relation et la modalité, est, par opposition à la synthèse mathématique, médiate, indirecte et indéterminée[8].

Dans la synthèse mathématique, nous avons l'évidence et l'apodicticité, car les objets y sont construits, créés par le sujet à travers ses propres

---

6. Kant, *Critique de la raison pure*, B202.

7. «Dans les problèmes mathématiques la question ne porte absolument jamais sur l'existence, mais sur les propriétés des objets en eux-mêmes, dans la seule mesure où elles sont liées avec le concept de ceux-ci.» *Ibid.* A719, cité par Vuillemin, *Physique et métaphysique kantiennes*, p. 12.

8. «[...] les principes de l'usage mathématique doivent être conçus avec une nécessité inconditionnelle, mais ceux de l'usage dynamique comportent sans doute également les caractères d'une nécessité *a priori*, mais seulement sous la condition de la pensée empirique dans une expérience, par conséquent de façon seulement médiate et indirecte; par conséquent, ceux-ci ne contiennent non plus l'évidence immédiate (bien que cette privation ne nuise en rien à leur certitude rapportée à l'expérience en général), qui est propre à ceux-là.» Kant, *Critique de la raison pure* A160, B200, trad. Vuillemin.

actes. Dans la synthèse physique, dynamique, là ou il faut « penser l'objet au lieu de le construire, [...] le rencontrer au lieu de le créer[9] », on n'a qu'une certitude indirecte et indéterminée.

Poincaré reprend à son compte l'opposition entre les deux synthèses. À la synthèse métaphysique (ou ontologie), il substitue des cadres conventionnels, des cadres conceptuels historiquement déterminés à l'intérieur desquels la physique mathématique opère. La nature médiate, indirecte et indéterminée des notions telles qu'elles sont évoquées par ces cadres (par exemple la masse et la force dans la physique des forces centrales, ou l'énergie cinétique et potentielle dans la physique des principes) rappelle au sens strict les caractères de la synthèse dynamique de Kant.

En ce qui concerne le rôle médiateur des mathématiques dans la connaissance, nous nous limiterons à rappeler un seul point de la doctrine du schématisme. L'application des catégories aux données de l'expérience est rendue possible par la médiation de ce que Kant appelle les schèmes transcendantaux, produits de l'imagination, qui sont homogènes d'un côté à la catégorie, de l'autre aux phénomènes. Ces schèmes ne sont rien d'autre que « les déterminations du temps *a priori* d'après des règles ». L'intuition pure du temps est la condition de l'application des catégories à l'expérience ; plus spécifiquement, elle est la condition même de la science des nombres, car le nombre est le schème pur de la grandeur. Le nombre, dit Kant, n'est rien d'autre « qu'une représentation embrassant l'addition successive de l'unité à l'unité de l'homogène, [...] l'unité de la synthèse du divers d'une intuition homogène en général, du fait que je produis le temps lui-même dans l'appréhension de l'intuition[10] ». Les nombres sont donc des représentations dont la condition de possibilité est la succession temporelle, produite par l'appréhension même de l'intuition. Le nombre est la règle même de la synthèse de l'homogène, synthèse d'unités considérées seulement en ce qu'elles sont homogènes l'une à l'autre. La construction des nombres, donc, par addition successive d'unités, repose sur la répétition d'une même opération. Cette idée d'un lien intime entre la constitution de l'expérience et le fondement des mathématiques est systématiquement exploitée par Poincaré, à travers l'intuition de la répétition possible.

Les mathématiques ont donc, chez Kant, un rôle constitutif pour les objets de l'expérience, à travers la synthèse mathématique, car tous les phénomènes sont des grandeurs extensives, et tout objet de la sensation a une grandeur intensive ; elles ont aussi un rôle médiateur, car ce qui est au fondement de la science des nombres, l'intuition pure du temps, est à la fois garant de l'application aux intuitions de toutes les catégories nécessaires à la constitution de l'expérience.

---

9. Vuillemin, *Physique et métaphysique kantiennes*, p. 21.
10. Kant, *Critique de la raison pure*, A143, B182.

1.2 Intuition et convention chez Poincaré

La lettre de la solution kantienne est bien sûr irrecevable pour Poincaré, pour au moins deux raisons. D'abord, la conception de l'espace et du temps en tant que formes *a priori* de la sensibilité contraste avec la doctrine de la nature conventionnelle (libre) des choix dans la détermination des mesures de l'espace et du temps. Ensuite, les développements de la physique semblent montrer que l'idée d'un ensemble de catégories déterminées une fois pour toutes et qui seraient aux fondements de la connaissance physique est en contradiction avec l'histoire même de cette discipline. Poincaré libéralise le programme kantien par l'introduction de la notion de convention. Par le biais de celle-ci, donc, il résout à la fois la question de la géométrie et celle de l'ontologie physique. Regardons alors plus dans le détail ces deux problèmes.

1.2.1 L'espace

Il a été souligné, contrairement à une conception par ailleurs bien répandue, que la philosophie kantienne est compatible avec la formulation des géométries non euclidiennes. L'espace euclidien est l'espace de la perception. D'autres géométries sont pensables, mais elles, étant donné la structure perceptive du sujet connaissant, n'ont pas de possibilité réelle[11]. Il y a des possibilités logiques, telles que celles des figures planes à deux côtés, qui sont logiquement non contradictoires mais qui ne se conforment pas aux conditions de l'intuition pure. D'où leur impossibilité pour nous, qui n'exclut pas leur possibilité logique.

Bien évidemment, la géométrie euclidienne demeure pour Poincaré la géométrie la plus commode pour des créatures structurées comme nous et évoluant dans un milieu identique au nôtre. Il est même possible de donner une interprétation mathématique de cette commodité, à travers la théorie des groupes de déplacements, de manière à « démontrer » que l'étalon, la règle à laquelle *nous* devons rapporter les phénomènes naturels, est de préférence la règle euclidienne, sous peine de compliquer inutilement *nos* descriptions des phénomènes. Toutefois, ce qui fait vraiment problème, pour Poincaré, dans la doctrine kantienne, c'est cette identification entre espace représentatif (espace perceptif) et espace physique par le biais des catégories. Rien ne peut justifier, de son point de vue, une telle affirmation. Aucune observation, aucune expérience ne pourra jamais démontrer que l'espace physique a ou n'a pas une structure euclidienne, aucune théorie mécanique ne pourra jamais nous imposer une description géométrique de l'espace, aucune expérience ne pourra jamais trancher la question

---

11. Voir, par exemple, Brittan, *Kant's Theory of Science*, chap. 3. Kant aurait même, par son exemple de la figure plane à deux côtés, anticipé les géométries à courbure positives, dans lesquelles de telles figures sont possibles.

cosmologique de la forme de l'univers[12]. Pour Poincaré, il n'y a tout simplement pas d'espace physique ; il y a notre espace représentatif ; il y a l'espace géométrique, mathématique ; enfin, il y a des phénomènes, des relations entre corps que l'on peut décrire en faisant usage de l'une ou l'autre des géométries « pensables », sans que les lois décrivant ces rapports puissent nous suggérer quoi que ce soit sur l'espace lui-même[13]. La notion de convention que Poincaré évoque à propos de la géométrie sert à décrire ce rapport de sous-détermination entre théories géométriques et expérience. Il s'agit d'une sous-détermination essentielle et non accidentelle. Elle est liée essentiellement au fait que la connaissance des propriétés géométriques des corps, et donc des parties de l'espace qu'ils occupent, dépasse les limites de notre expérience possible. Ce que nous pouvons connaître, ce n'est que les relations réciproques entre les corps, mais elles ne pourront être décrites qu'une fois choisi le cadre géométrique, choix qui ne peut d'aucune manière être déterminé ou infirmé par l'expérience. La sensation, l'intuition empirique, juge ultime de l'objectivité de notre connaissance, ne peut rien nous dire sur la forme de l'espace physique. Cette question n'a donc aucun sens.

Nous voyons là à l'œuvre l'un des principes épistémologiques par lesquels Poincaré reconstitue sa théorie de la connaissance : reformuler le phénoménisme kantien en déplaçant la question du problème de la synthèse des objets de la connaissance au problème de l'objectivité des relations qu'elle peut décrire. Ce que la science peut nous faire connaître, ce ne sont pas des objets, mais des rapports entre objets. En dehors de ces rapports, il n'y a pas de réalité connaissable.

1.2.2 La physique générale et la physique mathématique

Ce même principe est au cœur de la solution de Poincaré à la deuxième des difficultés soulevées par la doctrine kantienne, vers laquelle nous devons maintenant nous tourner. La deuxième raison de l'irrecevabilité de la doctrine kantienne, nous l'avons dit, a trait aux catégories physiques de l'entendement. L'histoire de la physique nous impose de distinguer physique générale et physique mathématique proprement dite[14].

---

12. Parmi les nombreux textes sur ces points, voir par exemple, aux chapitres VI et VII de *La Science et l'hypothèse*, la page 112 ou les pages 132-133, où la question de l'inexistence de l'espace physique est directement liée à l'impossibilité (on devrait dire l'impossibilité réelle, en termes kantiens) de l'espace absolu : « [...] l'espace absolu, c'est-à-dire le repère auquel il faudrait rapporter la terre pour savoir si réellement elle tourne, n'a aucune existence objective. » Poincaré, *La Science et l'hypothèse*, p. 133.)

13. Voir par exemple Poincaré, *La Science et l'hypothèse*, p. 101-104. Nos expériences ne portent pas sur les corps, ni sur les propriétés géométriques des corps, mais seulement sur les relations entre les corps.

14. J'entends par physique générale l'ensemble des principes qui constituent le cadre (conventionnel) dans lequel la physique mathématique opère. Dans *La Science et l'hypothèse*, Poincaré analyse ces principes dans la troisième partie, « La force », avant l'analyse de la

D'un côté, dans la physique générale, nous avons des entités telles que la masse et la force (dans le cadre de la mécanique rationnelle), ou l'énergie potentielle et l'énergie cinétique (dans le cadre du modèle énergétiste), qui ne peuvent pas à proprement parler être mesurées de manière indépendante les unes des autres. Bien évidemment, dans des systèmes astronomiques ou physiques relativement isolés, cette mesure est possible d'une manière assez précise. Hors de ces cas idéaux, toutefois, nous ne pouvons que décrire mathématiquement les relations entre ces entités. Toute tentative d'établir de manière indépendante, par exemple, quand une force est égale à une autre ou quand une masse est égale à une autre ne peut qu'échouer. Puisque, donc, les lois de la physique générale ne concernent plus des entités mesurables, bien qu'elles soient des généralisations des lois expérimentales, elles ne peuvent pas être infirmées par l'expérience. Elles ne sont donc que des conventions, que rien n'interdit de poser, car nous avons la certitude qu'aucune expérience ne pourrait les contredire, et que nous adoptons parce que certaines expériences nous ont montré qu'elles seraient commodes.

De l'autre côté, dans la physique mathématique, dans des domaines comme l'astronomie, la théorie de l'électricité, l'optique, la théorie de la lumière, nous avons des lois qui décrivent des phénomènes qui sont susceptibles de mesures indépendantes. Nous pouvons mesurer la distance entre deux corps célestes, nous pouvons mesurer l'intensité d'un courant électrique, ou la direction d'un rayon lumineux, nous pouvons mesurer la vitesse de la chute d'un corps. Nous pouvons donc examiner ces phénomènes physiques, pour ainsi dire de premier ordre, en les analysant par des notions telles que celles de distance angulaire, ou de charge électrique, ou d'angle de réfraction. Toutes ces notions sont susceptibles d'une mesure indépendante. Puisque ces entités peuvent être mesurées, les lois qui en décrivent les relations peuvent être vérifiées et donc confirmées par l'expérience.

La physique générale, conventionnelle et théorique, a son origine dans la physique mathématique des lois expérimentales, par un processus de généralisation sur ces lois physiques déterminées. La mécanique céleste a

---

Nature, domaine propre à la physique mathématique. Dans *La Valeur de la science*, la même distinction est évoquée dans les sections consacrées à la physique des forces centrales et à la physique des principes. Rappelons-nous la fameuse métaphore de Poincaré à propos de la physique mathématique : « Qu'on me permette de comparer la Science à une bibliothèque qui doit s'accroître sans cesse ; le bibliothécaire ne dispose pour ces achats que de crédits insuffisants ; il doit s'efforcer de ne pas les gaspiller. C'est la physique expérimentale qui est chargée des achats ; elle seule peut donc enrichir la bibliothèque. Quant à la physique mathématique, elle n'aura pour mission de dresser le catalogue. Si ce catalogue est bien fait, la bibliothèque n'en sera pas plus riche. Mais il pourra aider à se servir de ces richesses. » (*Ibid.*, p. 160.) La physique générale donne, pour filer la métaphore, les règles pour dresser le catalogue, elle donne les définitions, les invariances dont la physique mathématique doit tenir compte.

été le modèle de la physique générale des forces centrales. Son paradigme était simple : des corps dont les masses sont négligeables par rapport à leurs distances y décrivent des orbites suivant des lois régulières. Les astres, les atomes, les corps et toutes les particules dont les corps sont formés s'attirent ou se repoussent, et cette attraction ou cette répulsion, dirigée suivant la droite qui les joint, ne dépend que de la distance ; « la loi suivant laquelle cette force varie en fonction de la distance n'est peut-être pas la loi de Newton, mais c'est une loi analogue ; au lieu de l'exposant $^{-2}$ nous avons certainement un autre exposant. [...] Il ne reste plus qu'à chercher dans les différents cas quelle valeur il convient de donner à cet exposant afin de rendre compte de tous les faits[15] ». La thermodynamique a été le modèle de la physique des principes, où l'on renonce à pénétrer dans le détail la structure de l'univers, à en isoler les pièces, à analyser une à une les forces qui les composent, à faire l'hypothèse de la nature corpusculaire des corps sur lesquels ces forces agissent. On ne s'intéresse qu'aux principes qui justement nous dispensent de cette étude minutieuse tout en nous permettant de comprendre et de prévoir l'évolution d'un système.

Loin de fournir la description *a priori* des actes que le sujet doit accomplir pour penser la nature en général, la physique générale n'est que le résultat des choix opérés relativement au développement de la physique à un moment déterminé de son histoire. Il s'agit de choix provisoires qui mettent certaines lois à l'abri de l'expérience, mais qui ne peuvent pas en garantir la fécondité éternelle dans le domaine de la physique[16].

La physique mathématique des lois déterminées a besoin de la physique générale conventionnelle et théorique parce que cette dernière détermine le cadre à l'intérieur duquel de nouvelles hypothèses peuvent être formulées, confirmées ou infirmées par l'expérience. D'autres physiques théoriques ont succédé à la physique des principes. Ce qui demeure, malgré le changement des cadres théoriques, c'est justement les lois déterminées de la physique, des lois décrivant mathématiquement des relations, les seules entités que nous sommes susceptibles de connaître. La permanence des lois dans l'écroulement successif des physiques générales, des cadres, ne tient qu'à la nature structurale du langage mathématique dans lequel elles sont formulées. À la synthèse physique de l'objet de la connaissance en général, Poincaré substitue des cadres conventionnels capables toutefois de garantir la possibilité de la physique, en tant que

---

15. Poincaré, *La Valeur de la science*, p. 124.

16. À propos du principe de conservation de l'énergie, Poincaré observe : « Comment serons-nous avertis quand il aura atteint toute l'extension qu'on peut légitimement lui donner ? C'est tout simplement quand il cessera de nous être utile, c'est-à-dire de nous faire prévoir sans nous tromper des phénomènes nouveaux. Nous serons sûrs en pareil cas que le rapport affirmé n'est plus réel ; car sans cela il serait fécond ; l'expérience sans contredire directement une nouvelle extension du principe, l'aura cependant condamné. » Poincaré, *La Science et l'hypothèse*, p. 178.

science aux lois objectives et vraies en un sens absolu. C'est la synthèse mathématique, donc, qui porte le poids de l'entreprise. Le prix de cette manœuvre n'est pas tellement l'évidence ou la nécessité de lois physiques, mais l'abandon des objets, en faveur des relations. Les hypothèses ontologiques sur la nature des objets de la connaissance sont indifférentes pour la science. « Elles peuvent être utiles, soit comme artifices de calcul, soit pour soutenir notre entendement par des images concrètes, pour fixer les idées, comme on dit. Il n'y a donc pas lieu de les proscrire. » (*La Science et l'hypothèse*, p. 167.) Il n'y a pas lieu non plus d'espérer dans leur fécondité ou leur permanence. Une hypothèse ontologique n'est pas susceptible d'être exprimée dans le seul langage mathématique. D'où sa caducité et sa stérilité en dehors du domaine psychologique.

Si, donc, la lettre de la solution kantienne est irrecevable, l'esprit de la solution de Poincaré aux problèmes de l'objectivité de la connaissance est tout à fait kantien, même si elle est d'un kantisme libéralisé.

Toute connaissance débute avec la sensation. Les données de la sensation sont subjectives. Toutefois, l'entendement (l'esprit) crée des structures symboliques, qui peuvent être communiquées par le langage, des cadres que nous imposons à nos sensations et qui permettent de les organiser. Ces cadres sont conventionnels : rien dans l'expérience ne peut justifier leurs données. D'autres choix s'offrent à nous. De l'application de ces cadres aux données de la sensation résultent non pas des objets de connaissance, mais des relations qui, elles, constituent des connaissances objectives.

Bien sûr, il y a au moins deux difficultés dans ce schéma. La première fait écho à la difficulté kantienne du schématisme, mais elle est compliquée par la nature des cadres. Comment appliquer des cadres conçus comme des constructions symboliques, véhiculées par le langage, aux données de la sensation ? Comment s'assurer que cette application est possible, possible pour le sujet connaissant ? La deuxième difficulté est encore plus pressante : Comment s'assurer que le résultat de cette application donne réellement quelque chose d'objectif, ou au moins portant les caractères de l'intersubjectivité ? Comment fonder une telle affirmation ?

Ces possibilités sont garanties par les mathématiques. Celles-ci jouent, dans le système de Poincaré, le rôle transcendantal de conditions de possibilité de l'intersubjectivité et le rôle schématique de médiateurs entre sensations et cadres. Ce sont elles qui garantissent aux données de la sensation leur cohérence, condition même de leur organisation par les cadres conventionnels. Ce sont elles qui doivent fonder sur le sujet la connaissance ; elles-mêmes doivent donc, absolument, indubitablement, être fondées sur le sujet.

1.3 Du stimulus à la science : le rôle constitutif et schématique des mathématiques chez Poincaré

Pour comprendre comment les mathématiques sont capables de remplir leur rôle constitutif et schématique dans la philosophie de Poincaré, il faut regarder attentivement le schéma que Poincaré retrace dans *La Science et l'hypothèse* pour rendre compte de la possibilité de la connaissance, du stimulus à la science.

1.3.1 Des sensations à l'espace représentatif

Les sensations sont des ici-et-maintenant irrépétables et subjectifs. Une première ré-élaboration leur vient de la simple structure perceptive des sujets et de l'interaction entre cette structure perceptive et l'environnement. Nous sommes des êtres capables de sensations externes par la vue et le toucher, capables de sensations internes, capables de mouvement. Par la seule structure de notre perception, telle qu'elle s'est constituée par sélection et en interaction avec notre environnement, nos sensations, qui d'elles-mêmes sont dépourvues de toute dimension spatiale et temporelle, en reçoivent une, mais cette dimension spatiale et temporelle n'est que subjective.

Pour le temps, Poincaré le dit explicitement dans *La Valeur de la science* (chap. II de la première partie), chacun de nous dispose d'une perception subjective et irréductible d'un ordre d'antériorité ou postériorité entre nos sensations, et de la nature continue de cet ordre temporel. Mais un tel type de perception ne peut nous donner qu'un temps psychologique qualitatif, centré sur le sujet, fait de maintenant, d'après et d'avant. Aucune intuition directe de l'égalité entre deux intervalles de temps ne peut être tirée d'un tel temps subjectif. Donc aucune mesure intersubjective pour le temps.

Pour l'espace, *La Science et l'hypothèse* et *La Valeur de la science* se complètent. Chaque sujet, doté d'une structure perceptive identique à la nôtre et vivant dans un milieu identique au nôtre, construit les mêmes relations qualitatives structurant un espace représentatif des phénomènes. Les six dimensions (en haut, en bas, à gauche, à droite, avant, arrière) de cet espace représentatif (qui est une construction du sujet, non pas une forme de la sensibilité) sont directement liées au sujet et réductibles à trois si, aux déplacements, on ajoute la rotation.

Cette première organisation subjective des données de la sensation permet de comparer subjectivement une sensation à une autre, et par là de sortir les sensations elles-mêmes de leur hiccéité, de leur irrépétabilité. Bien sûr, aucune sensation ne pourra jamais être identique à une autre, mais nous pouvons déjà trouver, par comparaison dans cette structure subjective spatio-temporelle, des sensations analogues soit par leur intensité, soit par leur position par rapport à nous dans cet espace représentatif. Cette intuition de l'analogie, de la répétition possible d'une sensation, est une donnée irréductible de notre expérience, ou du moins Poincaré la traite comme telle. Son rôle essentiel est souligné à maintes reprises. Ce n'est pas une analogie passive qui fonde ce sentiment de la répétition possible des sensations, mais plutôt un acte de recherche des mêmes conditions qui ont produit la sensation. Un corps *A* se trouve en haut et à droite de mon champ visuel. Cette sensation peut être rétablie même si le corps se déplace, par un simple mouvement compensatoire de mes yeux, de ma tête, éventuellement de mon corps tout entier. Un fait isolé est peut-être essentiel pour l'histoire (« que Jean Sans Terre est passé par là voici un fait », dirait l'historien Carlyle[17]), mais il est inessentiel pour la connaissance pratique nécessaire à la survie de l'individu et, à l'autre bout de la chaîne, il est inessentiel pour la connaissance scientifique. Seuls les faits répétables comptent pour la connaissance. Donc seules les sensations répétables comptent pour la survie « et la répétition suppose le temps, c'est assez dire que le temps est antérieur logiquement à l'espace » (*La Valeur de la science*, p. 98).

1.3.2 Le cadre de la grandeur et la géométrie

Comparables subjectivement, les données de la sensation sont toutefois des données intensives, et, étant donné la structure à seuils de notre capacité perceptive, elles sont par elles-mêmes incohérentes. Soit *A* la sensation d'un poids de 10 grammes, soit *C* la sensation d'un poids de 12 grammes. Nous pouvons, en comparant ces sensations, affirmer qu'en ce qui concerne leurs intensités $A < C$, mais *B* étant la sensation provoquée par un poids de 11 grammes, nous pouvons être incapables de discerner *B* de *A* et de *C*, introduisant ainsi une contradiction insoutenable entre nos données de sensation.

Pour pouvoir utiliser ces données comparables, il faut d'abord leur imposer le cadre de la grandeur. Pour rendre leur cohérence à des données discrètes, il faut les interpréter dans le cadre du continu mathématique. Les sensations sont des grandeurs intensives et par là continues au sens mathématique du terme. Entre deux termes perçus, nous pouvons toujours en supposer un troisième, même si la faiblesse de nos appareils de perception peut ne pas nous permettre de les discerner.

Toutefois, ne risque-t-on pas de tout fausser en appliquant une telle structure à l'analyse de la sensation ? « Comparant les données brutes de nos sens et ce concept extrêmement complexe et subtil que les mathématiciens appellent grandeur nous sommes bien forcé de reconnaître une divergence[18]. » Comment être sûrs que ce cadre de la grandeur ne dénaturera pas les données de notre seul moyen d'accès au monde ? Poincaré répond que nous avons fait ce cadre de manière à ne pas dénaturer l'essentiel des données des sensations. Qu'est-ce que cet essentiel ? Rien d'autre

---

17. *Ibid.*, p. 158.
18. *Ibid.*, p. 25.

que la répétition possible, qui fonde la possibilité de l'analogie et, comme nous le verrons, le continuum mathématique. Ce sont les mathématiques, donc, qui transforment en grandeurs intensives, cohérentes, des sensations fournies d'une simple intensité.

Pour passer de cet espace subjectif à un espace objectif, pour que l'avant et l'arrière puissent être réduits à une seule dimension mesurée par la distance à partir d'un point de repère hors du sujet, il faudrait disposer d'une notion objective de distance, il faudrait donc pouvoir donner une méthode pour mesurer l'égalité entre deux distances. Une fois leur cohérence rendue aux principes de la sensation, pour les sortir de leur subjectivité il faut pouvoir établir des mesures dans l'espace et dans le temps qui permettent l'abolition du « je » dans l'établissement des relations spatiales ou temporelles. Rien dans la seule expérience ne pourra permettre de déterminer cette méthode. Rien dans l'expérience ne peut me dire si les segments de droites que je perçois sont des segments de droites d'une surface de Riemann ou d'une surface euclidienne. La géométrie est l'étude des groupes de transformation, et par là elle offre une multiplicité de métriques possibles. Or la question à nouveau se pose : Qui nous garantit qu'une de ces théories géométriques sera réellement applicable à nos données de sensation, une fois organisées dans le continuum mathématique ? Comment s'assurer que la donnée de ce cadre ne dénature pas la sensation en ce qu'elle a d'essentiel ? La première loi des groupes, c'est la loi d'homogénéité (l'application des opérations du groupe à ses éléments donne à nouveau un élément du groupe). Or, dit Poincaré, « [dans] le chapitre premier, où nous avons étudié la nature du raisonnement mathématique, nous avons vu l'importance qu'on doit attribuer à la possibilité de répéter indéfiniment une même opération. C'est de cette répétition que le raisonnement mathématique tire sa vertu. C'est donc grâce à la loi d'homogénéité qu'il a prise sur les faits géométriques[19] ». Ce qui garantit l'applicabilité du cadre géométrique à l'expérience, c'est donc ce qui fonde en même temps les mathématiques : l'intuition de la répétition possible.

Une fois ainsi structurées, ces données de la sensation deviennent des faits d'expérience, des faits répétables et non isolés, bases pour l'induction physique. Elle aussi prend sa source dans l'analogie entre tous les faits constatés jusqu'au présent et tous ceux que je pourrais voir par ailleurs. Elle est donc fondée à nouveau sur la répétition possible du fait, répétition probable, car elle ne se base pas que sur l'action, ce dont le sujet a le pouvoir, elle se base aussi sur le principe de l'unité et de la simplicité de la nature.

Grâce au principe d'induction empirique, nous nous retrouvons, selon Poincaré, face aux premières lois de la science, par exemple les lois de Kepler et de la chute des corps de Galilée, qui décrivent les relations entre

---

19. *Ibid.*, p. 88

espaces et temps parcourus par des corps. Ces lois expriment des rapports réels, dans le langage des mathématiques. La réalité de ces rapports est confirmée par l'expérience. Le futur ne pourra apporter qu'une plus grande précision de mesure des faits d'expérience impliqués dans ces lois, mais il ne pourra pas nier la réalité de ces relations. Dans le futur, nous pourrions être conduits à modifier l'interprétation ontologique de ces lois, mais cela ne pourra pas faire de lois vraies des lois fausses. Ce qui fonde donc l'intersubjectivité des relations, c'est le caractère antimétaphysique, structural du langage mathématique. Poincaré le dit aux pages 105 et 106 de *La Valeur de la science*, lorsqu'il discute de la notion d'analogie. « Qui nous a appris à connaître les analogies véritables, celles que les yeux ne voient pas et que la raison devine ? C'est l'esprit mathématique qui dédaigne la matière pour ne s'attacher qu'à la forme pure. C'est lui qui nous a enseigné à nommer du même nom des êtres qui ne diffèrent que par la matière [...] » Les mathématiques permettent la synthèse de l'homogène. Grâce au caractère structural de leur langage, l'expérience est capable de confirmer ces lois en les mettant à l'abri de tout changement de paradigme quant aux objets de notre connaissance.

1.3.3 La physique générale

Dans la reconstruction historique de *La Science et l'hypothèse*, le dernier cadre que nous imposons au monde est le cadre de la cause, par le biais de la notion de force et des lois du mouvement. Ce cadre que nous avons imposé au monde est lui aussi conventionnel, et il est exprimé par les trois lois de Newton qui sont obtenues par un processus de généralisation, qui prend les habits des mathématiques. On les obtient en cherchant les phénomènes plus élémentaires à partir des phénomènes observables. On les trouve en appliquant le procédé de dérivation. C'est par dérivation que nous passons de la considération des vitesses moyennes aux vitesses instantanées, de la considération des vitesses instantanées à leur dérivée, l'accélération. C'est la dérivée seconde de la vitesse qui nous permet de parler précisément de changement d'état d'un corps et par là de la cause de ce changement qu'on peut appeler la force. Nous obtenons ainsi par généralisation (par dérivation) les lois de Newton, dont la loi de Galilée ne devient qu'un cas particulier. À partir des lois de Newton de nouvelles lois sont dérivables par intégration, comme la loi de l'attraction universelle.

    La connaissance du fait élémentaire nous permet de mettre le problème en équation ; il ne reste plus qu'à en déduire par combinaison le fait complexe observable et vérifiable. C'est ce qu'on appelle l'intégration ; c'est l'affaire du mathématicien. [...] Les mathématiques nous apprennent en effet à combiner le semblable au semblable. Leur but est de deviner le résultat d'une combinaison sans avoir à faire cette combinaison pièce à pièce. Si l'on a à répéter plusieurs fois une même opération, elles nous permettent d'éviter cette répétition en faisant connaître d'avance le résultat par une sorte d'induction. Je l'ai expliqué plus haut dans le chapitre sur le raisonnement mathématique[20].

Voilà le double rôle des mathématiques : ce qui est essentiel dans l'expérience est la possibilité de répétition qui fonde l'analogie. Il y a respect de cette donnée essentielle dans le langage mathématique, car les mathématiques ne sont rien d'autre que des constructions symboliques rendues possibles par la récursion, la répétition indéfinie de certaines opérations (actes). Ce qui rend ces constructions symboliques utiles, c'est le fait que leurs propriétés, leurs relations peuvent être établies en faisant usage, encore une fois, de cette seule intuition de la répétition possible, intuition pure du nombre, intuition de l'infini potentiel, intuition de l'analogie qui, dans sa forme empirique, est à la base de l'induction physique.

Les mathématiques sont donc constitutives de l'expérience, car elles permettent de transformer les sensations en grandeurs intensives et extensives. Elles le sont aussi car les cadres conventionnels, qui fixent l'ontologie pour la physique mathématique, sont obtenus par généralisation, une généralisation essentiellement mathématique de lois d'expérience. Les mathématiques ont un rôle schématique, car ce sont elles, et ce qui les fonde, qui garantissent l'applicabilité des cadres conventionnels à l'expérience. Partageant la nature symbolique des cadres par leurs objets (les constructions symboliques), les mathématiques rendent ces cadres possibles pour nous, c'est-à-dire applicables de manière intersubjective à nos sensations, du moment qu'ils se laissent exprimer dans le langage des mathématiques. Étant fondées sur l'intuition de la répétition possible, elles respectent la structure de l'expérience subjective, structurent déjà là toute imposition de cadres organisateurs possibles.

Nous retrouvons ici, systématiquement exploitées, les idées kantiennes de la dimension à la fois intellectuelle et sensible des mathématiques et du lien intime, à travers la doctrine du schématisme, entre les mathématiques et ce qui structure l'expérience.

2. Intuition et construction : les objets mathématiques

Est-il vrai que les mathématiques ne sont rien d'autre que des constructions symboliques dont la seule condition de possibilité, à part la capacité de manipuler des symboles, n'est que l'intuition de la répétition possible, l'intuition de l'infini potentiel ? C'est du moins ce que Poincaré essaie de montrer dans *La Science et l'hypothèse*. Je voudrais, dans l'analyse des deux premiers chapitres de ce texte, prendre mes distances vis-à-vis d'une interprétation qui voudrait que, avant la discussion avec Russell, Peano et Zermelo sur les fondements, Poincaré ait été naïvement cantorien. Je dirais plutôt qu'il s'appuie naïvement sur le schéma de la solution kantienne, en l'adaptant

---

20. *Ibid.*, p. 171

comme il a coutume de le faire, aux nouvelles données de la science tout en sous-évaluant les difficultés logiques d'une telle adaptation. Poincaré, en 1894, l'année où il rédige le contenu des deux premiers chapitres, ne sait pas que la logique n'est plus réductible à la syllogistique d'Aristote. Il en sous-évalue donc les effets sur la notion de construction symbolique.

Nous procéderons ici comme dans la première section. Pour éclairer les rapports entre intuition et construction chez Poincaré, nous irons au préalable chercher dans Kant comment ces notions sont agencées. Après avoir, ensuite, illustré brièvement les raisons de l'irrecevabilité par Poincaré de la solution kantienne, nous nous pencherons donc sur l'analyse du texte des deux premiers chapitres de *La Science et l'hypothèse*.

2.1 Intuition et construction dans les mathématiques kantiennes

Ce n'est que dans les rapports entre arithmétique, algèbre et géométrie que nous pourrons comprendre le rôle de la notion de construction chez Kant. Je me limiterai à considérer ces questions par rapport essentiellement à trois textes :

1) La Théorie transcendantale de la méthode (première section), dans lequel on analyse la possibilité d'appliquer, en philosophie, la méthode si solide et féconde des mathématiques. La notion de science par construction des concepts, les méthodes de la construction ostensive (propre à la géométrie) et de la construction symbolique (propre à l'algèbre) y sont illustrées.

2) L'analytique transcendantale (troisième section, Axiomes de l'intuition) dans laquelle la différence entre géométrie et arithmétique est soulignée, quant à la question de la possibilité des axiomes.

3) Les lettres à Schultz et Reheberg concernant l'algèbre (ou arithmétique générale) par rapport à la question des nombres irrationnels et imaginaires.

On suivra essentiellement sur ces questions le point de vue de Vuillemin tel qu'il est exposé dans la première partie de *Physique et métaphysique kantiennes*.

Ce n'est que par des intuitions possibles qu'un objet est donné. Nous pouvons, avec les concepts de l'entendement, aller de ces concepts à l'intuition, pure ou empirique, qui y correspond. Cela permet d'analyser un concept *in concreto*, de manière à reconnaître, *a priori* ou *a posteriori*, les caractéristiques que l'objet, ou les objets qui tombent sous ce concept doivent posséder. Lorsque l'analyse peut se faire *a priori*, la connaissance se fait par construction de concepts. Tel est le cas des mathématiques. Dans ce cas, « nous pouvons déterminer *a priori* nos concepts dans l'intuition, puisque par une synthèse uniforme nous nous créons les objets mêmes dans l'espace et dans le temps, en les considérant simplement comme des *quanta*[21] ».

---

21. Kant, *Critique de la raison pure*, A723/B751.

Cela veut dire qu'on opère par construction de concepts, lorsqu'on utilise ces concepts comme des règles de construction des objets qui tombent sous eux. Un concept est considéré alors sous son aspect opérationnel, de règle de construction d'objets. Cela n'est possible *a priori* que si nous nous contentons de construire ces objets en tant que simples grandeurs, c'est-à-dire si nous faisons abstraction, dans la construction, de tous les aspects qui n'ont pas trait à la quantité.

Il y a toutefois différentes règles opérationnelles, différents concepts qui donnent lieu à trois types de constructions différentes et donc à trois domaines distincts des mathématiques.

Le premier de ces domaines est l'*arithmétique pure*, dans laquelle nous construisons les nombres. Dans celle-ci, objets et opérations coïncident. Nous y considérons la quantité dans son aspect le plus pur : l'aspect cardinal, comme simple moyen de répondre à la question : À quel point une chose est-elle grande ? Nous construisons les objets qui tombent sous ce concept de quantité, les nombres, par pure synthèse de l'homogène, c'est-à-dire en considérant que les unités composant les nombres sont homogènes entre elles, et donc peuvent être additionnées les unes aux autres, successivement. L'addition des unités est donc la règle de construction liée au concept de quantité. L'addition successive présuppose le temps. C'est à cause de l'addition que la condition de possibilité des objets de l'arithmétique, les nombres, est l'intuition pure du temps. Puisque, ici, on ne fait attention qu'à la simple synthèse de l'homogène et que cette synthèse ne peut se produire que d'une seule façon (l'addition des unités), nous avons ici identité entre opération et objets. Les nombres sont donc des objets particuliers et les jugements propres à l'arithmétique, concernant les opérations concrètes sur les nombres, ne sont que des formules numériques, évidentes, indémontrables mais particulières elles aussi. L'arithmétique pure n'a pas d'axiomes, car ses jugements portent sur des objets qui sont complètement déterminés par les opérations qui les génèrent. Je ne peux construire le concept de l'addition de 7 et 5 sans construire par là l'objet concret, déterminé, singulier, 12.

> Mais quoiqu'elle soit synthétique, cette proposition [7 + 5 = 12] n'est pourtant que singulière. En tant que l'on n'envisage ici que la synthèse de l'homogène (des unités), la synthèse ne peut se produire que d'une seule manière, bien que l'*usage* de ces nombres soit ensuite général. Quand je dis : un triangle se trace avec trois lignes, dont deux prises ensemble sont plus grandes que la troisième, je n'ai ici que la pure fonction de l'imagination productive, qui peut tirer des lignes plus ou moins grandes et en même temps les faire rencontrer suivant toutes espèces d'angles qu'il lui plaît de choisir. Au contraire le nombre 7 n'est possible que d'une seule manière, et il en est de même pour le nombre 12 produit par la synthèse du premier avec 5. À de telles propositions, il ne faut donc pas donner le nom d'axiomes (car autrement il y en aurait à l'infini), mais celui de formules numériques[22].

---

22. *Ibid.*, B205 et s.

La *géométrie,* donc, constitue le deuxième domaine de construction de concepts. Elle opère par agrégation de grandeurs. Sa synthèse est générale, car les images, les monogrammes, que nous construisons dans l'intuition pure de l'espace ne sont pas déterminés complètement par les concepts qui leur correspondent. C'est cela qui nous permet d'avoir de véritables axiomes pour la géométrie. La construction ostensive de la géométrie porte sur les êtres mathématiques eux-mêmes synthétisés dans l'intuition de l'espace, les figures. Il n'y a pas d'identité entre ces figures et les concepts qui les génèrent[23], et pourtant, la réflexion sur ces objets peut se faire de manière totalement générale et *a priori.*

Le troisième des domaines de la construction mathématique est l'*algèbre* ou, comme l'exprime Kant dans la lettre à Schultz du 25 novembre 1788, l'arithmétique générale. L'algèbre est le royaume des constructions symboliques, la théorie des proportions euclidienne, le calcul mathématique sur les grandeurs en général, rationnelles ou irrationnelles[24]. En algèbre, il n'y a plus l'identité entre objets et opérations, telle qu'elle existe en arithmétique, car c'est justement l'opération qui y est thématisée, abstraction faite des valeurs déterminées des grandeurs soumises à opération.

> Mais la mathématique ne construit pas simplement des grandeurs (*quanta*) comme dans la géométrie ; elle construit aussi la pure grandeur (*quantitas*) comme dans l'algèbre, où elle *fait complètement abstraction de la nature de l'objet qui doit être pensé d'après un tel concept de grandeur.* Elle choisit alors une certaine *notation de toutes les constructions de grandeur en général* (des nombres), comme celles de l'addition, de la soustraction, de l'extraction de racine, etc. ; et, après avoir également désigné le concept général des grandeurs d'après les différents rapports de ces grandeurs, *elle présente dans l'intuition selon certaines règles générales, toute opération par laquelle la quantité est engendrée ou modifiée.* [...] elle parvient ainsi, *au moyen d'une construction symbolique,* tout aussi bien que la géométrie suivant une construction ostensive (des objets mêmes), là où la connaissance discursive ne pourrait jamais atteindre au moyen de simples concepts[25].

Donc c'est parce que l'algèbre fait complètement abstraction de l'objet qui doit être pensé selon cette grandeur, qu'elle opère par des constructions symboliques selon des règles. La construction symbolique ne nous donne pas des objets, mais des schémas de construction d'objets. En algèbre

---

23. Nous pouvons choisir, a dit Kant, des lignes plus ou moins longues et des angles plus ou moins grands.

24. « Pour des raisons qui sont liées à sa théorie de la mécanique et conformément à l'orientation d'une partie de l'école newtonienne, Kant fait du calcul différentiel et intégral une branche de la physique. Il ne reste donc à l'algèbre proprement dite, c'est-à-dire à la théorie des proportions en tant qu'elles ne changent pas ou du moins qu'on ne les étudie pas dans leurs changements, qu'à exposer les règles par lesquelles on ramène un système linéaire à une équation du type $ax = b$. » Vuillemin, *Physique et métaphysique kantiennes,* p. 49.

25. Kant, *Critique de la raison pure,* B745.

c'est l'agencement des opérations, non pas les objets, qui est présenté dans l'intuition à travers la construction symbolique. Le concept de grandeur n'est donc pas réalisé par ces signes, mais seulement symbolisé. Cela veut dire que nous ne sommes pas en mesure, à partir de ces constructions, de déterminer la grandeur spécifique qui peut être substituée au symbole. Nous ne sommes même pas assurés qu'une telle grandeur soit possible avant d'avoir effectivement opéré la construction sur une grandeur déterminée. Prenons le cas de l'expression $1 : x = x : a$. L'opération algébrique de l'extraction de racine nous permet de penser la grandeur a, en tant que ce qui résulte de l'extraction de la racine carrée de x. Mais elle ne nous donne que le concept d'une telle grandeur.

En effet, comme Kant le dit dans la lettre à August Rehberg du 25 septembre 1790, si la construction symbolique est telle que sa *ratio*, son rapport à l'unité est déterminé, alors on a un *vollständing Zahlbegriff*, un concept de nombre complet, auquel on peut faire correspondre quelque chose dans l'intuition grâce à l'intuition pure du temps. Par contre, si « le rapport de la *quantitas* à l'unité n'est pas déterminé », la série infinie d'approximations de $\sqrt{2}$ « n'est pas elle-même un nombre, mais seulement la règle pour l'approximation à un nombre » (AK11.210.13-14). Ainsi nous sommes incapables de présenter adéquatement le concept d'une telle quantité dans l'intuition du temps et « un tel quantum ne peut être donné *a priori* » comme nombre. La possibilité d'une telle grandeur ne peut être donnée *a priori* que par l'intuition géométrique qui nous enseigne qu'une telle grandeur peut être représentée comme la longueur de la diagonale d'un carré de côté de longueur égale à l'unité (AK.11.210 16-23).

De plus la même équation avec a négatif $1 : x = x : -a$, ne représente aucune grandeur du tout. Les nombres imaginaires n'existent pas selon Kant, et la construction symbolique $\sqrt{a}$ est l'expression d'une grandeur impossible, car il est impossible que « l'unité, grandeur *positive*, [ait] avec une autre grandeur x le même rapport que cette grandeur x a avec une grandeur négative » (lettre à Rehberg).

Malgré cette incapacité à déterminer ses propres objets par elle-même, l'algèbre est synthétique *a priori*[26]. Elle est même si étendue et si féconde que « les autres parties de la pure *mathesis* attendent leur croissance surtout de l'extension de cette doctrine générale des grandeurs ». La nature synthétique des jugements de l'algèbre tient en effet aux constructions symboliques par lesquelles elle opère. Les symboles n'y ont pas qu'un rôle conventionnel, ils prennent leur sens à partir des opérations qu'ils permettent. La construction des objets y est donc rendue sensible par le biais des symboles. Il demeure toutefois nécessaire de contrôler sa possibilité (logique et réelle) pour donner à ces constructions symboliques leurs significations.

---

26. Lettre à Schultz, § 3.

En somme, la construction arithmétique des nombres est particulière et évidente, car elle présuppose l'identité entre objet et opération. La construction des figures géométriques, par ostension, est générale et évidente, car elle pose des objets et permet de réfléchir directement sur eux. La construction symbolique de l'algèbre n'opère pas à proprement parler avec des objets. Elle est le royaume des opérations offertes à la sensibilité par des symboles. Elle est générale, mais l'existence d'un objet pouvant instancier le symbole doit faire l'objet d'une construction arithmétique ou géométrique ultérieure.

2.2 Intuition et construction symbolique chez Poincaré

De nouveau, la lettre de la solution kantienne à la question de la nature des objets mathématiques est irrecevable par Poincaré, cela pour au moins deux raisons. Il ne peut pas nier pour l'arithmétique l'existence d'axiomes. Il ne peut pas accepter une conception aussi restreinte de l'algèbre.

En ce qui concerne le premier point, puisque Poincaré, à la différence de Kant, connaît la puissance et la souplesse des définitions récursives, implicites d'un concept, il ne se prive pas de donner, à partir de l'unité et de la fonction successeur laissées comme indéfinies, des axiomes pour l'arithmétique. Chaque nombre naturel est alors une construction symbolique, finie, dont les propriétés peuvent être vérifiées analytiquement. On n'a pas besoin, à la différence de Kant, d'avoir recours à l'intuition pour cela, mais à la simple capacité de manipuler des symboles, capacité implicite pour quiconque parle un langage. C'est à cause de cela que, malgré le ton ouvertement kantien des interrogations du début du chapitre premier de *La Science et l'hypothèse*, la position de Leibniz est évoquée immédiatement à propos des «formules numériques»: 7 + 5 = 12 n'est pas un jugement synthétique *a priori*. Il s'agit d'un jugement analytique, démontrable à partir d'axiomes généraux.

En ce qui concerne le deuxième point, il faut certainement, du point de vue de Poincaré, libéraliser l'algèbre. À cause d'un préjugé, Kant veut «contrôler» la signification des constructions algébriques par des constructions d'objets dans l'intuition. Chez lui, l'opération est encore subordonnée à l'objet, elle doit toujours lui demander ses crédits. Il faut donc, pour Poincaré, libérer l'opération et ne faire de l'objet qu'un produit dérivé. De plus, Poincaré ne peut pas évidemment reprendre la solution de Kant pour les nombres réels. Si l'on affirme la nature conventionnelle des êtres géométriques, si l'on affirme que c'est grâce aux mathématiques que les géométries s'appliquent à l'expérience, on ne peut pas alors invoquer l'intuition géométrique pour les objets des mathématiques.

Toutefois, si l'on donne aux constructions symboliques un tel pouvoir, si l'on reconnaît le caractère analytique de l'opération d'agencement de symboles, comment peut-on encore affirmer le caractère synthétique des mathématiques? La solution de Poincaré est simple: il renverse le raisonnement kantien. Kant pensait que les raisonnements mathématiques étaient analytiques, tandis que les représentations auxquelles ils s'appliquaient, nombres, figures, constructions symboliques, demandaient de l'intuition et étaient donc irréductibles au langage. Poincaré reconnaît aux objets et aux constructions leur nature analytique et linguistique, pour insister sur la nature synthétique des raisonnements mathématiques.

Les propriétés de la suite infinie, illimitée des nombres, ainsi que les propriétés des opérations que l'on peut définir sur les nombres, ne peuvent être démontrées qu'en faisant usage de l'intuition de la répétition possible telle qu'elle se manifeste par exemple dans le principe d'induction mathématique. Ce qui fonde l'arithmétique dans le sujet, ce qui lui confère son caractère synthétique, n'est que l'exemple le plus clair et le plus simple du raisonnement mathématique par excellence. Dans l'article « Les mathématiques et la logique » de 1905, en se défendant d'une interprétation trop restrictive de sa pensée, Poincaré affirme :

> Je ne voulais pas dire, comme on l'a cru, que tous les raisonnements mathématiques peuvent se réduire à une application de ce principe. En examinant ces raisonnements d'un peu près, on y verrait appliqués beaucoup d'autres principes analogues, présentant les mêmes caractères essentiels. Dans cette catégorie de principes, celui de l'induction complète est seulement le plus simple de tous et c'est pour cela que je l'ai choisi pour type[27].

Pour comprendre à quels principes Poincaré fait ici allusion, il faut se rappeler de ce qu'on a dit plus haut du calcul, des processus d'intégration et de dérivation. La défense de Poincaré est correcte. Si l'on lit attentivement *La Science et l'hypothèse*, on trouve un ensemble systématique de renvois au chapitre premier et à l'intuition de la répétition possible, qui y est présentée. D'ailleurs, déjà le chapitre II de ce même livre, consacré à la « création » du continu mathématique, illustre et anticipe toute la pensée de Poincaré sur les rapports entre intuition et construction.

L'ensemble du chapitre évoque, bien qu'implicitement, la division kantienne entre possibilité logique, possibilité pour nous et existence concrète.

La possibilité logique des réels est garantie par une construction linguistique, celle des coupures de Dedekind, qui conçoit le réel comme la frontière commune entre deux classes de rationnels telles que l'on ne puisse trouver ni dans la première classe un nombre plus petit que tous les autres, ni dans la seconde un nombre plus grand que tous les autres. $\div 2$ est le symbole d'une construction (c'est l'expression utilisée par Poincaré et attribuée à tort à Dedekind) d'une répartition de tous les nombres rationnels en deux classes : ceux dont le carré est plus grand que 2 (première classe), ceux dont le carré est plus petit que 2 (deuxième classe). La possibilité de

---

27. Poincaré, « Les mathématiques et la logique », novembre 1905, p. 818.

cette construction en tant que construction symbolique n'est que sa non-contradiction.

Toutefois, à cette possibilité logique, Poincaré associe une possibilité réelle, fondée sur la répétition de l'action d'intercaler, et donc sur l'intuition de l'avant et de l'après. La première intuition est évoquée ouvertement par Poincaré, pour le passage des entiers aux rationnels, mais encore à nouveau pour celui des rationnels aux réels :

> Partons de l'échelle des nombres entiers, entre deux échelons consécutifs, intercalons un ou plusieurs échelons intermédiaires, puis entre ces échelons à nouveaux d'autres et encore ainsi de suite indéfiniment. Nous aurons ainsi un nombre illimité de termes, ce seront les nombres que l'on appelle fractionnaires rationnels ou commensurables. Mais ce n'est pas assez encore ; entre ces termes qui sont pourtant déjà en nombre infini, il faut encore en intercaler d'autres que l'on appelle irrationnels ou incommensurables[28].

Un peu plus loin, il ajoute à propos de leur possibilité réelle :

> On dira peut-être aussi que les mathématiciens qui se contentent de cette définition sont dupes de mots, qu'il faudrait dire d'une façon précise ce que sont chacun de ces échelons intermédiaires, expliquer comment il faut les intercaler et démontrer qu'il est possible de le faire. Mais ce serait à tort ; la seule propriété de ces échelons qui intervienne dans leurs raisonnements, c'est celle de se trouver avant ou après tels autres échelons ; elle doit donc seule aussi intervenir dans la définition[29].

Ce texte précède immédiatement celui où Poincaré déclare que l'existence en géométrie n'est que la non-contradiction. Mais sans lier cette affirmation à celle qu'on vient de citer, on ne comprendrait pas comment il est possible que jamais Poincaré ne se préoccupe de garantir la non-contradiction des raisonnements sur ces échelons. En effet, en donnant priorité logique à la définition de Dedekind, ou bien il faut admettre qu'il y a là une intuition d'objet infini qui garantit la construction, ou bien il faut pouvoir démontrer que l'objet défini par Dedekind en tant que simple construction symbolique est cohérent. Mais puisque cet objet est défini par les coupures qui sont des ensembles infinis en acte de rationnels, il faudrait d'abord montrer la cohérence de ces derniers, (des ensembles infinis en acte), ce qui est impossible. S'il n'y a pas besoin d'une telle démonstration, c'est parce que l'intuition de la répétition fonde[30] les réels et en assure le statut :

---

28. Poincaré, *La Science et l'hypothèse*, p. 47.

29. *Ibid.*, p. 48.

30. Il ne faut pas oublier à ce propos ce que Poincaré dit en 1905-1906, en s'exprimant à propos de la différence entre axiomes et définitions. Ou bien des axiomes sont évidents en soi, c'est-à-dire qu'ils ont un contenu intuitif qui leur vient du fait d'être conformes aux conditions de l'expérience. Dans ce cas-là, ils sont des axiomes indémontrables, et on ne peut pas les considérer comme des définitions déguisées : ils sont des jugements synthétiques. Ou

De même, dès que nous avons été amené à intercaler des moyens entre deux termes consécutifs d'une série, nous sentons que cette opération peut être poursuivie au-delà de toute limite et qu'il n'y a pour ainsi dire aucune raison intrinsèque de s'arrêter[31].

La possibilité logique des réels est donnée par une partition exprimée par un symbole. Leur possibilité pour nous, leur conformité à la structure de l'expérience possible, est garantie par le fait que lorsqu'on raisonne sur ces objets la seule propriété qui intervienne est liée à la place que ces objets occupent dans une suite, et cette dernière notion est à son tour garantie par l'intuition de la répétition possible. Toutefois, à la possibilité pour nous il faut encore associer l'existence objective de ces constructions, car la science des mathématiques « n'a pas pour objet de contempler éternellement son nombril ; elle touche à la nature[32] », et c'est par là que ces objets acquièrent existence objective :

> Mais se contenter de cela [la définition de Dedekind], ce serait trop oublier l'origine de ces symboles, il reste à expliquer comment on a été conduit à leur attribuer une sorte d'existence concrète. [...] Aurions-nous la notion de ces nombres si nous ne connaissions d'avance une matière que nous concevons comme divisible à l'infini, c'est-à-dire comme un continu[33] ?

Aurions-nous envisagé la construction symbolique des rationnels sans les paradoxes de la perception ? Aurions-nous envisagé la construction symbolique des irrationnels, aurions-nous envisagé de continuer à intercaler des nouveaux échelons, si nous ne nous étions pas trouvés face aux paradoxes de l'intuition géométrique[34] ? La réponse est évidemment non.

La construction symbolique est donc le produit de la faculté créatrice de l'esprit. Le continu mathématique n'est qu'un système particulier de symboles. Mais, Poincaré l'a dit au chapitre premier de *La Science et l'hypothèse*, le procédé par construction est un procédé analytique, qui

---

bien ils ne sont pas évidents, et donc ils demandent à être justifiés par des démonstrations de non-contradiction. Si l'on possède de telles démonstrations, les axiomes jouent alors le rôle de définitions déguisées. Ils sont analytiques. (Poincaré, « Les mathématiques et la logique », novembre 1905, p. 819-820, et janvier 1906, p. 31 et s.)

31. Poincaré, *La Science et l'hypothèse*, p. 53.

32. Poincaré, « Les mathématiques et la logique », mai 1906, p. 301.

33. Poincaré, *La Science et l'hypothèse*, p. 51, Dans « Les mathématiques et la logique », janvier 1906, p. 50, Poincaré parle d'existence objective opposée à la simple existence par non-contradiction.

34. « [...] on dit que deux lignes qui se traversent ont un point en commun et cette vérité paraît intuitive. Mais elle impliquerait contradiction si l'on concevait les lignes comme des continus de premier ordre c'est-à-dire si sur les lignes tracées par le géomètre ne devaient se trouver que des points ayant pour coordonnées des nombres rationnels. La contradiction serait manifeste dès qu'on affirmerait l'existence des droites et des cercles. » (Poincaré, *La Science et l'hypothèse*, p. 54.)

nous fait rester au même niveau d'analyse, sans nous permettre de nous élever du particulier au général. La construction est une condition nécessaire mais pas suffisante des progrès des mathématiques. Ce qui rend ces constructions utiles, c'est le fait que les raisonnements les concernant peuvent s'appuyer sur l'intuition de la répétition possible.

3. Conclusion

Le but de ce travail était de montrer comment la pensée de Poincaré pouvait s'éclairer par les textes kantiens. Nous avons cherché à montrer la profonde analogie entre la notion de cadre conventionnel de la physique chez Poincaré et les caractéristiques de la synthèse dynamique (physique) chez Kant. Nous avons cherché dans la synthèse mathématique de l'homogène chez Kant les origines de l'intuition de la répétition possible chez Poincaré et de son rôle constitutif et schématique dans la connaissance. Nous avons enfin montré comment la notion de construction symbolique kantienne était renouvelée par Poincaré, par son analyse des pouvoirs créateurs de l'esprit. On a utilisé pour Poincaré maintes étiquettes : conventionnaliste, pragmatiste, occasionnaliste, constructiviste. Si notre analyse est correcte, on devrait plutôt reconnaître que ce qui guide la pensée de Poincaré, c'est l'intuitionnisme kantien. Une fois libéralisé, il offre encore à Poincaré les moyens d'expliquer la science moderne, en la fondant sur le sujet.

Au-delà de la verve polémique avec laquelle il défendra sa position après *La Science et l'hypothèse*, la philosophie des mathématiques de Poincaré repose sur trois idées simples implicites encore en 1904, mais tout à fait cohérentes avec les affirmations qui y sont avancées. On peut les résumer ainsi :

a) Une construction symbolique est sans danger si elle part du point de vue de l'extension, sans se laisser piéger par les facilités du point de vue de la compréhension.

b) Si elle respecte le point de vue de l'extension, elle est prédicative : la définition de ses éléments ne présupposera jamais la définition de la totalité dont ils sont éléments.

c) Si on s'en tient aux définitions prédicatives, on accepte implicitement le principe qu'il n'y a pas d'infini actuel.

La réponse de Poincaré à ceux qui, comme Russell, critiquent sa conception de l'induction mathématique est basée essentiellement sur le rejet de l'infini en acte. Poincaré affirme que toute démonstration du principe mathématique d'induction ou bien présuppose ce même principe dans la démonstration, ou bien présuppose ouvertement ou subrepticement (à travers la donnée de définitions non prédicatives) la possibilité d'une intuition directe d'objets infinis. Or une telle intuition directe est impossible : les paradoxes le démontrent. Donc, ceux qui, comme Zermelo, prétendent substituer à cette intuition directe défaillante une intuition indirecte, à travers la donnée d'axiomes, ne font qu'exploiter dans ceux-ci notre intuition d'objets finis pour parler d'objets infinis. Cette stratégie n'est pas acceptable à moins de fournir une démonstration de cohérence (ce qui n'est pas possible). La conception des mathématiques, de leurs objets, de leurs méthodes et des limites auxquelles la pratique mathématique doit se conformer semble donc profondément cohérente chez Poincaré.

Toutefois, la mise en œuvre de ces idées simples n'est pas une tâche aisée et leurs conséquences quant à la question des mathématiques acceptables à partir de ces restrictions de principe sont loin d'être anodines. Les différentes versions que Poincaré proposera dans la tentative de définir rigoureusement la notion de prédicativité[35], ainsi que les conséquences du rejet de l'axiome du choix en témoignent. On ne niera pas pourtant que les difficultés sur lesquelles l'intuitionnisme de Poincaré achoppe ont constitué le point de départ de la réflexion de l'intuitionnisme constructiviste moderne. Ce type d'intuitionnisme ne rejette pas la nécessité de règles ou d'axiomes qui nous guident dans des constructions linguistiques d'objets, objets pouvant représenter, le cas échéant, des infinités actuelles. Il nous faut parler d'objets infinis pour faire les mathématiques modernes, mais pour justifier les règles permettant de les définir il doit nous suffire d'une intuition d'opérations, d'actes, et non pas d'objets. C'est un changement dans la sémantique, dans l'interprétation de ces constructions symboliques qui nous garantit cela. Je ne donnerai qu'un exemple : Martin-Löf a développé une théorie intuitionniste des types ramifiés (donc prédicative) sans axiome de réductibilité[36]. Les difficultés de la théorie russellienne sont éliminées, car on « admet une opération qui permet de créer le produit cartésien de toute famille donnée d'ensembles y compris l'ensemble de toutes les fonctions d'un ensemble donné dans un autre[37] ». On a ainsi des règles pour la formation du produit cartésien d'ensembles, et de familles d'ensembles[38]. Des règles pour la formation de l'union d'une famille quelconque d'ensembles[39]. Avec ces règles l'axiome de choix devient démontrable[40], et les difficultés de Poincaré sont levées. Le prix à payer pour une telle reconstruction des mathématiques ce sont les lois de la logique. N'ayant jamais envisagé une telle mutilation, l'intuitionnisme de Poincaré resta inaccompli.

---

35. Une analyse de ces différentes versions peut être trouvée dans le livre de G. Heinzman, *Entre intuition et analyse.*

36. Pour une analyse plus détaillée de cette question, voir Éric Audureau et Gabriella Crocco, « Intuitionnisme et constructivisme chez Brouwer ».

37. Martin -Löf, *Intuitionistic TypeTtheory,* p. 2.

38. *Ibid.,* p. 26-27.

39. *Ibid.,* p. 39-41.

40. *Ibid.,* p. 50.

Bibliographie

Audureau, Éric et G. Crocco, « Intuitionnisme et constructivisme chez Brouwer », dans Boniface J., dir., *Formes et calcul*, Paris, Hermes, à paraître.

Brittan, G., *Kant's Philosophy of science*, Princeton, New Jersey, Princeton University Press, 1978.

Heinzman, G., *Entre Intuition et analyse, Poincaré et le concept de prédicativité*, Paris, Albert Blanchard, 1985.

Kant, I. (s.d.), *Principes métaphysiques de la science de la nature*, trad. franç. sous la dir. de F. Alquié, Paris, Gallimard, coll. « La Pléiade », 1980.

—, (1781, 1787), *Critique de la raison pure*, trad. franç. sous la dir. de F. Alquié, Paris, Gallimard, coll. « La Pléiade », 1980.

Martin-Löf, P., *Intuitionistic Type Theory*, Naples, Bibliopolis, 1984.

Poincaré, J.H. (s.d.), *La Valeur de la science*, Paris, Flammarion, 1970.

— (s.d.) *Science et méthode*, Paris, Flammarion, 1970.

— « Les mathématiques et la logique », *Revue de métaphysique et de morale*, novembre 1905, vol. 13, p. 815-835.

— « Les mathématiques et la logique », *Revue de métaphysique et de morale*, janvier 1906, vol. 14, p. 17-34.

— « Les mathématiques et la logique », *Revue de métaphysique et de morale*, mai 1906, vol. 14, p. 294-317.

— (année), *La Science et l'hypothèse*, Paris, Flammarion, 1968.

Vuillemin, J. *Physique et métaphysique kantiennes*, Paris, Presses Universitaires de France, 2ᵉ édition, 1987.

Identité et égalité
Le criticisme de Poincaré[1]

IGOR LY
LPHS — Archives Poincaré (Université Nancy 2)
Université d'Angers
lyigor@club-internet.fr

RÉSUMÉ. — Ce travail a pour objet d'examiner comment sont articulés deux thèmes centraux de l'œuvre philosophique de Poincaré : la question de la nature mathématique de la physique et la critique des questionnements « métaphysiques » relatifs aux théories scientifiques. En s'appuyant sur la dimension linguistique du traitement de ces thèmes par Poincaré et en analysant certains aspects de ses réflexions sur le continu et la mesure des grandeurs physiques, notre examen sera poursuivi en suivant le fil conducteur de la distinction entre les notions d'identité numérique et d'égalité, dont nous tâcherons de montrer qu'elle sous-tend tout à la fois la caractérisation par Poincaré de la métaphysique et ses considérations sur la géométrie et le continu.

ABSTRACT.— The purpose of this study is to examine the link between two main topics of Poincaré's philosophical work : the question of the mathematical nature of physics and the criticism of "metaphysical" questions about physical theories. By focusing on the linguistic dimension of Poincaré's treatment of these subjects and by analysing some aspects of his reflections about continuum and physical measurement, our inquiry will be pursued following the vital lead of the distinction between numerical identity and equality, which appears to underlie both Poincaré's characterisation of metaphysics and his reflections about geometry and the continuum.

> La philosophie est écrite dans cet immense livre qui se tient toujours devant nos yeux, je veux dire l'Univers, mais on ne peut le comprendre si on ne s'applique d'abord à en comprendre la langue et à connaître les caractères avec lesquels il est écrit. Il est écrit dans la langue mathématique et ses caractères sont des triangles, des cercles et autres figures géométriques, sans le moyen desquels il est humainement impossible d'en comprendre un mot.
>
> Galilée, *Il Saggiatore*, p. 141.

> [La science mathématique] n'a pas uniquement pour objet de contempler éternellement son propre nombril ; elle touche à la nature et un jour ou l'autre elle prendra contact avec elle ; ce jour-là, il faudra secouer les définitions purement verbales et ne plus se payer de mots.
>
> Poincaré, *Science et méthode*, p. 158

---

1. Cet article est une version remaniée et développée d'un exposé donné le 18 décembre 2002 à l'Institut Henri Poincaré (Paris) dans le cadre de la journée « Il y a 100 ans : *La Science et l'hypothèse* », organisée par les Archives Poincaré sous le patronage de la Société mathématique de France.

L'usage important que fait Poincaré de notions introduites par Kant (« jugements synthétiques *a priori* », « catégories », etc.) rend manifeste l'influence de la philosophie critique sur la sienne. Entre autres et malgré les différences importantes qui séparent leurs traitements dans les deux œuvres, un thème et une question — ainsi que l'articulation étroite de leurs instructions respectives — leur sont communs. Le thème est celui de la recherche d'une ligne de démarcation entre la science et la métaphysique ; la question est celle de la nature mathématique de la physique moderne[2]. C'est en référence à cette communauté thématique et problématique que nous parlerons ici d'un « criticisme » de Poincaré.

Sans poursuivre davantage la comparaison entre les philosophies de Kant et de Poincaré, qui appellerait des analyses et des développements dépassant largement le cadre de cette étude, prenons néanmoins pour point de départ de ce travail un texte tiré de la *Critique de la raison pure*, qui introduit à la première partie du titre choisi ici et qui rejoint l'idée que nous allons développer :

> Quand un objet se présente à nous plusieurs fois, mais chaque fois avec les mêmes déterminations intérieures (*qualitas et quantitas*), il est, si on le considère comme un objet de l'entendement pur, le même, toujours le même, non pas plusieurs, mais une seule chose (*numerica identitas*) ; si au contraire il est phénomène, il ne s'agit plus de comparer des concepts, mais quelque identique que tout puisse être à ce point de vue, la diversité des lieux qu'occupe ce phénomène dans un même temps est un principe suffisant de la *diversité numérique* de l'objet (des sens)[3].

Le but de la présente étude est de montrer que l'idée exprimée ici — selon laquelle les phénomènes physiques ne sauraient être compris en termes d'identité, contrairement à la façon dont sont pensés les objets dans l'usage pur de l'entendement (tel qu'il se manifeste dans la métaphysique dogmatique) — est présente, *mutatis mutandis*, dans la philosophie de Poincaré et constitue un des éléments centraux des considérations qu'il déploie au sujet du thème et de la question évoqués plus haut. Nous verrons que l'impossibilité d'appliquer le principe d'identité aux phénomènes physiques ne peut être formulée, chez Poincaré, comme reposant sur la diversité des lieux et des temps. La considération de l'espace n'en est pas moins indispensable, mais sous une forme différente : celle de l'implication fondamentale de la géométrie dans l'opération de mesure. Précisons que la présente étude se concentre sur un seul aspect de cette implication : la question de la continuité mathématique.

---

2. Notons que cette double thématique est commune à de nombreux savants philosophes du XIXᵉ siècle, ce qui peut s'expliquer par les développements de la physique mathématique au cours de ce siècle. La radicalité du traitement que lui applique Poincaré et son tour linguistique en font, à notre sens, l'intérêt et l'originalité.

3. Kant, *Critique de la raison pure*, « De l'amphibologie des concepts de la réflexion, résultant de la confusion de l'usage empirique de l'entendement avec son usage transcendantal », Ak III, 216, 217.

Outre l'inspiration thématique et problématique kantienne, les considérations philosophiques de Poincaré ici examinées peuvent être rapprochées à certains égards de celles des *Remarques sur les fondements des mathématiques* de Wittgenstein, notamment sur l'idée — centrale dans les critiques du logicisme développées par les deux auteurs — selon laquelle la grammaire profonde d'une expression ne coïncide pas avec sa grammaire de surface, dont nous allons voir qu'elle a une grande importance dans la distinction, affirmée par Poincaré, entre physique et métaphysique.

Dans cette perspective, une des thèses qui résulteront de notre analyse est la suivante : un énoncé de la forme $x = y$ ne saurait, de façon générale, être interprété, à la manière frégéenne, comme exprimant une identité (au sens où une telle proposition signifierait que les signes x et y renvoient *à la même chose*). À cet égard, on peut considérer que la philosophie de Poincaré anticipe et oppose une objection de fond aux travaux qui accordent une place importante à l'outil logique en philosophie des mathématiques en adoptant notamment cette interprétation du signe $=$[4]. Nous tâcherons ainsi de suggérer que les considérations de Poincaré sur la métaphysique sont solidaires d'un aspect important de son opposition au logicisme considéré en un sens large, comprenant notamment le recours à l'outil logique en vue d'une clarification philosophique du discours scientifique[5].

---

4. Citons par exemple :
- Quine, *Le Mot et la chose*, p. 171 : « Le signe "=" de l'identité est un terme relationnel. [...] Comme tout terme relationnel, il relie des termes singuliers pour former une phrase. La phrase ainsi formée est vraie si et seulement si ses composants renvoient au même objet. »
- Benacerraf, « What Numbers could not be », p. 286 : « *If an expression of the form "x = y" is to have a sense, it can be only in contexts where it is clear that both x and y are of some kind or category C, and that it is the conditions which individuate things as the same C which are operative and determine its true value.* »
- Putnam, *Philosophie de la logique*, p. 27 : « "=" (lire "est identique à", "est égal à") indique l'identité ; ainsi, "$x = y$" signifie "x est identique à y", "x et y sont une seule et même entité". »
Précisons que ces textes sont extraits d'ouvrages ou d'articles dans lesquels il est fait une application de ces définitions au sein de considérations sur les mathématiques et la physique, et pas seulement sur la logique.
5. Un tel recours est revendiqué par Quine, qui écrit, dans « Le domaine et le langage de la science », p. 227 : « Quoique la science recherche des traits de la réalité indépendants de la langue, elle ne peut ni remporter de succès sans le langage, ni aspirer à la neutralité linguistique. Le savant peut, par le choix de sa langue, augmenter un peu l'objectivité et diminuer l'ingérence du langage. Quant à nous, préoccupés que nous sommes de dévoiler l'essence du discours scientifique, nous pouvons remodeler avec profit le langage de la science, au-delà de ce qu'on pourrait raisonnablement demander d'un savant en exercice. » Ce remodelage n'est autre que la transposition du discours scientifique en logique du premier ordre, que Quine décrit comme une « notation canonique » : « Dans notre notation canonique de la quantification, nous trouvons que l'ordre et la légalité sont restaurés. Dans la mesure où nous nous en tenons à cette notation, les objets que nous sommes censés admettre sont précisément les objets que nous reconnaissons comme faisant partie de l'univers dans lequel les variables

Résumons le mouvement général de la présente étude :

1) Poincaré affirme que les mathématiques sont la seule *langue* que le physicien puisse parler ; c'est ainsi en termes de langage approprié ou non que Poincaré traite la question de la nature mathématique de la physique.

2) Par ailleurs, les écrits philosophiques de Poincaré suggèrent la thèse selon laquelle le langage ordinaire véhicule une « *théorie* » implicite qui est fondamentalement *ontologique* : c'est un langage de choses (d'entités) soumis au régime de l'identité.

3) En raison de la nature du donné brut de l'expérience (le donné sensible), la mesure des grandeurs physiques ne se prête pas au régime de l'identité, c'est-à-dire au régime ontologique (« métaphysique », écrit Poincaré) : la physique étudie non pas des entités, mais des grandeurs ; le langage ordinaire est par conséquent inadéquat aux données sensibles (qui constituent la base de toute expérience physique).

4) Les analyses philosophiques déployées par Poincaré, principalement au sujet du continu mathématique et de la géométrie, visent inversement à établir leur adéquation aux caractères du donné sensible de toute expérience physique (par adéquation, il faut entendre que la géométrie et l'analyse constituent un langage approprié au donné sensible).

5) On peut alors conclure, *dans le même temps* :
— à la non-pertinence des considérations métaphysiques dans le cadre de la physique et des mathématiques (du moins d'une partie significative de celles-ci) ;
— à la nature nécessairement mathématique de la physique.

1. Substance et identité

Concentrant son attention sur le noyau mathématique des théories physiques et affirmant que relèvent de la métaphysique certains questionnements

---

liées de la quantification sont censées prendre leurs valeurs. Tel est précisément le sens que nous entendons donner aux quantificateurs « (x) » et « $x » ; « tout objet x est tel que », « il existe un objet x tel que ». Les quantificateurs sont des manières d'« encapsuler » ces constructions choisies du langage ordinaire qui servent sans équivoque à renvoyer à des objets. Paraphraser une phrase dans la notation canonique de la quantification, c'est, d'abord et par-dessus tout, expliciter son contenu ontique, la quantification étant un procédé pour parler des objets en général. » (Quine, *Le Mot et la chose*, p. 335). Comme ce dernier texte l'illustre bien, la clarification recherchée est principalement d'ordre ontologique. Nous allons voir que c'est précisément la pertinence d'une telle recherche qui est critiquée par Poincaré. Ce n'est pas la solidarité entre logique et ontologie, affirmée par Quine, qui sépare celui-ci de Poincaré, bien au contraire : c'est précisément en raison de cette solidarité que, lorsque Poincaré dénonce comme dénués de sens les questionnements ontologiques relatifs aux théories scientifiques, il interdit aussi par là même que l'analyse logique puisse constituer un instrument de compréhension philosophique de ces théories.

et certaines hypothèses[6] de nature ontologique qui n'ont pas de liens effectifs avec ce noyau, Poincaré est naturellement conduit à dénoncer l'usage de la notion de substance en physique. L'objet de cette première partie est de montrer qu'à travers cette critique, Poincaré cherche à mettre en évidence une distinction fondamentale entre le langage mathématique et le langage ordinaire, en dégageant ce que nous appellerons la *constitution ontologique* de celui-ci.

1.1. Le statut du langage dans la philosophie de Poincaré

C'est en termes de langue appropriée que Poincaré affirme à plusieurs reprises la nature nécessairement mathématique de la physique. En témoignent les citations suivantes :

> Les théories mathématiques n'ont pas pour objet de nous révéler la véritable nature des choses ; ce serait là une prétention déraisonnable. Leur but unique est de coordonner les lois physiques que l'expérience nous fait connaître, mais que sans le secours des mathématiques nous ne pourrions même énoncer[7].

Toutes les lois sont tirées de l'expérience, mais pour les énoncer, il faut une langue spéciale ; le langage ordinaire est trop pauvre, il est d'ailleurs trop vague, pour exprimer des rapports si délicats, si riches et si précis.

Voilà donc une première raison pour laquelle le physicien ne peut se passer des mathématiques ; elles lui fournissent la seule langue qu'il puisse parler[8].

---

6. Il s'agit de ce que Poincaré appelle les « hypothèses indifférentes », qui n'ont de vertu qu'heuristique et qui consistent en fin de compte à « habiller » de langage ordinaire (ce qui, nous allons le voir, explique leur caractère ontologique) le noyau mathématique des théories physiques : « Les hypothèses de ce genre n'ont donc qu'un sens métaphorique. Le savant ne doit pas plus se les interdire, que le poète ne s'interdit les métaphores ; mais il doit savoir ce qu'elles valent. Elles peuvent être utiles pour donner une satisfaction à l'esprit, et elles ne seront pas nuisibles pourvu qu'elles ne soient que des hypothèses indifférentes. Ces considérations nous expliquent pourquoi certaines théories, que l'on croyait abandonnées et définitivement condamnées par l'expérience, renaissent tout à coup de leurs cendres et recommencent une vie nouvelle. C'est qu'elles exprimaient des rapports vrais ; et qu'elles n'avaient pas cessé de le faire quand, pour une raison ou pour une autre, nous avions cru devoir énoncer les mêmes rapports dans un autre langage. » (Poincaré, *La Science et l'hypothèse*, p. 176.) Ainsi en est-il par exemple de la théorie de Fresnel dans laquelle tel vecteur est représenté par un mouvement, alors que le même vecteur devient un courant dans la théorie de Maxwell.

7. Poincaré, *La Science et l'hypothèse*, p. 215. Remarquons qu'au caractère mathématique du langage de la physique, sont ici associés à la fois la dimension expérimentale de la physique et le questionnement métaphysique (qui a pour objet « la véritable nature des choses »). Nous pouvons résumer la présente étude en disant qu'elle a pour objet de comprendre la signification de cette triple association.

8. Poincaré, *La Valeur de la science*, p. 105.

En écrivant: «la seule langue», Poincaré semble ici suggérer qu'il existe une différence fondamentale entre le langage ordinaire et le langage mathématique (ou plus précisément les mathématiques comme langage). Avant d'essayer de mettre en évidence cette différence, il convient de préciser le statut du langage au sein de la philosophie de Poincaré[9]. Les indications qui suivent ne prétendent pas fournir un exposé complet et raisonné de la conception poincaréienne du langage; il s'agit seulement de donner quelques précisions qui seront utiles pour la suite de l'étude.

Par langue ou langage, Poincaré entend de façon très générale un système de pensée qui ne se réduit:

a)   ni à un système de signes;
b)   ni à un système de représentation.

a)   Dire que la mathématique est un langage — celui de la physique — n'implique pas, pour Poincaré, que les mathématiques sont un système de signes. Par exemple, les diverses intuitions qui font partie intégrante de la mathématique sont par là même constitutives du langage que sont les mathématiques, sans pour autant pouvoir être comprises comme des signes.

b)   Poincaré partage avec le pragmatisme et l'idéalisme[10] le refus de réduire la pensée (et par conséquent le langage) à un système de représentation:

> Tout ce qui n'est pas pensée est le pur néant; puisque nous ne pouvons penser que la pensée et que tous les mots dont nous disposons pour parler des choses ne peuvent exprimer que des pensées; dire qu'il y a autre chose que la pensée, c'est donc une affirmation qui ne peut avoir de sens[11].

Dans l'extrait tiré de l'article «Les mathématiques et la logique» cité dans la note précédente, Poincaré caractérise le pragmatisme et l'idéalisme comme des conceptions opposées au réalisme, lequel se définit comme l'affirmation de l'existence de choses indépendantes de la pensée. S'op-

---

9. Nous serons conduit dans ce paragraphe à anticiper quelque peu sur des développements qui prendront leur place plus loin; il est difficile de faire autrement dans l'exposé d'une pensée comme celle de Poincaré, qui se décline selon de nombreux thèmes tous solidaires et dont le style n'est pas celui de l'argumentation linéaire.

10. Pragmatisme et idéalisme, pour lesquels Poincaré prend explicitement parti en divers textes, sont associés et identifiés dans «Les mathématiques et la logique»:«Ceux que j'ai appelés les pragmatistes sont idéalistes, les cantoriens sont des réalistes. [...] [les pragmatistes] considèrent qu'un objet n'existe que quand il est pensé, et qu'on ne saurait concevoir un objet pensé indépendamment d'un sujet pensant. C'est bien là de l'idéalisme. [...] Les réalistes se placent d'ordinaire au point de vue physique [«réalisme physique»]; ce sont les objets matériels, ou les âmes individuelles, ou ce qu'ils appellent les substances, dont ils affirment l'existence indépendante. [...] Cela, c'est le point de vue du sens commun, et ce n'est que par la réflexion qu'on peut être amené à l'abandonner.» (Poincaré, *Dernières Pensées*, p. 157-159.)

11. Poincaré, *La Valeur de la science*, p. 187.

posant à une telle conception, Poincaré ne peut pas considérer que le langage et la pensée sont des systèmes de représentation, car une telle vue suppose que soit donné indépendamment d'eux ce qu'ils seraient censés représenter. Si l'idéalisme de Poincaré n'exclut pas la reconnaissance d'un donné[12], il implique ainsi que *tout langage contient en lui-même quelque chose comme une théorie plus ou moins implicite* :

> Chacun porte en soi sa conception du monde dont il ne peut se défaire si aisément. Il faut bien, par exemple, que nous nous servions du langage, et notre langage n'est pétri que d'idées préconçues et ne peut l'être d'autre chose[13].

Ainsi, tout énoncé est dans une certaine mesure *constitutif* de ce dont il parle, et le mode de cette constitution est déterminé par le langage dans lequel l'énoncé est formulé.

Ce qui est suggéré par Poincaré dans les textes cités plus haut peut donc être formulé comme suit : il y a une différence fondamentale entre les théories implicites véhiculées par le langage ordinaire et par le langage mathématique qui expliquerait la nature nécessairement mathématique de la physique.

1.2. Langage ordinaire et ontologie

Dans un texte cité plus haut, Poincaré écrit : « Les théories mathématiques n'ont pas pour objet de nous révéler la véritable nature des choses[14] ». Ce qui est ici visé correspond à ce que Poincaré appelle « métaphysique ». Poincaré renvoie régulièrement à la métaphysique ce type de questions :

> Entre toutes ces explications [mécaniques] possibles [des phénomènes électromagnétiques], comment faire un choix pour lequel le secours de l'expérience nous fait défaut ? Un jour viendra peut-être où les physiciens se désintéresseront de ces questions, inaccessibles aux méthodes positives, et les abandonneront aux métaphysiciens. Ce jour n'est pas venu ; l'homme ne se résigne pas si aisément à ignorer éternellement le fond des choses[15].
>
> Peu nous importe que l'éther existe réellement, c'est l'affaire des métaphysiciens [16].

---

12. Il convient en effet de nuancer l'affirmation donnée dans les dernières lignes de *La Valeur de la science* citées ici. Selon Poincaré, il y a (bien qu'il soit impropre de le dire ainsi) un *autre* de la pensée et du langage : il s'agit du donné sensible lui-même. Nous verrons que c'est précisément en référence au donné sensible que les mathématiques (plus précisément : l'analyse et la géométrie) seront décrites comme le langage adéquat de la physique, ce qui ne signifie pas qu'elles permettent de *représenter* les sensations, mais qu'elles fournissent des cadres adéquats par lesquels est rendue possible la mesure, laquelle n'est pas une représentation, ne serait-ce que des rapports entre les sensations, mais une opération qui s'effectue au sein même des sensations, ou, pour le dire mieux : une opération entre des ensembles de sensations, dont l'ordonnancement est la vocation fondamentale de la géométrie.

13. Poincaré, *La Science et l'hypothèse*, p. 159.

14. *Ibid.*, p. 215.

15. *Ibid.*, p. 225.

16. *Ibid.*, p. 215.

> Il peut se faire [en cas de contradiction entre deux théories physiques] qu'elles expriment l'une et l'autre des rapports vrais et qu'il n'y ait de contradiction que dans les images dont nous avons habillé la réalité.
>
> À ceux qui trouvent que nous restreignons trop le domaine accessible au savant, je répondrai : Ces questions, que nous nous interdisons et que vous regrettez, ne sont pas seulement insolubles, elles sont illusoires et dépourvues de sens[17].

Il est important de noter que les questions métaphysiques ne sont pas dépourvues de sens en elles-mêmes, mais en tant qu'on attend des théories scientifiques qu'elles y répondent. Nous allons voir que ce que Poincaré affirme ici, c'est que les théories scientifiques ne peuvent répondre à ces questions, non pas par limitation ou impuissance, mais parce que ces questions sont formulées dans un langage qui n'est pas celui de ces théories (c'est pour cela qu'elles sont, dans ce contexte, *dépourvues de sens*). Comme le montrent les textes cités ci-dessus, ces questions sont de nature *ontologique*, au sens où ce sont des questions d'existence ou d'essence.

Comme cela arrive fréquemment sous la plume de Poincaré, un même terme peut prendre plusieurs significations selon le contexte dans lequel il est utilisé. C'est le cas du terme « métaphysique », qui désigne, d'une part, de façon très générale, la tradition philosophique, d'autre part le questionnement d'ordre ontologique, entendu comme questionnement relatif à l'existence et à l'essence d'entités censées constituer la réalité ultime, « le fond des choses ». Ces deux acceptions du terme ne doivent pas être confondues, dans la mesure où c'est spécifiquement selon la seconde que l'on trouve chez Poincaré une critique de la métaphysique, ou plus précisément une critique des questionnements métaphysiques adressés aux théories physiques. Ainsi, lorsque Poincaré parle de la notion métaphysique du continu (d'ailleurs associé au continu des physiciens), qu'il oppose à la définition mathématique du continu telle qu'elle est donnée par les analystes[18], il n'entend nullement dénoncer la première comme dénuée de sens, ou même seulement comme non pertinente en philosophie des mathématiques. Nous y reviendrons.

Ce n'est donc pas tant la métaphysique en tant que telle qui est critiquée par Poincaré que la tendance à développer une lecture *ontologique* des théories scientifiques. Or, la métaphysique entendue comme souci ontologique semble constituer précisément un aspect de la théorie implicite véhiculée par le langage ordinaire. Ceci est manifeste dans la suite d'un texte cité plus haut :

> [...] le physicien ne peut se passer des mathématiques ; elles lui fournissent la seule langue qu'il puisse parler.

---

17. *Ibid.*, p. 175.
18. *Ibid.*, p. 47, 48.

Et ce n'est pas une chose indifférente qu'une langue bien faite ; pour ne pas sortir de la physique, l'homme inconnu qui a inventé le mot chaleur a voué bien des générations à l'erreur. On a traité la chaleur comme une substance, simplement parce qu'elle était désignée par un substantif, et on l'a crue indestructible.

En revanche, celui qui a inventé le mot électricité a eu le bonheur immérité de doter implicitement la physique d'une loi nouvelle, celle de la conservation de l'électricité, qui, par un pur hasard, s'est trouvée exacte, du moins jusqu'à présent[19].

On peut faire ici deux remarques :

1) Il y est question de la *substance*, notion centrale de l'ontologie[20] ; et Poincaré affirme ici conjointement :
— l'usage nécessaire du langage mathématique en physique ;
— le danger et l'inutilité de l'usage de cette notion en physique[21].

2) Poincaré s'appuie sur une considération linguistique : c'est parce que nous utilisons des substantifs que nous sommes conduits à considérer ce dont nous parlons comme des substances (l'accent étant mis ici sur le caractère de permanence, de subsistance, attaché à la notion de substance).

Ce qui apparaît ici n'est donc en fait rien d'autre qu'un aspect de la théorie implicite véhiculée par le langage ordinaire : c'est un langage *ontologique*, au sens où il véhicule, dans sa grammaire même, la notion de substance (qui appartient au réseau conceptuel de l'existence et de l'essence). Dès lors, l'hypothèse suivante peut être tirée des deux remarques formulées ci-dessus : si la mathématique est la seule langue que le physicien puisse parler, c'est parce que, contrairement au langage ordinaire, elle n'est pas ontologique et fonctionne donc selon un mode différent de celui de la métaphysique de la substance. Ainsi, si les questions métaphysiques sont dénuées de sens dès lors qu'elles sont posées aux théories physiques, c'est parce qu'elles ressortissent à la grammaire ontologique du langage ordinaire, laquelle constitue précisément ce qui distingue celui-ci du langage mathématique.

Avant de préciser davantage le sens de cette suggestion, remarquons qu'on peut la reconnaître dans ce que Poincaré annonce comme la thèse centrale de *La Science et l'hypothèse* :

ce que [la science] peut atteindre, ce ne sont pas les choses elles-mêmes, comme le pensent les dogmatistes naïfs, ce sont seulement les rapports entre les choses ; en dehors de ces rapports, il n'y a pas de réalité connaissable[22].

19. Poincaré, *La Valeur de la science*, p. 105.
20. Une autre notion renvoyée régulièrement par Poincaré à la métaphysique est celle de *cause*. Nous n'en parlerons pas ici.
21. Bachelard y verra un « obstacle épistémologique » ; Poincaré y souscrirait certainement, mais ce n'est pas fondamentalement selon cette perspective qu'il s'intéresse à la notion de substance.
22. Poincaré, *La Science et l'hypothèse*, p. 25.

Poincaré affirmant par ailleurs que « [les] mathématiciens n'étudient pas des objets, mais des relations entre les objets[23] » (« chose » et « objet » ayant ici même signification), il en résulte, en vertu des développements précédents, qu'il s'agit ici, non pas d'énoncer la thèse d'un *réalisme structural* qui consisterait en fin de compte à substantifier les relations, mais au contraire de souligner que la réalité que la physique donne à connaître n'est précisément pas de même nature que celle qui est affirmée par le réaliste, à savoir une réalité conçue en termes d'*existence de choses*. La question n'est pas pour Poincaré de savoir si ce sont des choses ou des rapports entre les choses qui possèdent un mode d'existence indépendant, mais de souligner que l'erreur, lorsqu'on réfléchit sur la physique, est justement de comprendre la réalité selon le mode de l'existence indépendante, c'est-à-dire selon la grammaire de la substance. Autrement dit, Poincaré ne cherche pas à dire que ce dont le réaliste affirme l'existence n'existe pas[24] et à lui substituer une autre sorte d'entités (les relations), mais à faire valoir que le réalisme (qu'il soit des choses ou des relations) est dépendant d'un mode de discours (que nous avons appelé « ontologique ») qui est celui du langage ordinaire et qui ne peut être celui de la physique. Lorsque Poincaré affirme que la seule réalité connaissable (par la science physique) est constituée de rapports entre les choses et non de choses, il s'agit précisément pour lui de remarquer que les rapports en question (qui sont en fait de nature mathématique) ne doivent pas être compris selon la logique de la chose (de la substance) : ce ne sont pas des *entités* ; et que la réalité que donne à connaître la physique ne doit donc pas être conçue comme relevant de l'ontologie de la substance, laquelle est impliquée dans la position réaliste telle que Poincaré la définit. Si la formulation de cette thèse prête à une interprétation en termes de réalisme structural, c'est peut-être parce que, elle-même formulée en langage ordinaire, elle cherche à dire un trait du langage mathématique qui, précisément, le distingue du langage ordinaire[25].

---

23. *Ibid.*, p. 49.

24. Ce qui, comme le souligne Quine dans les premières lignes de « On what there is », constitue une critique autodestructrice du réalisme.

25. La critique de l'interprétation de la philosophie de Poincaré comme réalisme structural, défendue notamment par Giedymin et E. Zahar, ne saurait se réduire à cette remarque et appellerait une longue discussion. Nous voulons seulement ici suggérer que ce ne saurait être en suivant strictement la caractérisation poincaréienne du réalisme qu'une telle caractérisation de cette philosophie pourrait être poursuivie. Il n'est pas inutile ici de donner de nouveau le texte extrait de « Les mathématiques et la logique » : « Ceux que j'ai appelés les pragmatistes sont idéalistes, les cantoriens sont des réalistes. [...] [les pragmatistes] considèrent qu'un objet n'existe que quand il est pensé, et qu'on ne saurait concevoir un objet pensé indépendamment d'un sujet pensant. C'est bien là de l'idéalisme. [...] Les réalistes se placent d'ordinaire au point de vue physique [« réalisme physique »] ; ce sont les objets matériels, ou les âmes individuelles, ou ce qu'ils appellent les substances, dont ils affirment l'existence indépendante. [...] Cela, c'est le point de vue du sens commun, et ce n'est que par

Ainsi, l'opposition poincaréienne au réalisme ne saurait s'inscrire dans un débat du type: réalisme *versus* nominalisme, qui porte sur la nature des entités, c'est-à-dire des choses dont il est légitime ou non d'affirmer l'existence. C'est en effet *la question même de savoir ce qui existe* qui apparaît, aux yeux de Poincaré, comme non pertinente en philosophie des sciences.

L'idée développée par Poincaré semble donc être la suivante: le langage mathématique n'est pas un langage de choses, étant entendu que l'on conçoit par là des substances, des entités, ce qui implique des caractères qui ne sont pas indifférents, notamment, on l'a vu, la notion de permanence, mais aussi celle d'*identité numérique*, à laquelle la suite de ce travail est consacrée, et à partir de laquelle nous allons tâcher de confirmer les hypothèses interprétatives exposées ci-dessus.

1.3. Identité et existence

Dénonçant toujours l'usage de la notion de substance en physique, Poincaré fait en effet référence à une seconde détermination de cette notion, dont nous allons voir qu'elle a trait à l'identité numérique[26]:

> Les anciens fluides, calorique, électricité, etc., ont été abandonnés quand on s'est aperçu que la chaleur n'est pas indestructible. Mais ils l'ont été aussi pour une autre raison. En les matérialisant, on accentuait pour ainsi dire leur individualité, on creusait entre eux une sorte d'abîme. Il a bien fallu le combler quand on a eu un sentiment plus vif de l'unité de la nature, et qu'on a aperçu les relations intimes qui en relient toutes les parties[27].

Le second caractère de la notion de substance retenu par Poincaré apparaît donc être la séparation, la différence ou la diversité. Notons qu'elle est solidaire de l'idée d'existence indépendante possible évoquée plus haut. Lorsque Poincaré écrit que les substances sont séparées parce qu'*individuées*, il ne fait que rappeler la détermination la plus fondamentale de la notion de substance, nécessaire à tout ce dont cela a un sens d'affirmer l'existence (indépendamment du fait que ce soit vrai ou faux), à savoir qu'une substance est *numériquement une*, comme l'exprime une formule

---

la réflexion qu'on peut être amené à l'abandonner. » (Poincaré, *Dernières Pensées*, p. 157-159.) Suggérons que si le point de vue du sens commun est le réalisme, c'est essentiellement parce que le langage ordinaire est ordonné à la logique de la substance, laquelle implique qu'une chose ne peut être considérée comme réelle que si elle admet un mode d'existence indépendant (notamment du sujet pensant). À cet égard, la définition cartésienne de la substance est particulièrement éloquente: «Lorsque nous concevons la substance, nous concevons seulement une chose qui existe de telle façon qu'elle n'a besoin que de soi-même pour exister. » (Descartes, *Principes de la philosophie*, I, 51.)

26. Par «identité», nous entendrons toujours dans ce qui suit l'*identité numérique* entendue comme le caractère essentiel qu'a une chose d'être numériquement une, c'est-à-dire d'être la même qu'elle-même.

27. Poincaré, *La Science et l'hypothèse*, p. 180.

célèbre de Leibniz : « Pour trancher court, je tiens pour un axiome cette proposition identique qui ne diffère que par l'accent : que ce qui n'est pas véritablement *un* être n'est pas non plus véritablement un *être*[28] ».

Or, l'individualité ainsi comprise, solidaire de la diversité et de la différence, repose sur le *principe d'identité* (« *A* est *A* »), comme le rappelle, par exemple, Husserl :

> Il ne peut être question d'une quantité [au sens du nombre des objets d'une collection] que là où il y a des objets *différents* les uns des autres. [...] Des représentations de différence appartiennent donc d'une manière essentielle à la représentation de chaque ensemble. De plus, quand nous distinguons des autres chaque objet singulier de cet ensemble, avec la représentation de la *distinction* est donnée aussi en même temps d'une manière nécessaire la représentation de *l'identité* de chaque objet avec lui-même. Dans la représentation d'une quantité concrète, chaque objet singulier est donc pensé aussi bien comme différent de tous les autres que comme identique à lui-même[29].

Le second trait fondamental de la notion de substance ici relevé par Poincaré est donc celui de *l'identité et de la différence, diversité ou altérité* : le discours ontologique fonctionne selon *le régime du même et de l'autre*[30]. Ici encore, Quine formule de façon particulièrement claire la solidarité entre le principe d'identité et l'existence : « Point d'entité sans identité[31]. »

> [...] le véritable emploi de termes et la position [c'est-à-dire la position d'existence] d'objets ne sont identifiables primordialement que clavetés dans les tours de la mêmeté et de la différence. Ce qui se passe, c'est qu'au départ nous apprenons des patrons généraux de parler en termes et de parler de choses, avec l'aide des accessoires indispensables de l'identité[32].

Lorsque nous parlons d'une chose, d'une entité, d'une substance, c'est-à-dire de quelque chose dont cela a un sens de dire qu'elle peut *exister*, alors est impliquée dans ce que nous disons la grammaire de l'identité et de la différence. Cela signifie que pour parler d'une entité, d'une chose, il faut que cela ait un sens de dire : « c'est la même », « c'en est une autre », etc. Encore une fois, les textes cités jusqu'ici montrent que Poincaré souscrirait sans aucun doute à ce qu'écrit ici Quine. Ce qui le sépare de ce dernier est l'idée selon laquelle le langage mathématique ne fonctionne pas selon cette logique et ne véhicule donc aucune ontologie. C'est la raison pour laquelle les questionnements ontologiques sont dépourvus de sens en ce qui concerne les sciences mathématiques, ce qui permet de comprendre que, si Quine écrit :

---

28. Leibniz, lettre à Arnauld du 30 avril 1687.
29. Husserl, *Philosophie de l'arithmétique*, p. 60.
30. Nous verrons plus bas que ce point revêt une importance fondamentale au sein des considérations de Poincaré sur la question du continu.
31. Quine, « Parler d'objets », p. 35.
32. Quine, « Parler d'objets », p. 31.

Il y a des philosophes qui persistent à dire que le verbe « existe », dit à propos de nombres, de classes et de choses semblables, et le verbe « existe », dit à propos d'objets matériels, sont deux usages d'un même terme ambigu « existe ». Ce qui me déconcerte le plus, c'est la fermeté de leur insistance. Qu'est-ce qui pourrait tenir lieu ici de justification ou d'indice en leur faveur[33] ?

Poincaré, quant à lui, affirme : « [Le] mot existence n'a pas le même sens quand il s'agit d'un être mathématique et quand il est question d'un objet matériel[34]. »

Tâchons à présent de montrer qu'effectivement, la conception philosophique de Poincaré implique que l'on ne peut pas, à proprement parler, considérer le langage mathématique (ou du moins une partie significative de celui-ci) comme un langage de choses (d'entités, de substances), c'est-à-dire comme un langage ontologique ; c'est là le sens, selon notre lecture, de l'opposition de Poincaré à ce qu'il appelle le réalisme. Le fil conducteur de cet examen sera la notion d'identité : s'il n'y a « point d'entités sans identité », alors, en montrant que l'interprétation du signe « = » comme signe de l'identité n'est pas pertinente, par là même sera fourni un élément en faveur de l'idée selon laquelle cela n'a pas de sens de parler d'entités mathématiques (et physiques, puisque la science physique est fondamentalement mathématique).

2. Égalité et approximation

C'est en particulier au sein de ses considérations sur la notion de continuité et sur le calcul infinitésimal que l'on peut trouver dans les écrits philosophiques de Poincaré un aspect de la thèse selon laquelle le langage mathématique ne ressortit pas, contrairement au langage ordinaire, au régime ontologique de l'identité. C'est cette idée que Brunschvicg décèle au sein des œuvres fondatrices du calcul différentiel ; ainsi écrit-il, au sujet de l'« adégalité » de Fermat que « cette pensée différentielle se livre à nous dans sa nudité, elle ne se réfère à aucune forme de la logique traditionnelle ; l'*adégalité* déborde le cadre rigide du principe d'identité[35] ».

---

33. Quine, *Le Mot et la chose*, p. 193.

34. Poincaré, *La Science et l'hypothèse*, p. 70. Rappelons que la question de l'existence des objets matériels est renvoyée par Poincaré à la métaphysique : « Peu nous importe que l'éther existe réellement, c'est l'affaire des métaphysiciens ; l'essentiel pour nous c'est que tout se passe comme s'il existait et que cette hypothèse est commode pour l'explication des phénomènes. Après tout, avons-nous d'autre raison de croire à l'existence des objets matériels ? » (Poincaré, *La Science et l'hypothèse*, p. 215.) Il faut noter ici que l'usage effectif de la notion d'éther en physique est en réalité indépendant de la stricte assomption de son existence, assomption métaphysique qui, en tant que telle, est une hypothèse indifférente. Sauf à se contredire, Poincaré n'accorde donc pas au « tout se passe comme s'il existait » un sens ontologique ! Toutefois, ce texte indique que la considération des objets matériels (dits aussi « corps extérieurs »), du point de vue de leur existence et, partant, en tant qu'entités individuées ou substances, relève, pour Poincaré, de la métaphysique.

35. Brunschvicg, *Les Étapes de la philosophie mathématique*, p. 179.

C'est par ailleurs en référence au principe d'identité que l'on peut lire ce que Poincaré présente comme un problème philosophique majeur dans le cadre de la question de la nature mathématique de la physique. Ce problème porte sur la notion de continuité et est posé par Poincaré à plusieurs reprises. La formulation la plus explicite de ce problème se trouve dans l'article intitulé « Cournot et les principes du calcul infinitésimal » :

> [...] le jour où l'on a défini le nombre incommensurable d'une façon satis-faisante, de façon à parfaire ce que l'on avait appelé l'arithmétisation de l'analyse mathématique, les derniers voiles ont été levés, à tel point que nous avons aujourd'hui peine à comprendre ce qui a pu autrefois paraître obscur. Est-ce à dire que l'étude des difficultés aujourd'hui vaincues, et des efforts qu'on a faits pour lutter contre elles, soit désormais dépourvue de tout intérêt ou n'ait plus qu'un intérêt historique ? Il s'en faut de beaucoup ; il semble qu'en s'arithmétisant, en s'idéalisant pour ainsi dire, la mathématique s'éloignait de la nature et le philosophe peut toujours se demander si les procédés du calcul différentiel et intégral, aujourd'hui justifiés au point de vue logique, peuvent être légitimement appliqués à la nature. Le continu que nous offre la nature et qui est en quelque sorte une unité est-il semblable au continu mathématique, tel que l'ont défini les plus récents géomètres, et qui n'est plus qu'une multiplicité d'éléments, en nombre infini, mais extérieurs les uns aux autres et pour ainsi dire logiquement discrets[36] ?

C'est également comme traitant de ce même problème que Poincaré présente, dans l'introduction de *La Science et l'hypothèse*, le chapitre consacré à la grandeur continue :

> [...] trouvons-nous [la grandeur mathématique — c'est-à-dire le continu mathématique[37]] dans la nature, ou est-ce nous qui l'y introduisons ? Et, dans ce dernier cas, ne risquons-nous pas de tout fausser ? Comparant les données brutes de nos sens et ce concept extrêmement complexe et subtil que les mathématiciens appellent grandeur, nous sommes bien forcés de reconnaître une divergence ; ce cadre où nous voulons tout faire rentrer, c'est donc nous qui l'avons fait ; mais nous ne l'avons pas fait au hasard, nous l'avons fait pour ainsi dire sur mesure et c'est pour cela que nous pouvons y faire rentrer les faits sans dénaturer ce qu'ils ont d'essentiel[38].

Notons que Poincaré ajoute ici une suggestion significative : non seulement le continu mathématique appelle une élucidation philosophique pour comprendre son application à la connaissance de la nature, mais cette application est sa vocation primordiale. La divergence mentionnée dans ce texte est décrite, au sein du chapitre, selon les mêmes termes que dans l'article consacré à Cournot :

---

36. Poincaré, *L'Opportunisme scientifique*, p. 107.

37. Le contenu du deuxième chapitre de *La Science et l'hypothèse* ne laisse aucun doute sur cette identification. Rappelons en outre que le titre initial de l'article dont est tiré ce chapitre était « Le continu mathématique ».

38. Poincaré, *La Science et l'hypothèse*, p. 25.

Le continu ainsi conçu [de manière ensembliste, comme le fait Dedekind par exemple] n'est plus qu'une collection d'individus rangés dans un certain ordre, en nombre infini, il est vrai, mais *extérieurs* les uns aux autres. [...] De la célèbre formule, le continu est l'unité dans la multiplicité, la multiplicité seule subsiste, l'unité a disparu. Les analystes n'en ont pas moins raison de définir leur continu comme ils le font, puisque c'est toujours sur celui-là qu'ils raisonnent depuis qu'ils se piquent de rigueur[39].

La proximité entre ces formulations et celles des textes, cités plus haut, consacrés aux «anciens fluides[40]» et au réalisme[41] invite à comprendre que le caractère «*logiquement discret*» d'*individus extérieurs les uns aux autres* ne semble pouvoir renvoyer à autre chose qu'à l'altérité ou diversité ontologique, dont nous avons vu qu'elle est solidaire de l'identité à soi-même de toute substance individuée. La suggestion suivante peut dès lors être proposée : si l'on comprend le continu mathématique selon la logique de l'identité, alors il n'est pas possible de comprendre son rôle privilégié dans la connaissance de la nature, c'est-à-dire en physique ; la contraposée de cette implication prend évidemment la forme suivante : la physique n'est possible que formulée dans un langage qui n'est pas présidé par le principe d'identité.

2.1. Rigueur, logique et théorie des ensembles

Il convient d'appuyer quelque peu le rapprochement fait ci-dessus entre la description que fait Poincaré du continu mathématique «arithmétisé» et le caractère constitutif de la notion de substance que nous avons décrit à l'aide du couple identité/diversité. Nous avons insisté sur le fait que le caractère d'altérité (indissociable de l'identité numérique) ou d'extériorité, pour reprendre le terme choisi par Poincaré, apparaît comme l'un des éléments fondamentaux de tout discours ontologique et avons tâché de montrer que c'est notamment cette dimension ontologique que vise Poincaré lorsqu'il refuse la pertinence du discours substantialiste dans le cadre de la physique.

Remarquons à présent que la notion d'ensemble semble précisément impliquer un principe d'identité et de diversité, c'est-à-dire un principe d'individuation de ses éléments ; c'est ce qu'exprime le texte de Husserl cité plus haut. Par ailleurs, il est important de souligner que c'est *en tant qu'il est conçu selon les définitions résultant de l'effort de rigueur entrepris au*

---

39. *Ibid.*, p. 48.

40. «Les anciens fluides, calorique, électricité, etc., ont été abandonnés quand on s'est aperçu que la chaleur n'est pas indestructible. Mais ils l'ont été aussi pour une autre raison. En les matérialisant, on accentuait pour ainsi dire leur individualité, on creusait entre eux une sorte d'abîme.» (Poincaré, *La Science et l'hypothèse*, p. 180.)

41. «Les réalistes se placent d'ordinaire au point de vue physique ; ce sont les objets matériels, ou les âmes individuelles, ou ce qu'ils appellent les substances, dont ils affirment l'existence indépendante.» (Poincaré, *Dernières Pensées*, p. 159)

XIXᵉ siècle — effort dont il reconnaît une certaine légitimité — que le continu mathématique pose pour Poincaré le problème philosophique exposé plus haut. Le continu ainsi conçu est présenté par Poincaré comme n'étant satisfaisant *que* du point de vue de la *rigueur* et de la *logique*. Or, en dépit de l'appellation courante d'« arithmétisation », c'est certainement le point de vue *ensembliste* — manifeste dans la construction de Dedekind — inhérent aux définitions rigoureuses du continu mathématique qui intéresse ici Poincaré et qui le conduit à écrire que ce continu ainsi défini est « logiquement discret ». En effet, s'il ne confond certes pas l'effort de rigueur en analyse, le logicisme de Russell et de Couturat, la théorie des ensembles de Cantor et le formalisme hilbertien, Poincaré ne les place pas moins, aux premières pages du troisième chapitre de *Science et méthode*, sous le signe commun d'un effort « en vue de dégager et d'isoler les éléments logiques du raisonnement mathématique[42] » et retient l'implication commune du point de vue ensembliste au sein de ces entreprises. Ainsi écrit-il que « les logisticiens ne parlent que de classes et de classes de classes[43] » ; et, au sujet des *Fondements de la géométrie* de Hilbert :

> Les objets que [M. Hilbert] appelle points, droite ou plan deviennent ainsi des êtres purement logiques qu'il est impossible de se représenter. On ne saurait imaginer, sous une forme sensible, ces points qui ne sont que des systèmes de trois séries. Peu lui importe ; il lui suffit que ce soient *des individus et qu'il ait des règles sûres pour distinguer ces individus les uns des autres*, pour établir conventionnellement entre eux des relations d'égalité ou d'inégalité et pour les transformer[44].

Ici encore, la diversité des individus — nécessaire au point de vue ontologique de l'identité — est mise en avant.

Ajoutons que la position de l'*infini actuel* est par ailleurs présentée par Poincaré comme solidaire du point de vue ensembliste et est partie prenante dans l'affirmation du *réalisme* des cantoriens ; nous reviendrons sur ce point ultérieurement.

2.2. *Le continu physique et la mesure*

Les descriptions générales que Poincaré donne des théories physiques sont sans ambiguïté sur le fait qu'il considère que leur noyau essentiel est constitué par les équations différentielles — lois et principes — qu'elles énoncent :

---

42. Poincaré, *Science et méthode*, p. 127.
43. *Ibid.*, p. 162.
44. Poincaré, *L'Opportunisme scientifique*, p. 45. Faute d'avoir entrepris une analyse suffisante de la fin de ce texte, nous ne sommes pas parvenu, à ce jour, à déterminer si la référence faite ici à « des relations d'égalité ou d'inégalité » vient à l'appui de l'interprétation ici défendue, ou si au contraire elle s'y oppose.

Dans la conception scientifique l'état du monde, ou d'une partie du monde regardée comme isolée, sera entièrement déterminé par les valeurs attribuées à un certain nombre de variables $x_1, x_2, ..., x_n$. La connaissance de ces valeurs nous donnera non seulement l'état du monde à l'instant envisagé, à l'instant t, mais encore à l'instant immédiatement postérieur $t + dt$, car ces deux états sont immédiatement reliés l'un à l'autre par une relation qui est précisément ce que l'on appelle loi, et cette relation est une équation différentielle :
$$dx_i/dt = \phi_i \, (x_1, x_2, ..., x_n)[45]$$

Dans tout phénomène physique, il y a un certain nombre de paramètres que l'expérience atteint directement et qu'elle permet de mesurer. Je les appellerai les paramètres q.

L'observation nous fait ensuite connaître les lois de variations de ces paramètres et ces lois peuvent généralement se mettre sous la forme d'équations différentielles qui lient entre eux les paramètres q et le temps[46].

Comme l'indique ce texte, la dimension expérimentale de la science physique, sur laquelle Poincaré insiste constamment, implique que les paramètres intervenant dans les lois sont des *grandeurs* mesurées expérimentalement ou susceptibles de l'être. Or, le donné brut sensible de toute expérience, sur lequel porte la mesure, n'est autre que ce que Poincaré appelle le continu physique[47]. L'articulation entre la question de la nature mathématique de la physique et le problème du lien entre continu physique et continu mathématique en découle.

Cette attention de Poincaré à la fonction centrale des grandeurs au sein des théories physiques participe aussi de sa défiance envers les questionnements de nature ontologique, et ce, sous au moins deux aspects. Premièrement, considérer ces grandeurs comme des propriétés ou des attributs d'entités, ou même comme les coordonnées de leur position dans un certain référentiel relève, selon Poincaré, d'un point de vue métaphysique. Le chapitre XII de *La Science et l'hypothèse* illustre parfaitement cette vue[48]. Nous ne développerons pas ce premier aspect, notre objet étant ici de mettre en évidence le second, à savoir que cela n'aurait pas de sens de considérer ces grandeurs *elles-mêmes* comme des entités.

Notons en outre que l'insistance de Poincaré sur le fait que les équations de la physique mettent en relation des grandeurs et la résolution qu'il prend de ne considérer que la nature mathématique de celles-ci a pour corollaire ce que l'on pourrait décrire comme une *réduction* de la dimension *conceptuelle*[49] de la physique. Ainsi, par exemple, la lecture poin-

---

45. *Ibid.*, p. 108.

46. Poincaré, *La Science et l'hypothèse*, p. 219.

47. Cette identification n'est pas exacte : donné sensible et continu physique sont à la vérité distingués par Poincaré. Nous reviendrons plus bas sur cette distinction qui n'est pas ici déterminante ; jusque-là, nous entendrons abusivement par « continu physique » le donné sensible, ce que Poincaré fait aussi à l'occasion.

48. Voir plus bas, note 57.

49. Si l'on entend par « concept physique » autre chose qu'un concept ou objet mathématique. Si nous utilisons ici l'expression « objet mathématique », comme le fait aussi

caréienne du principe « $F = m\gamma$ » ne consiste pas à dire qu'il exprime une *identité conceptuelle* entre le *concept* de force et celui du produit de la masse et de l'accélération, mais seulement à conclure par exemple que « *les masses sont des coefficients qu'il est commode d'introduire dans les calculs*[50] ». Si le contexte est ici celui du caractère conventionnel des *principes*, il n'en va pas autrement, en ce qui concerne la question des concepts physiques, pour les *lois expérimentales* : elles expriment fondamentalement des relations entre des grandeurs, non des identités conceptuelles[51].

Le lien entre la mesure et le continu physique est l'un des thèmes constants et centraux des considérations philosophiques de Poincaré sur la géométrie et le continu mathématique[52]. Ainsi, le choix conventionnel du groupe des déplacements définissant une géométrie, qui s'opère à partir de l'expérience du continu physique, peut être décrit comme le choix d'un système de mesure. Donnons-en un aperçu schématique : mesurer une longueur consiste à comparer un corps donné avec un corps solide (une règle) utilisé comme étalon ; cette comparaison consiste en l'application de la règle sur le corps à mesurer ; cette opération suppose que soit déterminé un groupe de déplacements laissant la règle invariante (solide) ; mais, comme le remarque Poincaré, le continu physique ne nous donne que des ensembles mouvants de sensations, dont les changements ne permettent, en eux-mêmes, ni de distinguer entre ce que nous appelons « déplacements » et « changements d'état », ni de discerner des « corps solides », car tout cela n'a de sens qu'une fois que l'expérience est conçue spatialement, c'est-à-dire une fois qu'est instituée la géométrie mise en œuvre ; à partir du donné brut sensible, c'est l'expérience de la « compensation » de certains changements subis par des ensembles de sensations (visuelles et tactiles) par une activité musculaire volontaire (qui est aussi donnée sous la forme d'ensembles de sensations) qui suggère le choix de ce que nous appelons les « déplacements » ; ce choix est en outre soumis à la condition que l'ensemble des déplacements forme un groupe ; les ensembles de sensations compensés par les déplacements sont donc à peu près invariants par les transformations du groupe choisi (celui-ci a précisément été choisi pour cela) et nous appelons corps solides les ensembles de sensations invariants par le groupe ; un corps solide peut alors être choisi comme règle de mesure. Chaque géométrie, c'est-à-dire chaque groupe de transformation, induit donc une assignation différente des changements du continu physique en déplacements et en changements d'état et, par suite, une sélection différente des

---

Poincaré, il va sans dire que nous ne l'identifions pas à « entité mathématique », avec les déterminations ontologiques, relevées plus haut, que cette expression implique.

50. Poincaré, *La Science et l'hypothèse*, p. 123.

51. Karine Chemla a attiré notre attention sur la question de *l'identité conceptuelle*. Qu'elle en soit ici remerciée. La brève remarque que nous avons consacrée à cette question ne saurait bien sûr l'épuiser.

ensembles de sensations qui seront considérés comme correspondant à des corps solides. Le choix de la géométrie (euclidienne, elliptique ou hyperbolique) est guidé — mais non imposé — par les expériences de *compensation* : nous pourrions très bien choisir le langage de la géométrie hyperbolique, mais il serait moins commode *pour notre expérience*, car nous n'aurions alors affaire qu'exceptionnellement à des corps solides au sein de cette expérience. Toute mesure expérimentale est ainsi originellement liée aux expériences de compensations d'ensembles de sensations donnés au sein du continu physique.

L'expérience de la *compensation*, qui occasionne[53] la mise en œuvre de la catégorie *a priori* de groupe de transformation, est centrale dans l'examen que nous poursuivons ici, dans la mesure où elle semble faire appel à des opérations d'*identification*, voire d'*individuation*, et ce, à deux niveaux, souvent mêlés au sein des analyses de Poincaré : 1) celui du discours commun portant sur les objets de l'expérience, c'est-à-dire les « corps extérieurs », formulé en langage ordinaire ; 2) celui, plus fondamental parce que rendant possible le premier et parce seul impliqué dans la physique, de la géométrie.

Au premier niveau, l'expérience de la compensation des ensembles de sensations est solidaire de l'*individuation* et de l'*identification* des corps solides perçus lors de l'expérience commune : c'est ainsi que nous pouvons dire, à l'occasion d'un certain changement survenu au sein du continu physique, que c'est le *même* corps qui s'est déplacé, corps dont nous disons, en vertu du point de vue *réaliste* du sens commun, qu'il est la *cause* des divers ensembles de sensations (des divers *aspects*) que nous lui associons. De ce point de vue, la possibilité de la compensation *résulte* du caractère solide du corps en question :

> Pour que la compensation se produise, il faut évidemment que les diverses parties de l'objet extérieur d'une part, les divers organes de nos sens d'autre part, se retrouvent après le double changement, dans la même position relative. Et pour cela il faut que les diverses parties de l'objet extérieur aient également conservé, les unes par rapport aux autres, la même position relative et qu'il en soit de même des diverses parties de notre corps les unes par rapport aux autres[54].

Il est crucial de remarquer que ce discours du sens commun — qui relève fondamentalement, pour Poincaré, du registre métaphysique en ce

---

52. Ce qui confirme, étant donné que ces considérations constituent une forte proportion des écrits philosophiques de Poincaré consacrés aux mathématiques, l'importance pour celui-ci de la question de la nature mathématique de la physique.

53. Nous avons affaire ici à un exemple du thème poincaréien, central au sein des considérations relatives aux conventions, que Gerhard Heinzmann caractérise comme l'« occasionnalisme » de Poincaré.

54. Poincaré, *La Science et l'hypothèse*, p. 84.

qu'il implique la position d'existence des corps extérieurs[55] — est rendu possible par la géométrie ; Poincaré introduit en effet ce texte par : « Un esprit *qui saurait déjà la géométrie* raisonnerait comme suit : [...][56]. » De fait, la démarche de Poincaré consiste, de façon exactement inverse, à reconstruire la notion géométrique d'espace et celles qui lui sont associées (déplacements, corps solides), à partir *du seul* continu physique. Ce qui est effectivement donné, c'est les ensembles de sensations ; les corps ne sont qu'une construction élaborée à partir d'eux. Comme nous l'avons vu, l'institution d'une géométrie est alors celle d'un langage permettant la classification des ensembles de sensations en termes de transformations (« déplacements ») et d'invariants relatifs à ces transformations. Ce langage rend possible le discours en termes d'*entités individuées* (les corps extérieurs) *identifiées* par leurs *propriétés* spatiales et sensibles[57] ; *mais il ne l'appelle pas nécessairement* : bien au contraire, la compréhension de la physique implique précisément pour Poincaré qu'on renvoie ce discours à la métaphysique et qu'on s'en tienne strictement au langage de la géométrie[58], qui ne traite que de groupes de transformations et, le cas échéant,

---

55. Voir note n° 33. Notons que Poincaré emploie indifféremment, nous semble-t-il, les expressions « corps extérieurs », « objets extérieurs », « corps matériels », « objets matériels ».

56. Poincaré, *La Science et l'hypothèse*, p. 84.

57. Affirmer, comme Poincaré le fait, que la connaissance de la géométrie est une condition de possibilité du discours spatial commun porté sur l'expérience sensible et déployé en langage ordinaire peut paraître surprenante : si nous maîtrisons tous ce discours, peu d'entre nous sont en revanche spécialistes des groupes de Lie. La réponse de Poincaré à cette objection peut être formulée comme suit : nous *savons* tous en un certain sens la géométrie euclidienne puisque nous savons nous mouvoir, manipuler et déplacer des objets, prévoir les conséquences de déplacements, etc. La géométrie n'est à l'origine que la science ayant pour objet d'établir les lois de ce savoir implicite, qui est à l'œuvre dans nos actions physiques.

58. La distinction des deux langages (mathématique *versus* ontologique/ordinaire) souvent entremêlés au sein même du discours des scientifiques est présente dans nombre de textes de Poincaré. On peut considérer qu'elle constitue le cœur de sa discussion sur « l'explication mécanique des phénomènes physiques » (*La Science et l'hypothèse*, chapitre XII) dont le mouvement consiste à mettre entre parenthèses, pour ainsi dire, les coordonnées des molécules composant une *substance matérielle* pour établir, à partir des seuls paramètres accessibles à l'expérience, une caractérisation purement mathématique de ce qu'est une explication mécanique, ce qui, en retour, permet de mettre en évidence le caractère artificiel, indifférent et dangereusement contraignant de la caractérisation « métaphysique » d'une explication mécanique. Sans développer davantage ce point, donnons de ce texte quelques passages significatifs à cet égard :

« Que faut-il faire pour donner une explication mécanique d'un pareil phénomène ?

On cherchera à l'expliquer soit par les mouvements de la matière ordinaire, soit par ceux d'un ou de plusieurs fluides hypothétiques.

Ces fluides seront considérés comme formés d'un très grand nombre de molécules isolées m.

[Ces deux dernières phrases fournissent une caractérisation « métaphysique »]

Quand dirons-nous alors que nous avons une explication mécanique complète du phénomène ? Ce sera d'une part quand nous connaîtrons les équations différentielles auxquelles

d'ensembles sur lesquels agissent ces groupes. Nous allons tâcher de montrer que cette distinction des discours est fondamentale dans l'analyse philosophique développée par Poincaré au sujet du continu[59].

À ce second niveau — celui de l'institution du langage géométrique — s'il n'est plus directement question d'entités individuées, il n'en reste pas moins que des *procédures d'identification* semblent constamment à l'œuvre. De fait, les textes de Poincaré relatifs à la reconstruction de la notion d'espace à partir du donné sensible comportent de nombreuses formules du type: « la *même* sensation », « le *même* ensemble de sensations », « le *même* déplacement » (entendu comme : « un changement de sensations pouvant être compensé par le *même* ensemble de sensations musculaires volontaires »), « des (ensembles de) sensations *identiques* », « *identification* de deux ensembles de sensations », « *identité* de deux

---

satisfont les coordonnées de ces molécules hypothétiques m, équations qui d'ailleurs devront être conformes aux principes de la dynamique ; et d'autre part quand nous connaîtrons les relations qui définissent les coordonnées des molécules m en fonction des paramètres q, accessibles à l'expérience.

[...]

On obtient ce qu'on appelle les équations de Lagrange.

Dans ces équations, les variables indépendantes sont les coordonnées des molécules hypothétiques m ; *mais je suppose maintenant que l'on prenne pour variables les paramètres q directement accessibles à l'expérience.*

[...]

Les équations ainsi obtenues sont une autre forme des équations de Lagrange.

Pour former ces équations, nous n'avons pas besoin de connaître les relations qui lient les paramètres q aux coordonnées des molécules hypothétiques, ni les masses de ces molécules, ni l'expression de U en fonction des coordonnées de ces molécules. [etc.] » (Poincaré, *La Science et l'hypothèse*, p. 220-222).

59. Distinction que ne fait pas Janet Folina dans « Logic and intuition in Poincaré's philosophy of mathematics », ce qui la conduit à suggérer que le rôle constitutif que joue le continu mathématique au sein de l'expérience objective consiste à fournir des dispositifs d'individuation des objets en introduisant des critères d'identité : « To fully cohere with Poincaré's prior theory of the synthetic a priori, it would be necessary to justify the claim that the intuition of continuity is somehow required for systematic thinking. We might try to argue that there is *no other way* for finite beings to impose a criterion of sameness on both abstract and concrete objects. I, however, have at present no idea of how such an argument should be constructed. » (Janet Folina , « Logic and intuition in Poincaré's philosophy of mathematics », p. 432). Si nous affirmons de même que le continu possède une fonction constitutive au sein de l'expérience physique (c'est-à-dire l'expérience mesurée), nous ne pouvons en revanche suivre le second aspect de cette interprétation dans la mesure où seule l'expérience sensible commune (c'est-à-dire formulée en langage ordinaire) – qui possède certes une certaine objectivité – appelle des procédures d'individuation, lesquelles ne sont rendues possibles qu'au prix de la *précision* du discours : le langage ordinaire ne peut exprimer l'expérience sensible que de façon grossière parce qu'il implique l'identification d'ensembles de sensations que distinguent des instruments de mesure plus précis. Or, le continu mathématique a précisément pour vocation de constituer le langage adéquat à l'augmentation indéfinie de la précision des mesures et, pour cette raison, ne fonctionne pas selon la grammaire de l'identité et de l'individuation, comme nous allons le voir dans la suite de ce paragraphe.

ensembles de sensations », etc. La description de l'expérience de la compensation semble bien impliquer un discours ne pouvant se passer de l'*identité*. A la vérité, de telles formulations sont souvent accompagnées d'une précision tout à fait capitale, à savoir le caractère essentiellement *approximatif* de ces diverses « identités ». Le texte suivant en est exemplaire :

« La classification qui précède suggère deux réflexions :

1° La classification n'est pas une donnée brute de l'expérience, parce que la compensation mentionnée plus haut des deux changements, l'un interne et l'autre externe, n'est jamais effectivement réalisée. C'est donc une opération active de l'esprit qui essaie d'insérer les résultats bruts de l'expérience dans une forme préexistante, dans une catégorie. Cette opération consiste à identifier deux changements parce qu'ils possèdent un caractère commun, et cela malgré qu'ils ne le possèdent pas exactement. Néanmoins, le fait même que l'esprit ait l'occasion d'accomplir cette opération est dû à l'expérience, car l'expérience seule peut lui apprendre que la compensation s'est approximativement produite[60]. »

Avant d'en venir à la démonstration du fait que, par « identité », Poincaré n'entend en réalité jamais, au sein de ces contextes, l'*identité numérique* (toujours entendue comme la relation qu'un individu entretient avec lui-même et qui permet de formuler des énoncés du type : « c'est la même chose ») mais l'*égalité*, et, avant d'expliquer ce qui distingue ces deux notions, tâchons de souligner l'importance accordée par Poincaré à l'*approximation*.

Il est facile de déduire du texte ci-dessus le caractère approximatif de toute mesure physique : celle-ci étant opérée au sein du donné sensible par comparaison d'ensembles de sensations, elle ne dépassera jamais l'approximation inhérente aux expériences de compensation qui sont à l'origine de son institution. Nous voudrions montrer ici que cette problématique de l'approximation de la mesure physique est toujours présente dans les analyses poincaréiennes du continu physique.

Si une compensation « n'est *jamais* effectivement » réalisée et donc toujours approximative, c'est en raison d'un caractère irréductible du donné sensible, qui justifie d'ailleurs qu'on qualifie celui-ci de *continu*, et qui est exprimé par ce que Poincaré appelle « la formule du continu physique », à savoir : « A = B ; B = C ; A < C ». Pour comprendre cette formule, il faut au préalable rappeler que le donné sensible est susceptible d'une opération, celle qui consiste à pouvoir comparer entre elles certaines sensations. Poincaré est parfaitement conscient du fait que cette capacité d'ordonner des séries de sensations relève d'une certaine spontanéité de l'esprit, et c'est la raison pour laquelle il affirme que cette capacité repose sur une « catégorie de l'entendement », qu'il nomme « continu sensible » ou « continu physique ». S'il s'autorise néanmoins dans de nombreux textes,

60. Poincaré, *L'opportunisme scientifique*, p. 10.

comme nous l'avons annoncé, à utiliser ces appellations pour parler du donné sensible, il faut comprendre qu'il s'agit alors du donné sensible en tant qu'il est susceptible d'être ordonné selon des séries.

Les considérations de Poincaré sur la formule du continu physique comportent d'innombrables et considérables difficultés d'interprétation[61]. Nous n'essaierons ici ni d'en dresser la liste ni de les examiner ; il s'agira seulement de souligner l'implication de la problématique de l'approximation de la mesure au sein de ces considérations. La formule du continu physique exprime le fait que des termes contigus de ces séries sont indiscernables. Pour mettre en évidence ce fait, Poincaré a recours à des considérations relatives à la mesure (de poids, par exemple) et plus précisément à la comparaison de mesures de différentes précisions. L'affirmation de l'indiscernabilité de deux sensations A et B contiguës au sein d'une série ne peut en effet avoir de sens que si l'on dispose de deux systèmes tels que dans l'un : $A = B$ et dans l'autre : $A < B$. Ces deux systèmes ne sont autres que deux systèmes de mesure dont le second est plus précis que le premier. Il faut en effet être en mesure de distinguer A et B pour affirmer que l'on a affaire à des sensations différentes selon un certain point de vue, faute de quoi cela n'aurait pas de sens de parler d'indiscernabilité. L'établissement de la formule du continu physique n'échappe pas à cette condition : si l'on s'en tenait à un seul système (celui du corps), rien ne permettrait d'affirmer que c'est une fois A qui est comparé avec C et une autre fois B qui est comparé avec C, puisque, au sein de ce système, $A = B$. La formule ne pourrait être que quelque chose comme : « $A = A$; $A < C$ », qui n'est pas contradictoire. Une réponse pourrait être que c'est précisément parce que l'on a deux expériences différentes ($A < C$ et $B = C$) que l'on distingue A et B, par l'intermédiaire de leur comparaison avec C. Mais cette réponse ne tient pas, car elle implique que C soit distingué de A et de B ; or, précisément, C ne peut être distingué de B au sein du système, de telle sorte que B disparaît à nouveau et qu'on tombe sur la formule : « $A < C$; $C = C$ ». La difficulté est inhérente à la contradiction interne de la formule du continu physique : la seule formulation de cette contradiction implique que puissent être distingués trois termes qui, au sein du premier système, ne le sont pas tous deux à deux. Elle implique donc que soient considérés deux systèmes de mesure. Ajoutons que la comparaison de deux systèmes est nécessaire à l'affirmation selon laquelle aucun instrument de mesure ne parviendra jamais à résoudre la contradiction, car, comme l'écrit Poincaré :

---

61. Comme l'illustre à n'en pas douter la suite de cet alinéa, la *formulation même* de considérations sur le continu physique ne peut échapper à un embarras dont nous pouvons suggérer — c'est la thèse ici défendue — qu'il n'est pas tant dû au caractère contradictoire de la formule du continu physique qu'au fait que ce dernier est précisément inaccessible à une conceptualisation déployée en langage ordinaire.

C'est toujours avec nos sens que nous nous servons de nos instruments ; c'est avec l'œil que nous observons l'image agrandie par le microscope, et cette image doit, par conséquent toujours conserver les caractères de la sensation visuelle et par conséquent ceux du continu physique[62].

Les deux systèmes en question sont ici le microscope et le corps lui-même, lequel n'est jamais absent de l'opération de mesure. Autrement dit, dès lors que l'on utilise un instrument de mesure autre que le corps lui-même, on a affaire à deux instruments : notre corps et l'instrument en question. La problématique de la formule du continu physique est ainsi solidaire de la question de la précision des mesures, de la comparaison entre des systèmes de mesure de précisions différentes.

Le caractère « nébuleux » (continu, au sens propre) du continu physique est donc indissociable de l'approximation essentielle et irréductible de toute mesure, au sens où si l'on fait une expérience de mesure donnant : $x = y$, il existera toujours un instrument de mesure plus précis qui donnera : $x < y$ ou $x > y$. Ce dernier instrument rencontrant à son tour ce fait, il s'intercalera toujours entre x et y un troisième terme z qui, selon un système de mesure encore plus précis, sera tel que : $x < z$; $z < y$. C'est ainsi que Poincaré reconstitue la « genèse » du continu mathématique. Dans « Des fondements de la géométrie », où Poincaré ne sépare pas, comme il le fait dans *La Science et l'hypothèse*, les analyses sur le continu et celles sur la géométrie, l'implication de celui-là dans celle-ci est clairement appelée par le rôle fondamental joué par la géométrie dans l'opération de mesure :

« Nous avons en nous, en puissance, un certain nombre de modèles de groupes et l'expérience nous aide seulement à découvrir lequel de ces modèles s'écarte le moins de la réalité.

CONTINUITE

Nous observons d'abord que le groupe est continu. Voyons ce que cela veut dire et comment le fait peut être établi.

[...]

Nous découvrons bientôt qu'un déplacement quelconque peut toujours être divisé en deux, trois ou un nombre quelconque de parties ; je veux dire que nous pouvons toujours trouver un autre déplacement qui, répété deux, trois fois, reproduira un déplacement donné. Cette divisibilité à l'infini nous conduit naturellement à la notion de la continuité mathématique ; cependant les choses ne sont pas aussi simples qu'elles le paraissent à première vue.

Nous ne pouvons pas prouver cette divisibilité à l'infini directement. Quand un déplacement est très petit, il est imperceptible pour nous. Quand deux déplacements diffèrent très peu, nous ne pouvons pas les distinguer. Si un déplacement D est extrêmement petit, ses multiples consécutifs seront indiscernables. Il peut arriver alors que nous ne puissions pas distinguer 9D de 10D, ni 10D de 11D, mais que nous puissions néanmoins distinguer 9D

---

62. Poincaré, *La Science et l'hypothèse*, p. 52.

de 11D. Si nous voulions transcrire ces données brutes de l'expérience en une formule, nous écririons :

$$9D = 10D, \quad 10D = 11D, \quad 9D < 11D.$$

Ce serait là la formule du continu physique. Mais une telle formule répugne à la raison. Elle ne correspond à aucun des modèles que nous portons en nous. Nous échappons à ce dilemme par un artifice ; et à ce continu physique — ou si vous préférez à ce continu sensible qui se présente sous une forme intolérable pour nos esprits —, nous substituons le continu mathématique. Séparant nos sensations de ce quelque chose que nous appelons leur cause, nous admettons que le quelque chose en question se conforme au modèle que nous portons en nous et que nos sensations s'en écartent seulement à cause de leur grossièreté.

Le même procédé revient chaque fois que nous soumettons à la mesure les données de nos sens[63] ; »

La solidarité entre les considérations de Poincaré sur le continu physique et celles qui concernent l'approximation irréductible de toute mesure expérimentale permettent de comprendre en quoi la définition « rigoureuse » (celle de Dedekind par exemple) du continu du second ordre (c'est-à-dire des nombres rationnels et réels)[64] interdit, selon Poincaré, de résoudre la question philosophique de la nature mathématique de la physique, en l'espèce : du rôle fondamental joué en physique par le continu mathématique. Ce point fait l'objet du paragraphe suivant.

II.3. Identité et égalité

La considération ensembliste des nombres rationnels et réels, nécessaire à la définition par Dedekind des réels[65], si elle résout évidemment la contradiction inhérente à la formule du continu physique, ne possède plus, en raison de son caractère « logiquement discret », le caractère « continu » (au sens propre du terme), manifesté par l'indiscernabilité de termes contigus, du continu physique. Or nous avons vu dans le paragraphe précédent que l'on ne peut pas dissocier l'opération de mesure expérimentale du caractère du continu physique : tout instrument de mesure fournit un donné qui

---

63. Poincaré, *Des fondements de la géométrie*, p. 23, 24, 25.

64. Il est remarquable de constater que Poincaré se distingue de la majorité des philosophes des sciences qui lui sont contemporains et postérieurs, en ce qu'il consacre de plus amples développements au continu du premier ordre (les nombres rationnels) qu'au continu du second ordre : l'ensemble de la discussion sur la formule du continu physique ne porte effectivement que sur le premier. Ainsi écrit-il : « Dans la manière de voir de M. Dedekind [...] à chaque mode de répartition [des nombres commensurables] correspond ainsi un nombre commensurable ou non, qui lui sert de symbole. Mais se contenter de cela, ce serait trop oublier l'origine de ces symboles ; il reste à expliquer comment on a été conduit à leur attribuer une sorte d'existence concrète, et, d'autre part, la difficulté ne commence-t-elle pas pour les nombres fractionnaires eux-mêmes ? » (Poincaré, *La sScience et l'hypothèse*, p. 50).

65. Cette définition implique en effet que soit *donné l'ensemble* des rationnels, puisqu'elle consiste à considérer différentes répartitions de ceux-ci.

comporte le caractère nébuleux du continu physique, et c'est pourquoi toute mesure expérimentale est essentiellement approximative ou approchée[66]. Par ailleurs, nous avons déjà insisté sur ce point, Poincaré affirme à de nombreuses reprises le caractère fondamentalement expérimental de la physique : si les *lois* physiques fournissent une véritable connaissance[67], c'est seulement dans la mesure où elles sont vérifiées par des expériences. Cette vérification n'est autre que l'opération de mesure, qui repose sur l'institution d'un langage géométrique, c'est-à-dire sur le choix d'un groupe *continu* de déplacements. Ce caractère continu du groupe a ainsi pour vocation première d'assurer l'adéquation du langage de la mesure (c'est-à-dire de la géométrie) au donné brut de l'expérience. Or, c'est précisément cette adéquation que l'on ne comprend plus si le continu mathématique est conçu comme « logiquement discret », ce qui est inévitable dès lors qu'il est défini à la façon « des plus récents géomètres ». Et c'est pourquoi on ne comprend plus dès lors le succès de l'application des procédés du calcul infinitésimal à la connaissance de la nature. C'est en relation à ce point que nous revenons à présent sur les enseignements de la première partie du présent travail.

Nous avons vu que le caractère « logiquement discret » du continu ensembliste peut être compris en termes d'identité et de diversité, c'est-à-dire selon la logique du même et de l'autre. On est conduit, dans ce contexte, à interpréter le signe '=' comme exprimant une identité, dans la mesure où une équation entre nombres rationnels ou réels de la forme 'a = b' exprime que les signes a et b renvoient *au même nombre*, c'est-à-dire *au même élément de l'ensemble* des rationnels ou de *l'ensemble* des réels. Le caractère logiquement discret de ces ensembles implique en effet que deux éléments sont soit *distincts* soit *numériquement identiques* (au sens où l'on a affaire, soit à *deux entités*, soit à *une même entité*). Or, le physicien expérimental, ayant toujours affaire à des mesures qui sont intrinsèquement approximatives, ne peut interpréter 'a = b' en ces termes, car cette équation signifie nécessairement 'a *est à peu près égal à* b' ou 'b — e < a

---

66. Il est important de ne pas confondre cette thèse du caractère essentiellement approximatif de toute mesure expérimentale avec certains passages dans lesquels Poincaré écrit que l'on est souvent conduit, en physique, à assimiler un corps peu déformable à un solide géométrique idéal, qui obéit donc aux lois de la géométrie, et à laisser la physique prendre en charge seulement les déformations que l'on considérera par exemple comme des dilatations thermiques. Ce contexte n'est pas celui du *rôle constitutif de la géométrie dans l'institution d'un système de mesure*, mais celui de *l'utilisation simplificatrice* de considérations géométriques en physique. La différence est de taille et devient claire dès lors que l'on remarque que, pour que les déformations du corps puissent faire l'objet d'une étude physique, il faut qu'elles puissent être mesurées. A l'inverse, l'approximation essentielle de toute mesure physique ne saurait faire l'objet d'une mesure puisqu'elle appartient à l'instrument de mesure lui-même.

67. Contrairement aux principes qui ne sont ni vrais ni faux puisque ce sont des conventions.

< b + ε'. Cela ne veut pas dire que ces dernières formules doivent être comprises, du point de vue mathématique, comme *synonymes* de 'a = b', mais cela interdit qu'elles aient une *signification tout à fait différente*, auquel cas on ne pourrait pas considérer que la mesure expérimentale donnant lieu à 'a *est à peu près égal* à b' constitue une *vérification* d'une équation de la forme 'a = b' (comprise cette fois-ci comme une exacte égalité). *Ce serait pourtant le cas si l'on interprétait '=' comme le signe de l'identité numérique.* En effet, le résultat d'une mesure doit toujours être donné sous la forme : 'a = b + ε', e étant non nul, inconnu et éventuellement très petit. Mais, quelle que soit la valeur (non nulle) de e, si l'on interprète '=' comme le signe de l'identité numérique, 'a = b + ε' a une signification fondamentalement différente de celle de 'a = b' puisqu'on est obligé d'effectuer un saut conceptuel pour passer de l'une à l'autre : on a en effet affaire à *deux entités* dans la première (elle implique que 'a' et 'b' renvoient à des éléments *distincts*) et à *une seule* dans la seconde (elle signifie que 'a' et 'b' renvoient au *même* élément), et on ne comprend plus alors en quoi la première pourrait constituer une vérification de la seconde. Pour le dire autrement, cela n'a *pas de sens* d'affirmer que deux choses sont *plus ou moins identiques, plus ou moins la même* ou *à peu près identiques, à peu près la même* si l'on entend par « identique » l'identité numérique. Selon la grammaire de celle-ci un signe renvoie en effet *soit à la même chose* qu'un autre signe, *soit à une autre chose* ; *l'identité numérique* ne souffre pas l'approximation[68]. C'est ce qui la différencie de *l'égalité mathématique*[69].

---

68. On pourrait objecter que l'altérité et la distinction des nombres rationnels et réels, revendiquée par le point de vue ensembliste, n'interdit pas que l'on puisse « mesurer » la distance qui sépare deux nombres et que le discours de l'approximation soit alors possible dans ce cadre. Nous répondrons que le même argument que celui que nous avons exposé, appliqué cette fois aux nombres mesurant cette distance, conduirait à conclure que ces nombres ne peuvent être soumis au régime de l'identité numérique. Et il serait alors problématique de persister à maintenir ce régime pour les premiers.

69. Notons que celle-ci ne saurait être caractérisée conceptuellement autrement que par ce trait qui la distingue de l'identité numérique. Si nous pouvions formuler en langage ordinaire « ce qu'est » l'égalité mathématique, celle-ci n'appartiendrait pas « à la seule langue que le physicien puisse parler ». La généralisation de cette remarque explique l'ambiguïté fréquente et le caractère le plus souvent négatif du discours philosophique de Poincaré.

Ajoutons que l'égalité, ici distinguée de l'identité numérique, ne correspond pas non plus à l'égalité entre choses, laquelle est définie comme la relation qui lie deux choses lorsqu'une propriété leur est commune. Par exemple, deux objets de même poids seront alors dits égaux (sous le rapport du poids). Une telle perspective ne saurait être celle de Poincaré, dans la mesure où elle s'inscrit dans une logique de la substance et de ses attributs, à laquelle le langage mathématique échappe précisément. Poincaré utilise néanmoins à l'occasion ce type de discours, ce qui est difficilement évitable puisque cette logique est inhérente au langage ordinaire.

Il en résulte que les analyses par Poincaré de la formule du continu physique ne sauraient être interprétées dans les termes du *principe d'identité des indiscernables*, même s'il s'agissait pour Poincaré d'établir que ce principe est faux dans le cadre de l'expérience mesurée. A la vérité, ce principe n'est pas ici *faux*, mais *dénué de sens* puisqu'il suppose le *principe d'identité*, dont nous venons de voir qu'il est lui aussi dénué de sens ici.

C'est pourquoi, lorsque Poincaré emploie des expressions comme
« approximativement identique », il ne peut pas signifier l'identité numérique. Encore une fois, l'argument présenté ci-dessus est foncièrement
négatif : il ne s'agit pas d'établir une caractérisation conceptuelle positive
de l'égalité mathématique, mais de montrer qu'une interprétation du signe
'=' en des termes qui impliquent un saut conceptuel entre '=' et '<' ne peut
être pertinente dans le cas de l'égalité de grandeurs mathématiques continues, car elle interdit de comprendre que ces grandeurs ont été faites « sur
mesure » pour « y faire rentrer les faits sans dénaturer ce qu'ils ont d'essentiel[70] ». C'est parce que les relations d'égalité *exacte* entre les solides
idéaux et entre les déplacements *idéaux* de la géométrie ne sont pas des
relations d'identité qu'elles constituent un langage adéquat au donné
sensible, où ne règne que l'approximation et donc l'inégalité.

L'interprétation ici défendue consiste ainsi à caractériser la « discrétion logique » par le saut conceptuel qui sépare l'identité et l'altérité et que
l'on retrouve dans l'« abîme » qui sépare les substances. À l'inverse, l'égalité
mathématique, si elle ne s'identifie pas à l'inégalité, n'en est pas conceptuellement distincte. C'est ce qui apparaît très clairement dans ce texte de
Leibniz sur le principe de continuité :

> Ainsi le mouvement, décroissant continuellement, se perd enfin dans le repos,
> l'inégalité continuellement diminuée se transforme en exacte égalité, de sorte
> que le repos peut être considéré comme un mouvement infiniment petit ou
> comme une lenteur infinie, et l'égalité comme une inégalité infiniment petite ;
> et pour cette raison, tout ce qui a été démontré, soit du mouvement en
> général, soit de l'inégalité en général, doit aussi être vrai, selon notre con-
> ception, appliqué au repos ou à l'égalité, si bien que la règle du repos ou de
> l'égalité peut être conçue, en un certain sens, comme un cas spécial de la règle
> du mouvement ou de l'inégalité[71].

Si l'on interprétait l'égalité mathématique comme une identité numérique, il serait légitime de remplacer ici « égalité » par « identité » et « inégalité » par « altérité ». Mais le texte n'aurait alors manifestement aucun sens :
Leibniz affirmerait que deux entités différentes se transformeraient de façon
continue en une seule et même entité.

Notons ici que si Poincaré mentionne que la définition ensembliste du
continu mathématique ne correspond pas à la notion du continu conçu
comme unité dans la multiplicité, ce n'est pas directement cette inadéquation qui est philosophiquement insatisfaisante, mais l'impossibilité de
comprendre que l'Analyse mathématique constitue l'outil central de la
physique. L'argumentation développée ci-dessus ne s'appuie ainsi que sur
ce dernier point et non sur l'inadéquation conceptuelle en question.

---

70. Poincaré, *La Science et l'hypothèse*, p. 26.
71. Leibniz, « Remarques sur la partie générale des principes de Descartes », p. 105,
107, 109.

L'impossibilité de comprendre l'application du continu mathématique au donné de l'expérience (qui constitue un aspect de ce qui est visé par Poincaré lorsqu'il affirme que les mathématiques constituent le seul langage possible de la physique) dès lors que l'on interprète une *égalité entre nombres rationnels ou réels* comme *l'identité de deux entités*, permet donc de conclure au non-sens des considérations ontologiques relatives aux théories physiques et mathématiques : ne pouvant être comprises comme fonctionnant selon la logique de l'identité, elles ne sauraient en effet véhiculer une ontologie. Elle permet aussi de comprendre ce qui sous-tend le problème philosophique, posé par Poincaré, de l'adéquation des mathématiques du continu à la physique. Il reste maintenant à exposer la solution qu'il en donne.

II.4. Infini actuel et infini potentiel

L'une des raisons pour lesquelles Poincaré qualifie de « réalistes » les cantoriens est que ceux-ci, posant comme *donnés* les ensembles des réels et des rationnels, introduisent par là inévitablement la « discrétion logique » au sein des continus du premier et du second ordre, les soumettant *ipso facto* au régime de l'identité numérique, dont nous avons vu qu'elle caractérise le langage ontologique de la substance. Ceci entre en parfaite cohérence avec le fait que c'est en référence à la position de *l'infini actuel* que Poincaré parle de *réalisme*. En effet, c'est seulement en tant qu'ils sont considérés comme *tous donnés en une collection* que les nombres rationnels ou réels possèdent cette détermination d'altérité qui caractérise la discrétion logique[72], autrement dit : que la « nébuleuse » du continu physique (caractérisée par l'indiscernabilité de termes contigus d'une série sensible) est « résolue en étoiles », pour reprendre une image de Poincaré. En revanche, au cours du processus *indéfini* consistant à résoudre la contradiction inhérente à la formule du continu physique par le remplacement de 'A = B' par 'A < B', ce caractère nébuleux du continu physique — dont nous avons vu qu'il est solidaire de l'indéfinie approximation des mesures physiques — n'est pas perdu, puisque l'on sait que l'on sera toujours conduit à introduire un troisième terme D entre A et B, tel que A = D, D = B, A < B (formule du continu physique), c'est-à-dire tels que A et D (respectivement D et B) sont indiscernables. Ainsi, la solution de Poincaré consiste à dire que si l'on considère l'« ensemble » des rationnels[73] comme un *infini potentiel* (ce que signifie très exactement le processus décrit dans

---

72. S'il distingue le formaliste hilbertien de la logistique de Russell en affirmant que celui-là, contrairement à celle-ci, ne pose pas l'infini actuel, nous avons vu que Poincaré n'en insiste pas moins sur le fait que l'entreprise axiomatique de Hilbert implique que soient distingués des individus. C'est cette seule exigence qui nous intéresse ici.

73. La reconstruction génétique des nombres *réels* par Poincaré ne s'appuie pas sur la formule du continu physique mais est appelée par des intuitions de nature géométrique. C'est pourquoi nous avons concentré notre analyse sur celle des nombres rationnels.

la phrase précédente) et non comme un infini actuel, l'idée qui préside à la résolution de la contradiction du continu physique est présente *sans que le caractère nébuleux du continu physique soit perdu*[74]. Un passage de l'article consacré à Cournot manifeste clairement le lien établi par Poincaré entre le refus du réalisme et la caractérisation du continu comme infini potentiel :

> Ces infiniment petits, raisons des choses, sont-ils de perpétuels devenir comme les infiniment petits leibnitiens ? Pour nous, qui ne croyons pas à la possibilité de concevoir un monde extérieur indépendamment du sujet pensant, ce serait la solution la plus simple et la plus naturelle. La raison première fuirait toujours devant l'esprit qui la cherche sans jamais pouvoir l'atteindre, et ce serait l'infiniment petit leibnitien qui symboliserait le mieux cette fuite éternelle[75].

Nous ne saurions donc suivre Vuillemin lorsque celui-ci écrit :

> L'infini est le genre dont le continu est une espèce : telle est la découverte fondamentale de Georg Cantor[76].

> Jusqu'à Georg Cantor, on n'a jamais clairement distingué le problème de l'infini et celui du continu. [...] Les philosophes anciens s'accordent à postuler que le continu ou infini n'existe pas en acte, mais seulement en puissance. D'Aristote à Poincaré, personne ou presque ne met ce postulat en question[77].

Si, en effet, Poincaré défend la thèse philosophique selon laquelle il faut comprendre le continu comme un infini potentiel, ce n'est pas faute de la questionner, mais parce qu'il trouve dans l'infini potentiel une vertu que ne possède pas l'infini actuel. Ce n'est donc pas seulement à cause des paradoxes qu'il engendre que Poincaré rejette l'infini actuel, c'est parce qu'en considérant l'infinité du continu comme actuelle et non pas comme potentielle, on ne voit pas en quoi il confère aux mathématique la spécificité qui en fait le langage privilégié de la physique. Car on s'interdit alors de prendre en compte et l'intuition sensible et l'intuition *a priori* qui président à la conception mathématique du continu et dont on ne comprend l'importance qu'une fois reconnue la vertu positive de l'infini potentiel. Telle semble être la vocation philosophique des reconstructions génétiques du continu et de la géométrie : tenter de mettre en évidence les instances sensibles et *a priori* qui y sont à l'œuvre, ainsi que leur articulation. Ainsi

---

74. Notons que, du point de vue de la constitution ontologique du discours du même et de l'autre, l'infini actuel et le fini se trouvent ainsi réunis sous le signe du « logiquement discret » et opposés à l'infinité potentielle du continu mathématique. Outre la singularité d'une telle répartition entre fini, infini potentiel et infini actuel, ceci montre bien que Poincaré ne réduit nullement l'infini potentiel au fini et que ce serait une erreur d'interprétation d'associer les vues de Poincaré à une conception finitiste des mathématiques.

75. Poincaré, *L'opportunisme scientifique*, p. 113.
76. Vuillemin, *La philosophie de l'algèbre*, p. 185.
77. Vuillemin, *La philosophie de l'algèbre*, p. 174-175.

en est-il, en géométrie, de l'analyse du choix conventionnel d'un groupe de déplacements (décrit par Poincaré comme une catégorie de l'entendement) à l'occasion de l'expérience de la compensation au sein du continu physique. Nous avons vu que cette analyse suppose celle du continu mathématique, dont la genèse est rendue possible par une *intuition a priori* qui est la même que celle qui confère au principe du raisonnement par récurrence son évidence et son statut de jugement synthétique *a priori*:

> Pourquoi donc ce jugement s'impose-t-il à nous avec une irrésistible évidence? C'est qu'il n'est que l'affirmation de la puissance de l'esprit qui se sait capable de concevoir la répétition indéfinie d'un même acte dès que cet acte est une fois possible. L'esprit a de cette puissance une intuition directe et l'expérience ne peut être pour lui qu'une occasion de s'en servir et par là d'en prendre conscience[78].

> Ce n'est pas seulement pour échapper à cette contradiction contenue dans les données empiriques que l'esprit est amené à créer le concept d'un continu, formé d'un nombre indéfini de termes.
> Tout se passe comme pour la suite des nombres entiers. [...]
> Dès que nous avons été amenés à intercaler des moyens entre deux termes consécutifs d'une série, nous sentons que cette opération peut être poursuivie au-delà de toute limite et qu'il n'y a pour ainsi dire aucune raison intrinsèque de s'arrêter[79]. »

Comme l'écrit G. Heinzmann:

> According to Poincaré, this constitution of sets [defined by the axiom of comprehension] is based on a methodological inversion which already concerns the philosophical presuppositions, i. e. the ontological hypotheses implied by the choice of a language. The cause of the antinomies resides, according to Poincaré, in an implicit recourse to a « false » intuition regarding abstract entities; in fact, for an anti-platonist, which was Poincaré's case from 1906 on, conceptual realism makes a usurping use of intuition when it relates it to the evident mode of presentation of an abstract entity instead of relating it to the capability to follow an action-schema[80].

---

78. Poincaré, *La Science et l'hypothèse*, p. 41.
79. Poincaré, *La Science et l'hypothèse*, p. 53. La formule choisie par Poincaré: « répétition indéfinie d'un même acte dès que cet acte est une fois possible » donne lieu à l'objection suivante: l'usage du mot « même » n'implique-t-il pas que l'*identité* se retrouve au cœur même de ce qui constitue l'une des instances *a priori* fondamentales de la pensée mathématique pour Poincaré? Il faut répondre qu'ici encore, on ne peut comprendre cet usage comme faisant référence à l'identité numérique. En effet, un texte de *La Science et l'hypothèse* montre que cette puissance de l'esprit doit pouvoir se prêter au discours physique de l'*approximation*, comme cela est explicitement énoncé dans la dernière phrase:
« On peut se demander pourquoi, dans les sciences physiques, la généralisation prend volontiers la forme mathématique. La raison est maintenant facile à voir; ce n'est pas seulement parce que l'on a à exprimer des lois numériques; c'est parce que le phénomène observable est dû à la superposition d'un grand nombre de phénomènes élémentaires tous semblables entre eux; ainsi s'introduisent tout naturellement les équations différentielles.

Si les définitions rigoureuses du continu mathématique sont philosophiquement insatisfaisantes, c'est précisément parce que leur vocation est de ne pas faire appel à l'intuition, laquelle, nous venons de le voir, joue un rôle central dans la réponse à la question du rôle du continu mathématique au sein de la connaissance physique. C'est de même parce qu'elles interdisent de comprendre ce que permettent les intuitions (sensibles et *a priori*) qui gouvernent la conception mathématique du continu que les considérations ontologiques sont dénuées de sens lorsqu'elles portent sur les théories physiques. Pour terminer, citons deux textes extraits de *Science et méthode* qui suggèrent que, selon Poincaré, s'interdire de répondre à cette question en ne prenant en considération que les définitions « logiques », c'est aussi s'interdire de comprendre ce qui constitue « la réalité véritable » des mathématiques elles-mêmes ; et c'est donc manquer le but de la philosophie des sciences telle que la conçoit Poincaré.

« Prenons par exemple l'idée de fonction continue. Ce n'est d'abord qu'une image sensible, un trait tracé à la craie sur le tableau noir. Peu à peu elle s'épure ; on s'en sert pour construire un système compliqué d'inégalités, qui reproduit toutes les lignes de l'image ; quand tout a été terminé, on a *décintré*, comme après la construction d'une voûte ; cette représentation grossière, appui désormais inutile, a disparu, et n'est resté que l'édifice lui-même, irréprochable aux yeux du logicien. Et pourtant, si le professeur ne rappelait l'image primitive, s'il ne rétablissait momentanément le *cintre*, comment l'élève devinerait-il par quel caprice toutes ces inégalités se sont échafaudées de cette façon les unes sur les autres ? La définition serait logiquement correcte, mais elle ne lui montrerait pas la réalité véritable[81]. »

[...] les mathématiques nous apprennent, en effet, à combiner le semblable au semblable. Leur but est de deviner le résultat d'une combinaison, sans avoir besoin de refaire cette combinaison pièce à pièce. Si l'on a à répéter plusieurs fois une même opération, elles nous permettent d'éviter cette répétition en nous en faisant connaître d'avance le résultat par une sorte d'induction. Je l'ai expliqué plus haut, dans le chapitre sur le raisonnement mathématique.

Mais, pour cela, il faut que toutes ces opérations soient semblables entre elles ; dans le cas contraire, il faudrait évidemment se résigner à les faire effectivement l'une après l'autre et les mathématiques deviendraient inutiles.

C'est donc grâce à l'homogénéité *approchée* de la matière étudiée par les physiciens que la physique mathématique a pu naître. » (Poincaré, *La Science et l'hypothèse*, p. 171, 172)

Un argument analogue à celui exposé plus haut conduirait à montrer que cette application du principe à un donné où règne l'approximation implique que l'« identité » qui apparaît dans sa formulation doit être comprise comme une égalité.

Ce texte s'inscrit explicitement dans la problématique de la nature mathématique de la physique. Il concerne plus particulièrement l'élaboration des lois physiques. Ayant choisi de concentrer notre étude sur la mesure physique, nous n'avons pas traité de cet autre aspect fondamental de la problématique de l'application du calcul différentiel et intégral à la connaissance physique.

80. Heinzmann, « Poincaré on understanding mathematics », p. 147.

81. Poincaré, *Science et méthode*, p. 111.

« Parmi toutes les constructions que l'on peut combiner avec les matériaux fournis par la logique, il faut faire un choix ; le vrai géomètre fait ce choix judicieusement parce qu'il est guidé par un sûr instinct, ou par quelque vague conscience de je ne sais quelle géométrie plus profonde, et plus cachée, qui seule fait le prix de l'édifice construit.

Chercher l'origine de cet instinct, étudier les lois de cette géométrie profonde qui se sentent et ne s'énoncent pas, ce serait encore une belle tâche pour les philosophes qui ne veulent pas que la logique soit tout[82]. »

Bibliographie

Aristote, *Catégories*, traduit par F. Ildefonse et J. Lallot, Paris, Editions du Seuil, 2002.

Benacerraf, Paul, « What numbers could not be », dans Putnam, H., Benacerraf, P., dir., *Philosophy of mathematics. Selected readings*, New York, Cambridge University Press, 1996, p. 272-294.

Bouveresse, Jacques, *Le pays des possibles*, Paris, Les Editions de Minuit, 1988.

Brunschvicg, Léon, *Les étapes de la philosophie mathématique*, Paris, Blanchard, 1993.

Descartes, René, *Principes de la philosophie*, Paris, Vrin, 1990.

Folina, Janet, « Logic and intuition in Poincaré's philosophy of mathematics », dans Greffe, J.L., Heinzmann, G., Lorenz, K., dir., *Henri Poincaré. Science et philosophie*, Berlin/Paris, Akademie Verlag/Blanchard, 1996, p. 417-434

Frege, Gottlob, *Écrits logiques et philosophiques*, traduit par C. Imbert, Paris, Editions du Seuil, 1970.

Galilée, *Il Saggiatore*, traduit par C. Chauviré, Annales littéraires de l'Université de Besançon, Les Belles Lettres, 1979.

Galilée, *Dialogue sur les deux grands systèmes du monde*, traduit par René Fréreux, Paris, Editions du Seuil, 1992.

Giedymin, Jerzy, *Science and convention*, Oxford, Pergamon Press, 1982.

Greffe, J.L., Heinzmann, G., Lorenz, K., dir., *Henri Poincaré. Science et philosophie*, Berlin/Paris, Akademie Verlag/Blanchard, 1996

Heinzmann, Gerhard, « Poincaré on understanding mathematics », *Philosophia Scientiae*, 3.2, 1998/99, p. 143-160.

Hilbert, David, *Les fondements de la géométrie*, traduit par P. Rossier, Paris, Dunod, 1971.

Husserl, Edmund, *Philosophie de l'arithmétique*, traduit par J. English, Paris, Presses Universitaires de France, 1992.

Jacob, Pierre, dir., *De Vienne à Cambridge*, Paris, Gallimard, 1980.

Kant, Emmanuel, *Critique de la raison pure*, Paris, Gallimard, Bibliothèque de la Pléiade, 1986.

Leibniz, « Remarques sur la partie générale des principes de Descartes », dans Leibniz, *Opuscules philosophiques choisis*, traduit par P. Schrecker, Paris, Vrin, 2001, p. 31-159.

Poincaré, Henri, *La Science et l'hypothèse*, Paris, Flammarion, 1968.

Poincaré, Henri, *La Valeur de la science*, Paris, Flammarion, 1970.

---

82. Poincaré, *Science et méthode*, p. 129.

Poincaré, Henri, *Science et Méthode*, Paris, Kimé, 1999.

Poincaré, Henri, *Dernières pensées*, Paris, Flammarion, 1930.

Poincaré, Henri, *Des fondements de la géométrie*, Paris, Chiron, 1921.

Poincaré, Henri, *L'opportunisme scientifique*, Basel, Boston, Berlin, Birkhäuser, 2002.

Putnam, Hilary, *Philosophie de la logique*, traduit par P. Peccatte, Combas, Editions de l'éclat, 1996.

Putnam, H., Benacerraf, P., dir., *Philosophy of mathematics. Selected readings*, New York, Cambridge University Press, 1996.

Quine, Willard Van Orman, *From a logical point of view*, Cambridge, Harvard University Press, 1994.

Quine, Willard Van Orman, *Le mot et la chose*, traduit par J. Dopp et P. Gochet, Paris, Flammarion, 1977.

Quine, Willard Van Orman, « Parler d'objets », dans Quine, Willard Van Orman, *Relativité de l'ontologie et autres essais*, traduit par J. Largeault, Paris, Aubier, 1977, p. 13-37.

Quine, Willard Van Orman, « Le domaine et le langage de la science », dans Jacob, Pierre, dir., *De Vienne à Cambridge*, Paris, Gallimard, 1980, p. 219-240.

Vuillemin, Jules, *La philosophie de l'algèbre*, Paris, Presses Universitaires de France, 1962.

Wittgenstein, Ludwig, *Remarks on the foundations of mathematics*, traduit par G. E. M. Anscombe, Oxford, Blackwell, 1994.

Zahar, Elie, *Poincaré's philosophy*, Chicago, Open Court, 2001.

Disputatio

Précis de *Internal Logic*[1]

YVON GAUTHIER
Université de Montréal
Yvon.gauthier@umontreal.ca

Introductio. Opus et Argumentum

L'argument principal qui fait l'objet du présent débat (pour deux des co-débatteurs) est la preuve de consistance interne pour l'arithmétique de Fermat-Kronecker avec descente infinie. Cette preuve, publiée d'abord dans la revue *Modern Logic,* vol. 8 (2000) n°s 1-2, p. 47-87, constitue le chapitre 4. La genèse historique de la question remonte à Fermat-Kronecker, à travers Hilbert, Poincaré et Gödel, qui avait admis la possibilité d'une preuve interne de la consistance de l'arithmétique, contrairement à ce que croit la majorité des logiciens. Cette genèse est retracée dans les chapitres 2 et 3 de l'ouvrage. Le chapitre 5 porte sur le passage de Kronecker à Brouwer. Un chapitre est consacré aux fondements de la physique chez Hilbert et sa postérité, et le chapitre final essaie de circonscrire l'état de la question fondationnelle aujourd'hui.

La version de la méthode de descente infinie que j'ai utilisée dans ma preuve est tirée de la théorie des nombres, et c'est l'arithméticien André Weil qui la caractérise le mieux à mon sens :

> La descente infinie opère dans tout corps fini de nombres (idéaux ou polynômes) où le produit de deux entiers ordinaires (ou algébriques) est égal à une puissance (ou degré) et leur plus grand diviseur commun s'obtient par descente finie; c'est le cas, en particulier, pour le corps quadratique $Q(\sqrt{N})$ des formes quadratiques binaires de discriminant N. (cf. A. Weil, *Number Theory. An Approach through History*, Birkhaüser, Boston, 1984, p. 335-336).

C'est cette forme de la descente infinie qui s'applique à la théorie des formes (polynômes homogènes) de l'arithmétique générale de Kronecker. La théorie des formes avec indéterminées de Kronecker est fort mal connue des logiciens[2]. C'est dans la théorie polynomiale de Kronecker que j'ai

---

1. Yvon Gauthier *Internal Logic. Foundations of Mathematics from Kronecker to Hilbert*, Kluwer, « Synthese Library », Dordrecht/Boston/London, 2002, 247 pages.

2. On peut mesurer l'étendue de cette méconnaissance quand un logicien bien connu, que je connais depuis longtemps, écrit Krönecker avec un « *Umlaut* », une métaphonie notée par un tremblement de la plume ! Le mathématicien André Weil, à qui j'ai envoyé la preuve dans sa gestation, m'avait écrit que la partie mathématique lui paraissait correcte, mais que les subtilités de la logique lui échappaient. Cela est significatif pour quelqu'un qui connaît bien l'œuvre de ce grand arithméticien et co-fondateur du groupe Bourbaki – je note que l'on

immergé l'arithmétique des nombres naturels pour en démontrer la consistance interne ; le plongement s'effectue à l'aide d'une traduction polynomiale des constantes logiques qui servent de passage au principe d'équivalence des formes qui garantit à son tour l'isomorphisme arithmético-algébrique de la traduction. La décomposition polynomiale, que j'ai exhibée dans les longs calculs de l'ouvrage, correspond exactement à la descente infinie dans la suite illimitée des nombres naturels. La logique arithmétisée est ainsi totalement absorbée dans l'arithmétique polynomiale, c'est-à-dire que le contenu arithmétique absorbe la forme logique (les constantes logiques) dans les opérations arithmétiques et algébriques de la théorie des formes. La preuve de consistance n'a plus qu'à démontrer que le passage est effectif par la conclusion que (0 1) dans la décomposition polynomiale qui traduit le système formel de l'arithmétique de Fermat-Kronecker, laquelle correspond à la théorie des nombres classique. Ce système formel a des propriétés minimalistes, dont certaines sont intuitionnistes, d'autres plus radicalement constructives.

L'argument est entièrement neuf et a résisté jusqu'ici à tous les assauts. Je ne cache pas la difficulté de la question, mais une grande part de la difficulté vient de la méconnaissance, chez les logiciens en particulier, des moyens proprement mathématiques déployés dans la preuve. Au-delà des détails ou des subtilités formelles, ce qu'il faut attaquer, c'est le principe de la traduction ou de l'interprétation polynomiale « interne » de la logique dans une descente finie où l'arithmétique est auto-consistante.

---

m'a déjà accusé *(in print)* d'être bourbakiste. Je ne connais que Harold Edwards et André Weil à la suite de Hermann Weyl comme mathématiciens compétents dans la recherche kroneckérienne récente.

Sur la preùve de consistance de Gauthier et le programme de Frege

DAVID DEVIDI
University of Waterloo
ddevidi@uwaterloo.ca

Quand *Philosophiques* m'a donné l'occasion de commenter *Internal Logic* de Yvon Gauthier, j'étais très heureux — entre autres parce que j'avais l'occasion d'obtenir une copie d'un livre écrit par une figure redoutable de la philosophie des mathématiques au Canada. Après lecture cependant, j'ai pensé que Gauthier et Kluwer avaient conspiré pour produire un livre plutôt décevant.

La preuve de consistance pour ce qu'il appelle « l'arithmétique de Fermat » comme thème central du livre constitue une des sources majeures de déception. Pour plusieurs raisons, la preuve est extrêmement difficile à suivre.

Une de ces raisons est qu'on aurait souhaité que Gauthier prenne le temps de corriger quelques maladresses avant la publication de l'ouvrage — par exemple, il présente sa logique comme une forme particulière de calcul séquentiel tout en soutenant que « Since our system is a system of local logic (with minimalist and intuitionist properties), in practice we can consider only sequents Γ where Δ consists of a unique formula » (p. 85). Malheureusement, les règles séquentielles ne sont pas fixées sous cette forme mais toujours sous une forme générale permettant plusieurs formules arbitraires comme conséquents. Pourquoi ne pas avoir pris la peine de présenter adéquatement le système à l'étude ?

Les autres raisons sont plus importantes. Une de celles-là concerne la tendance de Gauthier à soutenir que la notation s'explique d'elle-même. C'est là une hypothèse hasardeuse qui fait en sorte que les publications en logique apparaissent souvent terriblement pédantes aux non-logiciens. J'ai lu la définition que Gauthier donne de la *fonction d'assignation* (p. 88) à plusieurs reprises et je la trouve toujours aussi opaque. Ceci s'explique entre autres par le fait que la définition introduit soudainement, sans explication, une notation que nous n'avons vue nulle part auparavant dans le livre et dont la légitimité n'est pas immédiatement manifeste. De même, lorsque nous passons à l'étape de l'« élimination des constantes logiques », nous sommes invités à réécrire les règles du calcul séquentiel en remplaçant les composantes de la séquence par les polynômes appropriés. Mais ce qui nous manque, c'est une explication arithmétique adéquate de la ligne séparant une séquence de la suivante. La seule explication qui nous est présentée est « that the line has the meaning simply of an ordered sequence of sequents (consisting of the sequences of formulas themselves. » Cela peut paraître bizarre, mais je ne trouve pas cette explication éclairante. Vraisemblablement, ce qui est requis, c'est que les transitions d'une séquence à la suivante correspondent à des transformations arithmétiques légitimes mais qui ont aussi des propriétés appropriées pour modéliser la notion de « following from ».

On pourrait s'attendre à des éclaircissements là-dessus en se tournant vers les résultats métalogiques que Gauthier avance pour sa théorie des modèles. C'est-à-dire que lorsqu'il démontre que le sens dans lequel il présente le calcul séquentiel est adéquat pour la classe de modèles qu'il définit, on pourrait vraisemblablement être en mesure de tirer quelque chose de ce qu'il entend par la fonction d'assignation et de la manière par laquelle il souhaite que les règles séquentielles soient comprises. Malheureusement, nous n'avons aucune de ces preuves.

En fin de compte, j'avoue que je suis incapable de présenter une évaluation sensée de cette preuve parce que je ne la comprends tout simplement pas. Cela témoigne peut-être de mes propres caprices, mais je ne crois pas me tromper en affirmant que si, moi, je ne peux saisir où Gauthier veut en venir dans ce chapitre, c'est qu'il y a de sérieux problèmes dans sa présentation — soit que la matière est formulée de façon obscure, soit que le nombre de lecteurs potentiels de ce chapitre est extrêmement limité, et ce, même pour un traité portant sur un domaine de recherche spécialisé en philosophie. Même si cette dernière alternative était fondée, il n'en reste pas moins que l'argument aurait pu être présenté d'une façon plus accessible.

Mais puisque Gauthier est bien entendu un logicien accompli, peut-être devrions-nous le prendre aux mots et tenir pour acquis que la preuve est correcte. Mais son ouvrage nous donne d'autres raisons de ne pas suivre cette voie. Car l'ouvrage semble avoir été confectionné avec une dose importante d'insouciance tant de la part de l'auteur que de la maison d'édition. On peut s'attendre à rencontrer quelques erreurs typographiques dans un livre, particulièrement lorsqu'il traite d'un sujet technique, mais celui-ci en contient plusieurs douzaines, sans compter les nombreuses phrases malheureuses dont le sens est complètement opaque. Assurément, une correction d'épreuves attentive aurait pu en réduire le nombre. Cela aurait peut-être pu éviter des erreurs typographiques comme le remplacement du quantificateur existentiel par « 1/4 » dans les premiers chapitres du livre et le remplacement du symbole tourniquet par « ? » au chapitre 4. D'autres erreurs plus importantes semblent imputables à l'auteur lui-même plutôt qu'à la maison d'édition. Par exemple, à la page 1, nous constatons tant une incapacité à distinguer la loi fondamentale V de Frege du principe de compréhension naïf et le « fait » surprenant que $x \notin x$ est une contradiction. Quand cette loi fondamentale V est à nouveau évoquée (p. 126), sa formulation est embrouillée. L'ouvrage contient de nombreux cas similaires de formulations brouillonnes qui ont pour conséquence de miner la crédibilité de l'auteur dans l'entreprise délicate visant à établir la consistance de l'arithmétique au sein même de l'arithmétique.

Ce qui en fait un livre *décevant*, plutôt qu'un livre inintéressant, c'est que, en dépit de tout ce qui vient d'être dit, Gauthier est un philosophe dont les idées sont intéressantes et importantes. Le projet fondationnel de Gauthier est aussi radical qu'intéressant (même si, encore une fois, il n'est pas toujours exprimé clairement). Si son affirmation selon laquelle le type d'arithmétique constructiviste qu'il nomme *FA* est intrinsèquement consistante, il s'agit-là sans aucun doute d'un fait dont les conséquences philosophiques sont très importantes. Aussi, même si nous ne sommes pas prêts à le laisser isoler les antécédents, c'est une entreprise philosophique intéressante que d'essayer d'imaginer ce qu'en seraient les implications *si* la preuve était correcte. Une bonne partie du livre est évidemment consacrée à ce type de questions, mais sans le conditionnel. C'est à une des affirmations de Gauthier concernant les conséquences de sa preuve que je vais consacrer la suite de mes remarques. Car bien que sa preuve aura sûrement des conséquences philosophiques importantes, il y a de nombreux passages qui me laissent croire que Gauthier n'a pas réussi à les mettre au clair. Pour l'instant, j'aimerais me pencher sur ce que Gauthier a à dire sur les *Fondements de l'arithmétique* de Frege dans le chapitre 5 de son ouvrage.

En particulier, j'aimerais remettre en question l'affirmation étonnante de Gauthier suivant laquelle « Kronecker's polynomial arithmetic appears as the true realization of Frege's project. » Je crois qu'une telle affirmation n'est possible que si l'on interprète le projet de Frege de façon erronée. Car, comme le souligne Gauthier, la « logique interne » qu'il découvre dans l'arithmétique polynomiale de Kronecker est « with content » et « is not independent of arithmetic but shares its mode of construction, which a Kantian would probably call synthetic mode. » D'un autre côté, c'est précisément le but de l'entreprise logiciste de Frege que de démontrer que l'arithmétique est *sans* contenu intuitif, et donc en ce sens *non synthétique*. Comme le fait remarquer Demopoulos dans un article cité par Gauthier (Bell and Demopoulos, 1993), le travail de Frege appartient clairement à une longue tradition d'ouvrages consacrés à l'effort de libérer l'analyse de toute dépendance au recours à l'intuition géométrique ou cinétique. Comme c'est un raccourci commode et utile que de mettre l'emphase sur les motivations anti-kantiennes du projet (comme l'ont fait, par exemple, Alberto Coffa,1995), Demopoulos (voir aussi Dummett,1991) a clairement démontré que le programme peut être indépendamment motivé par la nécessité d'en finir avec le développement des soi-disant fonctions pathologiques. Les fonctions pathologiques sont celles qui ont des propriétés « inimaginables », comme celle d'être continues mais d'être nulle part différenciables, et dont l'existence pourrait être démontrée en utilisant les méthodes canoniques pour la manipulation des objets non pathologiques.

Dans cette tradition, c'est le recours à l'intuition qui est à blâmer pour les attentes inappropriées de ce qu'on est en droit d'attendre de la notion de fonction, et c'est donc le recours à l'intuition qui doit être éliminé dans une théorie fondationnelle adéquate. Quoi qu'il en soit des disputes autour de l'interprétation de Frege, la plupart des interprètes estiment que l'œuvre de Frege appartient à cette tradition. Donc, si Gauthier peut néanmoins soutenir que l'objectif de Frege a été réalisé par la reconnaissance de l'auto-consistance de l'arithmétique polynomiale, je crois qu'il s'agit là d'un tournant révolutionnaire dans le commentaire sur Frege.

Malheureusement, l'argument de Gauthier pour défendre son affirmation est plutôt difficile à suivre. C'est bien connu que le projet de Frege a rencontré quelques difficultés face au paradoxe de Russell. Gauthier écrit à ce propos : « One knows that Frege will at the end take refuge in geometry as the sole source of the mathematical knowledge or the spatial and temporal continuum as the origin of the idea of the infinite. » Mais il ne semble pas accorder trop de poids à cette affirmation et ne semble donc pas s'opposer à ceux qui auraient prévu cela à travers un examen attentif des premiers travaux intéressants de Frege. Il semble plutôt admettre l'argument selon lequel Frege aurait lancé la serviette à la fin de sa vie, alors qu'il se livrait à des divagations imaginaires sur bon nombre de sujets.

Gauthier demande (p. 126) : « How do we relate Frege's theory to Kronecker's programme ? » Il nous sert alors une vague paraphrase de *Grundlagen* (§88) où Frege explique comment quelque chose peut être démontré comme une conséquence logique des définitions — et donc *analytique* en son sens et non au sens kantien — et ainsi élargir notre connaissance. Mais, mystérieusement, Gauthier affirme que « Frege does not pretend to have shown such a link to be analytical », alors que cette affirmation semble contredire ce que dit Frege à la § 88 de *Grundlagen* : « The conclusions we draw from it extend our knowledge, and ought, therefore, on Kant's view, to be regarded as synthetic; and yet they can be proved by purely logical means, and are thus analytic. The truth is that they are contained in the definitions, but as plants are contained in their seeds, not as beams are contained in a house. » Que l'on croie ou non que Frege a réussi à donner un contenu à la métaphore utilisée dans cette dernière phrase, il semble plutôt faire explicitement ce que Gauthier nie qu'il fait. Peut-être Gauthier a-t-il à l'esprit la remarque de Frege à la §90 où il affirme : « I do not pretend to have made the analytic character of arithmetical propositions more than probable. » Mais il ressort clairement de ce qui suit que ce que veut dire ici Frege, c'est qu'il n'a pas présenté une preuve logique complètement explicite et sans faille, et qu'ainsi demeure la possibilité de contagion par « some other type of premise. » Il est donc quelque peu trompeur d'affirmer que Frege « claims only that there is an internal connection between logic and arithmetic. » Parce qu'il dit bel et bien qu'il a « made it probable that the laws of arithmetic are analytic », ce qui revient à dire qu'il considère qu'il a de bonnes raisons de croire que les preuves qu'il présente *pourraient* être établies sans faille.

Gauthier poursuit : « If logic means only the consecution of linear sequences of elements, logic is arithmetic and there is no need for anything else than polynomials. » Ce que cela signifie exactement nous laisse un peu perplexe, mais nous pouvons affirmer avec assez de certitude que Frege n'aurait sans doute pas accepté l'antécédent. Nous pouvons douter que Frege ait fourni une caractérisation adéquate de ce qu'est un principe fondamental, c'est-à-dire *logique* — il y a bien entendu sa caractérisation des lois logiques qui « neither need nor admit proof » à la §3 des *Grundlagen*, mais cela ne nous est d'aucun secours. Il ressort clairement de la discussion aux §§ 90 ct 91 que seules ces séquences de propositions qui constituent des arguments dans lesquels aucun contenu intuitif ne peut entrer sans être découvert, c'est-à-dire celles dans lesquelles les étapes sont en accord avec un nombre limité de principes qui peuvent garantir cette sorte de connexion entre les membres de la séquence, pourront compter comme des preuves logiquement correctes. L'affirmation de Gauthier suivant laquelle Frege aurait échoué à démontrer que les nombres naturels pourraient être considérés comme des *objets logiques* laisse tout aussi perplexe : « Frege's loss here is a conception of the autonomy of arithmetic within arithmetic, though it was his dearest wish. » Cette phrase est plutôt étrange puisque Frege tentait précisément de démontrer l'autonomie de l'arithmétique *par rapport à l'intuition géométrique et cinétique*, ce qui possiblement aurait pu être considéré comme son « vœu le plus cher » et, de toute façon, le sens de l'expression « autonomy of arithmetic within arithmetic » n'est pas très clair. En tout cas, si l'autonomie de l'arithmétique est le vœu le plus cher de Frege, on ne voit pas très bien comment l'arithmétique de Kronecker et la contamination de l'arithmétique par le contenu intuitif qui l'accompagne pourrait d'un façon ou d'une autre constituer la réalisation de ce projet.

La suite de cette section de l'ouvrage de Gauthier consacrée à Frege contient un bon nombre de propositions toutes aussi difficiles à interpréter. Le résultat est qu'il n'est pas facile de bien voir la position qu'entend défendre Gauthier lorsqu'il est question des implications de sa preuve de consistance pour le projet fondationnel de Frege. Cela est regrettable parce que certaines de ses affirmations paraissent peu plausibles et plutôt frappantes. S'il pouvait établir le bien-fondé de ses arguments et si d'autres philosophes pouvaient vérifier l'exactitude de ses propos, un progrès philosophique véritable pourrait en résulter. Tel quel, cependant, son argumentation ici, comme à beaucoup d'autres endroits dans le livre, m'apparaît trop obscure pour faire l'objet d'une évaluation[1].

1. Je tiens à remercier Richard DeVidi et Tim Kenyon pour leurs précieuses suggestions.

Références

Coffa, Alberto, « Kant, Bolzano and the Emergence of Logicism », William Demopoulos (ed.), *Frege's Philosophy of Mathematics*, Cambridge, Harvard University Press, 1995, p. 29-40.

Demopoulos, William and John L. Bell, « Frege's Theory of Concepts and Objects and the Interpretation of Second-order Logic », *Philosophia Mathematica*, 1, 1993, p. 139-156.

Dummett, Michael, *Frege : Philosophy of Mathematics*, Cambridge, Harvard University Press, 1991

Le quantificateur effini, la descente infinie et les preuves de consistance de Gauthier

RICHARD ZACH
University of Calgary
rzach@ucalgary.ca

Internal Logic rassemble quelques-uns des éléments de la recherche d'Yvon Gauthier sur les fondements des mathématiques et, comme il le signale lui-même, examine à nouveau sa tentative de radicaliser le programme de Hilbert. Une radicalisation du programme de celui-ci est censée, à mon avis, prendre le point de vue finitaire de Hilbert plus au sérieux que n'ont pu le faire d'autres tentatives visant à défendre ce programme. Un tel retour aux « sources des idées métamathématiques de Hilbert » pourra, selon Gauthier, lui permettre de sauver son programme (p. 47).

La « radicalisation » de Gauthier inclut une partie positive et une partie négative. La partie négative consiste en une critique, que l'on retrouve un peu partout dans l'ouvrage, des tentatives opposées pour sauver le programme de Hilbert, en particulier des efforts visant à justifier la preuve de consistance pour l'arithmétique de Peano sur des fondements finitaires, mais aussi l'interprétation de Gödel dans *Dialectica*. La partie positive consiste en une présentation de la preuve de consistance de l'arithmétique au chapitre 5.

Tant la partie positive que négative du débat fondationnel du professeur Gauthier renvoient à la position qu'il défend et suivant laquelle la méthode de la descente infinie est privilégiée par rapport à celle de l'induction complète. Il s'agit là d'un point de vue intéressant, qui est très près de la distinction entre l'infini potentiel et l'infini complet. Suivant le raisonnement axé sur la descente infinie, une proposition est dite valide pour un nombre arbitraire n en montrant que la supposition qu'elle n'est pas valide pour n implique l'existence de $m < n$ pour laquelle elle ne vaut pas non plus. Mais puisqu'il ne peut y avoir de séquence infinie de nombres naturels descendants, cela est impossible.

La discussion du professeur Gauthier ne réussit malheureusement pas à élucider la relation qu'il croit déceler entre la descente infinie et l'induction. Le professeur Gauthier nous dit qu'un des caractères distinctifs de la descente infinie est que « it does not require a universal (classical) quantification, but [only ?] an unlimited or "effinite" quantification over indefinite, potentially infinite sequences or Brouwer's indefinitely proceeding sequences... » (p. 57). Le quantificateur effini de Gauthier joue ici un rôle crucial.

En termes classiques, on pourrait directement formaliser le principe de la descente infinie de la manière suivante : $\forall x\, (\neg A(x) \rightarrow \exists y < x\, \neg A(x))$

→ ∀x A(x). Ceci, toujours de façon classique (par contraposition du conditionnel dans l'antécédent), est équivalent à ∀x (∀y < x A(x) → A(x)) → ∀x A(x). La formalisation du professeur Gauthier qui utilise le quantificateur effini Ξ est la suivante (dans ce contexte) :

$$Ξx\{[\ ¬A(x) ∧ ∃y < x ¬ A(y)] → ∃y \quad Ξz < y ¬A(z)\} → Ξx A(x)$$

Je dois admettre que je ne suis pas en mesure de comprendre le sens de cette formule, ni de quelle manière elle constitue une formalisation du principe de la descente infinie. Ceci est peut-être imputable à ma compréhension limitée de la signification du quantificateur effini. *Ξx A(x)* signifie supposément que « there are effinitely many *x* so that *A(x)* » où « effinitely many » signifie « for the infinitely proceeding sequence of natural numbers ». Les scrupules finitaires du professeur Gauthier laissent croire que le quantificateur effini est une sorte de quantificateur universel finitaire, une façon de dire *que A(x)* est applicable à tous les nombres sans présupposer qu'il y a une totalité de nombres naturels. Si cela est admissible, on pourrait croire que le remplacement de *Ξx A(x)* par *∀x A(x)* aboutirait à quelque chose qui serait, d'un point de vue classique, équivalent à l'induction. Cependant,

$$∀x\{[\ ¬A(x) ∧ ∃y < x ¬ A(y)] → ∃y \quad ∀z < y ¬A(z)\} → ∀x A(x)$$

comme on peut facilement le voir, n'est pas vrai pour tous les *A*. D'un autre côté, dans la discussion des règles de dérivation pour le quantificateur effini (p. 87), le professeur Gauthier dit qu'il agit comme un quantificateur universel dans les occurrences positives et comme quantificateur existentiel dans les occurrences négatives. Alors, peut-être que l'équivalent classique devrait plutôt être :

$$∃x\{[\ ¬A(x) ∧ ∃y < x ¬ A(y)] → ∃y \quad ∃z < y ¬A(z)\} → ∀x A(x)$$

Mais cela fonctionne encore plus mal, car cette proposition est fausse lorsque ∀x A(x) est faux.

À la page 81, le professeur Gauthier soutient que « from a (classical) logical point of view, infinite descent is identified with the least number principle », et, à la p. 57, après avoir introduit la version formalisée de la descente infinie, il soutient que le principe du plus petit nombre n'est équivalent à l'induction complète que d'un point de vue classique. Devons-nous alors supposer que, du point de vue de l'arithmétique de Kronecker-Fermat, la descente infinie est en quelque sorte plus près, ou peut-être même qu'elle *se réduit* au principe du plus petit nombre : ∃x A(x) → ∃x (A(x) ∧ ∀y < x ¬A(x)) ? Ce qui éveille cette suspicion, c'est le fait que le principe du plus petit nombre ne contient pas de quantificateurs universels non liés du type que le professeur Gauthier juge discutable dans le schéma de l'induction complète. D'un autre côté, le professeur Gauthier semble viser une position se rapprochant de l'intuitionnisme. Pourtant, dans l'arithmétique intuitionniste, le principe d'induction est un axiome, alors que le principe du plus petit nombre ne peut pas être prouvé[1].

Peut-être que les difficultés autour du débat sur la formalisation de la descente infinie pourraient être surmontées en fournissant une sémantique et une théorie de la preuve à la logique dans laquelle, selon le professeur Gauthier, l'arithmétique de Kronecker-Fermat pourrait être fondée. C'est le but qu'il poursuit dans le chapitre 4 de son ouvrage. On pourrait s'attendre ici à une formulation précise du calcul logique, d'une sémantique, d'une preuve de consistance et peut-être même d'une preuve de complétude de la première en rapport avec cette dernière. Malheureusement, aucune de ces preuves n'est donnée. En fait, j'ai beaucoup de difficultés à comprendre la sémantique que propose le professeur Gauthier (p. 88). La notion d'une structure M semble en effet familière : un domaine D_m (en pratique, l'ensemble des nombres naturels), et les interprétations des prédicats et des symboles de fonction. Le professeur Gauthier propose ensuite une définition de la fonction φ_m qui assigne 0 ou 1 aux formules closes. Évidemment, φ_m (A) est censé donner la valeur de vérité de A. Mais la définition de φ est plutôt obscure. Par exemple, la formule pour la conjonction est :

$$\varphi_m \ (A \wedge B) \ [n \ x \ m] = 1 \ \text{ssi} \ A_n \in D_n \ \text{et} \ B_n \in D_m.$$

Si φ_m est une fonction des formules de$\{0, 1\}$, alors, quel est le rôle de l'argument supplémentaire $n \ x \ m$? Et que sont A_n et B_m? Peut-être sont-ils les « valuators » auxquels le professeur Gauthier a fait allusion quelques lignes plus haut : « a number which locates the formula in the arithmetical universe ». Si A_n et B_m sont des nombres, et que D_m est la série des nombres naturels, il me semble que la partie gauche de la définition est toujours vraie — mais bien entendu toutes les conjonctions ne se voient pas assigner 1 ?

Ces défauts parmi d'autres dans la présentation des détails techniques font en sorte qu'il est difficile de cerner exactement ce que le professeur Gauthier essaie de démontrer avec sa preuve de consistance. Une fonction des formules et des preuves pour les polynômes est importante, et la descente infinie de quelques séries de polynômes est alors appliquée pour obtenir le résultat de consistance. Je soupçonne que cette approche du problème n'est pas à la base tellement différente des approches des preuves de consistance d'Ackermann et Gentzen. Eux aussi procèdent en établissant une assignation de preuves aux polynômes, mais dans leur cas, les polynômes dans lesquels ω fonctionne comme une variable et dans lesquels les exposants peuvent eux-mêmes être des polynômes. En d'autres mots, il y a une façon naturelle dans laquelle la forme normale de Cantor d'un

---

1. Voir par exemple l'ouvrage de A.S. Troelstra et D. van Dalen, *Constructivism in Mathematics*, vol. I, Amsterdam, North-Holland, 1988, p. 129.

ordinal moins que ε_0 — notation ordinale telle qu'utilisée par Gentzen et Ackermann — peut être considérée comme un polynôme. Les preuves de Gentzen et Ackermann ne nécessitent aucune sorte d'induction transfinie au sens de la théorie des ensembles. L'induction — en fait, dans ces cas, c'est la descente infinie qui est utilisée et non l'induction — procède avec de tels polynômes-ω. Le théorème de la forme normale de Cantor n'est pas du tout un « ingrédient de base » (p. 48) du travail de Gentzen et Ackermann. Le professeur Gauthier a peut-être raison de douter de l'existence des ordinaux limites $<\varepsilon_0$, mais ce ne sont pas ces derniers mais bien plutôt les *expressions* ordinales qui jouent un rôle dans les preuves de consistance.

Ce qui est en jeu dans le débat autour du statut des preuves de consistance comme celles de Gentzen et Ackermann n'est pas de savoir s'ils utilisent ou non des objets infinitaires, c'est-à-dire des ordinaux — ils ne les utilisent évidemment pas —, mais plutôt de savoir si le finitisme a accès à l'idée qu'il n'y a pas de séquences de notations ordinales de ce type descendant infiniment. Le professeur Gauthier semble penser que cette idée ne peut pas être justifiée de manière finitaire, et l'argument (à la p. 64) semble reposer sur le fait indéniable que les « ordinaux limites » n'ont aucun prédécesseur dans l'ordre approprié. Il me semble, toutefois, qu'on peut dire la même chose des polynômes que le professeur Gauthier utilise dans sa preuve de consistance. Quel est le prédécesseur immédiat de $x^2 + x$ dans l'ordre des polynômes avec lequel fonctionne sa méthode de descente infinie ? Il semble être ici face à ses polynômes dans une situation qui est tout à fait analogue à celle de Gentzen et Takeuti face aux notations ordinales. En ne fournissant pas d'explication plus précise et plus détaillée du cadre dans lequel sa preuve de consistance est développée, de même que les méthodes de preuves utilisées, il sera difficile de dissiper le doute que le caractère compliqué de sa preuve obscurcit plutôt qu'il évacue les difficultés rencontrées par la preuve de Gentzen.

Fondements ou constructivité?

MATHIEU MARION

Chaire de Recherche du Canada en philosophie de la logique et des mathématiques
Université du Québec à Montréal

Dans son dernier ouvrage[1], Yvon Gauthier présente son système de logique
« interne » (qu'il nomme aussi logique « arithmétique », « polynomiale » et
« modulaire »), dont les aspects les plus singuliers sont la négation et l'implication « locale », et l'introduction de quantificateurs « effinis ». Il donne
de ce système une interprétation strictement arithmétique, d'où l'adjectif
« interne », sur lequel je vais revenir. Afin de lui donner un rôle fondationnel en mathématiques, Gauthier augmente cette logique interne d'un
principe de descente infinie, qu'il prend soin de distinguer de l'induction
mathématique (p. 51), et il propose pour ce nouveau système, qu'il nomme
« arithmétique de Fermat » (ou, à l'occasion, arithmétique « de Fermat-
Kronecker » ou « polynomiale »), une preuve de consistance au chapitre 4,
qui est en quelque sorte la clef de voûte du programme. Je ne peux pas
juger de la validité de cette preuve. Cependant, l'ouvrage de Gauthier n'est
pas dénué de philosophie : une grande partie de celui-ci est consacrée à la
justification de ce programme, en référence surtout à Kronecker et au programme de Hilbert, dont il s'affiche comme une variante radicale[2]. Cette
entreprise repose sur un présupposé philosophique, et c'est sur terrain que
j'aimerais engager la discussion, plutôt que sur des questions « techniques »,
qui ne sont pas du ressort de cette revue.

Gauthier est préoccupé par des questions fondationnelles héritées du
programme de Hilbert et, en philosophie, de Husserl (p. 131). Il s'agit
essentiellement de trouver la théorie axiomatique qui permet de « certifier »
les mathématiques et dont la justification philosophique soit satisfaisante
pour l'esprit. Cependant, je crois qu'il y a eu quelque chose comme un
changement de « paradigme » en théorie des démonstrations — faute
d'espace, je ne parlerai que de celle-ci —, il y a de cela une trentaine
d'années, entre une approche basée sur les systèmes de déduction naturelle

---

1. Y. Gauthier, *Internal Logic. Foundations of Mathematics from Kronecker to
Hilbert*, Dordrecht, Kluwer, 2002.

2. Pour Gauthier, Hilbert a voulu transcender le point de vue finitiste de Kronecker, et
c'est ce qui a causé l'échec partiel de son programme, aux mains des résultats de limitations
de Gödel. Son propre programme est donc une variante strictement finitiste, fidèle à l'esprit
du programme d'une « arithmétique générale » (*allgemeine Arithmetic*) de Kronecker. Selon
moi, il s'agit aussi d'une lecture hilbertienne de Kronecker ; j'ai donné mes raisons de croire
que les idées de Kronecker n'entrent pas tout à fait dans le cadre hilbertien dans M. Marion,
« Kronecker's "safe haven of real mathematics" » dans M. Marion & R. S. Cohen (dir.),
*Québec Studies in the Philosophy of Science. Part I : Logic, Mathematics, Physics and History
of Science*, Dordrecht, Kluwer, 1995, p. 189-215.

et de calculs des séquents de Gentzen, qui ne porte plus directement sur la question des fondements, et l'approche axée sur cette question héritée de Hilbert, approche qui est basée sur ce que Dummett avait qualifié d'« analogie trompeuse avec une théorie axiomatique »[3]. Jean-Yves Girard a décrit ce changement comme le passage du « pourquoi » au « comment »[4]. Le « pourquoi » est ici la théorie de la démonstration dans son cadre hilbertien, préoccupée par le problème des fondements et par la recherche de preuves réductionnistes de consistance ; celle dont on croit par ailleurs qu'elle nous parle de l'essence des mathématiques. Le « comment » ne s'intéresse plus à cette question et consiste dans l'abandon des disputes fondationnelles afin de conserver les acquis du constructivisme, c'est-à-dire la « constructivité ». Dans le cas de l'intuitionnisme, cela veut dire qu'il faut distinguer l'idée ridicule de Brouwer de bâtir une contre-mathématique sur un fondement autre, des acquis de l'intuitionnisme sur la constructivité : l'interprétation BHK des constantes logiques et le contenu computationnel de la logique intuitionniste. La « constructivité », c'est *rendre explicite* l'information contenue de manière implicite dans les preuves.

En d'autres termes, dans le cadre du « pourquoi », la seule chose qui importe vraiment est l'obtention d'une preuve de consistance, c'est-à-dire la donnée d'un algorithme (algorithme d'élimination des coupures, de normalisation, etc.) dont on démontre qu'il doit terminer ; le « comment » s'intéresse aux propriétés (telles que la propriété de Church-Rosser, la complexité computationnelle, etc.) de l'algorithme en question. Ce qui explique que la méthode de substitution des termes ε, dont la preuve de terminaison « par en haut » de Ackermann pour l'arithmétique intéresse Gauthier (malgré qu'il en reconnaisse le caractère peu constructif), n'est d'aucun intérêt dans ce cadre, qui est *beaucoup plus radicalement constructiviste*, tout en n'étant pas « fondationnel ».

On peut prendre pour ligne de partage des eaux la fin des années soixante : c'est l'époque où la méthode de l'élimination des coupures de Gentzen a commencé à supplanter définitivement les méthodes héritées de Hilbert ; les systèmes de déduction naturelle, ignorés en dehors du contexte fondationnel des preuves de consistance, furent mis à l'ordre du jour à cette époque par Dag Prawitz, qui introduisit la méthode de normalisation des preuves[5]. C'est aussi l'époque d'un résultat charnière, l'isomorphisme de Curry-Howard entre les démonstrations en déduction naturelle intuitionniste et un lambda-calcul simplement typé[6]. Dans la foulée de ce

---

3. M. A. E. Dummett, *Frege. Philosophy of Language*, 2e éd., Londres, Duckworth, 1982, p. 432.

4. J.-Y. Girard, « Du pourquoi au comment : la théorie des démonstrations de 1950 à nos jours », http://iml.univ-mrs.fr/~girard/Articles.html.

5. D. Prawitz, *Natural Deduction. A Proof-Theoretical Study*, Stockholm, Almqvist & Wiksell, 1965.

6. W. A. Howard, « The Formulae-as-Types Notion of Construction », dans J. P. Seldin & J. R. Hindley (dir.), *To H. B. Curry : Essays on Combinatory Logic, Lambda Calculus and*

résultat, viendront, entre autres, le système Automath de Nicolaas de Bruijn, le système F de Girard, la théorie des types intuitionniste de Martin-Löf, le calcul lambda du second ordre de Reynolds, ainsi que, dans les années quatre-vingt, les langages de programmation ML de Milner et NuPRL de Constable, le calcul des constructions *Coq* de Coquand & Huet et la logique linéaire de Girard. Cette dernière n'est qu'une des multiples logiques « sous-structurelles »[7], à l'instar des logiques de la pertinence, qui ont été elles aussi revitalisées dans le cadre gentzenien. En philosophie de la logique et des mathématiques, ce changement de paradigme a apporté d'importants développements, depuis le défi anti-réaliste de Prawitz et Dummett, qui reformulèrent les questions philosophiques dans le cadre du nouveau paradigme dans les années soixante-dix, jusqu'aux variantes et extensions du modèle de Dummett proposées par Wright, Tennant, Brandom, etc.

Cette liste n'a pour but que de démontrer qu'il s'agit d'une série de développements fondamentaux et incontournables du point de vue constructiviste. J'insiste sur ce dernier point, car ces développements, liés à l'implémentation sur ordinateur, sont fortement constructivistes. Gauthier, qui est toujours très bien informé, ne les ignore pas, et ceux-ci laissent leur trace dans son livre. Mais il est clair que l'isomorphisme de Curry-Howard, ni non plus les langages de programmation, ne sont pour autant au centre de ses préoccupations. Le lecteur reste perplexe lorsqu'il lit que l'isomorphisme que Gauthier propose entre polynômes et formules est « plus général » que celui entre types et formules (p. 60) et que la notion de type est « externe » (p. 115). Mais quel reproche un constructiviste peut-il honnêtement faire, par exemple, à la définition des nombres naturels dans le calcul lambda ? Par ailleurs, l'isomorphisme de Curry-Howard montre que ce n'est pas la logique intuitionniste qui est une complication jugée inutile de la logique classique, mais plutôt la logique classique, avec la règle d'élimination de la double négation qui brise la symétrie des règles d'introduction et d'élimination, ou encore par l'absence de la propriété de Church-Rosser, qui n'est pas la plus « naturelle ». Cet isomorphisme permet surtout de *rendre explicite* le *contenu computationnel* de la logique intuitionniste ; tandis que l'interprétation de la sémantique BHK en termes d'une « théorie des constructions », initiée par Kreisel, n'a pas porté fruits.

On pourra rétorquer que ces récents développements ne touchent pas véritablement les « fondements » des mathématiques. En fait, le « comment » comporte un rejet implicite de la discussion des fondements. Les doutes sur les fondements — les « doutes plus douteux que la consistance

---

Formalism, Londres, Academic Press, 1980, 479-490. Le lecteur trouvera une excellente introduction, élémentaire mais pédagogique, à la philosophie de cet isomorphisme dans P. Wagner, *La machine en logique*, Paris, PUF, 1998.

7. *Cf.* G. Restall, *Introduction to Substructural Logics*, Londres, Routledge, 2000.

elle-même » dont parlait Kreisel — ne sont plus de mise. Par ailleurs, les disputes sur les fondements n'ont jamais résolu un problème simple, que l'on peut faire ressortir en utilisant une métaphore vestimentaire, plutôt qu'architecturale : la théorie ensembliste est comme un veston taille « très grande », et il n'est guère surprenant que les mathématiques contemporaines y entrent, mais alors se pose la question du sens des mathématiques, car l'habit ne correspond pas véritablement au personnage, tandis que les théories constructivistes sont toutes taillées un peu trop étroitement pour que les mathématiques puissent y entrer ; se pose alors la question : que faire des mathématiques dont la théorie axiomatique ne peut pas rendre compte ? Faut-il les jeter à la poubelle ? Une réponse positive semblera absurde pour la majorité silencieuse des mathématiciens, en l'absence d'autres motifs que des doutes qui sont eux-mêmes douteux. La réponse de Gauthier n'est guère satisfaisante :

> A forward or progressive programme for logic and mathematics is an attempt at extending the conservative domain without relinquishing the basic principles of a foundational stance that need not be a philosophical refuge, nor a negativist attitude against non-constructivist credos. And an incitation to revisionism is meant primarily as an incentive to creative foundational work (p. 47).

Gauthier joue beaucoup sur l'opposition interne/externe, qui recoupe d'autres oppositions :

interne ⇔ externe
arithmétique polynomiale (de Fermat) ⇔ arithmétique ensembliste (de Peano)
diagonale de Cauchy ⇔ diagonale de Cantor

Qu'advient-il des mathématiques « externes » ? La diagonale de Cantor est-elle ou non une méthode de preuve admissible en mathématiques ?

Le point de vue de Gauthier tire une grande partie de sa force du fait que la plupart des mathématiques contemporaines se situent au niveau de son arithmétique polynomiale, c'est-à-dire « en dessous » du phénomène d'incomplétude découvert par Gödel. Les résultats des programmes de Hilbert modifiés que sont la « mathématique à rebours » (*reverse mathematics*) de Friedman et Simpson, et la version prédicativiste de Feferman sont là pour le démontrer. Mais la signification de ses résultats reste controversée. C'est ce qu'indique par exemple le résultat de Paris et Harrington, qui montre qu'une variante finie d'un théorème de combinatoire — le théorème de Ramsey — est indécidable dans l'arithmétique de Peano, bien que toutes ses instances numériques aient une preuve, ou encore un résultat de Friedman, qui montre que l'existence des cardinaux de Mahlo permet de prouver une variante finie d'un autre théorème de combinatoire, celui de Kruskal, sur les plongements d'arbres finis. Bref, les résultats d'incomplétude de Gödel ont pour conséquence l'impossibilité de fondements finitistes. On ne peut pas, par exemple, prétendre que l'on pourrait en principe obtenir une version constructive pour toute preuve non constructive en théorie des nombres. À cela, Gauthier rétorquera probablement qu'il s'agit de résultats « externes », dans une « arithmétique ensembliste » (celle de Peano). De surcroît, pour Gauthier, les programmes de Friedman et de Feferman ratissent déjà trop large[8]. Les brèves remarques de Gauthier (p. 47) n'apportent pas de nouveaux éléments, et, malgré les nombreuses indications à propos des mathématiques récentes inspirées de Kronecker que le livre contient, le lecteur n'en retire pas une idée précise de ce qui est fondé ou non par son arithmétique polynomiale. Un programme analogue à celui de Feferman n'est-il pas souhaitable ? Et, encore une fois, qu'adviendra-t-il des mathématiques qui seront exclues ? Les rejeter, c'est être dogmatique, les accepter, c'est, dans le cadre du « pourquoi », poser le problème.

Pour définir ce qu'il entend par « logique interne », Gauthier se réfère à l'expression de Hilbert, « inhaltliche logische Schliessen » (p. vii, 22, 52). Pour Gauthier, « interne » réfère au « contenu », et non à un système formel externe (p. 213). On pourrait donc ajouter l'opposition suivante à celles qui précèdent :

contenu ⇔ partie formelle

Gauthier aurait pu citer ici un des premiers textes de Frege, où celui-ci contrastait son « idéographie » avec la logique de Boole :

> J'y ai eu dès le début à l'esprit l'expression d'un contenu. Le point de mire de mes efforts est une *lingua characterica* d'abord pour les mathématiques, non un *calculus* limité à la pure logique. [...] on peut distinguer la partie formelle [...] dans le langage des mots [...] de la partie proprement expressive du contenu. Les signes de l'arithmétique correspondent à la dernière. [...] À l'inverse la logique symbolique de Boole ne représente que la partie formelle du langage [...][9].

Dans un cas comme dans l'autre, la distinction est présentée de manière intuitive et mérite d'être définie de manière un peu plus précise. Au § 3 de son *Idéographie*, Frege a introduit pour cela la notion de *Begrifflicher Inhalt*[10]. Il est intéressant de noter que c'est entre autres en se référant à ce passage de l'*Idéographie* que Per Martin-Löf a élaboré la philosophie anti-formaliste qui sous-tend sa théorie intuitionniste des types[11]. Mais ce que Martin-Löf entend par « contenu » n'est pas la même

---

8. Ce sur quoi il a raison pour ce qui est de la *reverse mathematics*, selon moi. *Cf.* M. Marion, « Kronecker's "safe haven of real mathematics" », *op. cit.*, p. 204-205.

9. G. Frege, *Écrits posthumes*, Nîmes, Jacqueline Chambon, 1994, p. 21-22. Gauthier esquisse cependant d'autres rapprochements avec Frege (p. 124*sq.*).

10. G. Frege, *Idéographie*, Paris, Vrin, 1999, p. 17.

11. P. Matin-Löf, « On the Meaning of the Logical Constants and the Justifications of the Logical Laws », réimprimé dans *Nordic Journal of Philosophical Logic*, vol. 1 (1996), p. 11-60.

chose que le « contenu » de Gauthier. Celui-ci réclame une nouvelle logique interne arithmétique, tandis que Martin-Löf utilise l'isomorphisme de Curry-Howard pour rendre explicite le « contenu » des dérivations en déduction naturelle intuitionniste grâce à des constructions dans le calcul lambda typé[12].

J'aimerais conclure par une brève remarque sur l'interprétation strictement arithmétique de la logique interne : elle ferme la porte à des échanges avec la philosophie, selon moi féconds, mais qui seraient probablement qualifiés par Gauthier d'« externes ». En effet, pour ne prendre que deux exemples, les analyses de l'assertion par Dummett[13] ont un lien étroit avec la sémantique des preuves de Gentzen — et ce lien est le cœur même de son anti-réalisme —, tandis que les jeux dialogaux de Lorenzen ont été récemment redécouverts en logique linéaire[14]. Non seulement l'idée de Lorenzen[15] était-elle simple et intuitive, mais on commence à peine de nos jours à en découvrir les vertus algébriques[16]. Celles-ci sont par ailleurs à l'origine d'un renouveau, qui se profile à l'horizon, de la logique quantique, qui avait discrètement disparu de la scène depuis une vingtaine d'années.

---

12. Martin-Löf a ausi des ambitions « fondationnelles » constructivistes, sa théorie intuitionniste des types est la seule tentative récente de donner à cet égard la réplique à Frege. Ce qu'il entend, pour les besoins de son entreprise fondationnelle par « constructions » dans le calcul lambda typé peut certes être l'objet de controverses, mais cela ne remet en rien en cause une approche basée sur l'isomorphisme de Curry-Howard.

13. M. A. E. Dummett, *Frege. Philosophy of Language*, op. cit., chap. 10.

14. A. Blass, « A Game Semantic for Linear Logic », *Annals of Pure and Applied Logic* vol. 56 (1992), pp. 183-220 ; S. Rahman, D. Gabbay & H. Rückert, « The Dialogical Way to the Semantics of Linear Logic », à paraître.

15. P. Lorenzen, « Logik und Agon », dans *Atti del XII Congresso Internazionale di Filosofia*, Florence, Sansoni, 1960, vol. IV, pp. 187-194.

16. *Cf.* S. Abramsky, « Semantics of Interaction : An Introduction to Game Semantics », dans A. M. Pitts & P. Dybjer (dir.), *Semantics and Logics of Computation*, Cambridge, Cambridge University Press, 1997, p. 1-31 ; M. Hyland, « Game Semantics », même volume, p. 131-184. (Je pense entre autres ici aux jeux de Hyland-Ong pour le langage typé de programmation PCF.)

Réponses à mes critiques

YVON GAUTHIER
Université de Montréal
Yvon.gauthier@umontreal.ca

Je suis heureux de participer à cette nouvelle rubrique « Disputatio » dans *Philosophiques*. Pressé par le directeur de la revue de répondre à mes co-débatteurs, je ne peux que répliquer rapidement à la lecture cursive ou partielle de mes correspondants, pressés eux aussi de s'acquitter le plus rapidement possible de leur redevance pour une copie gratuite d'un ouvrage dispendieux, comme le laisse entendre l'un des répondants. Je répondrai à chacun en deux temps, à partir de leurs textes originaux, selon les règles de l'art médiéval auquel je voudrais modestement contribuer.

Je ne reprocherai pas aux trois co-débatteurs d'avoir négligé l'un ou l'autre des aspects essentiels de l'argumentation en faveur de la posture fondationnelle que je défends depuis plus de vingt-cinq ans (cf. *Fondements des mathématiques. Introduction à une philosophie constructiviste*, Montréal, PUM, 1976) et plus récemment dans le triptyque de la logique interne (à commencer par le titre inaugural *De la logique interne*, Paris, Vrin, 1991). Ces travaux seront complétés par *La logique du contenu. Sur la logique interne* en cours de publication chez l'Harmattan, Paris, 2004. Un autre ouvrage en anglais *The Content of Logic. Foundations of Mathematics after Hilbert* est en préparation. Je ne pourrai qu'indiquer ces textes à l'occasion dans ma réponse à la dispute. Je commence par le premier texte dans l'ordre où j'ai reçu les questions.

David DeVidi

Concedo. Il y a plusieurs fautes vénielles dans le texte publié. D. D. en relève certaines qui sont évidentes, et, parmi elles, il y a des perles et des cailloux ; les longs calculs de polynômes dans la preuve de consistance n'ont fait l'objet d'aucun reproche, typographique ou autre — je rappelle que calcul (*calculus*) veut dire compter des cailloux. Au moment de la réception de l'ouvrage, j'en avais fait la remarque à l'éditeur tout en ajoutant que je me consolais à l'idée que parmi les lecteurs compétents, certains passeraient outre, d'autres, moins nombreux sans doute, y trébucheraient. D. D. est parmi ceux-là, et il a trouvé des fautes apparemment moins innocentes (« innocuous » dans le texte anglais).

Respondeo. Mais il y a de plus importants glissements dans le style elliptique, les raccourcis, litotes, anacoluthes, etc. que l'alacrité de l'auteur n'a pu éviter. Je donne un exemple qui n'a pas été relevé dans un chapitre que personne ne semble avoir lu. En page 46, (chap. 2), il est écrit : « A decidable theory is consistent and finitely so ». Un lecteur perspicace (et logicien) aurait pu corriger « A decidable theory, if consistent, is finitely so ». Si subtil que soit le glissement, il a une signification pour la théorie de la décision post-hilbertienne. Mais le résultat de Hilbert, le théorème de la base finie inspiré de Kronecker, est de nature arithmético-algébrique et pré-logique, pourrait-on dire, il n'a pas besoin d'une preuve de consistance « logique ». Le point revêt une importance capitale dans le contexte de la preuve de consistance de l'arithmétique finie à l'aide de la descente infinie, une méthode de preuve que j'ai empruntée à la théorie des nombres et non à la logique ou à la théorie des démonstrations. Cela explique sans doute les irritants que dénonce D. D., qui me reproche de ne pas avoir présenté le calcul des séquents dans sa version intuitionniste. C'est pourtant une stratégie analogue qu'utilise Gentzen dans la seconde version de sa preuve de consistance de l'arithmétique ensembliste de Peano (avec induction complète) ; Gentzen écrit : « The second important distinction vis-à-vis the old concept of a derivation consists in the symmetrization of the sequents by the admission of arbitrarily many succedent formulae. This makes it unfortunately more difficult to grasp the informal sense of the various inference schemata and to persuade oneself of their "correctness" » (cf. *The collected papers of Gerhard Gentzen,* ed. by M. E. Szabo, North-Holland, Amsterdam, 1969, p. 259). C'est de cette auto-persuasion que D. D. a été de toute évidence incapable. J'ai plutôt présenté la version classique en supposant qu'elle était aisément réductible « en pratique » à la version intuitionniste, mais c'est la traduction polynomiale que je visais, et le calcul polynomial donne effectivement une version constructive à contenu *numérique* pour toute expression logique réduite à sa forme polynomiale par l'élimination des constantes logiques au profit des opérations arithmétiques sur les polynômes. Le contenu computationnel ici est une formule unique quand le polynôme comme $(a'+b)^n$ pour l'implication a une solution, qu'elle soit zéro, ou un entier quelconque dans le cas de solutions en nombre infini, comme on dit métaphoriquement ou métonymiquement. D. D. semble ici sur le seuil de comprendre ce dont il s'agit quand il parle d'une transformation arithmétique légitime. Les opérations arithmétiques et algébriques « ordinaires » et les transformations polynomiales lui apparaissent-elles suspectes ?

Mais c'est au Frege que je présente dans quatre maigres pages — p. 124-128 — dans un ouvrage de 250 pages, que D. D. s'attaque surtout. Il m'accuse de mutiler et de dénaturer le projet de Frege en le confrontant à celui de Kronecker. Tout en défendant Frege, D. D. ne manque pas de montrer les ambiguïtés de son programme. Je me contenterai de répondre ici que je prends le contre-pied de la proposition générale de Frege que je cite en page 126 de mon texte « Jusqu'où peut-on aller en arithmétique avec les seuls moyens de la logique ? » et que je renverse dans la logique arithmétique en « Jusqu'où peut-on aller en logique avec la seule arithmétique ? » Ce que j'ai voulu montrer, c'est que le programme kroneckerien réussissait pour l'arithmétique de Fermat au même titre que le programme frégéen réussit à produire une preuve de consistance à l'aide du principe de Hume et d'une théorie du deuxième ordre. Mais comme le reconnaît G. Boolos, ce n'est plus de logique mais d'arithmétique qu'il s'agit. Cela, D. D. ne peut le contester, puisqu'il condamne le logicisme au profit d'une arithmétisation de la logique, ce que réclame l'autonomie de l'arithmétique à l'intérieur de l'arithmétique, un énoncé que D. D. semble trouver incompréhensible ; c'est pourtant ce que réalise une preuve d'auto-consistance (cf. E. Nelson's *Predicative Arithmetic*, Princeton University Press, 1986). Les frustrations de D. D. dans ce dernier cas touchent davantage, me semble-t-il, à son incapacité de rendre justice à Frege plutôt que de rendre compte des démérites de mon analyse. Le programme d'une logique arithmétique (ou polynomiale) est anti-frégéen ou anti-logiciste, comme je l'ai proclamé depuis *De la logique interne* (Vrin, 1991). Que le programme de Kronecker ait réussi là où le programme de Frege a échoué (aux mains de Frege) signifie seulement que ce dernier s'arrête sur le seuil d'une preuve d'auto-consistance. L'option philosophique, que je partage ici avec J. Hintikka et W. Goldfarb, entre autres, n'est que le reflet d'une posture fondationnelle qu'on pourrait peut-être baptiser « arithmétisme » pour les besoins de la cause.

Richard Zach

Concedo. Bien qu'il m'adresse aussi quelques reproches, R. Z. s'est rapproché plus près de ma problématique et a soulevé des questions dont certaines n'ont pas reçu de réponse suffisamment claire dans mon texte, et d'autres relèvent plus nettement d'une lecture cursive de mon ouvrage.

Respondeo. Je réponds tout de suite que toutes les questions de R. Z. ne peuvent avoir les réponses qu'il souhaite, puisqu'elles émanent de la logique classique que je récuse tout de go. Quand il veut tenter de montrer que le principe d'induction est équivalent à celui de la descente infinie par contraposition, par exemple,

$$(A \rightarrow B) = (\sim B \rightarrow \sim A),$$

il le fait au prix d'une double négation sur un ensemble infini (de nombres naturels). Une interprétation intuitionniste du quantificateur effini interdit le passage

$$\sim \exists x \sim Ax \rightarrow \forall x \, Ax$$

comme tente de le faire R. Z. dans sa discussion. C'est bien pour cette raison d'ailleurs qu'on ne peut déduire le principe du plus petit nombre de l'axiome d'induction en logique intuitionniste. Cette stratégie correspond au principe du tiers exclu inadmissible dans une perspective constructiviste (p. 91). L'interprétation qu'il veut donner du quantificateur effini le réduit à un quantificateur universel classique. La lecture de R. Z. est résolument classique, et il réclame des théorèmes classiques de correction « soundness » et de complétude pour la théorie constructive que je présente, plus forte que la théorie intuitionniste des prédicats dont on sait pourtant qu'elle ne dispose pas d'un métathéorème de complétude *intuitionniste*.

La lecture déviante est ici la lecture classique qui suppose que l'énoncé « la suite des nombres naturels est illimitée » peut se rendre par le quantificateur universel et explique la confusion entre la version négative et la version positive expliquée en page 19 de mon ouvrage où la descente infinie correspond à un algorithme euclidien généralisé pour des équations quadratiques avec un nombre « à l'infini » de solutions que l'on ne peut « quantifier » universellement. Je suis revenu suffisamment sur la descente infinie comme algorithme euclidien généralisé dans mon texte pour insister de nouveau là-dessus. R. Z. a cependant raison de faire le rapprochement de la preuve de consistance avec les résultats de Gentzen et Ackermann pour l'arithmétique classique (de Peano) qui font appel à la seconde classe de nombres de Cantor que Hilbert avait voulu utiliser dans son essai infructueux d'une preuve de consistance finitaire. Ce que j'ai montré, c'est que le théorème de forme normale pour la seconde classe de nombres de Cantor générait un polynôme ordinal (voir p. 119). R. Zach me concède ce point, et j'avance que les formes (polynômes homogènes) avec indéterminées de Kronecker sont soumises à un principe de descente infinie ou de récessibilité uniforme que les notations ordinales ou polynômes ordinaux ne peuvent exhiber. La récessibilité uniforme est le versant descendant de l'accessibilité (*Erreichbarkeit*) ascendante transfinie pour la seconde classe de nombres jusqu'à l'ordinal limite ε_0. Ce concept d'accessibilité est central chez Gentzen, et celui-ci a tenté d'en donner une justification fondationnelle en l'interprétant comme traversée potentielle « *ein potentielles Durchlaufen* » d'un ensemble infini. Mais la traversée potentielle se transforme en parcours actualisé de la totalité des nombres naturels dans l'induction transfinie.

La raison simple, c'est que l'induction transfinie (même restreinte aux premiers ordinaux de la hiérarchie comme dans la première version de la preuve de Gentzen), qu'on voudrait identifier (classiquement) à la descente infinie, recourt conceptuellement à un bon ordre, et il n'y a pas de suite strictement descendante pour $\angle$ dans un tel bon ordre. Un exemple simple, suggéré par R. Z. peut illustrer ce fait : prenons l'expression polynomiale $x^2 + x$ à laquelle on assigne une valeur numérique ainsi qu'au prédécesseur immédiat $x^2 + x - 1$; cela donne pour un nombre naturel arbitraire : 29, 109 ou 10,099, etc. Si l'on substitue $\omega^2 + \omega$ comme polynôme ordinal, on ne peut trouver de prédécesseur immédiat puisqu'il ne peut exister pour les ordinaux limites — on sait que dans un moment d'égarement, même Brouwer avait accepté deux ω, soit ω et ω^2 (pour les paires de nombres naturels). L'oubli de cette circonstance mine certainement l'argument de Z. D. sur l'innocuité des notions ordinales. Soit dit en passant, la traduction polynomiale respecte les tautologies et les contradictions, p. ex. pour la conjonction

$$A \wedge A \equiv A \times A \text{ avec } 1 \times 1 \vee 1$$

et

$$A \wedge \sim A \equiv A \times A' \text{ avec } 1 \times 0 \vee 0.$$

Un autre fait mathématique concerne le principe du plus petit nombre dont Nelson dit (cf. *Predicative Arithmetic* et cité dans mon texte [p. 82]) qu'il est équivalent à la descente infinie et à l'induction complète dans sa version indirecte, c'est-à-dire encore par contraposition. Je le répète, l'identification de ces trois principes repose sur l'utilisation du tiers exclu par une double négation sur un ensemble infini de nombres naturels (p. 56, 91 et *sq.*). Pour être bien clair, le théorème de forme normale de Cantor pour la seconde classe de nombres $< \varepsilon_0$, le polynôme ordinal généré par le théorème de forme normale (cf. p. 119 de mon ouvrage) et l'induction transfinie font partie du problème. La solution de Gentzen (et d'Ackermann, de Kalmar, de Takeuti et d'autres) pour la consistance de l'arithmétique de Peano a été de recourir à une technique de descente pour la réduction du degré des notations ordinales ou des polynômes ordinaux que l'on trouve déjà dans Hilbert (voir chap. 3 dans *Internal Logic,* qui porte sur le programme d'arithmétisation de Hilbert), et que Gentzen en particulier a voulu associer à la descente infinie dont il dit qu'elle est une forme déguisée de l'induction complète. J'ai appelé « échelle associée » la hiérarchie des ordinaux associée par Gentzen (et par Hilbert avant lui) à la suite des nombres naturels. Cette échelle associée suppose que l'on puisse atteindre ω et la suite ascendante des ordinaux $> \omega$ que l'on mettra ensuite en corrélation avec les dérivations pour réduire le degré des expressions ordinales dans la suite descendante des nombres naturels. C'est cette réduction que l'on veut identifier à la descente infinie, mais c'est une réduction ou récursion qui ne peut oblitérer le fait qu'il n'y pas de bon ordre pour $<$ dans les suites descendantes d'ordinaux limites. Que l'on utilise une induction transfinie restreinte (aux premiers degrés transfinis) comme dans la première version de la preuve de Gentzen, ou l'induction complète sur les ordinaux, comme dans la seconde version de la preuve où l'induction transfinie devient un théorème, le problème reste entier, puisque l'induction complète sur les ordinaux est formellement équivalente à l'induction transfinie (voir *Internal Logic*, p. 82 et *sq.*). Quant à Ackermann, sa preuve de consistance de 1940 « Zur Widerspruchsfreiheit der reinen Zahlentheorie » (*Mathematische Annalen.* 117, p. 162-194) ne peut se dispenser de l'induction transfinie pour la limite supérieure des indices dans les suites descendantes de nombres naturels, comme il l'admet en page 193 de son texte. C'est ce méfait logique répété à maintes reprises depuis Gentzen (par Kreisel, en particulier) que j'ai voulu corriger. Tout cela est parfaitement documenté dans mon ouvrage, et à défaut d'une lecture approfondie de l'ouvrage entier, un survol rapide des index devrait permettre de repérer les passages pertinents à toute cette discussion. Jusqu'à preuve du contraire par *reductio ad absurdum* qui n'est valide que dans le fini pour le constructiviste, je soutiendrai que seule la descente infinie, au sens de Fermat, c'est-à-dire la descente finie dans les nombres naturels ou au sens de Kronecker, dans l'anneau des polynômes, est justifiable dans l'arithmétique ou la théorie des nombres. Quand R. Z. s'interroge sur les méthodes de preuve que j'utilise, ce ne peut être qu'une question rhétorique, puisque tous les calculs de réduction polynomiale que j'ai effectués sont circonscrits dans la théorie de la divisibilité dans un corps fini, ce que j'ai appelé l'algorithme euclidien généralisé de la descente, ou récurrence de Fermat, dans le cadre arithmétique général de la théorie des formes de Kronecker. S'il ne l'a pas vu, c'est qu'il n'a pas regardé ou n'a pas pris le temps d'y voir ! En tout cas, R. Z. ne soulève aucune objection en ce qui touche la trame principale de la preuve. En résumé, la formulation du problème de la consistance de l'arithmétique des nombres naturels ne peut éviter la quantification effinie sur la suite illimitée des nombres naturels ; la solution du problème par descente infinie ou indéfinie, comme dit Fermat, est en réalité une descente *finie*, descente effectuée par décomposition polynomiale dans l'anneau des polynômes finis *sans aucun* ω, ce que Gentzen *et alii* ne peuvent accomplir pour les notations ordinales de degré ω, malgré les tentatives de justification de la démarche de Gentzen à Takeuti et jusqu'à nos jours.

Mathieu Marion

Concedo. M. M. me pose des questions plus générales sur mon travail. Ces questions, qui sont pertinentes, n'ont pas toutes leurs réponses dans l'ouvrage discuté.

Respondeo. M. M. qui connaît bien mes travaux depuis toujours (voir son compte rendu de *De la logique interne* dans *Philosophiques,* vol. XXI, n° 1 (1994), p. 213-239), n'adhère pas totalement au point de vue constructiviste qu'il a pourtant défendu dans son ouvrage : *Wittgenstein, Finitism and the Foundations of Mathematics,* Oxford University Press, 1998. Son titre « Fondements ou constructivité » a une interprétation polynomiale, puisque le « ou » y devient un plus (+). C'est donc l'addition des deux termes qui constitue « les fondements constructivistes », et c'est là-dessus que je veux insister dans ma réplique.

La question la plus générale qu'il pose est la suivante : « Que fait-on des mathématiques qui n'entrent pas dans le cadre de l'arithmétique ordinaire (théorie des nombres) ou de l'arithmétique générale (algèbre polynomiale) ? ». La réponse est annoncée dans l'ouvrage et sera explicitée dans l'ouvrage à venir *The Content of Logic* : on loge ces mathématiques dans les extensions de l'arithmétique que je divise en extensions propres et extensions impropres. Parmi les extensions impropres, je place l'arithmétique transfinie de Cantor, l'arithmétique p-adique et surtout l'analyse p-adique qui peut se servir de la diagonale de Cantor pour obtenir les complétés de Q, le corps des nombres rationnels. Les extensions propres, comme la géométrie arithmétique (ou la partie arithmétique de la géométrie algébrique) relèvent de l'arithmétique générale (*allgemeine Arithmetik*) au sens de Kronecker, comme je l'ai bien montré dans mon ouvrage. C'est dans ce contexte que je peux répondre à une autre question de M. M. : la méthode de la diagonale de Cantor ne fait pas partie de la théorie (arithmétique) des nombres ni de la théorie algébrique des nombres — comme l'a montré A. Weil dans son ouvrage *Basic Number Theory* au grand dam de certains logiciens —, mais elle peut faire partie de la théorie analytique des nombres, en particulier de la théorie des nombres transcendants comme méthode transcendante de démonstration. Mais là encore on a des résultats d'approximation logarithmique (Baker) qui réduisent la transcendance, si l'on peut dire.

Un résultat récent qui tombe naturellement dans le cadre arithmétique, et plus précisément dans la matrice de la logique polynomiale modulaire que j'ai esquissée dans mon ouvrage (pp. 193-201), est le résultat récent d'Agrawal *et alii* sur la factorisation des nombres premiers en temps polynomial par un algorithme déterministe, « *PRIMES is in P* » ; ce résultat spectaculaire qui n'était pas connu lors de la publication d'*Internal Logic* utilise une version polynomiale du « petit » théorème de Fermat sur les congruences modulo, un nombre premier que j'ai évoqué dans mon livre (p. 198) — ici aussi deux fautes de frappe doivent être corrigées, — un petit a pour un grand A et un n pour un p ! Des précisions là-dessus et bien d'autres choses, comme les logiques substructurales et l'isomorphisme « externaliste » de Curry-Howard, se trouvent dans l'ouvrage sous presse *La logique du contenu*, chez l'Harmattan, qui peut apparaître à la fin comme un complément de l'ouvrage discuté et dans lequel j'obtiendrai peut-être le pardon pour les fautes vénielles commises dans l'ouvrage publié chez Kluwer.

Conclusio

J'estime avoir répondu en bonne partie aux objections soulevées dans les lectures partielles (je ne dis pas partiales) de mon texte qui se sont attachées à l'analyse du chapitre 4 d'*Internal Logic*, la preuve de consistance interne de l'arithmétique à l'aide de la descente infinie. La première mouture de la preuve remonte à 1993 : le texte a été soumis en 1995 à *Modern Logic*, qui l'a finalement publié en 2000. Elle a été reprise avec corrections mineures dans *Internal Logic* avant de paraître en français dans un livre *La logique interne. Modèles et applications*, Paris/Montréal, Diderot Modulo, 1997. Les aléas de la publication ne sont pas sans rappeler les avatars de la preuve de Gentzen pour l'arithmétique de Peano, qui a connu plusieurs remaniements. Je l'ai peaufinée encore dans l'ouvrage en cours de publication chez l'Harmattan et dans un autre ouvrage en anglais, *The Content of Logic*, pour en éradiquer les scories formelles et informelles ; la présente

« disputatio » aura sans doute contribué à clarifier les enjeux d'une preuve qui dans sa nouveauté radicale ne peut manquer de susciter la controverse ou le scepticisme chez d'aucuns. L'approbation ou l'« appreuve » de la preuve ne peut se faire sans débat. J'espère seulement n'avoir pas faussé le sens du débat en y contribuant — sans mimer le cocher trop agacé par la mouche du coche — avec une certaine ardeur polémique, ce qui n'est pas incompatible avec la posture constructiviste comme l'ont montré par le passé Kronecker, Brouwer ou plus récemment Bishop. Faut-il conclure le débat avec les mots de Cicéron qui peuvent caractériser l'auteur (et peut-être aussi chacun des co-débatteurs) : « *Mediocris in dicendo, doctissimus in disputando* » ?

Étude critique

Sur l'« argument du vague »
en faveur du quadri-dimensionnalisme

Étude critique de Sider, Theodore, *Four-Dimensionalism. An Ontology of Persistence and Time*, Oxford, Clarendon Press, 2003(2001), 255 pages.

FABRICE CORREIA
Programme de recherche Ramon y Cajal, Université Rovira i Virgili
(Tarragone, Espagne), et Groupe de recherche LOGOS,
Université de Barcelone (Barcelone, Espagne)
fabrice.correia@lettres.unige.ch

Four-Dimensionalism est un ouvrage de métaphysique analytique qui s'inscrit dans le débat contemporain sur la persistance à travers le temps. La thèse principale qu'y défend Ted Sider est le *quadri-dimensionnalisme*, à savoir, selon sa propre terminologie, la thèse selon laquelle nécessairement, tout objet spatio-temporel possède une partie temporelle instantanée à chaque moment de son existence (p. 59).

Nécessairement, tout objet spatio-temporel non-persistant — c'est-à-dire n'existant qu'à un seul instant — est une partie temporelle instantanée « impropre » de lui-même. C'est trivialement vrai. Et donc il est trivialement nécessaire que tout objet non persistant possède une partie temporelle instantanée à chaque moment de son existence. Le quadri-dimensionnalisme se distingue à propos des objets persistants. Il nous dit qu'un objet de ce type doit être doté d'une structure méréologique non triviale, qu'il doit être composé de parties temporelles instantanées « propres ».

Selon Sider, le quadri-dimensionnalisme est une thèse *métaphysique*, qui reste muette sur la question *sémantique* de savoir si les objets concrets familiers, ceux dont nous parlons habituellement, sont persistants ou non (p. 60-61 et p. 209-210). La *worm view*, qui est la position de David Lewis, est la combinaison du quadri-dimensionnalisme et de la thèse selon laquelle les objets familiers sont persistants. La *stage view*, que Sider défend, est en accord avec la *worm view* sur la composante métaphysique mais pas sur la composante sémantique. Selon Lewis, chaque occurrence du nom « Socrate » désigne un « vers spatio-temporel » composé de multiples parties temporelles propres. Selon Sider, chaque occurrence du nom en question (ou du moins la plupart d'entre elles, cf. p. 197) dénote un objet fugace qui n'existe qu'à un seul instant et qui ne possède d'autre partie temporelle que lui-même.

La notion de partie temporelle est familière au sens commun. Nous croyons en effet que nombre d'événements et de processus possèdent de telles parties. Nous croyons par exemple que les matchs de football sont composés de parties temporelles que l'on appelle « mi-temps », ou encore que la vie d'un être humain se subdivise en parties temporelles telles que l'enfance, l'adolescence, etc. La thèse quadri-dimensionnaliste minimale, selon laquelle tout objet persistant possède quelques parties temporelles propres (instantanées ou pas), si elle est restreinte aux événements et processus, possède même une certaine plausibilité aux yeux du sens commun. Et peut-être en va-t-il de même pour la position plus forte de Sider. Mais nos croyances pré-théoriques, semble-t-il, sont incompatibles avec le quadri-dimensionnalisme non restreint : nous sommes convaincus qu'une multitude d'objets (êtres humains, planètes, tables, etc.) persistent à travers le temps mais ne sont pas composés de parties temporelles (propres). Nous sommes, selon la terminologie de Sider, *tri-dimensionnalistes*. C'est du moins ce qu'il semble.

La structure du livre est simple. Après avoir présenté « l'image quadri-dimensionnaliste du monde » (chap. 1), Sider consacre un chapitre à la philosophie du temps (chap. 2). Il y défend la « théorie-B du temps » (éternalisme), selon laquelle les objets et temps passés et futurs sont aussi réels que ceux qui existent actuellement, et le discours « tensé » (réductionnisme) possède des conditions de vérité non tensées. La théorie-B du temps est présupposée dans toute la suite du livre. Le reste de l'ouvrage est consacré à la métaphysique de la persistance proprement dite. L'important chapitre 3 s'occupe de formulation. Sider y donne une définition précise du quadri-dimensionnalisme et examine diverses formulations de la principale théorie adverse, le tri-dimensionnalisme. Les chapitres 4 et 5 proposent des arguments en faveur du quadri-dimensionnalisme, et le dernier chapitre présente un ensemble d'objections contre cette même doctrine et tente de les réfuter. Tandis que le chapitre 4 propose des arguments très variés — notamment le fameux *argument from temporary intrinsics* de Lewis et l'important *argument from vagueness* inspiré d'un (autre) argument de Lewis en faveur du principe de composition non restreinte — le chapitre 5 est tout entier consacré à monter que le quadri-dimensionnalisme est dans une bien meilleure posture que diverses théories rivales face aux fameux « paradoxes de la coïncidence ». C'est là que Sider présente et défend la *stage view*.

Four-Dimensionalism est un ouvrage complet et fouillé (il inclut, outre des arguments propres à l'auteur, un très vaste ensemble d'arguments que l'on peut trouver dans la littérature), et il ne fait aucun doute qu'il restera pour longtemps un ouvrage de référence sur le sujet qu'il traite.

Plusieurs arguments et thèses que l'on peut trouver dans le livre me paraissent peu convaincants. Outre certains points concernant la formulation de la thèse quadri-dimensionnaliste et les arguments que propose

Sider en faveur de la supériorité de sa *stage view* face à la *worm view*, il y a l'un des arguments centraux du livre, que j'ai précédemment mentionné, à savoir l'argument du vague (*the argument from vagueness*, chap. 4 section 9). Il s'agit d'un argument original de Sider, qu'il considère comme l'un des plus puissants en faveur du quadri-dimensionnalisme (p. 120). C'est sur cet argument que je vais concentrer la partie critique de ce compte rendu.

L'argument du vague est une modification d'un argument proposé par Lewis dans *On the Plurality of Worlds* (pp. 211-213) en faveur du principe de composition non restreinte, i.e. du principe selon lequel n'importe quelle collection d'objets possède une somme ou fusion méréologique. Plus précisément, l'argument du vague est une modification d'une reconstruction par Sider de l'argument de Lewis. Il possède deux parties. La conclusion de la première partie est qu'un principe de composition non-restreinte concernant une certaine notion de fusion « dynamique » ou « trans-temporelle » est vrai. La deuxième partie consiste à montrer que le quadri-dimensionnalisme est une conséquence de cette conclusion. La première partie de l'argument du vague n'est rien d'autre que l'adaptation directe de l'argument de Lewis (version Sider) à la notion de fusion dynamique.

Je vais ci-dessous essayer de montrer que l'argument de Lewis tel que Sider le formule fait face à une objection sérieuse dont Sider ne tient pas compte. Je proposerai ensuite une modification de l'argument qui échappe à cette objection et montrerai que le résultat est toujours sujet à objection. Je donnerai enfin une troisième version de l'argument en question (une modification de la seconde version reprenant quelques éléments de l'argument original de Lewis que Sider laisse de côté) qui échappe aux problèmes rencontrés par les versions précédentes. Comme je le mentionnerai ensuite, il me semble que cette dernière version (ou une version semblable) reflète ce que Sider a en fait réellement en tête lorsqu'il propose la sienne. Si tel est le cas, ce qui suit n'aura pas seulement la vertu d'une exégèse adéquate ; car, à mon avis, la version initiale de l'argument, prise à la lettre, peut facilement manquer de convaincre quelqu'un qui serait par ailleurs parfaitement convaincu par la version finale. Si par contre la version initiale reflétait de manière adéquate la pensée de Sider, alors mon verdict serait « tant pis pour lui ». Les considérations qui suivent pourront être appliquées, *mutatis mutandis*, à la première partie de l'argument du vague, que je vais ici laisser de côté. Cela apparaîtra assez évident à ceux qui l'ont parcouru.

Commençons par examiner l'argument original de Lewis. Voici ce qu'il dit :

> [C]omposition cannot be restricted in accordance with our intuitions about this worldly cases [...] The question of whether composition takes place in a given case, whether a given class does or does not have a mereological sum,

can be stated in a part of language where nothing is vague. Therefore it cannot have a vague answer. There is such a thing as the sum, or there isn't. [...] No restriction on composition can be vague. But unless it is vague, it cannot fit the *desiderata*. So no restriction on composition can serve the intuitions that motivate it. So restriction would be gratuitous. Composition is unrestricted [...] (p. 212-213.)

L'argument peut semble-t-il être reformulé de la manière suivante :

(L1) Il serait gratuit de rejeter le principe de composition non restreinte, sauf si l'on pouvait formuler un principe de composition qui respecte les intuitions que nous avons à propos de la présence et de l'absence de composition dans les cas actuels ;

(L2) Pour que ces intuitions soient respectées, le principe devrait selon lui, être tel que, il y a des classes d'objets pour lesquelles la question de savoir si leurs membres fusionnent ou pas n'a pas de réponse déterminée ;

(L3) Or le prédicat « il y a une fusion des membres de ... » n'est pas vague, i.e. pour toute classe d'objets C, ou bien il est clairement le cas que les membres de C fusionnent, ou bien il est clairement le cas que les membres de C ne fusionnent pas ;

(L4) Donc, rejeter le principe de composition non restreinte serait gratuit ;

(L5) Donc, le principe de composition non restreinte est vrai.

(L1) — (L3) impliquent (L4). Le passage de (L4) à (L5) est douteux, mais laissons cela de côté[1].

Sider affirme qu'il y a une faiblesse dans l'argument. Voici en gros ce qu'il dit (p. 121-122). Une manière naturelle de comprendre l'expression « principe de composition » est la suivante : un principe de composition est un énoncé du type « les membres d'une classe C fusionnent *ssi* $F(C)$ ». Selon cette interprétation, le principe de composition non-restreinte est un principe de composition où la condition « F » est universellement satisfaite, et un principe de composition restreinte est simplement un principe de composition où la condition « F » n'est pas universellement satisfaite. Le problème, nous dit Sider, c'est qu'il se peut qu'il n'y ait aucun principe de composition restreinte qui soit informatif — et ce serait le cas, rajoute-t-il, s'il y avait des cas de fusion où le fait que les objets en question fusionnent est un « fait brut », incapable d'analyse informative. Ce que Sider entend par « informatif » n'est pas clair pour moi. Mais si effectivement les

---

1. Voici une manière de justifier le pas. On se trouve devant l'alternative suivante : accepter le principe ou le rejeter (l'option « suspendre son jugement » n'est pas disponible). On a un argument qui nous convainc, et dont la conclusion est qu'il serait gratuit, i.e. non-motivé, de rejeter le principe. Rationnellement, la seule chose à faire est de ne pas le rejeter le principe. Etant donnée l'alternative initiale, on accepte le principe. Selon cette ligne de pensée, il faut lire (L5) non pas comme un énoncé censé suivre de (L4), mais plutôt comme un énoncé externe à l'argument (L1) – (L4), que l'on est justifié d'énoncer étant donné l'argument que l'on vient de formuler.

principes de composition restreinte que Lewis a à l'esprit lorsqu'il formule sont argument doivent être « informatif », et s'il se peut qu'il y ait des cas de composition qui ne peuvent satisfaire aucune condition « F » telle que « les membres d'une classe C fusionnent ssi F(C) » est un principe de composition restreinte informatif, alors Lewis exclut la possibilité de tels cas de composition. Comme Sider veut rester neutre à ce propos, il décide de reformuler l'argument de Lewis. Voici le nouvel argument (p. 122-125 ; ma formulation de l'argument est un peu différente de celle de Sider, en particulier sur le plan du vocabulaire, mais cela n'a aucune importance) :

> (S1) Si le principe de composition non restreinte est faux, alors il existe deux classes raisonnables connectées par une série continue telles qu'il est clair que les membres de l'une fusionnent et que les membres de l'autre ne fusionnent pas ;

> (S2) Dans aucune série continue on ne peut trouver deux classes adjacentes telles qu'il est clair que les membres de l'une fusionnent et que les membres de l'autre ne fusionnent pas ;

> (S3) Pour toute classe raisonnable C, ou bien il est clair que les membres de C fusionnent, ou bien il est clair qu'ils ne fusionnent pas ;

> (S4) Donc, le principe de composition non-restreinte est vrai.

Une classe *raisonnable* est une classe d'au moins deux objets dont les membres font partie d'une situation possible. Une *série continue* est une série finie de classes raisonnables telle que deux membres adjacents quelconques de la série sont extrêmement similaires relativement à l'ensemble des paramètres qui pourraient être pertinent par rapport à la question de savoir s'il y a fusion ou pas (homogénéité qualitative, proximité spatiale, unité dans l'action, étendue des relations causales, etc.). Enfin, une série finie *connecte* deux classes ssi la série a pour extrémités ces deux classes. (S1) — (S3) impliquent (S4).

Même s'il est clair que l'argument original de Lewis et la version qu'en donne Sider ont beaucoup en commun, ils diffèrent néanmoins sur un point important : on ne trouve nulle part dans l'argument de Sider de prémisse similaire à (L1) concernant les motivations que l'on peut avoir à rejeter le principe de composition non restreinte. Cette différence peut surprendre, étant donné le rôle important de (L1) dans l'argument original. Je reviendrai sur ce point plus tard.

Sider examine plusieurs objections à l'argument qu'il propose. Mais il y a une manière d'attaquer l'argument que Sider n'envisage pas. L'objection repose sur la prémisse qu'il n'existe aucune paire de classes raisonnables extrêmement similaires (au sens entendu) qui ne soient pas exactement similaires (dans le même sens). (L'existence de classes extrêmement similaires ne fait pas de doute : toute classe exactement similaire à une classe donnée lui est extrêmement similaire, et toute classe est exactement similaire à elle-même.) L'objection est évidente. Puisqu'il n'y a pas de similarité extrême autre qu'exacte, toute série continue est nécessairement constituée de classes exactement similaires. Il suit que la prémisse (S1) est équivalente à « si le principe de composition non restreinte est faux, alors il existe deux classes raisonnables exactement similaires telles qu'il est clair que les membres de l'une fusionnent et que les membres de l'autre ne fusionnent pas ». Or comme le conséquent de ce dernier énoncé ne peut pas être vrai (nous parlons de similarité relativement aux paramètres pertinents pour la fusion), (S1) est équivalente au principe de composition non-restreinte, et l'argument est ainsi détruit.

Pour sauver l'argument, il faut donc rejeter la prémisse initiale de l'objection. La manière la plus facile de rejeter une thèse est d'affirmer que sa négation est évidente. Or, me semble-t-il, il n'est pas *évident* qu'il existe des classes raisonnables extrêmement similaires qui ne sont pas exactement similaires. Mon avis est donc que pour sauver l'argument de Sider, il faut fournir un argument en faveur de la thèse selon laquelle il y a des cas de similarité extrême non exacte qui aille au-delà de la simple affirmation que cette thèse est évidente. Sider ne le fait pas. Il n'examine en fait même pas la thèse en question, et semble juste présupposer que sa vérité va de soi.

J'affirme donc qu'il n'est pas évident que :

(ENES) Il existe des classes raisonnables extrêmement similaires qui ne sont pas exactement similaires.

Pour comprendre pourquoi, il faut déjà comprendre (ENES). Et pour ce faire, il faut comprendre ce que signifie « être extrêmement similaires ».

Que veut dire « être extrêmement F » ? Pour certaines valeurs de « F », rien du tout. Par exemple, une proposition ne peut pas être extrêmement vraie, ou encore rien ne peut être extrêmement de l'eau. Pour que le prédicat « est extrêmement F » ait un sens, il faut que le prédicat « est plus F que » en ait un, et ce n'est pas toujours le cas. Que veut dire alors « est extrêmement F » lorsque cette expression a un sens ? Je suggère qu'être extrêmement F, c'est toujours être extrêmement F relativement à une certaine classe de comparaison, et qu'un objet x est extrêmement F relativement à la classe de comparaison C ssi (i) x est complètement F, ou (ii) la classe des objets dans C qui sont plus ou aussi F que x est extrêmement plus petite que la classe C. Il ne s'agit pas là d'une analyse du modificateur « extrêmement », bien entendu, mais l'équivalence suggérée nous suffira pour ce qui suit.

Une série continue, nous dit Sider, est une série finie de classes raisonnables telle que deux membres adjacents quelconques de cette série sont extrêmement similaires relativement à l'ensemble des paramètres qui pourraient être pertinents par rapport à la question de savoir s'il y a fusion ou pas (i.e. telle que toute paire de membres adjacents de cette série est extrêmement *Homogène*, pour faire plus court). Si les considérations précédentes sont correctes, alors dire qu'une paire de classes raisonnables est extrêmement Homogène, c'est dire qu'elle est extrêmement Homogène relativement à une certaine classe de comparaison. Laquelle ? Il semble que Sider ait en tête la classe de toutes les paires de classes raisonnables. Selon cette suggestion, une série continue est une série finie de classes raisonnables telle que chaque paire <C,D> de membres adjacents de la série satisfait la condition suivante :

(1) <C,D> est extrêmement Homogène relativement à la classe de toutes les paires de classes raisonnables,

i.e. (en supposant que les considérations précédentes soient correctes) :

(2) <C,D> est complètement Homogène, ou la classe des paires de classes raisonnables qui sont plus ou aussi Homogènes que <C,D> est extrêmement plus petite que la classe de toutes les paires de classes raisonnables.

Maintenant, que signifie le prédicat « la classe des paires de classes raisonnables qui sont plus ou aussi Homogènes que ... est extrêmement plus petite que la classe de toutes les paires de classes raisonnables » ? Étant donné que la classe de toutes les paires de classes raisonnables est certainement infinie, je suggère de comprendre « ... est extrêmement plus petite que — » comme « ... est plus petite que — » entendu au sens usuel de « ... n'est pas en correspondance biunivoque avec —, mais est en correspondance biunivoque avec une partie de — ». Une classe de cardinal infini peut en effet sans doute être considérée comme « extrêmement » plus grande qu'une classe de cardinal inférieur.

Selon ces suggestions, la thèse (ENES) peut être reformulée comme suit :

(ENES') Il existe au moins une paire de classes raisonnables <C,D> telle que (i) <C,D> n'est pas complètement Homogène, et (ii) la classe des paires de classes raisonnables qui sont plus ou aussi Homogènes que <C,D> est plus petite que la classe de toutes les paires de classes raisonnables,

Et à mon avis, comme je l'ai annoncé plus haut, il n'est pas du tout évident que (ENES') soit vraie. À ceux qui ne sont pas du même avis, je propose de considérer la proposition suivante :

(R) Il existe une fonction e qui assigne à toute paire de classes <C,D> un nombre réel compris entre 0 et 1 représentant le degré d'Homogénéité de <C,D>, 0 correspondant à l'absence totale d'Homogénéité et 1 à l'Homogénéité complète, telle que e<C,D> = e<E,F> ssi <C,D> et <E,F> sont aussi Homogènes et e<C,D> < e<E,F> ssi <C,D> est moins Homogène que <E,F>, et telle que :

(RI) Tout nombre réel compris entre 0 exclu et 1 inclus est le degré d'Homogénéité (mesuré selon e) de quelque paire de classes raisonnables, et

(RII) Pour tous nombres réels x et y compris entre 0 exclu et 1 inclus, il y a autant de paires de classes de degré d'Homogénéité x (mesuré selon e) que de paires de classes de degré d'Homogénéité y (mesuré selon e).

(R) implique la négation de (ENES'). Ceux qui pensent toujours que (ENES') est évidente doivent donc considérer la proposition (R) comme évidemment fausse. Comme cela n'est pas mon cas, je leur demande alors d'avoir la patience de me proposer un argument contre (R).

Il me semble donc que pour sauver l'argument de Sider, il faut fournir un argument en faveur de la thèse (ENES) et ne pas se contenter d'affirmer que cette thèse est évidente. Quoi qu'il en soit, il est possible de construire un argument, d'un certain point de vue similaire à celui de Sider, et qui n'exploite pas la notion problématique d'extrême similarité.

On part de la notion d'une paire de classes raisonnables est plus Homogène qu'une autre paire de classes raisonnables, et on pose :

- Une série finie de classes raisonnables est *plus fine* qu'une autre ssi$_{df}$ toute paire de classes adjacentes de la première série est plus Homogène que n'importe quelle paire de classes adjacentes de la seconde série ;
- Une suite infinie s_0, s_1, s_2, ... de séries finies de classes raisonnables *affine indéfiniment* une série finie s de classes raisonnables ssi$_{df}$ (i) s_0 = s, et pour tout entier n, (ii) tous les membres de s_n sont dans s_{n+1}, (iii) les extrémités de s_n sont celles de s, et (iv) s_{n+1} est plus fine que s_n.
- Une série finie s de classes raisonnables *peut être indéfiniment affinée* ssi$_{df}$ il existe une suite infinie s_0, s_1, s_2, ... de séries finies de classes raisonnables qui affine s.

L'argument est le suivant :

(S'1) Si le principe de composition non restreinte est faux, alors il existe deux classes raisonnables C et D telles que (i) <C,D> peut être indéfiniment affinée, et (ii) il est clairement le cas que les membres de l'une fusionnent et que les membres de l'autre ne fusionnent pas ;

(S'2) Si une suite s_0, s_1, s_2, ... de séries finies de classes raisonnables affine indéfiniment une série finie s de classes raisonnables, alors il existe un entier n tel que dans s_n on ne peut trouver deux classes adjacentes telles qu'il est clairement le cas que les membres de l'une fusionnent et que les membres de l'autre ne fusionnent pas ;

(S'3) Pour toute classe raisonnable C, ou bien il est clairement le cas que les membres de C fusionnent, ou bien il est clairement le cas qu'ils ne fusionnent pas ;

(S'4) Donc, le principe de composition non restreinte est vrai.

L'argument est impeccable. En effet, par (S'2) et (S'3), si une suite s_0, s_1, s_2, ... affine indéfiniment une série s, alors il existe un entier n tel que :

ou bien tous les éléments de s_n sont tels qu'il est clair que leurs membres fusionnent, ou bien tous les éléments de s_n sont tels qu'il est clair que leurs membres ne fusionnent pas. Il suit en particulier que si une série peut être indéfiniment affinée, alors, ou bien tous ses éléments sont tels qu'il est clair que leurs membres fusionnent, ou bien tous ses éléments sont tels qu'il est clair que leurs membres ne fusionnent pas. Le conséquent de (S'1) est donc faux, et par (S'1), il suit que (S'4) est vraie[2].

La différence entre cet argument et celui de Sider est, si l'on veut, qu'il y a entre un argument d'analyse mathématique formulé en termes d'infinitésimaux (entités « extrêmement petites ») et certains arguments « purifiés » correspondant formulés dans le langage de l'analyse moderne. Je suggère en fait que le nouvel argument représente assez bien ce que Sider a en tête lorsqu'il présente le sien, et, pour suivre la comparaison précédente, que son erreur est semblable à celle du mathématicien qui tente de prouver un théorème en utilisant le langage des quantités infinitésimales.

Les prémisses du nouvel argument sont-elles plausibles ?

Commençons par (S'1). Considérons le principe de composition suivant : les membres d'une classe fusionnent ssi Dieu en a décidé ainsi. Il s'agit d'un principe de composition restreinte. Supposons qu'il soit vrai. Que signifie alors qu'une paire $<C,D>$ est plus Homogène qu'une paire $<E,F>$? Sans doute ceci : que Dieu a pris la même décision (positive ou négative) au sujet de C et de D, et une décision pour E qui diffère de celle concernant F. Mais alors, il ne peut exister aucune série qui puisse être indéfiniment affinée. Et il suit que (S'1) est fausse.

Tournons-nous maintenant vers (S'2). Considérons le principe de composition suivant : les membres d'une classe fusionnent ssi ils sont tous sphériques (on supposera que « les membres de ... sont tous sphériques » n'est pas un prédicat vague). Il s'agit à nouveau d'un principe de composition restreinte. Supposons qu'il soit vrai. Quels sont alors les paramètres pertinents pour qu'une classe ait une fusion ? Concentrons-nous sur les classes finies pour simplifier. On peut imaginer au moins deux réponses : (i) la proportion de sphères dans la classe en question, et (ii) le paramètre binaire que l'on peut appeler *Sphéricité*, qui prend la valeur 1 pour une classe donnée si ses membres sont tous sphériques et sinon la valeur 0. Si l'on opte pour la deuxième réponse, alors une paire $<C,D>$ est plus Homogène qu'une paire $<E,F>$ ssi C et D on la même valeur de sphéricité (i.e. ou bien les membres de C de même que ceux de D sont tous

---

2. La notion d'affinabilité indéfinie telle que je l'ai définie est très forte en la formulant j'ai ignoré en particulier la possibilité qu'il puisse y avoir des écarts non-nuls « incompressibles » de similarité. Un argument similaire peut néanmoins être formulé en termes d'une notion d'affinabilité indéfinie plus faible, définie de telle sorte qu'il soit possible qu'une série puisse être indéfiniment affinée par une suite $s_0, s_1, s_2, \ldots$ même si à partir d'un certain point les membres de la suite sont tous identiques et composés de paires adjacentes possédant toutes un degré maximal non nul d'Homogénéité.

sphériques, ou bien quelques membres de C de même que quelques membres de D ne le sont pas) et E et F ont une valeur de sphéricité différente (i.e. ou bien les membres de E sont tous sphériques et quelques membres de F ne le sont pas, ou bien les membres de F sont tous sphériques et quelques membres de E ne le sont pas). Le cas présent est alors identique à celui rencontré précédemment : aucune série ne peut être indéfiniment affinée. Si par contre on opte pour la première réponse, la situation est différente. Une paire $<C,D>$ est alors plus Homogène qu'une paire $<E,F>$ ssi (la valeur absolue de) la différence entre la proportion de sphères dans C et la proportion de sphères dans D est strictement plus petite que (la valeur absolue de) la différence entre la proportion de sphères dans E et la proportion de sphères dans F. L'existence de séries qui peuvent être indéfiniment affinées est très plausible, ainsi que la prémisse (S'1). Mais s'il y a ne serait-ce qu'une seule série de ce type, alors en vertu du principe de composition adopté, (S'2) est fausse.

Pour soutenir les prémisses (S'1) et (S'2), on doit donc exclure le genre d'exemples discutés ci-dessus. On doit en particulier exclure qu'il y ait un principe de composition non restreinte vrai dont la condition correspondante est non-vague (les deux exemples proposés impliquent des principes de ce type). En effet, si un principe de ce genre est vrai, alors (S'1) et (S'2) ne peuvent pas être vraies en même temps. Donc si nous voulons sauver l'argument, sur quelle base allons-nous justifier ces exclusions ?

On pourrait avancer que les exemples invoqués sont absurdes. Mais qu'est-ce que cela veut dire ? Que personne ne pourrait jamais avoir de motivation rationnelle pour soutenir les principes de composition invoqués ? Peut-être, mais il y a certainement des exemples du même genre qui ne sont pas absurdes en ce sens. De toute façon, comme je l'ai mentionné plus haut, il faut exclure non seulement les exemples proposés, mais également l'existence d'un principe de composition restreinte non vague. Et on ne peut le faire simplement en déclarant que tout principe de ce type est absurde.

Une suggestion pour justifier ces exclusions est d'opter pour une stratégie du type de celle de Lewis : affirmer que rejeter le principe de composition non-restreinte serait gratuit sauf s'il s'agissait de vouloir sauver nos intuitions concernant les cas actuels de présence et d'absence de fusion, et que ces intuitions supportent (S'1) et (S'2). Je suggère par ailleurs qu'il s'agit en fait de l'idée que Sider a en tête — elle n'est pas clairement explicitée, mais semble se manifester ici et là dans le texte.

L'argument serait alors le suivant :

(S''1) La seule motivation raisonnable que l'on pourrait avoir de rejeter le principe de composition non restreinte serait de respecter nos intuitions concernant les cas de composition actuels ;

(S''2) Pour que ces intuitions soient respectées, il faut admettre qu'il existe deux classes raisonnables C et D telles que (i) $<C,D>$ peut être indéfiniment affinée, et (ii) il est clairement le cas que les membres de l'une fusionnent et que les membres de l'autre ne fusionnent pas ;

(S"3) Pour que ces intuitions soient respectées, il faut admettre que si une suite $s_0, s_1, s_2, \ldots$ de séries finies de classes raisonnables affine indéfiniment une série finie s de classes raisonnables, alors il existe un entier n tel que dans s_n on ne peut trouver deux classes adjacentes telles qu'il est clairement le cas que les membres de l'une fusionnent et que les membres de l'autre ne fusionnent pas ;

(S"4) Pour toute classe raisonnable C, ou bien il est clairement le cas que les membres de C fusionnent, ou bien il est clairement le cas qu'ils ne fusionnent pas ;

(S"5) Donc, rejeter le principe de composition non restreinte serait gratuit ;

(S"6) Donc, le principe de composition non restreinte est vrai.

(S"1) — (S"4) impliquent (S"5). Le passage de l'avant dernière étape à la dernière est le même que chez Lewis. (S"1) est à mon avis, comme (L1) dans l'argument de Lewis, discutable. Sider passe du temps sur la prémisse (S"4) = (S'3), et l'argument est convaincant (p. 125-132). (S"2) et (S"3) ont une certaine plausibilité.

Comme je l'ai mentionné plus haut, on pouvait être surpris par le fait que la version que donne Sider de l'argument original de Lewis ne contienne aucune prémisse concernant les motivations que l'on peut avoir à rejeter le principe de composition non restreinte. On ne pourrait évidemment pas être surpris, du moins pas pour la même raison, si j'affirmais que l'argument que je viens de proposer est une version de celui de Lewis.

Bibliographie

Lewis, David. *On the Plurality of Worlds*, Oxford : Blackwell, 1986.
Sider, Theodore. *Four-Dimensionalism*, Oxford : Oxford University Press, 2001.

Jean-François PRADEAU (dir.), *Platon: les formes intelligibles. Sur la forme intelligible et la participation dans les dialogues platoniciens*, Paris, Presses Universitaires de France, collection Débats philosophiques, 2001, 192 pages.

Le format particulier de cette collection propose des recueils de contributions brèves, introductives sans être élémentaires, et pleinement représentatives de la recherche contemporaine sur un auteur ou une question controversée. L'interprétation de la métaphysique platonicienne appartient à ce lot de grandes *quaestiones vexatae*, dans lesquelles chaque époque développe une herméneutique et élabore une critique. La doctrine des formes intelligibles constitue en effet le morceau le plus essentiel de cette métaphysique, et, malgré que des siècles aient été consacrés à l'interpréter, elle ne cesse d'être reprise. Coordonné par Jean-François Pradeau, excellent traducteur et exégète de Platon, ce livre donne un aperçu très nuancé des débats actuels.

Le terme lui-même, « formes intelligibles », est à plusieurs égards une nouveauté. Personne ne parle plus d'idées, même si le lexique de Platon, qui demeure très complexe, l'autoriserait pleinement. Profondément marquée par la lecture néo-kantienne d'un Paul Natorp, pour ne citer que lui, l'interprétation du tournant du vingtième siècle avait pris le risque de faire des « formes » des contenus mentaux, susceptibles, selon certains, de renouveler la lecture de l'épistémologie kantienne. Pour les interprètes de l'école de Marbourg, en effet, les formes devenaient des concepts, c'est-à-dire des structures logiques. Il revient à Harold Cherniss, sans doute le platonisant le plus orthodoxe et le plus rigoureux du vingtième siècle, d'avoir montré une fois pour toutes que les formes possèdent une extériorité ontologique qui leur est assurée par leur statut d'objets séparés. Tous les prédicats par lesquels Platon les introduit et les analyse, y compris ceux qui proviennent de la mythologie, comme la divinité ou l'immortalité, convergent dans cette direction, et l'interprétation mentaliste, ou idéaliste, introduite déjà dans le moyen platonisme d'un Albinus et poursuivie dans le néo-kantisme, a fait son temps. Ce qui ne signifie pas que le problème de la substantialité des formes soit pour autant résolu.

Ce livre nous donne la traduction d'une importante étude de Cherniss, publiée pour la première fois en 1936: *L'économie philosophique de la théorie des idées*. Le traducteur a conservé ici le mot de Cherniss en anglais, *ideas*, mais l'interprétation n'a rien à voir avec quelque mentalisme que ce soit. Cherniss insiste en effet sur la fonction des formes intelligibles, en ce qu'elles offrent à la pensée le fondement ontologique stable, nécessaire à l'épistémologie réaliste. Cherniss pense en effet que l'hypothèse des formes intelligibles est d'abord formulée pour résoudre, de manière unitaire, des problèmes éthiques, épistémologiques et ontologiques, qui, chacun dans leur sphère, présentaient les mêmes apories. Son analyse isole donc ce qui, dans les formes, permet de garantir un fondement dans chacun de ces trois domaines: les valeurs, la connaissance, l'être. Seule cette hypothèse permet en effet de concevoir ces ordres de l'existence comme aspects d'un unique cosmos unifié. Ce texte demeure un classique, et il faut espérer que cette traduction très claire contribuera à le diffuser auprès de ceux qui ont pour tâche de faire connaître Platon à des débutants. Tous ceux en effet qui désirent faire leur chemin dans l'interprétation de cette doctrine sont pour ainsi dire mis en position d'avoir à se placer par rapport à l'interprétation standard proposée par Cherniss.

Le travail de Harold Cherniss, à qui nous devons l'imposante *Bibliographie de Platon*[1] poursuivie depuis par Luc Brisson, ne s'est pas élaboré dans les milieux qui, au vingtième siècle, ont vu naître les deux grands paradigmes de l'interprétation platonicienne, et il ne leur doit rien ; d'une part, son renouvellement dans l'analyse logico-sémantique, qui fut le résultat de la philosophie analytique, et d'autre part le débat, assurément passionné, qui, dans la foulée des recherches de l'École dite de Tübingen, menées par Hans-Joachim Krämer et Konrad Gaiser, a associé l'interprétation de la doctrine des formes aux énigmes de la doctrine du Bien et de l'Un. Dans le présent recueil, on trouvera d'excellentes discussions des problèmes qui sont communs à ces débats, mais on peut regretter qu'aucun chapitre ne soit consacré à exposer et discuter ces deux ensembles pour eux-mêmes. En ce qui concerne l'approche logico-analytique, il faut y reconnaître, comme le signale à juste titre Jean-François Pradeau, un indice de la difficulté, incontournable dans le texte de Platon, de trouver une affirmation ontologique sans ambiguïté de la nature des formes. Le questionnement sur leur réalité est donc souvent ramené, dans la pensée analytique, à une interprétation qui en fait des « paradigmes sémantiques, des prédicats qu'on attribue aux réalités sensibles ». Cette interprétation heurte de front la majorité des textes de Platon, mais elle profite de certaines failles dans la construction des prédicats, surtout dans les premiers dialogues, pour soutenir que Platon a durci une intuition analytique très productive, en l'assortissant d'une métaphysique des genres tout à fait insoutenable. Comme Pradeau le remarque, cette interprétation a connu une grande diffusion ; elle est actuellement dominante, et il ne faut pas s'en étonner : elle produit en effet une lecture de Platon dans laquelle la métaphysique d'un monde intelligible séparé, incluant la question de l'âme, est devenue marginale. Tout se passe en effet comme si on répondait à la question : à quoi pourrait nous servir cette doctrine aujourd'hui ?, au lieu de se demander comment elle s'était constituée pour Platon. Quant à l'approche de Tübingen, on ne peut pas dire qu'elle s'attache directement à l'ontologie des formes, mais plutôt à la doctrine des genres. Dans la mesure où le présent recueil paraît avoir voulu se concentrer sur le problème de la participation, on peut comprendre que la question des genres ait été laissée un peu à l'écart.

Jean-François Pradeau ouvre le recueil avec une étude minutieuse du lexique de *l'eidos*. Son analyse parcourt l'ensemble du corpus pour en retracer les occurrences, pour tenter de déterminer la signification du terme selon les usages et le mettre en rapport avec la question de la participation. La forme, en effet, est un être intelligible auquel le monde sensible participe d'une certaine manière. La lecture proposée ici veut conduire à une distinction qui permettrait de reconnaître dans les formes intelligibles des déterminations particulières et de les considérer comme distinctes de la réalité intelligible en tant que telle. Selon Pradeau, « la forme est la détermination qui est donnée à une multiplicité de choses sensibles par

1. Harold Cherniss, Plato 1950-1957, *Lustrum* 4 & 5 (1959 & 1960) ; Luc Brisson, Platon 1958-1975, *Lustrum* 20 (1977) ; Luc Brisson, en collaboration avec Hélène Ioannidi, Platon 1975-1980, *Lustrum* 25 (1983) 31-320, avec des Corrigenda à Platon 1975-1980, *Lustrum* 26 (1984) 205-206 ; Platon 1980-1985, *Lustrum* 30 (1988) 11-294, avec des Corrigenda à Platon 1980-1985, *Lustrum* 31 (1989) 270-271 ; Platon 1985-1990, *Lustrum* 35 (1993), et Luc Brisson, avec la collaboration de Frédéric Plin. *Platon 1990-1995.* Paris, Librairie Philosophique J. Vrin, 1999, avec des Addenda aux tranches antérieures, 407-415.

la réalité intelligible qui est une qualité singulière ». Cette recherche se situe donc au croisement de l'analyse logico-sémantique et de la métaphysique, et c'est ce qui lui confère son originalité. Pradeau analyse en effet méticuleusement le texte crucial du *Ménon* (72a6-73c10), dans lequel il fait ressortir cette distinction entre la détermination de *l'eidos* comme qualité, saisie notamment dans l'appartenance d'individus à une même espèce, et *l'eidos* comme cause, c'est-à-dire comme réalité intelligible. La possibilité d'une distinction entre les réalités intelligibles et les formes intelligibles devient alors l'objet d'une intéressante discussion ; Pradeau a raison de critiquer la position de ceux qui ne voient aucune différence entre le Beau en soi et la Forme du Beau, et les conséquences pour l'interprétation de la participation sont décisives. C'est en effet d'abord la forme (*eidos*) qui est participée, et non la réalité intelligible en tant que telle, c'est-à-dire *l'ousia*. Ce chapitre emprunte beaucoup à la problématique analytique des particularités, et on peut y reconnaître un effort d'une grande rigueur pour parvenir à une interprétation synthétique. Quant à moi, je ne suis pas certain de ne pas y reconnaître certains biais néoplatoniciens, notamment dans ce qui pourrait subsumer un intellect, mais nul ne peut contester la réalité de la distinction introduite dans cette analyse.

Il revient à Luc Brisson, interprète et traducteur éminent de Platon, d'avoir pris le relais du platonisme standard de Harold Cherniss et de continuer de défendre, contre des interprétations purement logiques, une lecture accordée avec l'ensemble de la métaphysique du monde intelligible. Sa contribution au présent recueil est une discussion très fine de la question de la participation du sensible à l'intelligible. Après avoir posé le problème dans le texte de Platon, et notamment à partir de l'exposé du *Timée* et du *Phédon*, où la participation est présentée comme causalité exemplaire et interprétée comme présence, Brisson introduit le grand texte critique du *Parménide* qui met en relief les apories de la présence mais retient la causalité sous une modalité de ressemblance. Cette première interrogation sur la participation conduit cependant à une position aporétique puisqu'elle ne peut expliquer la multiplicité et la diversité du sensible ; c'est seulement dans l'hypothèse du Démiurge du *Timée* que ces questions recevront une réponse, même si celle-ci est affectée d'un quotient de vraisemblance tributaire du récit. Mais comme l'exposé très complet de Brisson le montre, là où le *Parménide* permet de comprendre la relation entre l'image et le modèle, seul le *Timée* permet d'accéder au questionnement sur la genèse du monde sensible et la constitution de l'univers. En peu de pages, Luc Brisson montre ici une maîtrise exceptionnelle de la théorie, et sa contribution propose un équilibre très rigoureux entre deux lectures, toujours compatibles, dans la dernière période de l'œuvre platonicienne.

L'exposé de Walter G. Leszl, un interprète brillant, connu pour ses riches travaux sur Aristote, se concentre sur les divers modèles d'interprétation de la doctrine métaphysique des formes dans les dialogues de maturité. L'auteur intervient avec beaucoup de justesse, comme il est maintenant de rigueur de le faire, sur le contexte pragmatique de l'émergence de la doctrine : la réfutation du relativisme et du scepticisme. L'exposé perd cependant un peu de son tranchant, l'auteur ayant pris le parti d'exposer la doctrine de la nouvelle Académie pour comprendre à rebours le scepticisme de Platon lui-même. L'analyse des passages sur l'illusion et la perspective présente plusieurs aperçus très riches qui permettent de renouveler les contextes et de préciser la doctrine des apparences. Ce chapitre s'éloigne sans doute un peu des objectifs propédeutiques de la collection, et il ne sera pas facilement accessible aux débutants. Ses conclusions sont cependant claires : la formulation même de la doctrine de l'*eidos* doit beaucoup, sinon tout, aux apories de l'illusion et de la perspective, dans la mesure où on ne peut qu'y reconnaître une doctrine de la figure. De belles pages sur l'importance de la doctrine de l'âme auraient mérité un traitement autonome.

Il revenait enfin à Francesco Fronterotta d'exposer la critique aristotélicienne. Dans un livre qui se termine par un texte de Cherniss, dont l'ouvrage central est l'exposé de cette question, le défi était considérable, et cet article le relève de manière lumineuse. L'auteur présente avec précision le corpus des textes d'Aristote où cette critique est formulée, et il en propose une interprétation systématique, en en reprenant de manière formelle les arguments. Cette partie de son article est remarquable de clarté, et le recours au dialogue de jeunesse d'Aristote, *De Ideis*, tout à fait pertinent. Comme l'auteur le dit avec justesse, la critique aristotélicienne était impitoyable, et elle a conduit Aristote à sa propre conception de l'*eidos* dans les livres Z-H de la *Métaphysique*. C'est dans l'exposé de sa conception de la forme qu'on trouve en fait la vraie réponse à Platon.

Ce recueil apporte à la discussion contemporaine un instrument de travail de premier calibre ; il est complété de deux courts index, et on peut regretter l'absence de bibliographie (légèrement compensée par des notes souvent très substantielles à cet égard). L'érudition sur ces questions, comme pour tant d'autres, est devenue immaîtrisable, et ce livre fournit un guide sûr pour y faire son chemin.

GEORGES LEROUX
Université du Québec à Montréal

Bernard Baertschi et Kevin Mulligan (dir.), *Les nationalismes*, Paris, Presses Universitaires de France, collection Éthique et philosophie morale, 2002, 251 pages.

Cet ouvrage propose quelques pistes pour remédier aux conflits ethniques et nationaux tout en rejetant la solution, jugée inadéquate, qui consiste à éliminer les particularismes de l'espace politique public. Il s'agit d'un recueil rassemblant des textes écrits durant la décennie précédente. L'équilibre recherché est celui d'un « amour du pays » qui ne reconduit pas les tares du « préjugé national », pour reprendre un mot d'Adam Smith (p. 4).

Le recueil est divisé en trois parties. La première, intitulée *Les forces du nationalisme*, contient les textes de Philip Gerans, qui compare diverses formes historiques de nationalisme ; de David Miller, qui défend la « nationalité » et de Bernard Baertschi, sur « Le charme secret du patriotisme ». La seconde, *Les faiblesses du nationalisme*, contient ceux de Daniel M. Weinstock, sur une défense morale du nationalisme ; de Ninad Miscevic, sur les difficultés à justifier le nationalisme et d'Elmar Holeinstein sur le concept de *Kulturnation*. Enfin, la dernière, *Quelques remèdes*, regroupe les textes de Markus Haller sur le multiculturalisme, de Barry Smith, qui analyse la nation à partir de sa « spatialité » et enfin, de Murray N. Rothbard, sur une conception libertarienne de la nation.

Cette élégante tripartition vise à déployer à la fois les forces et les faiblesses du nationalisme en proposant, finalement, des solutions qui s'inspirent d'une réflexion sur les arguments des sections précédentes. Dans ce qui suit, je m'intéresserai aux contributions les plus prometteuses, soit celles de Miller, Weinstock et Smith. Ce parcours me conduira à conclure que, malgré la qualité de ces textes et de quelques autres, les objectifs que les responsables du recueil se sont donnés n'ont pas été entièrement atteints.

Dans la première section, la contribution de David Miller, « Une défense de la nationalité », reproduit un article publié en 1993, mais qui demeure toujours d'actualité. Miller y défend l'idée d'une identité nationale — la « nationalité » — qui, parce qu'elle constituerait l'attachement politique le plus significatif et le plus contraignant, se distinguerait de toute autre identité collective. Ce type d'attachement engagerait tout citoyen à conduire ses réflexions sur la justice en se rapportant à son identité nationale, bien que cela ne l'empêche pas de reconnaître une valeur intrinsèque possédée par tout être humain. Miller cherche ainsi à trouver un équilibre entre deux tendances qu'il nomme le *quotidien* (se référant ici à Hume) et le *philosophique*.

La nationalité est une identité collective singulière qui se réfère à « une communauté constituée par une croyance mutuelle, étendue dans l'histoire, de caractère actif, liée à un territoire particulier, et estimant être séparée des autres communautés par des traits distincts » (p. 39). Ces éléments distinctifs expliquent en partie ce qui rend la nationalité si importante aux yeux de Miller ; par exemple, l'autorité d'un groupe national sur un territoire est un aspect essentiel de l'autodétermination politique, au sens où le rapport d'une nation à un territoire particulier fonde le contrôle légitime de ce même territoire par un État. Mais un autre élément important distingue la nationalité. Toujours selon Miller, la nationalité est une identité *préphilosophique* qui échappe en partie à la raison. L'identité nationale dépendrait ainsi du « sens préréflexif » que tout individu éprouve d'appartenir à un « certain groupe historique » (p. 40). La nationalité serait alors constitutive de l'identité personnelle, donnant un sens au devoir moral des individus, en outre, par l'intermédiaire des obligations mutuelles entre co-nationaux. Cependant, il ne faudrait pas concevoir les identités nationales comme étant exclusives (p. 44). Contre ce préjugé, Miller nous enjoint de prendre acte du monde tel qu'il est, un monde où l'identité nationale cohabite avec une pluralité d'identités. Admettons que cette description soit juste ; la version de la nationalité de Miller contient-elle les ressources conceptuelles permettant d'expliquer pourquoi il *devrait* en être ainsi ?

Pour que l'on accorde du crédit à sa thèse, Miller doit nous convaincre que la nationalité constitue le meilleur point de vue pour ordonner une société politique où cohabitent les identités. Miller s'appuie toutefois sur une métaéthique qui introduit une difficulté dans son argumentation, dans la mesure où les identités sont autant d'interprétations qui hiérarchisent les valeurs rattachées à leur appartenance nationale. La difficulté consiste dans le fait que Miller ne dégage pas de critères clairs pour arbitrer les conflits d'interprétations (p. 52). Il est certain que Miller rejettera l'idée qu'un tel critère ne dépend pas d'une culture nationale. Par contre, si les critères de justice, d'impartialité et de cohérence sont tirés d'une culture nationale, ceci risque de poser problème lorsque des intuitions concurrentes tirées d'une même culture revendiqueront leur prépondérance. Sur ce problème, le texte de Miller demeure muet.

Dans la seconde partie (*Les faiblesses du nationalisme*), Daniel Weinstock critique le texte de Miller tout en se demandant s'il existe une défense morale du nationalisme. Weinstock propose une définition du nationalisme qui a l'avantage d'être claire et concise : « une doctrine politique selon laquelle la protection et la promotion des intérêts de la "nation" constituent des fins légitimes pour la politique du gouvernement et peuvent, dans certains cas, justifier une restriction des droits individuels » (p. 92-93). Cette définition illustre bien deux points de friction entre nationalisme et libéralisme : la neutralité politique et le statut des droits individuels. Weinstock prône pour sa part un libéralisme pragmatique qui exige la mise entre parenthèses des identités nationales afin de satisfaire « l'intérêt dominant que tous les groupes ont de réaliser la paix sociale » (p. 98). Une difficulté qui surplombe ce pragmatisme est que la paix sociale pourrait fort bien exiger, dans certains cas, la satisfaction des revendications légitimes d'un groupe national — le conflit pouvant même être attisé par ceux qui refusent toute concession de ce type. Ne se pourrait-il pas que certaines revendications nationalistes aient une fondation rationnelle, au sens où l'entend le libéralisme pragmatique de Weinstock ? Certes, Miller rejette d'emblée cette possibilité, mais justement, il aurait fallu examiner la possibilité d'une conception de la neutralité qui n'est pas anti-nationaliste. Le problème est que Weinstock ne semble accorder aucun crédit à une position neutre qui ne serait pas hostile au nationalisme, comme si le nationalisme empêchait *de facto* la neutralité axiologique corrigeant « les tendances de nos sympathies naturelles » (p. 101).

Le texte de Weinstock souligne indirectement une impasse majeure dans le débat sur le nationalisme. Il peut paraître raisonnable de s'objecter à une restriction des droits individuels ; mais le danger perçu dans cette limitation est ici intimement lié à une conception *holiste* du nationalisme, qui détermine totalement l'identité individuelle et qui dépasse la portée d'une argumentation rationnelle. Cherchant à éloigner ce spectre, les philosophes libéraux font souvent une distinction catégorique entre, d'une part, ce qu'ils condamnent sous le terme de « nationalisme ethnique » et, d'autre part, un « nationalisme civique » hissé au rang de ce qui serait seul désirable (procédé explicite chez Weinstock et dans l'introduction du recueil). On peut certainement comprendre en quoi un élément identitaire aussi rigide que l'ethnicité et qui, de surcroît, se prétend objectif, est incompatible avec une version libérale de l'identité politique individuelle. Pourtant, en déclassant toute forme de nationalisme qui ne fait pas allégeance à une conception robuste des droits individuels, le risque pour les libéraux est que non seulement les nationalistes, lassés de ce rejet, porteront leurs combats en dehors d'une discussion pacifique, mais aussi que des critiques constructives de la neutralité axiologique soient occultées. Le fait est que la nationalité est un moteur important de l'action politique. C'est pourquoi il importe de considérer l'impact d'une identité nationale non holiste sur la structure des institutions politiques.

Il reste que le texte de Weinstock est une excellente présentation des points de friction qui opposent les nationalistes à certains libéraux. Les trois arguments nationalistes qu'analyse Weinstock — concernant la pression des obligations spéciales sur l'agent moral, le rôle de la solidarité nationale dans les politiques sociales et la capacité du nationalisme à être inclusif — rejoignent une bonne partie des débats en philosophie politique anglo-saxonne. Néanmoins, si les philosophes tardent à emboîter le pas aux études sur le nationalisme, comme le déplore Weinstock dans son introduction, c'est peut-être qu'ils refusent trop rapidement au nationalisme une fondation rationnelle ; rien n'indique cependant que cette tâche soit une chimère. Weinstock reconnaît explicitement la « nature très limitée » de ses conclusions, centrées sur le nationalisme de Miller. Bien que ce type de nationalisme soit très répandu, il n'en épuise pas le sens.

La dernière section, « Quelques remèdes », cherche justement à répondre aux exigences nationalistes, du moins à certaines d'entre elles. L'introduction laisse pourtant perplexe, lorsque les auteurs, Baertschi et Mulligan, y affirment que la coexistence des identités culturelles passe par une « éradication des cultures particulières au profit d'une forme de cosmopolitisme pur (plus particulièrement : de culture purement cosmopolitique, sans souci particulier d'autre chose que de la tradition civique) » (p. 165). D'une part, cette affirmation contredit le but de l'ouvrage, qui rejette d'emblée les solutions éliminant les particularismes de l'espace politique public. D'autre part, il eut été plus approprié de dire que les trois auteurs de cette section prônent une dédramatisation des questions identitaires : Markus Haller souhaite leur faire jouer un rôle non pas juridique mais politique ; Barry Smith suggère d'autres voies que la territorialité ; Murray Rothbard propose pour sa part une perspective « anarcho-capitaliste » qui privatise tout territoire et élimine l'État.

Cette section mérite au moins un commentaire sur le texte de Barry Smith, « La géométrie cognitive de la guerre », qui analyse les manières dont un « objet spatial » est transformé en territoire frontalier. Selon Smith, le destin, peut-on dire, d'un objet spatial donné serait de passer d'un statut « dynamique » (tel un terrain aux frontières fluctuantes qu'occupe une armée) à un statut décrété (un État) ou encore à un statut *bona fide*, qui consiste dans des barrières frontalières naturelles (par exemple, une île). Il s'agirait ensuite de montrer que toute frontière a une origine qui n'est pas naturelle mais construite : « [L]es objets de type dynamique doivent chaque fois venir en premier, c'est-à-dire qu'ils doivent précéder les objets spatiaux délimités avec soin, qu'ils soient décrétés ou *bona fide* » (p. 206).

Cette démonstration est ensuite transposée au cas de projets nationaux, ceux-ci passant d'un statut dynamique (lorsque l'identité nationale fluctue au gré de son autoreprésentation) à un statut décrété ou *bona fide* (à travers une autorité reconnue et instituée). Toujours selon Smith, une voie prometteuse permettant de reconnaître un statut institutionnel à des nations « fluctuantes » serait d'assouplir la notion de frontières, pour y inclure des formes dites bizarres (qui correspondent moins à une prétendue géographie naturelle qu'à un décret) des territoires « perforés » (pensons au territoire palestinien) et des territoires enclavés (p. 219). Or, il est difficile d'admettre que la solution pour le cas du Québec soit, comme le préconise Smith, de le « perforer » en octroyant un territoire autonome tant aux francophones qu'aux minorités anglophone et autochtones. Le problème serait alors, d'une part, que ces minorités possèderaient un pouvoir d'influence exagéré sur l'issue de négociations et surtout, d'autre part, que plus rien ne viendrait distinguer les groupes entre eux — pire, ce qui les distinguerait serait alors leur pouvoir de négociation, ce qui propulserait des montées aux enchères.

Cette conclusion illustre par la négative la nécessité d'élargir le concept de nation. Une quantité d'auteurs, pensons par exemple à Kai Nielsen, confèrent à la nation un idéal d'autodétermination politique qui demeure irréductible à une autorité territoriale, un sentiment subjectif ou un consentement individuel. Or la plupart des contributions de ce recueil, à l'exception de Miller, refusent de concéder aux nations un droit à l'autodétermination. Certes, l'immense difficulté consiste à élargir le concept de nation sans donner prise aux errements destructeurs qu'il a suscités ; mais à trop vouloir en restreindre la portée, le résultat est que le *statu quo* jalousement maintenu par les grandes puissances est renforcé, ce qui à son tour entraîne une radicalisation inquiétante des petites nations.

Cette réflexion est d'autant plus d'actualité qu'à notre époque une politique de la puissance revient en force. Bien que les textes de ce recueil aient tous été écrits avant 1997, il n'était cependant pas impossible de tenir compte de la situation actuelle. Les quinze dernières années ont montré avec éloquence que les accords négociés, robustes et avantageux aux yeux de tous, constituent la meilleure réponse à l'escalade de conflits ethniques et nationaux. À tout le moins, l'introduction du recueil aurait pu souligner les enjeux de la problématique actuelle, ce qu'elle ne fait pas. Certes, on retrouve dans ce recueil un équilibre très ingénieux entre une tradition philosophique de type analytique et une autre de type continental, ce qui permet d'entrevoir des pistes de solution qui transcendent les frontières disciplinaires. Mais il reste que la plupart des arguments s'adressent tout d'abord à ceux pour qui le nationalisme doit se plier à un nationalisme « civique ». Les autres concluront qu'il manque à ces réflexions un concept de nation incluant un aspect civique et politique, mais agrémenté par ailleurs de considérations culturelles, historiques et sociales, pour comprendre ce qui autorise les groupes à déterminer leurs affaires comme bon leur semble.

MARTIN BLANCHARD
Université de Montréal

Roger Pouivet, *L'œuvre d'art à l'âge de sa mondialisation. Un essai d'ontologie de l'art de masse*, Bruxelles, La Lettre volée, collection Essais, 2003, 113 pages.

Cet essai de Roger Pouivet — qui est en quelque sorte l'application d'une réflexion amorcée dans un ouvrage précédent sur l'ontologie de l'art[1] — porte sur une question souvent laissée de côté. En effet, la question de l'art de masse n'est pas le parent pauvre de la réflexion en philosophie de l'art : elle y fait plutôt figure d'enfant illégitime. L'objectif de cet ouvrage clair et concis n'est pas tant de discuter de la valeur de l'art de masse sur le plan culturel et artistique, mais plutôt de tenter de cerner ce qui est propre à l'art de masse. Assumant au départ que l'art de masse n'appartient pas à la culture au sens classique du terme, l'auteur cherche à montrer que l'art de masse a substantiellement modifié le statut ontologique de l'œuvre d'art : ce qui en fait l'originalité (par rapport à l'art moderne et contemporain qui ont surtout renouvelé les formes d'art), c'est qu'il substitue au culte de l'original la multiplicité systématique (p. 11). Les deux thèses (soit celle de l'art de masse comme « art de l'ubiquité » et celle qui concerne la valeur de l'art de masse) autour desquelles l'ouvrage est articulé seront brièvement présentées ici, pour mettre ensuite en évidence certaines de leurs implications.

---

1. Pouivet, Roger. (1999) *L'ontologie de l'œuvre d'art : une introduction.* J. Chambon, 262 p.

La première thèse concerne la spécificité ontologique de l'art de masse, et pose que le mode de diffusion massive de certaines formes d'art est la nouveauté radicale du vingtième siècle. L'auteur fait remarquer que c'est à tort que les philosophes, à quelques exceptions près, ont ignoré la question (p. 15), et que ceux qui s'y sont intéressés commettent fréquemment l'erreur de réduire la particularité de l'art de masse à la facilité de reproduction et de diffusion des œuvres (p. 19). Selon Pouivet, l'art de masse a un caractère mondial, non humaniste, « indifférent à toute tradition » et individualiste (p. 16) ; il doit « être intelligible et appréciable à Paris, Bombay, Johannesburg ou Manille » et n'existe que par sa diffusion (p. 23). C'est en fait l'accessibilité des œuvres d'art de masse qui contribuerait à leur spécificité ontologique (p. 26), spécificité qui fait en sorte que le statut de l'œuvre d'art de masse est subordonné aux questions juridiques telles que celle des droits d'auteurs et de diffusion (p. 41). L'auteur tient pour acquis que les œuvres d'art de masse sont, par opposition aux œuvres du grand art, d'abord des objets commerciaux qui ne nécessitent aucun complément d'information pour être appréciées (p. 45). Par conséquent, il ne peut être question, en ce qui concerne ces œuvres, que de promotion. On peut ici se demander si cela est réellement une différence qui oppose art de masse et grand art, puisque s'il est vrai qu'il n'est pas toujours nécessaire de posséder une vaste culture pour apprécier une œuvre d'art de masse, il en est de même pour l'art classique. À l'inverse, pour prendre un exemple banal, on apprécie d'avantage la musique populaire noire des années cinquante lorsqu'on sait quel rôle elle a pu jouer sur le plan socio-politique. Contrairement à ce que soutient l'auteur, elle n'est peut-être pas faite uniquement « pour nous faire danser et passer le temps » (p. 101). D'autre part, la notion d'accessibilité sur laquelle repose en partie l'analyse de Pouivet apparaît donc problématique, si on tient compte des thèses d'auteurs tels que David Novitz, qui montrent que l'opposition entre « grand art complexe » et « art de masse accessible » n'est pas si nette qu'il y paraît à première vue[2].

En fait, si la « massification » de l'art (phénomène qui touche d'ailleurs de plus en plus le grand art) rendue possible par le développement de la technologie et des moyens de communication influe incontestablement sur la diffusion des œuvres, en change-t-elle pour autant radicalement la nature ? On peut supposer que la question est plus complexe que ne le laisse paraître l'auteur. Sur ce point, il aurait été utile d'offrir au lecteur une explication plus fouillée du rapport entre art de masse et art populaire (leurs rapports respectifs avec les moyens de diffusion, etc.), question qui est à peine effleurée dans le texte (p. 33), mais néanmoins incontournable. Autrement, on pourrait rétorquer que le fait pour une œuvre d'être reproduite de façon massive et vouée à une commercialisation intensive est peut-être un aspect logiquement indépendant de la valeur et du caractère artistique d'une œuvre. On trouve malheureusement au fil des pages plusieurs prises de position qui perpétuent la dévaluation de l'art de masse, ce qui a de quoi surprendre, puisque, au cours des dernières années, les failles de ces arguments ont souvent été mises en évidence. Voici quelques exemples que l'on trouve chez Pouivet : « l'art de masse n'encourage aucune attitude de jugement critique [...] il n'y a pas de culture à acquérir pour l'art de masse » (p. 48-49) ; « le public de l'art de masse est planétaire, il parle n'importe

---

2. Voir Novitz, D. (2000) « The Difficulty with Difficulty » in Journal of Aesthetic Education, 34 ; 2, p. 5-14.

quelle langue, il a n'importe quel âge, il a n'importe quel mode de vie » (p. 58) ; autant d'affirmations qui peuvent impliquer sous certains rapports une vision réductrice du fonctionnement de l'art de masse et de sa diversité.

La deuxième thèse porte sur la dévaluation de l'art de masse par les philosophes de l'art : elle serait due à une mauvaise compréhension de la valeur réelle de l'art en général, que l'on considère à tort comme étant intrinsèque à ce dernier. La valeur de l'art est plutôt instrumentale : elle n'existe qu'en fonction des objectifs qu'elle permet d'atteindre (p. 16). L'auteur distingue ensuite la question de la valeur de l'art en général et celle de l'évaluation esthétique des œuvres d'art, qui est liée à celle du jugement de goût (p. 65), et se concentre sur l'épineux problème de la distinction low art/ high art. Les termes étant en eux-mêmes ambigus (« low art » n'ayant pas de strict équivalent en français, il est difficile de déterminer ce que le terme comprend : l'art de masse, l'art populaire, l'art marginal, le mauvais art, tout ça à la fois, etc.), et témoigne de l'ampleur de la tâche lorsqu'un philosophe de l'art tente de se prononcer sur ce qui distingue ces différentes pratiques. Soulignant avec raison que cette distinction repose souvent sur une pétition de principe (p. 69), l'auteur retombe néanmoins dans le même piège en affirmant qu'elle repose sur l'intuition que tout ne se vaut pas (ce qui aurait gagné à être développé), même si les œuvres d'art n'ont pas de valeur en elles-mêmes (p. 77). D'autre part, en affirmant qu'un « art populaire n'est pas mondial » (p. 78), il montre l'ampleur du problème qui survient lorsqu'on tente de clarifier le rapport qu'entretiennent l'art de masse et l'art populaire, qui diffèrent selon lui par trois critères (contrairement à l'art de masse, l'art populaire serait limité à sa communauté d'origine, ne supposerait pas des technologies de masse et serait issu de coutumes anciennes). On peut là encore se demander s'il n'y aurait pas confusion entre les caractéristiques des formes d'art et leurs moyens de diffusion puisqu'il existe des formes d'art populaires qui sont diffusées massivement, d'autres qui ne le sont pas (ce qui implique évidemment qu'il y a des œuvres d'art de masse qui sont en fait de l'art populaire au sens de « folklorique », comme le blues, et d'autres qui n'en sont pas, comme la musique *dance*, ce qui fait en sorte qu'on ne peut pas dans tous les cas utiliser les trois critères avancés par l'auteur).

Le propos porte ensuite sur les raisons qui ont pu mener à une évaluation négative de l'art de masse en général, arguments qui sont en fait le plus souvent des variations à partir de deux thèmes principaux : d'abord que l'art de masse n'est pas de l'art parce qu'il n'est pas en mesure de remplir certaines conditions (la façon dont nous formulons les définitions de l'art, calquée sur le modèle du grand art, n'est d'ailleurs pas étrangère à cette incapacité), et ensuite que l'art de masse n'a nécessairement que peu ou pas de valeur esthétique (p. 80).

Pour fin d'illustration, l'auteur effectue la généalogie des présupposés les plus courants lorsqu'il est question d'art de masse : la dévaluation de l'art de masse repose en bonne partie sur une conception romantique et historiciste de l'art qui subsiste encore aujourd'hui et qui est orientée vers le culte du génie individuel (p. 82). Il rappelle également que les œuvres d'art ont toujours été des marchandises, même si on préfère penser qu'elles ont une valeur intrinsèque quasi-sacrée (p. 83). D'ailleurs, même si la dimension financière était le seul objectif régissant la production d'œuvres d'art de masse, cela ne serait pas suffisant pour nier toute possibilité de valeur esthétique ou d'accès au statut à part entière d'œuvre d'art (p. 84), et même si l'art de masse n'avait qu'une valeur instrumentale, cette dernière serait en elle-même suffisante, vu la diversité des fonctions possibles, pour que l'on doive reconnaître une certaine valeur à l'art de masse (p. 87).

La question de la valeur des œuvres d'art de masse est ensuite abordée plus en détail. En nous rappelant que « l'histoire est un filtre », l'auteur remarque que la rareté des œuvres de valeur n'est pas un phénomène exclusif à l'art de masse, ni même à l'art (p. 96), en faisant appel à la distinction entre valeur objective et importance subjective, qui joue également un rôle important lorsqu'il est question de déterminer la valeur d'une œuvre (p. 97). Il revient également sur le supposé caractère anti-humaniste et individuel de l'art de masse qui ferait en sorte que ce dernier se situe « hors de l'histoire » (p. 100). De là, il conclut que l'art de masse n'est pas « de la culture », puisqu'il peut être apprécié sans le concours d'une éducation humaniste classique (p. 102), conclusion qui aurait gagné à être accompagnée d'une justification satisfaisante quant à l'intérêt d'adopter un concept de culture aussi strict.

D'autre part, en soutenant que la valeur instrumentale de l'art de masse « n'est pas principalement dirigée vers des fonctions à forte teneur culturelle, comme la compréhension du monde, la réflexion morale ou la dévotion religieuse... » (p. 107), l'auteur s'expose à se voir répliquer que de nombreuses œuvres d'art de masse sont au contraire faites d'abord pour transmettre des valeurs ou les positions endossées par les artistes qui les produisent (y-a-t-il quelque chose de plus moralisateur qu'un film hollywoodien ou qu'une chanson country?). Ainsi, ce qui semble être impliqué, c'est que l'art de masse serait un piètre véhicule pour des fonctions à forte teneur culturelle, ce qui est une toute autre question, dont la réponse n'est pas non plus aussi claire qu'on pourrait le penser. Dans le même ordre d'idée, l'auteur aurait également gagné à justifier certaines affirmations, dont la distinction ontologique qu'il opère entre cinéma d'auteur et cinéma de masse (p. 25); cette distinction semble en fait masquer un jugement de valeur qu'il aurait été plus honnête d'énoncer clairement, et qui est d'autant plus problématique qu'il existe de nombreux contre-exemples de films d'auteurs diffusés massivement (on n'aura qu'à reprendre certains exemples de l'auteur lui-même: les Hitchcock, Chaplin, Kubrick...).

Bref, on constatera au terme de la lecture de cet ouvrage que la question de l'art de masse — qui hélas n'est souvent évalué qu'en termes de chiffres — demeure en friche. On ne peut que souhaiter que Pouivet revienne à la charge et développe davantage les questions abordées dans cet essai. Malgré les quelques réserves évoquées plus haut, cet ouvrage accessible a assurément le mérite de permettre la relance d'une discussion autour de certaines controverses incontournables de l'actualité philosophique et culturelle.

MÉLISSA THÉRIAULT
Université du Québec à Montréal

Edmund Husserl, *La représentation vide* suivi de *Les* Recherches logiques, *une œuvre de percée* sous la direction de Jocelyn Benoist et Jean-François Courtine, Collection Épiméthée, Paris, Presses Universitaires de France, 2003, 305 pages.

L'ouvrage collectif proposé par Benoist et Courtine réunit quatorze contributions explorant différents aspects des *Recherches logiques* (*Rl*) allant des origines à la postérité de l'ouvrage en passant par certains des grands thèmes qui y sont débattus. Ces contributions suivent la traduction par Benoist d'un texte de Husserl, «La représentation vide» (p. 11-36), que ce dernier destinait à une nouvelle édition de la VIe *Rl*. Les esquisses de cette nouvelle édition, qui ne vit jamais le jour, ont été récemment éditées et introduites par Ullrich Melle dans un double tome complémentaire à l'édition des *Rl* des Husserliana (tome XX/1, Dordrecht, Kluwer 2002; XX/2 en préparation).

Pour comprendre ce texte et saisir le rôle qu'il était destiné à jouer dans le projet de réécriture mené pendant plusieurs années par Husserl et ses assistants, il n'est pas inutile de commencer la lecture de l'ouvrage par la fin, puisque c'est dans la dernière partie qu'on trouvera la contribution de Melle, «La représentation vide dans la réécriture par Husserl de la VIe *Recherche logique*» (p. 253-264), la seule qui soit en lien direct avec le texte de Husserl qui donne son nom au livre. Dans la 2e édition des *Rl*, le concept de représentation vide était destiné à réinvestir la distinction entre intention vide et intention pleine du troisième chapitre de la VIe *Rl*. Selon Melle (p. 254, 257, 259 *sq.*), ce nouveau concept s'est imposé afin de libérer l'analyse de la 1re édition (1901) de son caractère sensualiste et intellectualiste. Sensualiste, car elle n'aurait considéré comme contenu intuitif que les données présentées à travers les sensations, et intellectualiste, car la détermination d'un contenu comme intuitif ou signitif y est laissée à la forme d'appréhension de l'acte (*Auffassungsform*); en d'autres termes, il n'y a de contenu signitif ou intuitif de ce point de vue qu'en fonction d'une forme d'appréhension elle-même signitive ou intuitive.

Ce qui change dans la 2e édition, c'est que Husserl abandonne ce modèle de différentes formes d'appréhension. Il ne considère plus les actes de souvenir ou d'imagination comme découlant d'une forme d'appréhension différente de celle des actes de perception sensorielle, mais plutôt comme des modifications intentionnelles d'actes de perception, dans lesquelles sont reproduites les perceptions sensorielles avec toutes leurs composantes. Une représentation vide de tout contenu intuitif est alors à comprendre comme la modification intentionnelle (vide) d'une intuition.

Melle remarque dans sa présentation que Husserl ne réussit jamais vraiment à se défaire de sa première conception de la distinction entre intention pleine et vide. Celui-ci développerait plutôt un concept noématique de plénitude qui interviendrait parallèlement à celui basé sur différentes formes d'appréhension, sans vraiment parvenir à le remplacer.

La suite de l'ouvrage réunissant les contributions autour de la percée des *Rl* est divisée en six parties (p. 39-300). Dans «La Ire et la IIe *Recherches logiques* comme réécritures de la deuxième et de la première partie de la *Philosophie de l'arithmétique*» (p. 39-62), qui constitue la première partie du livre, Jacques English veut montrer en quoi certains thèmes de la *Philosophie de l'arithmétique* (1891), notamment ceux de l'abstraction et de l'indication, sont dans les deux premières *Rl* intimement liés à leur traitement dans l'ouvrage de 1891. Pour English, la percée des *Rl* se base sur la réorientation des analyses de 1891 d'un terrain trop exclusivement psychologique en direction d'une logique pure (p. 59).

La deuxième partie de l'ouvrage, « Phénoménologie et théorie de la signification » (p. 65-108), regroupe des contributions de Courtine, Philippe Ducat et Robert Sokolowski. Dans un texte qui reprend la critique de Husserl de la théorie du contenu et de l'objet des représentations de Twardowski (« Intentionnalité, sensation, signification excédentaire » [p. 65-83]), Courtine montre que cette critique affecte aussi la *Psychologie d'un point de vue empirique* (1874) de Brentano. Pour Husserl, le contenu immanent n'est pas *réellement* ou *descriptivement* dans l'acte (Brentano), pas même de manière modifiante (Twardowski). C'est ce que montre le cas des représentations sans objets : en termes de contenu immanent à l'acte, ma représentation de Bismarck ne diffère pas de ma représentation du dieu Jupiter, car il n'est ici question que du contenu véritablement immanent, c'est-à-dire de ce qui appartient à la composition réelle des vécus intentionnels. Ce rejet du concept de contenu de Brentano-Twardowski amène alors Husserl à établir, dans les *Rl*, une distinction fondamentale entre le contenu en tant qu'objet et le contenu en tant que matière ou signification, qui sera à l'origine de la problématique noético-noématique à partir de 1908.

La contribution de Ducat (« L'évolution de la doctrine husserlienne de la signification, d'une édition à l'autre des *Recherches logiques* » [p. 85-96]) explore, quant à elle, certains cours donnés par Husserl entre la publication de la 1re et de la 2e édition (1913) des *Rl* qui témoignent des modifications apportées à la théorie de la signification. Comme le remarque l'auteur, Husserl n'a pas mis la question de la signification dans la 2e édition au niveau des développements réalisés au même moment dans ses cours.

Enfin, dans la dernière contribution de cette section (« La grammaire comme signal de la pensée » [p. 97-108]), Sokolowski se penche sur le concept d'indication (*Anzeige*) à propos duquel il juge que les analyses de la 1re *Rl* sont insuffisantes. Dans la description de l'acte de communication, Husserl omettrait de prendre en compte l'activité du récepteur (p. 101-2). Pour Sokolowski, le rôle du récepteur ne peut être essentiellement passif : celui-ci doit effectuer le même acte de pensée que le locuteur. L'auteur illustre cette thèse au moyen de l'affirmation suivante : « [...] [V]ous ne pouvez désobéir à un signal verbal sans commencer par refuser de l'entendre, sans vous boucher les oreilles ou refuser de lire le texte. Dès que vous avez saisi [...] un signal, vous y avez obéi, parce que vous avez eu la pensée que le mot exprime » (p. 103). En ce sens, les mots, et spécialement certaines structures grammaticales (l'auteur évoque la place des mots et les flexions), agiraient comme des indications ou signaux dans l'activité de communication, et c'est ce qui aurait été négligé dans les *Rl*.

Avec une contribution intitulée « Phénoménologie et ontologie dans les *Recherches logiques* » (p. 111-124), Benoist ouvre la troisième partie de l'ouvrage (« Ontologie ou phénoménologie ? », [p. 109-139]). L'auteur s'intéresse au rapport des notions d'ontologie et de phénoménologie dans la 1re édition des *Rl*, ce qui l'amène à réaffirmer la thèse de la neutralité métaphysique de l'ouvrage, selon laquelle les analyses qui y sont proposées excluent toute présupposition métaphysique sur la nature du réel. Benoist apporte toutefois une précision à cette thèse déjà défendue ailleurs : il y a une couche d'analyses dans les *Rl* qui constitue le présupposé de l'ouvrage et qui se manifeste dans la priorité de l'ontologie sur la phénoménologie. En cela, si on peut questionner la neutralité métaphysique des *Rl*, c'est en examinant plutôt le présupposé non phénoménologique de la phénoménologie : l'ontologie (p. 122-123).

Avec « La théorie de l'objet dans les *Recherches logiques* de Husserl » (p. 125-139), Robert Brisart complète la troisième partie de l'ouvrage en procédant à une critique de la théorie twardowskienne de l'objet à partir des textes de Husserl qui s'attaquent à cette théorie. Selon Brisart, Husserl évite le dédoublement de l'objet qui caractérise la théorie de la représentation de Twardowski en définissant l'objet intentionnel en termes de signification et non en termes d'image mentale (p. 134), ce qui le poussera, en 1906, à se tourner non pas vers Twardowski, mais plutôt vers Meinong lorsqu'il sera question de réinvestir la question des objets intentionnels.

La quatrième partie de l'ouvrage s'ouvre sur « La doctrine de la science dans les *Recherches logiques* » (p. 143-164), dans laquelle Denis Fisette cherche à montrer que c'est dans le programme d'une doctrine de la science que réside la cohésion entre les deux axes sur lesquels reposent les *Rl* : l'idée de logique pure et celle d'une théorie de la connaissance. Pour ce faire, Fisette se penche d'abord sur l'articulation des thèmes logico-mathématique et phénoménologique dans les *Prolégomènes* aux *Rl* (1900), pour insister sur le fait que la conception husserlienne de cette doctrine de la science ne se résume pas à l'idée de logique pure ou à une analyse logique de ses catégories, mais englobe également l'élucidation des concepts fondamentaux de la logique ainsi que leur appréciation philosophique. Dans la dernière partie de son article, Fisette suggère que ce programme a aussi guidé et structuré le projet philosophique qui occupe Husserl jusqu'à la fin de son œuvre (p. 155 *sq.*). C'est ainsi qu'on retrouve dans les thèmes de la critique de la raison et de la philosophie première, qui marquent les développements philosophiques du dernier Husserl, la continuité du projet initial, élargi cependant à toutes les sciences et au champ total des actes intentionnels (p. 161).

Cette quatrième partie de l'ouvrage, « L'épistémologie des *Recherches logiques* », est complétée par une étude de Dominique Pradelle intitulée « Qu'est-ce qu'une intuition catégoriale de nombre ? » (p. 165-180). En partant de l'intuition catégoriale de nombre, qu'il considère comme l'exemple privilégié de l'intuition catégoriale (p. 168), Pradelle remarque d'abord que l'analogie entre l'intuition sensible et l'intuition catégoriale n'est d'aucun secours si l'on cherche à comprendre ce qui est en jeu dans l'intuition catégoriale de nombre. Selon l'auteur, cela est dû au fait que l'intuition catégoriale comme acte de pensée propre est beaucoup plus près de la logique pure que de toute notion de représentation intuitive de quantité (p. 172).

La cinquième partie de l'ouvrage, « Phénoménologie réaliste *versus* phénoménologie transcendantale » (p. 183-249), regroupe trois contributions explorant ce qui, dans les *Rl*, a pu servir de point d'appui à la phénoménologie transcendantale développée dans la seconde partie de l'œuvre. Le texte de Jean-François Lavigne, « La prétendue "neutralité métaphysique" des *Recherches logiques* : quelques leçons d'une lecture fidèle de la première théorie *"phénoménologique" de la connaissance* (1900-1901) » (p. 183-201), met d'emblée l'accent sur la réinterprétation par Husserl lui-même, dans les écrits postérieurs à 1913, de la percée des *Rl* comme étant celle de la phénoménologie transcendantale. Contre cette réinterprétation, l'auteur renvoie à d'autres textes de Husserl qui témoignent que la découverte de la réduction transcendantale n'a pu se faire que quelques années au moins après la parution des *Rl*, ce qui signifie selon lui que l'ouvrage de 1901 ne peut échapper à la présupposition de l'attitude naturelle du point de vue de Husserl après 1913 (p. 192).

Dans « Sur les motifs et la préhistoire de la réduction transcendantale dans les *Recherches logiques* » (p. 203-223), Dieter Lohmar explore la question de la réduction aux composantes réelles telle qu'elle est présentée dans la 1ʳᵉ édition et s'affaire à montrer qu'elle s'inscrit, en tant que méthode, comme un premier degré de la réduction transcendantale (p. 206). La principale différence entre les deux réductions repose sur l'universalité de la seconde vis-à-vis des limitations intrinsèques de la première, la réduction aux composantes réelles n'étant itérable que dans des actes isolés.

« Sur le sens de l'idéalisme husserlien : les modes d'être des objets et la conscience intuitive » (p. 225-249) de Rudolf Bernet clôt cette cinquième partie de l'ouvrage. Dans ce texte, Bernet se rapporte, comme Melle, aux textes issus de la refonte de la VIᵉ *Rl*. Datés de la même année que les *Idées directrices*, ils auraient cependant l'avantage de présenter une version plus précise et moins problématique de l'idéalisme phénoménologique (p. 228), fondée sur la notion de possibilité phénoménologique et affirmant que c'est en tant que conscience effective que la conscience pure issue de la réduction constitue le support du monde réel (p. 244). En accordant ce rôle à la conscience effective, Husserl forge un concept d'idéalisme « au sens étroit », qui va « [...] plus loin dans son affirmation de la dépendance des objets vis-à-vis de la conscience que l'idéalisme au sens large [celui des *Idées directrices*] » (p. 247).

Enfin, la dernière section de l'ouvrage, « La postérité des *Recherches* » (p. 254-300), se partage également en trois contributions. La première d'entre elles est celle de Melle, sur laquelle on ne reviendra pas. La seconde, « Heidegger et les *Recherches logiques* » (p. 265-281), est une étude de Françoise Dastur retraçant l'influence des *Rl* dans les travaux de Heidegger, de ses cours de Marbourg de 1925 jusqu'au séminaire de Zähringen de 1973. Selon l'auteure, c'est dès 1925 que Heidegger remarque la nouveauté radicale de l'intuition catégoriale présentée par Husserl dans la VIᵉ *Rl*, et qui lui permettra ensuite de développer la question du sens de l'être qui occupe une place prépondérante dans sa philosophie d'après *Être et temps*.

Jean-Luc Marion complète enfin cette sixième et dernière section avec une contribution intitulée « Le concept large de logique et de logos. Le logique et le donné » (p. 283-300), qui insiste d'emblée sur le caractère trop peu logique de la percée des *Rl*, comparativement à la percée ontologique que l'ouvrage aura suscitée. La percée la plus radicale des *Rl*, Marion la voit dans le rôle attribué à la donation, confirmé en 1913 par la promulgation du « principe de tous les principes » (p. 291), qui sera déterminant jusqu'à *Expérience et jugement* (1938, posthume) où le concept de donation « finit par redéfinir en profondeur le concept même de logique » (p. 292). Ce développement amène Marion à se demander si les meilleurs acquis de la logique relèvent plutôt d'un concept large de logique et de la donation qui le permet, que de la formalisation du *logos* (p. 300).

Dans l'ensemble, on peut dire de l'ouvrage collectif proposé par Benoist et Courtine qu'il donne un bon aperçu de la diversité des travaux actuels sur la phénoménologie des *Rl*. On pourra cependant se demander si les divisions thématiques qui y sont adoptées rendent justice à la variété des questions développées dans les *Rl*, et surtout à la perspective de recherche de chaque contribution. À ce titre, on s'explique mal pourquoi les textes de Courtine (deuxième partie) et Brisart (troisième partie) ne sont pas regroupés dans une même section, puisqu'ils s'intéressent tous deux à la même question, en l'occurrence celle du sens du dépassement, par Husserl, de la théorie du contenu et de l'objet de Twardowski. De manière similaire, on aurait pu souhaiter que les textes de Benoist (troisième partie) et de Lavigne (cinquième partie) soient mis minimalement en relation, puisqu'ils présentent des arguments pour et contre une interprétation des *Rl* en termes de neutralité métaphysique. Malgré ces détails de structure, on retiendra la valeur et l'originalité des contributions individuelles — et c'est à ce titre qu'il faut aussi voir « La représentation vide » de Husserl —, qui assurent indéniablement la pertinence de ce livre dans le cadre des recherches en phénoménologie.

GUILLAUME FRÉCHETTE
Universität Hamburg

Jérôme Dokic et Pascal Engel, *Ramsey. Vérité et Succès*, Paris, Presses Universitaires de France, collection Philosophies, 2001, 128 pages.

Frank Ramsey est mort tragiquement, des suites d'une opération, en janvier 1930. Il n'était âgé que de 26 ans. Pourtant, son œuvre, qui vient à peine de paraître en traduction française, en un volume (F. P. Ramsey, *Logique, philosophie et probabilités*, P. Engel & M. Marion (dir.), Paris, Vrin, 2003), est d'une importance remarquable. Il ne publia qu'un article de mathématiques, dans lequel il donna une solution partielle à l'*Entscheidungsproblem* de Hilbert à l'aide d'une paire de théorèmes de combinatoire qui sont à eux seuls à l'origine d'une branche des mathématiques contemporaines qui porte son nom, la « théorie de Ramsey ». Il ne publia que deux articles d'économie afin de répondre à des questions soulevées par des collègues économistes à Cambridge, mais ceux-ci furent aussi à l'origine des branches de la théorie économique contemporaine telles que la théorie des « prix de Ramsey ». Le texte posthume « Vérité et probabilité » contient une formulation de la théorie des probabilités subjectives et de la théorie de la décision, dont certains résultats furent redécouverts dans les années cinquante, et qui en fait un des grands classiques de l'histoire de ces deux théories. Bien qu'il n'ait point souffert des tortures existentielles que le commun des mortels associe à ce mot, il mérite le titre de « génie » avant nombre de ses contemporains. Malheureusement, en philosophie, sa réputation a été éclipsée par celle de son contemporain à Cambridge et son ami, Ludwig Wittgenstein, qui reconnaissait pourtant l'influence décisive de Ramsey sur son œuvre. En France, à part quelques-uns — par exemple, G.-G. Granger et J. Bouveresse —, on ignorait tout de lui, jusqu'à son nom. Les jeunes générations, qui ont rejeté les ornières paroissiales de leurs aînés pour vivre au rythme d'une Europe ouverte et multiculturelle, le découvrent enfin grâce à ce court livre de Jérôme Dokic et Pascal Engel, dont une traduction anglaise vient par ailleurs de paraître : *Frank Ramsey : Truth and Success* (Londres, Routledge, 2003).

L'influence des conceptions de la croyance et de la connaissance, de la causalité, des universaux, de Ramsey sur la philosophie s'est fait sentir au long du siècle. J'ai mentionné Wittgenstein, mais les anticipations et parallèles avec Davidson sont parfois saisissants. Par ailleurs, l'idée des « énoncés de Ramsey » (p. 56) fut utilisée de diverses façons par Carnap et David Lewis, le « test de Ramsey » (p. 54) a été repris par Robert Stalnaker et Peter Gärdenfors, etc. Le cœur du présent ouvrage est la « sémantique du succès » (p. 71 *sq.*), qui trouve son origine dans un texte de Jamie Whyte, « Success Semantics » (*Analysis*, vol. 50 (1990), p. 149-157). Il s'agit d'une tentative d'explication en termes naturalistes des notions de vérité et d'intentionnalité des attitudes propositionnelles à partir de ce qu'il est convenu d'appeler le « principe de Ramsey » (PR), que Dokic et Engel reformulent ainsi : « Les conditions de vérité d'une croyance sont les conditions réelles qui garantissent le succès de l'action que la croyance est susceptible de produire, quel que soit le désir en jeu » (p. 71). L'ouvrage n'est donc pas une introduction à l'ensemble de l'œuvre de Ramsey mais, du point de vue particulier de cette sémantique du succès, une introduction à ses parties centrales (à l'exclusion surtout des questions de philosophie des mathématiques), c'est-à-dire la théorie pragmatiste de la vérité, de la croyance et de l'action (théorie qui sous-tend ses contributions fondamentales aux disciplines que sont la théorie des probabilités et la théorie de la décision, la théorie des jeux et la théorie du choix rationnel), dans la forme quasi achevée que l'on retrouve dans les écrits de 1926-1928, tels que « Faits et Propositions » et « Vérité et Probabilité ». (Dokic et Engel couvrent cependant d'autres d'aspects moins directement liés à la sémantique du succès, tels que la critique de la distinction entre particuliers et universaux par Ramsey, *cf.* p. 59-70.) Cette théorie est basée sur une thèse *pragmatique* — les rapports avec Peirce sont mis de l'avant tout au long de l'ouvrage — énoncée à la fin de « Faits et propositions », selon laquelle la signification d'un énoncé doit être définie en référence aux actions auxquelles son assertion conduirait (Ramsey, *Logique, philosophie et probabilités*, op. cit., p. 228). Ramsey prend pour exemple le cas d'un poulet qui croit que les chenilles d'un certain type sont empoisonnées et qui s'abstient donc d'en manger, pour cause de maux d'estomacs. Pour Ramsey, tout ensemble d'actions dont l'utilité p est une condition nécessaire et suffisante est appelé une croyance que p, et la croyance que p est vraie si p, c'est-à-dire si elle est utile. Ramsey écrivait en effet : « On pourrait très bien soutenir que relativement à ce type de croyance la théorie pragmatiste est correcte, c'est-à-dire que la relation entre le comportement du poulet et les facteurs objectifs était que les actions seraient de nature telles qu'elles seraient utiles si, et seulement si, les chenilles étaient empoisonnées. Ainsi, n'importe quelle sorte d'action pour l'utilité desquelles p est une condition nécessaire et suffisante pourrait être appelée une croyance que p, et serait vraie si p, c'est-à-dire si elles sont utiles » (Ramsey, *Logique, philosophie et probabilités*, op. cit., p. 218). On voit à cela que, selon Ramsey, une croyance est une sorte de « guide » pour nos actions, et une croyance est vraie si elle conduit à une action bénéfique, c'est-à-dire si elle est utile. Dans l'exemple de Ramsey, la croyance que la chenille est empoisonnée conduit à l'action de s'abstenir de la manger, et cette croyance est vraie si elle est utile, c'est-à-dire si la chenille est en effet empoisonnée et le poulet évite donc des maux d'estomac. De la même manière, l'action de manger la chenille indique la croyance que la chenille est mangeable, et cette croyance serait fausse si le poulet se retrouvait avec des maux d'estomac. Il s'agit ici du cas des croyances « pleines » (c'est-à-dire de probabilité 0 ou 1) ; Ramsey offre aussi une explication très intéressante dans le cas des croyances partielles. Si le poulet ne sait pas si la chenille est empoisonnée ou pas, il devrait agir de manière à maximiser (tout en tenant compte des fréquences objectives) son utilité subjective. Mais comment mesurer celle-ci ? Étant donné que les agents révèlent leurs préférences dans leur conduite, Ramsey propose de déterminer les degrés de probabilité subjective et les degrés d'utilité des agents par une méthode de paris. Les croyances conditionnelles les mieux justifiées sont donc celles qui ont les meilleures conditions de succès (et qui sont corrélées à la fréquence objective la plus élevée). D'où le principe de Ramsey, selon lequel « Les croyances ont d'autant plus de chances d'être vraies que leurs conditions de *succès* sont garanties » (p. 27). Cependant, comme Dokic et Engel l'ont très bien vu (p. 31-41), Ramsey ne cherchait pas à donner une définition pragmatique de la vérité, mais une explication du contenu des croyances en termes de conditions de vérité, d'où la reformulation du PR (p. 71) déjà citée.

Les deux premiers chapitres de l'ouvrage constituent une introduction détaillée à cette théorie de Ramsey, pour motiver l'idée d'une sémantique du succès présentée dans le troisième chapitre ; les deux derniers abordent chacun une objection majeure à la sémantique du succès. L'avant-dernier chapitre porte sur le problème de la satisfaction des désirs, posé en ces termes : « Selon le pragmatisme ramseyen, les conditions de vérité des croyances sont celles qui garantissent la réussite de l'action. Or une action est réussie lorsque le désir qui la motive est satisfait. PR revient donc à définir les conditions de vérité des croyances par référence aux conditions de satisfaction des désirs. Mais peut-on déterminer les secondes indépendamment des premières ? » (p. 84). Dans le dernier chapitre, « La situation de l'action » (p. 100-122), Dokic et Engel discutent l'objection « de la surcharge cognitive » (*cf.*, par exemple, R. Brandom, « Unsuccessful Semantics », *Analysis*, 54, 1994, 175-178.) En effet, le PR implique que l'échec d'une action *a* doit être rapporté à une croyance fausse ayant joué un rôle dans la décision de faire *a*. Cela suppose cependant une omniscience de l'agent, qui doit entretenir des croyances pour toutes les circonstances pertinentes pour la réussite de l'action ; cette condition n'est pas du tout réaliste et les contre-exemples abondent où l'échec est dû non pas à une croyance fausse mais à l'ignorance.

Nonobstant la réplique adroite à cette objection de Dokic et Engel, j'aimerais pointer du doigt ce qui me semble être un défaut dans leur lecture de Ramsey. Dans la dernière année de sa vie (1929), Ramsey a remis en cause un certain nombre de ses vues. Sa mort subite l'a empêché de développer ses nouvelles idées, dont il ne reste que des écrits posthumes, certes nombreux, mais qui ne recomposent pas une théorie achevée comme celle de 1926-1928, qui sert de point de départ à Dokic et Engel. Ceux-ci connaissent, bien sûr, ces ultimes développements de la pensée de Ramsey (*cf.*, par exemple, la présentation du point de vue sur les croyances générales, p. 48 *sq.*), mais à mon avis ils ne tiennent pas suffisamment compte du fait que les nouvelles idées vont à l'encontre de certaines des idées essentielles de la théorie de 1926-1928. En un mot, pour Ramsey, les croyances sont, telles une carte, des « guides » pour l'action, mais une carte infinie n'est pas manipulable et ne peut pas être un guide pour l'action (*cf.* Ramsey, *Logique, philosophie et probabilités, op. cit.*, p. 238). Les croyances générales doivent donc être conçues autrement que comme des propositions infinies, d'où l'introduction, en 1929, de la notion d'« hypothétique avec variable » (*variable hypothetical*), qui le mena à l'adoption d'un point de vue *finitiste* en mathématiques et en philosophie des sciences (*cf.* Ramsey, *Logique, philosophie et probabilités, op. cit.*, p. 252). Nous sommes certes loin des préoccupations actuelles quant à la question de la complexité. Mais il est clair que la théorie de 1926-1928 de Ramsey, tout comme la récente « sémantique du succès », a été élaborée sans prendre en considération ces problèmes; elles participent, si l'on veut, du paradigme de la rationalité « instrumentale ». Ramsey avait lui-même ouvert la porte à la remise en cause des idéalisations fortes (telles que l'omniscience dénoncée par l'objection de la surcharge cognitive ou, pour ne prendre qu'un autre exemple, la révision des croyances par « conditionalisation » — qui n'a cependant pas de lien avec le soi-disant « test de Ramsey » —, qui est une fonction à croissance exponentielle et qui n'est donc pas « faisable » en pratique) que comportent sa théorie de 1926-1928 et celles qui s'en inspirent; idéalisations qui expliquent en partie les difficultés rencontrées lorsqu'on veut les appliquer à des cas concrets. N'écrivait-il pas dès « Vérité et probabilité » : « On pourrait dire qu'on devrait penser ce qui est vrai, mais en ce sens là [...] on ne peut non plus trouver quelque justification de la croyance partielle; la chose idéale serait d'avoir des croyances de degré 1 en toute proposition vraie et de degré 0 en toute proposition fausse. Mais c'est trop demander à des hommes mortels, et on doit convenir qu'un certain degré de doute, ou même d'erreur, est humainement justifié » (Ramsey, *Logique, philosophie et probabilités, op. cit.*, p. 176). On est donc en droit d'espérer que ces dernières idées sauront inspirer de nouveaux développements. En attendant, il faut remercier les auteurs pour avoir mis à notre disposition une introduction non seulement à l'œuvre de Ramsey mais aussi à une théorie contemporaine qui en revendique l'héritage.

MATHIEU MARION
Université du Québec à Montréal

Michael Friedman, *Dynamics of Reason*, Stanford, CSLI Publications, 2001, 141 pages.

Ce recueil est constitué des conférences sur Kant que l'auteur a prononcées en 1994 à l'Université Stanford dans le cadre d'un cycle de *Kant Lectures*. Il s'agit moins d'un ensemble d'études sur Kant que d'une tentative de récupérer l'héritage kantien et de le confronter au legs du positivisme logique. Le premier chapitre est en effet consacré à l'idée d'une philosophie scientifique, idée chère à un Hans Reichenbach. Mais c'est surtout l'empirisme logique de Carnap que Friedman veut sauvegarder face au naturalisme prôné par un Quine qui n'aurait pas réussi à prendre la mesure de l'entreprise carnapienne. C'est aussi à un Kuhn reconduit à ses sources rationalistes et contre le relativisme post-kuhnien que nous convie Friedman, qui voudrait dynamiser et en même temps historiciser l'*a priori* kantien.

L'auteur connaît bien Kant et ses sources scientifiques; son *Kant and the Exact Sciences* (1992) montre comment Kant se serait laissé entraîner sur la pente glissante de la déduction transcendantale d'une physique (et d'une chimie) fondée sur des principes *a priori*. L'*Opus Postumum* esquisse une théorie du "Wärmestoff" ou éther calorique qui voudrait faire le pont entre le transcendantal et l'empirique. On sait que Hegel a voulu remonter cette pente dans une physico-chimie dénaturée,

et l'auteur n'a pas voulu commenter la suite. Friedman est aussi un commentateur compétent de la théorie de la relativité et son ouvrage de 1985, *Foundations of Space-Time Theories: Relativistic Physics and the Philosophy of Science,* aurait pu servir de prétexte à la rencontre avec Kant et les principes constitutifs, comme Friedman préfère les appeler dans sa discussion des fondements de la physique einsteinienne aussi bien que dans la défense de la théorie carnapienne des cadres linguistiques « linguistic frameworks » (p. 32 et *sq.*).

Les deuxième et troisième chapitres portent sur les perspectives historiques du clivage entre science et philosophie et entre paradigmes kuhniens et rationalité habermassienne. Il y a chez notre auteur une volonté de rassemblement œcuménique, et on ne peut que se réjouir d'une entreprise qui vise à la réconciliation de la science et de la philosophie dans une philosophie des sciences ouverte et animée par la dynamique de la raison.

La deuxième partie de l'ouvrage (p. 71-129) est justement consacrée à une discussion ouverte sur les thèmes des conférences qui occupaient la première partie. Friedman semble défendre au fil de la discussion avec ses nombreux interlocuteurs une sorte de constructivisme mitigé, comme on dit réalisme mitigé. L'étiquette n'est pas gênante pour l'auteur puisqu'il avoue que sa défense des principes constitutifs de la rationalité scientifique s'accorde très bien avec l'empirisme constructif d'un van Fraassen, par exemple (p. 84).

On peut se demander si cette version affaiblie du constructivisme rend justice à la notion de principe constitutif. On en voudra pour exemple le principe d'équivalence dans la théorie einsteinienne de la relativité générale, dont Friedman nous dit qu'il n'était qu'une possibilité mathématique avant de devenir, par l'entremise d'Einstein, une possibilité empirique — physique ou réelle — (p. 113). Un principe de coordination fondé sur l'équivalence entre masse inerte et masse gravitationnelle doit assurer le passage de la variété semi-riemannienne de la géométrie quadridimensionnelle de l'espace-temps à sa réalisation ou application empirique (p. 81). Là-dessus, Friedman rejette du revers de la main la remarque de H. Weyl (p. 113, note 54) qui suggérait que Riemann avait anticipé la relativité générale. Mais ce n'est pas ce que suggère H. Weyl, qui dit seulement que c'est le contenu physique qui détermine la configuration empirique de la structure topologique et géométrique. Mais il n'y a pas de passage direct de la structure abstraite à sa réalisation empirique par la médiation du principe d'équivalence comme semble le suggérer à son tour Friedman, qui passe sous silence le principe de Mach dans le présent ouvrage. Les équations du champ d'Einstein ne sont pas canoniques et ne génèrent pas qu'un seul modèle dont découlerait « naturellement » l'interprétation physique. (p. 64). L'importance toute relative accordée à l'appareil analytique ou au formalisme logico-mathématique invite à penser que l'auteur adopte une version édulcorée des principes constitutifs. S'il reconnaît le rôle prépondérant qu'a joué Poincaré dans la formation des idées d'Einstein, il néglige la dimension proprement constitutive du conventionnalisme de Poincaré qui voyait dans les "bonnes" conventions des constructions bien fondées. On notera enfin un apparent contresens (note 63, p. 123-124) sur la notion de cause commune qui rendrait compte des corrélations mises à jour par les inégalités de Bell en mécanique quantique. L'argument, tiré de Reichenbach, a été utilisé par van Fraassen pour montrer que les corrélations de spin pour deux particules spatialement éloignées l'une de l'autre ne pourraient s'expliquer par le recours à une cause commune. La méprise est significative puisqu'elle s'appuie sur une interprétation réaliste de la mécanique quantique et non sur l'interprétation standard de Bohr-Heisenberg ou « interprétation de Copenhague », qui met plutôt l'accent sur les principes indéterministes constitutifs du formalisme quantique.

On ne chicanera pas l'auteur sur ces questions qui sont en réalité subordonnées à son propos principal, la réconciliation des traditions philosophiques du constructivisme kantien avec le positivisme carnapien et la dimension historiciste des révolutions scientifiques, ou mieux, de l'évolution dynamique des théories scientifiques. La connaissance précise des rapports de Kant avec la science de son temps aura permis à Friedman de proposer au philosophe contemporain un modèle de réflexion où science et philosophie entretiennent des liens constants dans une communication rationnelle (Habermas) qui convie tous les acteurs de la construction théorique du monde (Weyl).

YVON GAUTHIER

Marc Ereshefsky, *The Poverty of the Linnaean Hierarchy: A Philosophical Study of Biological Taxonomy*, Cambridge, Cambridge University Press, 2001, 328 pages.

Le livre de Marc Ereshefsky vise à la fois à initier ceux qui désirent découvrir les problématiques philosophiques inhérentes à la taxinomie biologique et à défendre certaines positions particulières sur celles-ci. La taxinomie biologique est une sous-discipline de la biologie, dont l'objectif central est de déterminer les principes qui devraient guider la classification des entités vivantes. L'auteur développe au sein de son livre trois thèses concernant ces principes ainsi que le système de classification qu'ils motivent. Il argumente en premier lieu que seuls les schèmes de classification historiques conviennent à la taxinomie biologique. En second lieu, il défend une conception pluraliste de la classification taxinomique. Finalement, il soutient que le système taxinomique linnéen doit être abandonné au profit d'un ensemble de systèmes de classification qui n'attribuent pas de rang fixe aux taxons (*i.e.*, aux unités taxinomiques telles que les espèces, les genres, etc.).

La première des trois parties de l'ouvrage cherche, d'une part, à introduire le lecteur aux diverses façons de concevoir la classification des entités (et, plus particulièrement, des taxons), et vise, d'autre part, à défendre une conception historique de la taxinomie biologique. Dans les deux premiers chapitres du livre, Ereshefsky décrit tour à tour les trois plus importantes conceptions de la classification des entités (l'essentialisme, les approches « faisceaux » (*cluster*), et l'approche historique), les principales écoles de taxinomie biologique (la taxinomie évolutionniste, le phénéticisme, le cladisme de Hennig, et le cladisme « transformé » de Nelson et Platnick), ainsi que les principales façons de concevoir la catégorie taxinomique, qui a sans doute reçu le plus d'attention de la part des biologistes évolutionnistes, soit l'espèce biologique (les conceptions biologique, écologique, phylogénétique, etc., d'espèce). Ce mode de présentation a l'avantage de permettre au lecteur de lier les diverses conceptions de la taxinomie biologique à des thèses beaucoup plus générales sur la classification des entités.

Dans le troisième chapitre du livre, Ereshefsky soutient que la conception essentialiste de la classification (laquelle exige que les entités classées ensemble partagent une même essence) et les approches « faisceaux » (lesquelles requièrent plutôt que les membres d'une même catégorie possèdent certaines propriétés — pouvant varier d'un membre à un autre — parmi un plus vaste ensemble de propriétés associées à la catégorie) ne peuvent servir de fondement à la taxinomie biologique. Selon Ereshefsky, seule l'approche historique permet de classifier adéquatement les taxons. Bien que sa position à cet égard soit partagée par la vaste majorité des taxinomistes contemporains, l'argument qu'invoque Ereshefsky pour la soutenir ne persuadera probablement pas les philosophes qui, comme Kitcher et Dupré, endossent une variante du pluralisme taxinomique qui incorpore certains schèmes taxinomiques anhistoriques. L'argument en question consiste à dire que seule l'approche historique ou généalogique tient compte de l'une des idées centrales issues de la révolution darwinienne, soit l'idée que l'on ne peut comprendre la diversité du monde organique qu'en étudiant son évolution. Plus précisément, Ereshefsky affirme que seule l'approche historique s'accorde avec le principe bien établi du Darwinisme selon lequel « une façon importante d'expliquer la fréquence d'un trait au sein d'un taxon consiste à citer l'évolution de ce taxon par rapport à ce trait » (p.109). La faiblesse de l'argument tient au fait qu'Ereshefsky n'offre aucun argument pour convaincre ceux qui admettent que l'étude de l'évolution du monde organique constitue un moyen privilégié d'étudier la diversité biologique mais prétendent qu'il ne s'agit pas pour autant de la *seule* façon de l'étudier. Je reviendrai sur ce point.

Ereshefsky clôt la première partie de son livre en abordant brièvement deux sujets épineux. Il se penche d'abord sur la question de savoir si les espèces biologiques doivent être conçues comme des individus ou comme des classes. Il note avec raison que la réponse à cette question dépend de façon cruciale du critère d'individualité que l'on adopte. Il affirme que selon la conception de l'individualité qu'il privilégie — laquelle requiert des individus qu'ils fassent preuve de continuité spatio-temporelle, que leurs parties exhibent une certaine « cohésion » et qu'elles interagissent ensemble — seulement une minorité d'espèces biologiques constituent des individus.

Ereshefsky offre par ailleurs une critique de l'idée selon laquelle la nature historique des unités taxinomiques implique l'existence d'un fossé méthodologique entre la biologie évolutionniste et les sciences physiques. Certains affirment en effet qu'étant donné que les taxons sont des entités ou des classes historiques dont les caractéristiques varient à travers le temps en fonction de certains processus évolutionnistes (mutations, dérive génétique, etc.), ils ne peuvent faire l'objet de lois universelles. Ereshefsky affirme à juste titre que, bien que tel soit effectivement le cas, ceci n'implique pas pour autant l'existence d'une différence radicale entre la biologie évolutionniste et les sciences physiques puisque cet état de fait est compatible avec la découverte de lois portant sur certaines des catégories atemporelles tombant sous l'égide de la biologie évolutionniste, par exemple la classe des groupes fondateurs.

Dans la seconde partie du livre, Ereshefsky cherche à défendre une conception pluraliste de la taxinomie biologique et, plus particulièrement, du concept d'espèce biologique. Il défend d'abord de façon convaincante la *possibilité* d'un tel pluralisme en démontrant qu'une analyse rapide de trois des concepts d'espèce biologique décrits dans le second chapitre — les concepts biologique, écologique et phylogénétique d'espèce — établit que ceux-ci classifient les organismes de façon incompatible. L'auteur précise par ailleurs que le pluralisme (ontologique) qu'il cherche à soutenir se distingue du pluralisme (épistémologique) qui attribue la nécessité de faire appel à divers schèmes de classification des espèces à nos limites cognitives. Son argument en faveur du pluralisme ontologique consiste à dire que, selon la biologie contemporaine, les forces évolutionnistes segmentent l'arbre de la vie en plusieurs types de lignages différents. Cette thèse relève d'avantage de l'assertion que de l'argumentation et ne persuadera que ceux qui sont déjà partisans du pluralisme taxinomique auquel souscrit Ereshefsky. Si le concept d'espèce suscite tellement de controverses parmi les systématiciens et les philosophes de la biologie, c'est bien parce qu'il ne va pas de soi que les forces évolutionnistes segmentent l'arbre de la vie en plusieurs lignages qui s'entrecoupent. Ereshefsky aurait donc eu intérêt à offrir un argument pour défendre cette idée.

Le même type de commentaire s'applique à son traitement de certaines variantes du pluralisme taxinomique. Ereshefsky affirme que le pluralisme « cladistique » de Brandon et Mishler est problématique dans la mesure où il nie l'existence de classes « empiriquement significatives » tels certains groupes paraphylétiques reconnus comme étant des espèces selon le concept biologique d'espèce défendu par Mayr (p.148). Mais l'on peut se demander s'il s'agit vraiment ici d'un argument plutôt que d'une autre façon de formuler sa propre position. Pour véritablement convaincre ses lecteurs, il aurait fallu qu'Ereshefsky examine et critique les arguments offerts par les cladistes contre l'existence d'espèces paraphylétiques ou, à tout le moins, qu'il explique ce que cela signifie pour une classe que d'être « empiriquement significative » et qu'il démontre que certaines classes paraphylétiques sont dignes de ce qualificatif.

Ereshefsky affirme par ailleurs que les approches pluralistes qui, comme celle de Kitcher, reconnaissent l'existence d'espèces individuées en fonction des propriétés partagées par leurs membres doivent être rejetées au profit d'un pluralisme historique. L'argument invoqué par Ereshefsky à cet effet est essentiellement le même que celui qu'il développe dans le troisième chapitre contre les approches anhistoriques de la taxinomie biologique, et il est donc vulnérable à la même critique. L'argument consiste à dire que les taxons doivent être individués historiquement puisqu'une façon significative d'expliquer l'occurrence d'une caractéristique au sein d'un taxon consiste à mettre en lumière l'historique évolutionniste de ce taxon. Mais, comme nous l'avons déjà noté, le fait que l'on cite fréquemment l'historique évolutionniste d'un taxon en vue d'expliquer l'occurrence et la fréquence d'un trait dans ce taxon n'implique pas qu'il s'agit là de la *seule* façon d'expliquer l'occurrence d'un trait dans un taxon. D'ailleurs, en intégrant à sa conception pluraliste des espèces le concept écologique d'espèce — selon lequel les forces sélectives constituent le facteur le plus important contribuant à la stabilité des espèces — Ereshefsky n'endosse-t-il pas lui-même l'idée que, dans au moins certains cas, l'on peut faire appel aux forces sélectives plutôt qu'à la phylogénie pour expliquer la présence de certains traits au sein d'un taxon ?

En exigeant des schèmes taxinomiques qu'ils facilitent l'explication de l'occurrence de traits au sein de taxons, Ereshefsky tient par ailleurs pour acquis que la taxinomie biologique doit d'abord et avant tout servir les besoins épistémiques de la biologie évolutionniste. Or, nombreux sont les philosophes qui soutiennent qu'en vue d'expliquer certains phénomènes biologiques, d'autres sous-disciplines de la biologie (par exemple l'éthologie et l'écologie) font appel à des concepts d'espèce biologique différents du concept généalogique d'espèce déployé en biologie évolutionniste.

Le présupposé « évolutionniste » d'Ereshefsky resurgit d'ailleurs dans le chapitre suivant du livre, lequel vise à contrer l'argument selon lequel le pluralisme taxinomique ouvre sans discrimination la porte à tous les systèmes de classification imaginables. Ereshefsky s'appuie sur le naturalisme normatif de Laudan afin d'identifier les critères méthodologiques pouvant servir à faire le tri parmi les candidats au statut de concept d'espèce biologique. Laudan recommande que l'on détermine les règles méthodologiques propres à un champ scientifique en identifiant d'abord les objectifs visés par celui-ci. En s'appuyant sur les écrits des défenseurs de trois écoles de taxinomie biologique, Ereshefsky argumente que l'objectif central de cette discipline est de produire des classifications qui puissent servir de base à la production de généralisations valides. Il propose ensuite quatre règles qui, selon lui, auraient tendance à promouvoir cet objectif : la sensibilité empirique, la cohérence interne, la cohérence avec d'autres théories bien établies, et la cohérence avec la théorie évolutionniste.

À la lumière de ces règles, Ereshefsky évalue quatre concepts d'espèce biologique — les concepts phénétique, cladistique (au sens de Nelson et Platnick), biologique, et phylogénétique d'espèce —, et il conclut qu'alors que les deux premiers faillent à deux de ces règles, les deux derniers entrent en conflit avec seulement l'une d'elles. Mais dans la mesure où l'un des critères adoptés par Ereshefsky requiert que tout système taxinomique adéquat s'accorde avec les préceptes de la biologie évolutionniste, l'auteur présuppose de nouveau, sans toutefois la défendre, l'idée que la taxinomie biologique vise essentiellement à promouvoir la formulation de généralisations et d'explications évolutionnistes plutôt que de généralisations tombant sous l'égide d'autres champs de la biologie.

Dans la dernière (et la plus intéressante) section de son livre, Ereshefsky met en évidence les déficiences du système taxinomique linnéen dont fait mention le titre du livre. Le système linnéen comporte deux préceptes centraux : il prescrit d'assigner un rang linnéen (espèce, genre, etc.) aux unités taxinomiques et il exige que les noms assignés aux taxons reflètent — soit par le biais de suffixes, soit par l'emploi de binômes incluant le nom du genre au sein de celui de l'espèce — leur rang linnéen. Or, comme l'explique Ereshefsky, les trois présupposés théoriques qui ont motivé l'émergence du système de classification inauguré par Linné — i.e., le créationnisme, l'essentialisme, et la primauté de la catégorie taxinomique du genre — ont tous été abandonnés depuis l'avènement de la révolution darwinienne. Qui plus est, la hiérarchie linnéenne n'a pas, selon les biologistes contemporains, la portée ontologique que lui attribuait Linné. Ceux-ci s'entendent effectivement pour dire que les divers taxons appartenant à un même rang linnéen (à l'exception, selon certains, du rang d'espèce) ne partagent généralement pas une quelconque propriété ou un quelconque degré d'inclusion.

Selon Ereshefsky, le système linnéen pose par ailleurs de sérieux problèmes pratiques. Premièrement, l'emploi de la nomenclature binomiale exige que l'on détermine le genre des espèces avant de pouvoir les nommer, alors que dans certaines circonstances les biologistes n'ont pas toutes les données nécessaires pour déterminer le genre des espèces qu'ils viennent de découvrir. Deuxièmement, l'usage de binômes complexifie les épisodes fréquents de révision taxinomique. Il exige en effet que l'on change non seulement la position mais également le nom des taxons dont on modifie le rang. Finalement, l'emploi de noms de taxons indiquant le rang crée certaines ambiguïtés linguistiques lorsque les taxinomistes ne s'entendent pas sur le rang à attribuer à un taxon. Dans de telles circonstances, les biologistes peuvent employer le même terme pour désigner des unités taxinomiques différentes ou des termes différents pour désigner un seul taxon.

Pour toutes ces raisons, Ereshefsky conseille que l'on abandonne l'attribution de rangs aux taxons et le système de nomenclature linnéen. Il recommande que l'on attribue plutôt aux taxons une position relative au sein d'une lignée et au sein d'un système particulier de classification, et il suggère que l'on emploie un système d'encoches ou encore un système numérique pour indiquer cette position. En s'inspirant des suggestions d'autres critiques du système linnéen, il développe par ailleurs une série de recommandations qui, ensemble, constituent une alternative au système taxinomique linnéen.

Bien que les arguments invoqués par Ereshefsky dans la dernière section du livre aient une forte teneur pragmatique et, par le fait même, une moindre teneur philosophique, ils ont toutefois l'avantage d'être probants. Par contraste, les arguments que développe l'auteur en faveur de sa conception historiciste et pluraliste de la taxinomie biologique dans les deux premières sections de son ouvrage ne sont pas concluants et ne susciteront donc probablement pas de nombreuses défections ni dans le camp des monistes ni dans celui des pluralistes « Kitcheriens ». Cela étant dit, les trois premiers chapitres du livre ont le mérite de présenter de façon très pédagogique les diverses approches à la classification (et, en particulier, à la taxinomie biologique), et le livre a, dans son ensemble, la vertu d'être clair, précis, et informatif.

VÉRONICA PONCE
Université McGill
Université de Montréal

Daniel Andler, Anne Fagot-Largeault et Bertrand Saint-Cernin, *Philosophie des sciences I et II*, Paris, Gallimard, collection Folio Essais, 2002, 1334 pages.

L'introduction de l'ouvrage brosse un tableau synthèse de la philosophie des sciences au xxᵉ siècle. Pendant les 20 à 25 premières années, les philosophes, de Bergson à Russell en passant par Mach et Whitehead, travaillent à prendre en considération les changements importants survenus dans les sciences : théories des ensembles, des champs, des quanta et de la relativité, cosmologie scientifique, lois de l'hérédité, logique mathématique. Puis vient un rapprochement entre science et technologie, plusieurs pays se dotant d'outils de politique scientifique, en même temps que se développent la mécanique quantique et la théorie des jeux. La phénoménologie tourne le dos à Husserl en s'éloignant des sciences, mais les gens du cercle de Vienne, traqués par le nazisme, émigrent et donnent un fort élan à la philosophie des sciences, surtout aux États-Unis. Une troisième période commence avec les œuvres de Kuhn et de Foucault, en même temps que naissent la biologie moléculaire et l'informatique, que la médecine accentue son côté scientifique, que les technologies foisonnent, que la recherche scientifique devient de plus en plus œuvre collective, et que les sciences psycho-sociales s'évadent de cadres rigides (marxisme, psychanalyse, structuralisme, behaviorisme, relativisme culturel). Le positivisme est critiqué par les sociologues, les historiens et les philosophes postpositivistes. La philosophie de la biologie s'affirme, la physique perd son statut de science modèle, on formule les limites des mathématiques et des formalismes logiques ; l'intérêt des philosophes pour dévoiler l'unité de la science s'amenuise, et cette dernière est prisée tant pour ses retombées technologiques que pour ses théories. La philosophie des sciences renoue avec la philosophie tout court, avec les questions philosophiques fondamentales.

Le but des auteurs est de « dégager les contenus et la dynamique des sciences » (p. 23) en privilégiant une approche internaliste. Ils donnent préséance à l'ontologie sur la méthodologie, non par rejet de la seconde, mais en vertu d'intérêts et de perspectives récentes. L'ontologie comporte trois questionnements : la possibilité d'une philosophie de la nature, incluant la rencontre entre les visions scientifique et commune du monde ; la double unité du réel et de la science, où les auteurs optent pour une interconnexion non réductionniste des sciences et un réalisme modéré, et enfin les entités théoriques qui peuplent les diverses sciences.

Dans la première partie, intitulée *Gnoséologie*, Bertrand Saint-Cernin examine *Les philosophies de la nature* comme « vision systématique de la réalité qui soit compatible avec les résultats avérés des sciences et qui donne sens à ce que nous pensons, à ce que nous faisons et, idéalement, à ce que nous sommes » (p. 33), en faisant le pari qu'une connaissance réelle du monde, et non seulement des images cohérentes, est possible. Cela revient à dire que les causes formelle et finale témoignent « de la présence d'un logos dans la nature » (p. 35). Saint-Cernin examine successivement les *Natural Philosophies* de Newton et Herschel, les *Naturphilosophien* allemandes (Goethe, Fichte, Shelling et Hegel), les philosophies de la nature de Cournot et de Whitehead. Il conclut que bâtir une philosophie de la nature est une entreprise légitime, aux conditions suivantes : 1) il est impossible de constituer une science unifiée de la nature « qui embrasse tous les phénomènes en un seul système » (p. 122), dont la philosophie de la nature serait une doublure inutile ; 2) la nature est constituée de régions irréductibles les unes aux autres, possédant chacune sa structure et ses lois ; 3) il est possible d'identifier les représentations de la nature « qui restituent l'ordre des choses » (p. 124), en rejetant « celles qui n'ont qu'une valeur verbale ou logique » *(ibid.),* ce qui est un net pari réaliste. Une philosophie de la nature s'interroge sur les interfaces entre ces diverses régions et entre les disciplines correspondantes, d'autant que l'idée généralisée d'évolution ainsi que le cumul physico-chimique et évolutif que porte tout vivant nous montrent que l'histoire de la nature ne peut être réduite à la science de la nature. S'appuyant sur Cournot et Whitehead, l'auteur juge tenable le pari réaliste : les techniques issues de la science reproduisent des processus naturels et leurs résultats, et produisent des résultats dont on n'a jamais observé que la nature les réalise ; en outre, le savoir scientifique est devenu une œuvre collective où l'intersubjectivité et le dialogue critique font office de procédure de tri fort sévère. Il conteste donc l'existence d'un fossé infranchissable entre nature et esprit, inclut le second dans la première, et veut utiliser le savoir accumulé sur la première pour comprendre le second, sans cependant nier la possibilité d'un irréductible qui serait l'objet d'une philosophie de l'esprit.

Traitant de *La construction intersubjective de l'objectivité scientifique*, Anne Fagot-Largeault pose que le sujet qui fait la science est communautaire, ce qui exige coexistence pacifique et interaction entre chercheurs, et que cette communauté n'est compréhensible qu'en relation avec la communauté humaine globale, pour qui elle n'est pas un modèle. De là surgit une question : comment une communauté de chercheurs, qui ne sont pas forcément bons ni parfaitement rationnels, et en rapport avec une communauté humaine qui fonctionne imparfaitement, arrive-t-elle à une science de la nature à peu près cohérente ?

L'objet en cause ici est la nature dont on présuppose qu'elle existe hors de l'esprit, qu'elle est au moins partiellement ordonnée ou pas totalement chaotique, ce qui laisse une place à la contingence, et qu'on peut en avoir une connaissance vraie, *i.e.* « qui rejoint la réalité » (p. 136), pari réaliste dont les appuis ont été mentionnés plus haut. On teste ces appuis en confrontant les procédés de la nature avec ceux de l'esprit, ce qui nous renvoie aux sciences cognitives, qui examinent les opérations cognitives comme réalités naturelles, donc comme fonctionnement du cerveau considéré non pas isolément, mais en connexion avec le reste de l'organisme et avec l'environnement physique, biologique et humain.

Un premier doute sur la valeur de la science porte sur la capacité des savants à dominer leurs ambitions personnelles et leurs préjugés. Ni la science ni le travail communautaire qui la produit ne rendent nécessairement honnête ou sage. L'amitié selon Aristote présuppose une communauté d'intérêts qui n'est pas forcément présente dans les communautés scientifiques, et ces dernières ne réalisent pas automatiquement l'idéal kantien de l'action et de l'échange réciproque dans une coexistence pacifique. Soutenant, après Condorcet, Herschel et Comte, que les libertés démocratiques favorisent le progrès des connaissances et leur large diffusion, l'auteure se retrouve face à la question toujours ouverte de leur valeur et du tri des « bonnes ». Traitant ensuite d'intersubjectivité empirique, elle fait état des débats concernant la nature de la démarche scientifique et l'histoire des sciences : révolutions périodiques (Kuhn), révolution permanente (Popper), styles scientifiques variés et critères de scientificité changeants au cours de l'histoire (Crombie), désaccords des sociologues des sciences sur l'objet de leur discipline, accord des opinions versus relativisme (Feyerabend). Elle doute ensuite qu'Husserl ait vraiment réussi à passer de l'intersubjectivité empirique à l'intersubjectivité transcendantale, souligne que chez les libertaires (Popper, Feyerabend), l'obligation de liberté intellectuelle et de soumission aux faits passe avant l'obligation de cohérence. Quant au critère pragmatico-transcendantal comme fondement ultime de la rationalité (Apel), il présuppose une communauté communicationnelle capable « de comprendre adéquatement le sens de ses arguments et de juger définitivement de leur vérité » (p. 196). C'est selon une éthique de la cohérence rationnelle, d'inspiration kantienne : est vrai ce qui résiste à la discussion critique ; mais il y a décalage entre communauté réelle et communauté idéale, certains mentent ou trichent.

L'auteure s'interroge finalement sur l'apport de l'intersubjectivité à la science. Cette dernière peut être argumentative et discutatoire, la libre discussion et la critique étant des gages de précision et de rigueur : le sujet qui a d'abord travaillé en solitaire est confronté à des points de vue qui stimulent sa créativité, lui font voir des aspects qui lui ont échappé. Cela suppose l'acceptation de certaines règles rationnelles, bien que l'argumentation n'empêche pas la tricherie ou l'anarchisme. Des compromis entre rationalité scientifique et rationalité politique ou économique sont toujours possibles, bien que pas forcément souhaitables. L'intersubjectivité peut aussi s'inspirer de l'idéal husserlien du passage du je au nous sans sacrifice de transparence. C'est « la vigilance de la conscience présente à ses actes, sensible à la diversité phénoménologique de l'expérience, résistant à la robotisation du travail de recherche, insistant pour rester sujet vivant apte à relativiser ses propres tentatives de formalisation du réel naturel » (p. 221), ouverte aux réactions des autres. Une autre forme d'intersubjectivité se manifeste quand on fait appel à un groupe de personnes de compétences variées et complémentaires, et où personne ne maîtrise à lui seul toutes les connaissances pertinentes. Les jargons techniques sont traduits en langage ordinaire aux fins de la communication, qui vise la coordination des activités en vue de l'objectif visé.

L'auteure conclut que les communautés scientifiques ont des exigences de rationalité incarnées dans des règles méthodologiques et déontologiques qui n'ont rien de transcendantal mais sont des faits observables. La tâche du philosophe des sciences est de formuler clairement ces normes et de comprendre les relations entre normes et pratiques : ces dernières peuvent valider les premières, ou inviter à les nuancer ou à les rejeter complètement ; et les normes doivent être adaptées au contexte de leur application, car elles sont forcément colorées par ce contexte.

Dans *Processus cognitifs* Daniel Andler se demande si une science de la connaissance, notamment de la connaissance scientifique, est possible. Il rappelle la thèse quinienne de l'épistémologie naturalisée, qui utilise les acquis de diverses sciences. Il en découle un cercle qui évite d'être vicieux par une renonciation à toute prétention fondationnaliste absolue. Les successeurs de Quine, profitant des avancées récentes des connaissances, rejettent le dualisme corps-esprit, tiennent que toute connaissance est un phénomène naturel qui appelle une théorie de la connaissance forcément externaliste, *i.e.* qu'une croyance est une connaissance si, et seulement si, elle résulte d'un processus d'acquisition fiable. La philosophie est pour eux en continuité avec les sciences : elle travaille à clarifier les procédés et résultats de la science, à leur donner une cohérence d'ensemble. La philosophie est alors, comme la science, frappée d'incomplétude, ne pouvant se présenter comme une métaphysique close prétendant dire la totalité du monde. Cette incomplétude valant aussi pour le naturalisme, ses tenants ne doivent pas en faire seulement une défense théorique mais doivent aussi examiner les « indices que fournit la science en marche » (p. 250), en fait s'intéresser à ce que suggèrent, sur la valeur du naturalisme, les réponses qu'apporte la science aux questions sur la connaissance. Ce naturalisme (l'esprit est un phénomène naturel) implique le rejet de la distinction diltheyenne entre sciences de la nature et sciences de l'esprit, entre expliquer et comprendre. En outre, les naturalistes règlent comme suit la difficile question du passage de l'être aux normes. Ou bien ils naturalisent directement les normes, comme l'ont fait entre autres les pragmatistes et les utilitaristes, en arguant qu'elles sont nécessairement identiques à des lois ou dispositions naturelles, ou qu'elles leur sont contingentement identiques, en tant que cheminement d'un processus naturel vers un optimum. Ou bien ils arguent que les normes sont compatibles avec le naturalisme, en les décrivant comme des faits irréductibles de la nature humaine, ou comme logiquement ou génétiquement dérivables d'autres propriétés de l'esprit humain.

Abordant le projet des sciences cognitives, Andler les définit comme une réunion des ressources de plusieurs disciplines pour étudier toutes les facettes de l'esprit humain. Issues de trois mouvements disciplinaires (psychologie expérimentale, neurologie scientifique, logique symbolique et philosophie du langage combinées), elles sont fondées sur une hypothèse naturaliste : la pensée, la conscience et le libre arbitre sont des phénomènes biologiques relevant des neurosciences. Du point de vue logique, les fonctions mentales ont une autonomie conceptuelle et constituent des univers informationnels régis par des transformations algorithmiques qui se prêtent à des combinatoires. Cette hypothèse cognitiviste est associée au naturalisme, sans pourtant y être indissolublement liée. Les sciences cognitives recherchent les constituants fondamentaux des processus de pensée, l'esprit étant vu comme un système de traitement de l'information. Du point de vue psychologique, on prend des distances par rapport aux intuitions de la pensée spontanée préscientifique, car pensées, perceptions et émotions ne sont pas instantanées mais prennent du temps, un temps maintenant mesurable. Nous sommes conscients des résultats de ces processus cognitifs, mais pas de leurs étapes. Il ne s'agit pas ici d'inconscient freudien, mais de constituants élémentaires qui conduisent aux résultats conscients et constituent le champ d'investigation d'une psychophysique. La distinction conscient/inconscient est ainsi renouvelée, et un pont jeté entre le psychique et le neurophysiologique. L'appareil mental est vu comme un système de traitement de l'information, et la psychologie cognitive détrône le behaviorisme. Les phénomènes d'illusion perceptive étudiés par les gestaltistes sont vus autrement et sont une seconde source de données.

Du côté de la biologie, le fonctionnalisme affirme que les sciences de l'homme peuvent être pratiquées indépendamment des neurosciences, et la thèse réductiviste prétend que le langage de la psychologie est en principe réductible à celui des neurosciences. Andler note que de nombreuses théories se sont avérées fécondes pour expliquer des phénomènes d'un certain niveau sans qu'existe une connaissance des mécanismes sous-jacents à ces phénomènes. Par ailleurs, la découverte de ces mécanismes a permis de corriger, nuancer, et parfois rejeter certaines des explications en cause. La psychologie cognitive, par ses représentations générales de l'esprit, guide la recherche neurologique; et les progrès empiriques de ces dernières peuvent remettre en question ces représentations. En outre, des techniques relativement récentes permettent d'associer activités neurologiques et états mentaux. Tout événement de pensée implique un événement cérébral, et d'autres progrès sont possibles et souhaitables en vue de préciser cette association. Discutant ensuite de la pertinence et des limites du modèle de l'ordinateur pour comprendre la cognition humaine, l'auteur conclut que les sciences cognitives ne sont pas solidaires de ce modèle, pas plus qu'elles ne sont liées aux thèses et aux programmes de l'intelligence artificielle. Il existe d'ailleurs un autre modèle appelé réseaux de neurones. La tentative des sciences cognitives consiste à « élaborer des modèles informationnels des capacités cognitives de l'esprit » p. 294.

Se demandant si les sciences cognitives nous obligent à renouveler nos conceptions sur la connaissance, particulièrement la connaissance scientifique, l'auteur considère d'abord la théorie modulaire de l'esprit, qui tente de relier des modules ou « parties » de l'esprit avec les parties du cerveau, comme la voie la plus prometteuse en ce sens. Il doute comme Fodor de la possibilité d'une théorie des processus mentaux face au nombre et à la complexité qualitative des données. Les progrès sont d'ailleurs beaucoup plus lents dans la connaissance des processus mentaux propres aux humains, d'où le ralentissement des activités en intelligence artificielle.

L'auteur passe ensuite en revue les apports des sciences cognitives en divers domaines de la connaissance : la vision, le langage (innéisme chomskien et théories rivales), le développement des connaissances dès les premiers mois de l'existence, les pathologies cognitives (dyslexie, syndromes de Capgras et de la vision aveugle, autisme, dysphasie), théories naïves pré-scientifiques en physique, en biologie, en psychologie et en sociologie. Il note que les approches cognitives de la science sont encore trop embryonnaires pour avoir révolutionné la science. Les progrès dans la connaissance des fonctions supérieures sont d'ailleurs très lents, et la science est une œuvre collective et sociale, où l'interaction entre les chercheurs est aussi importante que leurs capacités cognitives individuelles. C'est moins par leur travail à l'intérieur des sciences que par les changements qu'elles introduisent dans nos conceptions de la pensée et du fonctionnement de l'esprit que les sciences cognitives changeront éventuellement nos conceptions de la science et de ses méthodes.

Dans la seconde partie de l'ouvrage, *Les ordres de la nature*, Bertrand Saint-Cernin décrit *L'ordre physico-chimique* tel qu'il se présente à la fin du XXe siècle. Il y a d'abord les théories dites sublimes de par leur perfection interne et leurs capacités prédictives : géométrie d'Euclide, statique d'Archimède et de Stévin, mécanique newtonienne, théories électromagnétiques, relativité restreinte et générale, physique quantique et électrodynamique quantique. On cherche une théorie unifiée qui éluciderait les liens entre gravitation, électro-magnétisme et interactions nucléaires fortes et faibles. En outre, la chimie a révélé graduellement la structure de la matière, ceci à partir d'un nombre fini d'éléments donnant lieu à un foisonnement de combinaisons. Il en est de même du vivant puisque les mêmes processus chimiques s'y déroulent ; et la non-saturation de la nature s'est manifestée par la production artificielle de particules et de matériaux dont certains sont aussi des productions naturelles, et d'autres pas : tout cela a permis les récentes prouesses de la biotechnologie. Le déterminisme rigide de Laplace a cédé devant les théories du chaos et des jeux, donnant ainsi raison à Cournot : l'univers n'est pas une unité parfaitement homogène, mais il est fait de régions relativement autonomes les unes par rapport aux autres, et le hasard y a une place. On a en outre découvert que l'univers n'est pas stable, mais en évolution, voire en expansion, ce qui a amené la théorie du Big Bang. Les diverses régions susmentionnées ont, à leurs interfaces, des échanges et interactions complexes et variées, ce qui nous force à tenir compte des inexactitudes et marges d'erreur des lois physiques et chimiques, formulées comme si elles décrivaient le comportement de systèmes parfaitement isolés. Ces réactions d'interface produisent des états d'équilibre ou des crises, des ruptures. Il existe des cas où une petite variation d'une seule variable produit un effet de rupture dans tout le système, ce qui révèle des seuils que la science n'arrête pas de découvrir. Cela soulève une multitude de questions sur la nature et l'évolution de cette diversité structurale où l'inorganique privilégie l'uniformité, et l'organique la diversité et la nouveauté.

Complexe par son organisation et par la grande quantité de processus et de produits chimiques qu'il recèle, le vivant accomplit sans penser des actions qui demandent la raison de la part de l'homme. Cela soulève la question du quand et du comment du passage de l'inorganique à l'organique, et nous rend impossible une séparation tranchée entre le physico-chimique et le biologique. Une nouvelle philosophie de la nature visant à comprendre ces phénomènes peut suivre deux voies : ou bien voir les processus et les actions comme soumis au hasard et à la nécessité (naturalisme matérialiste), ou bien, par la théorie des jeux, traiter les agents comme utilisant le dessein et la ruse dans des contextes déterminés, sans forcément parler d'intention ou afficher une attitude spiritualiste, mais en faisant une place au logos dans la nature.

Une philosophie physico-chimique implique plusieurs choix : usage exclusif de concepts empiriques ou aussi de concepts théoriques, ce qui entraîne une scission entre monde vécu et monde pensé ; la nature comme faite d'individus isolés, ou d'individus reliés entre eux ; une causalité exclusivement efficiente et matérielle ou bien aussi des causes formelles et finales, surtout dans l'organique, et aussi dans l'inorganique en raison de principes d'extrémalité et de l'insertion facile des productions humaines au sein de la nature ; le hasard comme reflet de notre ignorance, ou comme un fait dans le monde ; la nature comme saturée, ou comme acceptant harmonieusement certaines productions humaines ; le rejet ou l'acceptation d'une responsabilité éthique et politique envers les générations futures, vu les transformations irréversibles que l'homme impose à la nature. L'auteur estime que pour faire de ces choix un ensemble cohérent, un pari réaliste s'impose : nous créons des représentations qui reflètent, bien que très imparfaitement, les processus naturels, que nous reproduisons à volonté dans certains cas. Ce réalisme admet des nuances variées selon les disciplines en cause, et l'auteur invoque en sa faveur nos succès dans la reproduction de certains processus naturels, ainsi que le contrôle des représentations par l'expérience partagée, et l'intersubjectivité entre chercheurs. Mais est-ce applicable à la mécanique quantique, dénuée de ressemblance avec les phénomènes publiquement perceptibles ? L'auteur maintient ici le réalisme, en invoquant d'abord les expériences qui ont contredit les inégalités de Bell et confirmé la physique quantique. il est impossible d'attribuer une réalité physique locale à chaque photon. Il invoque aussi, à la suite du paradoxe du chat de Shrödinger, les expériences montrant que des systèmes microscopiques, quand ils sont isolés de leur environnement, obéissent aux lois quantiques. Cela ne rend pas le réalisme incontestable, mais crée une responsabilité de chercher à trier, parmi nos pensées cohérentes, celles qui nous renseignent sur le monde extérieur. L'auteur souligne en terminant la solidarité de la science et de la philosophie, l'intérêt pour la science et la philosophie à transformer « une interrogation abstraite en une question précise à laquelle la nature puisse répondre » (p. 481) comme le montre le cas exemplaire du paradoxe EPR.

Dans *L'ordre vivant*, Anne Fagot-Largeault rappelle la recherche, au XIXᵉ siècle, des lois de l'organisation vitale et fait le point sur plusieurs débats : mécanisme pur versus finalité et différentes formes de vitalisme, possibilité de réduction éventuelle de la biologie à la physique versus spécificité et irréductibilité du vivant, monisme matérialiste versus dualisme matière-forme, possibilité ou non d'une vie extraterrestre. Elle propose ensuite une réflexion philosophique sur quatre points. Elle souligne d'abord les difficultés que le devenir incessant de la vie donne aux classificateurs et aux tentatives de définition du terme « espèce » et expose brièvement les postulats et les limites des classifications phénétique et phylogénétique. Traitant en second lieu de l'explication en biologie, elle déplore l'absence de lois assez précises pour autoriser des prédictions probabilistes fiables, sauf les lois de Mendel. À propos de la macroprédictibilité finaliste des phénomènes microbiologiques d'embryogenèse, elle opine que la biologie ne peut se passer d'hypothèses téléologiques, souvent sources de découvertes, et dont la réductibilité au déterminisme causal n'est pas évidente, malgré l'inexistence d'une conscience rattachée aux organismes. Le modèle de Hempel-Oppenheim est à son avis boiteux en biologie, en raison de « lois » qui ne sont que des truismes, et suggère que la causalité, en raison du nombre et de la complexité des causes interreliées en biologie, soit tout aussi métaphysique que la finalité. Pour les mêmes raisons, les récits historiques utilisés par la biologie et la médecine ne sont pas forcément très explicatifs, et leur capacité de prévision est très limitée. Le troisième point est que les théories sont rares en biologie, où l'on trouve plutôt des modèles et de grandes généralisations, tous précaires. La plus importante des théories biologiques, la théorie synthétique de l'évolution, suscite de nombreuses interrogations. Non vérifiable par un retour dans le passé, elle a été parfois qualifiée de tautologique. Il y a controverse à propos de l'objet direct de la sélection naturelle : organismes individuels, gènes, espèces, phénotype ou modules de l'organisme. Les faits de symbiose cadrent mal avec la théorie, qui présuppose divergence et compétitivité. Il existe d'autres théories bien moins connues : théorie neutraliste de Kimura, équilibres ponctués de Gould, mutations dirigées. Il faut y adjoindre de nombreux ajouts ou variantes, notamment le bottleneck, et divers modèles mécaniques, dynamiques et abstraits.

En quatrième et dernier lieu, les possibilités de manipulations génétiques révèlent le pouvoir humain de modifier les organismes, voire de créer des formes de vie autres. Ici encore l'homme peut imposer à la nature des transformations permanentes. Cela soulève des questions ontologiques sur la nature profonde de la vie, et aussi des questions éthiques. Saurons-nous éviter des dommages ou dérapages dont feront les frais les générations futures, envers qui nous avons une responsabilité morale incontestable ?

Dans *L'ordre humain*, Daniel Andler aborde en premier lieu la thèse selon laquelle les sciences de l'homme (nommées SH ci-après) dépendent des sciences de la nature (SN) ou leur sont subordonnées. Mais d'autres disciplines, notamment la biologie, se sont affirmées, et la philosophie des sciences est devenue plus descriptive que normative, cessant de privilégier la physique comme modèle. Les frontières entre les disciplines sont devenues plus floues en raison d'un affaiblissement de leurs caractéristiques distinctives et de modifications survenues dans leurs contenus, leurs méthodes et la délimitation de leurs domaines, et de la difficulté de regrouper les microspécialités en « espèces » naturelles. La notion de discipline reste quand même un outil heuristique essentiel, mais la thèse susmentionnée en sort affaiblie. D'autre part, la thèse opposée déclare l'indépendance des SH envers les SN, en s'appuyant sur les raisons suivantes : les objets des SH sont distincts de ceux des SN en tant qu'individus doués de conscience, porteurs d'intentions et sensibles aux significations, et qui entretiennent entre eux des relations spécifiques en fonction de buts et d'actions collectifs. D'autre part, les SN ont pour but la formulation de lois et théories universelles dont elles peuvent déduire les événements singuliers, alors que les SH visent le sens d'activités et d'institutions situées à un moment précis de l'histoire. Pour ce qui est de la question de méthode, les SN parlent d'objets clairement circonscrits dans l'espace et le temps, alors que les SN parlent d'ensembles qui ne sont pas aussi précisément circonscrits, et dont l'unité ne s'impose pas d'emblée mais tient seulement au sens que lui donnent les sujets. Les significations susmentionnées font partie du vécu personnel et subjectif des agents, qui est fort différent des causes externes du comportement, et avec lesquelles il a souvent peu de rapport. Les systèmes sociaux sont des touts organiques non réductibles à une juxtaposition de parties et ont des propriétés collectives dont leurs membres sont privés. La méthode des SH serait donc la compréhension, opposée à l'explication. Enfin, le rapport du sujet à l'objet est plus complexe en SH, car le théorique et le pratique y sont très intriqués, les valeurs et les actions faisant essentiellement partie de l'objet.

À titre d'arguments en faveur de la seconde thèse, l'auteur invoque la liberté et l'intentionnalité de l'action. Cela soulève un débat sur le déterminisme, la valeur du sentiment personnel d'agir librement, ainsi que sur la distinction entre des actions extérieurement identiques mais faites avec des intentions différentes. On invoque aussi le caractère non scientifique de l'interprétation, en oubliant qu'il y a aussi interprétation dans les SN. Un autre argument est l'historicité des SH, qui ne traitent que d'objets singuliers. Mais l'individualité est aussi le fait de la Terre, du système solaire, des diverses étapes des évolutions biologique et géologique. Cela soulève en outre le problème de la distinction entre action individuelle et action sociale, entre temps neutre des SN et temps signifiant des SH, entre l'histoire comme fondement absolu ou comme paradigme des SH, et comme ensemble cohérent et doué de sens, ou comme purement contingente.

L'auteur entrevoit cependant de possibles rapprochements. Kuhn montre que l'interprétation a sa place dans les SN, de même que l'approximation et une certaine précarité, en contraste avec la solidité que leur prêtait le Cercle de Vienne. Les clauses *ceteris paribus*, bien que plus souvent implicites dans les SN, ne constituent pas selon l'auteur un critère de différenciation découlant d'une plus grande complexité. L'individualisme méthodologique reconnaît l'existence de causes dans les événements humains. Les cognitivistes situent la nature humaine dans les processus mentaux, *i.e.* neurologiques, et identifient raison et cause comme étant la même chose vue de points de vue différents. À l'opposé d'une distinction tranchée entre nature et culture, ils voient les faits de culture comme le produit de l'appareil cognitif humain, lui-même un produit de la sélection naturelle. Le langage serait donc pour l'essentiel inné et naturel, et l'esprit humain un assemblage de sous-organes relativement indépendants, résultats de l'évolution par sélection naturelle, et dotés chacun d'une fonction spécifique. La culture, notamment le langage, le choix du partenaire sexuel, l'engagement social, l'altruisme, la moralité et la religiosité, serait en bonne partie formée à partir de ces sous-organes. L'auteur souligne le danger de telles extrapolations, et leur faible plausibilité. Il commente ensuite la thèse de Nelson, pour qui il faut désolidariser la psychologie des sciences sociales : les conséquences des actions individuelles sont souvent sans rapport avec les motivations individuelles, et, en économique, par exemple, les orientations comportementales moyennes sont souvent loin des orientations individuelles. Il faut donc cesser de dire que « la transmission par l'individu opère nécessairement au niveau mental » (p. 784) et penser à un autre niveau. L'auteur commente aussi le nouveau courant cognitif en économique, où il s'agit de remplacer l'*homo œconomicus* classique, automate rationnel, par le modèle plus riche d'un système de traitement de l'information capable d'apprentissages et de révision critique de ses croyances, préférences et décisions. Abordant ensuite l'ontologie du social et ses mécanismes, il analyse brièvement les éléments suivants : la communication qui implique nécessairement inférence et interprétation, le savoir mutuel et ses conditions de possibilité, les actions conjointes, l'absence de certitude sur les intentions des autres et sur ses propres intentions toujours changeantes, le sujet pluriel de Gilbert. Il préconise finalement un naturalisme heuristique non ontologique, conscient de ses limites, prêt à admettre le caractère partiel de ses victoires, ainsi que ses défaites. Il rejette ainsi la survalorisation des SN et la dévalorisation des SH, le dualisme antinaturaliste ontologique et rigide proclamant l'irréductibilité de la différence entre SN et SH, et aussi l'idée que les SH doivent être à l'image des SN parce que tous les vivants sont faits de matière. Ce naturalisme heuristique comporte trois principes de parcimonie : parcinomie ontologique d'entités théoriques, parcimonie des méthodologies et parcimonie pratique des moyens en vue d'un but déterminé.

L'ouvrage est complété par une troisième partie sur trois *Concepts transversaux* : la causalité, l'émergence et la forme. En ce qui concerne *La causalité*, Bertrand Saint-Cernin souligne d'abord les difficultés que suscite cette notion en raison de situations complexes où un effet a des causes multiples et interreliées, du manque d'information dans lequel se trouve souvent celui qui veut assigner des causes, et des rapports entre causalité et imputabilité. Il fait ensuite état des critiques de la notion réaliste de cause efficiente : critique humienne, réduction à un rapport entre phénomènes chez Kant, substitution des notions de loi (cause formelle) et de corrélation à la notion de cause efficiente, le tout manifestant une tendance à l'abandon de cette dernière. Mais il existe des raisons pratiques (politiques, technologiques, industrielles, médicales) en faveur du maintien de cette notion. Il consacre ensuite deux sections aux doctrines de Cournot et de Whitehead qui, chacun à sa façon, rejettent le déterminisme absolu, affirment la réalité du hasard et de la finalité, nommée par Whitehead « rationalité stratégique » et « causalité intelligente ». Il montre ensuite les choix sous-jacents à toute théorisation de la causalité : idéalisme acausal ou réalisme causal ; déterminisme absolu ou déterminisme partiel faisant place au hasard ; la nature comme système unique et homogène soumis aux mêmes lois universelles ou comme faite de secteurs hétérogènes et n'obéissant pas aux mêmes lois ; stabilité ou devenir foncier de la nature ; mécanisme pur ou mécanisme complété par la finalité dans les phénomènes biologiques, humains et sociaux ; le caractère *sui generis* (liberté) ou non de la causalité humaine. Interrogeant l'unité de la notion de cause et la classification des causes, il soutient que la science classique a réduit les quatre causes d'Aristote à la cause formelle, mais que la science contemporaine réhabilite les causes matérielle, efficiente et finale, puis propose une classification des causes : causes linéaires avec variantes continue et discontinue, et causes concourantes parfois probabilistes, homogènes ou hétérogènes. Il souligne la différence de vision entre le biologiste moléculaire et le naturaliste observateur des animaux : l'un ramène la cause finale aux causes efficientes et matérielles, et voit que la nouveauté est une combinaison nouvelle d'éléments préexistants ; pour le second, l'animal fait des choix à l'intérieur d'une situation aux paramètres multiples. Enfin, il se demande si l'ordre humain peut être ramené à une science unique, si on peut relier ensemble les multiples causalités dans les actions humaines. L'examen du comportement humain nous laisse une multitude de comportements et de cultures extrêmement variés, bien que comparables. Le pari est entre l'unité de la nature humaine ou, au contraire, une irréductible diversité de cultures. Bien que la théorie des jeux puisse éclairer l'interconnexité entre agents, l'auteur conclut que le domaine des activités humaines n'est pas suffisamment unifié et unifiable pour permettre la création d'une seule science de l'homme. Il est inévitable que subsistent plusieurs disciplines, dont certaines ont une forme scientifique et d'autres pas, comme l'histoire. Les actions humaines sont trop variées, nombreuses et complexes pour qu'il soit possible d'y démêler et différencier clairement les diverses causalités qu'on y trouve. La cause regagne son crédit, mais perd dans une certaine mesure son identité.

L'émergence se dit de composés dont les propriétés sont différentes de celles de ses éléments, et aussi d'effets qui ne sont pas la somme des effets des diverses causes concourantes. Cela soulève, dit Anne Fagot-Largeault, le problème de la création du nouveau non à partir de rien, mais à partir de peu, d'un trop peu pour que le résultat soit explicable. L'émergentisme s'oppose évidemment au réductionnisme et au déterminisme absolu, plaidant pour le hasard, la liberté et la finalité. L'auteur rappelle l'œuvre des Français Ravaisson, Boutroux, Lachelier, Renouvier, et Bergson sur l'opposition ou la conciliation entre déterminisme et contingence, déterminisme et liberté, mécanisme et finalisme, et en fait autant pour les Anglais Alexander, Whitehead, Broad et Morgan. Elle rappelle que dès les années 40 et 50, les cybernéticiens ont parlé de comportements téléologiques de systèmes dotés de mécanismes à rétroaction, comportements qualifiés d'objectivement orientés, mais non intentionnels et non liés à la subjectivité, analysables dans les termes de la mécanique statistique et de l'informatique, et non dans ceux de la mécanique classique. En morphogenèse, plusieurs scientifiques et philosophes pensent que des propriétés émergentes existent au niveau macroscopique, et qu'on ne peut en rendre compte par une simple étude du génome. Il faut, selon Thom, ne pas s'intéresser seulement à la matière, mais aussi à la forme. L'auteure qualifie d'émergentes des maladies comme le sida, qui n'ont pas toujours existé et semblent venir de virus mutants, distinguant ainsi entre émergence épistémique (expansion de la maladie) et émergence ontologique. À propos du développement embryologique, elle oppose une théorie faible de l'émergence à une théorie forte : ou bien l'émergent est un épiphénomène résultant de causalités microscopiques, ou bien il est « un être nouveau, capable d'exercer un pouvoir causal sur ses propres constituants » (p. 1033). C'est la notion d'intégration qui est ici en cause. La question est de savoir comment et pourquoi des unités individuelles s'unissent pour former un tout dans le sens d'une complexité et d'un niveau d'intégration grandissants. La sélection naturelle explique l'élimination de certaines formes de vie, mais non la création de formes nouvelles. Pour Chaisson, le mouvement vers la complexité intégrée ne viole aucune loi physique et sera peut-être expliqué par la thermodynamique. Pour Ruyer, les systèmes ouverts n'expliquent en rien leur constitution, cette dernière impliquant « une activité formatrice » (p. 1036), mais sans forces vitales spécifiques au vivant; il existe aussi des émergences atomiques et moléculaires, et toute émergence est le fait d'une activité structurante de la matière, qui « ne se présente jamais que formée » (p. 1037) et serait plus précisément due à des interrelations entre les parties constituantes du tout émergent. Dans cette veine, Sunny Auyang utilise une analogie avec la théorie économique néokeynésienne pour dire que l'émergence présuppose l'hétérogénéité et l'interaction des constituants. Un *émergent* (baguette de métal devenant supraconductrice sous un certain seuil de température) a, par rapport à ses constituants interreliés, des caractères nouveaux et relativement indépendants d'eux, alors qu'un *résultant* (la même baguette, simple conductrice d'électricité) est qualitativement homogène à des constituants indépendants les uns des autres ou faiblement connectés. L'auteure rapporte ensuite très brièvement d'autres résultats qui vont dans la même direction : interactions entre espèces dans un système écologique, interactions entre mutations géniques, non-compositionnalité des langues naturelles et de possibles logiques hyperclassiques, *emergent computation* en informatique.

Parler de *La forme* nous renvoie à plusieurs termes de signification parente : structure, *pattern*, configuration, figure, etc., nous dit Daniel Andler. En divers domaines et disciplines, on les utilise pour désigner des propriétés d'objets matériels ou de constructions théoriques, d'où la clarification qu'entreprend ici l'auteur. La forme est toujours opposée à un in-forme : matière, fond, substrat, contenu, sens. On peut concevoir l'in-forme comme non pleinement existante, comme potentiel n'existant pas sans une forme : c'est l'héritage aristotélicien, où la forme est à la fois origine, dynamique (*eidos*, par exemple la dynamique embryologique de l'œil), et aboutissement, configuration stable (*morphè*, la fonction optique de l'œil). L'auteur propose une justification, à notre avis abstraite et peu claire, de la réunion de ces deux schèmes en un dispositif unique. Il examine ensuite diverses acceptions du terme « forme », notamment celles de la psychologie gestaltiste, dont il se refuse à dire, contrairement à certains cognitivistes, que l'échec de ses hypothèses neurobiologiques la rend périmée, estimant que le globalisme d'emblée de la perception reste valable, bien que des questions restent encore sans réponse. Il critique l'usage kuhnien de la gestalt, puis traite de l'usage du concept de forme en logique formelle, en linguistique et philosophie du langage, en sciences cognitives. Il discute de la tendance récente à identifier des formes dans la nature (théories des systèmes dynamiques, des catastrophes et du chaos), là où on ne voyait auparavant que discontinuité, irrégularité, instabilité. Il estime, par la théorie des catastrophes, et dans une démarche pas plus claire que celle mentionnée précédemment, compléter la jonction entreprise plus haut des deux schèmes de la forme et résoudre ainsi la difficulté que soulève la matière prime d'Aristote, « suspendue entre être et non-être » (p. 1125). Il résiste cependant à l'idée de voir dans les théories des formes naturelles, dont l'intérêt ne fait aucun doute, des conquêtes durables fondant une nouvelle philosophie de la nature : leur acceptation n'est pas universelle et leur efficacité ne fait pas consensus ; et la science actuelle n'est pas en crise de cohérence au point d'avoir besoin de théories salvatrices.

En conclusion, les auteurs énoncent trois raisons qui justifient la recherche en philosophie des sciences. D'abord, la curiosité scientifique est authentiquement philosophique en ce qu'elle s'interroge sur ce que le monde est réellement. Ensuite, les progrès incontestables de la science au XXe siècle ont posé à la philosophie de nombreux défis sur les plans ontologique, épistémologique, éthique et politique, défis qu'elle doit relever sous peine de s'enfermer dans une tour d'ivoire frileuse, stérile et sclérosée. Enfin, et pour la même raison, la philosophie ne doit pas refuser de confronter ses conclusions à celles de la science et de procéder aux ajustements qui s'imposent, mais sans soumission servile, car le monde et la vie sont plus que ce que nous en dit la science. C'est alors qu'elle remplit son rôle de « respiration de la science » (p. 1135) et que le philosophe des sciences satisfait à son obligation « de maintenir une liaison *vivante* entre les sciences et la philosophie » (p. 1129).

***

Cet ouvrage comporte deux dimensions. D'une part, il nous présente un bilan synthèse intéressant, bien que forcément très succinct, des représentations du monde que nous proposent les sciences contemporaines. C'est d'autre part un authentique essai de philosophie de la nature, qui fait le point sur les engagements ontologiques, les *ontological commitments* dirait Quine, inhérents à ces représentations. Les auteurs indiquent les limites de ces engagements, rapportent les controverses qu'ils suscitent ainsi que les questions restées sans réponse. Ils le font sans chercher à déguiser en vérités démontrées ce qui n'est que pari ou conclusion toujours en principe révisable à la lumière de faits et d'arguments nouveaux, y compris quand il s'agit de leurs propres positions concernant le réalisme, la finalité, la contingence et la division de la nature en secteurs distincts et relativement indépendants, où ils font valoir des arguments sérieux, bien qu'on puisse regretter qu'ils n'aient pas davantage étoffé ces positions, notamment le finalisme et la contingence. Nous sommes ici loin de l'*épistèmè* que recherchaient Platon et Aristote, loin de la science et de la philosophie certaines que voulait édifier Descartes, loin de toute prétention à décrire une fois pour toutes les caractères généraux du monde, et tout aussi loin d'un positivisme étroit. Il y a dans ce travail un effort de lucidité, un effort pour penser librement qui tient compte des acquis de la science contemporaine sans les transformer en dogmes, sans non plus se laisser embrigader exclusivement par une école philosophique particulière, mais en puisant librement dans les concepts et catégories que proposent ces écoles. Tous munis d'une double formation en sciences et en philosophie, les auteurs ont choisi de travailler en équipe pour combiner des expertises et des orientations diverses. C'est un exemple qu'il faut saluer en souhaitant qu'il se généralise de plus en plus chez les philosophes.

On ne saurait reprocher aux auteurs de s'être penchés sur les questions ontologiques que suscitent les sciences. Mais on peut regretter qu'ils n'aient pas étoffé davantage leurs positions concernant aussi le traité en détail des controverses épistémologiques où s'affrontent les disciples de Kuhn, Popper, Feyerabend, Quine, Putnam et bien d'autres. Après tout, ces controverses ont elles aussi leurs paris ou présupposés ontologiques, qui ne sont sans doute pas sans rapport avec ceux que nous venons de mentionner, et l'analyse conjuguée des deux groupes pourrait bien apporter des lumières nouvelles. Sans doute aurait-il fallu, pour le faire, un ouvrage de dimension encore plus imposante. C'est une tâche pour l'avenir.

MAURICE GAGNON
Université de Sherbrooke

Livres reçus (printemps 2004)

Bernays, Paul, *Philosophie des mathématiques*, introduction et traduction de H. Benis Sinaceur, Paris, Vrin (collection Mathesis), 2003, 236 pages.

Charles, Sébastien, *Berkeley au siècle des lumières. Immatérialisme et scepticisme au XVIIIe siècle*, Paris, Vrin (collection : Bibliothèque d'histoire de la philosophie), 2003, 370 pages.

Dauvois, Nathalie et Grosperrin, Jean-Philippe (dis.), *Songes et songeurs (XIIIe-XVIIIe siècle)*, Québec, Presses de l'Université Laval, (Les collections de la République des lettres), 2003, 253 pages.

Duhamel, André, *Une éthique sans point de vue moral. La pensée éthique de Bernard Williams*, Québec, Presses de l'Université Laval (collection : Mercure du nord), 2003, 195 pages.

Fisette, Denis et Poirier, Pierre (dir.), *Philosophie de l'esprit I. Psychologie du sens commun et sciences de l'esprit*, Paris, Vrin, 2002, 382 pages.

Gascoigne, Neil, *Scepticism*, Montréal et Kingston, McGill-Queen's University Press (collection : Central problems of philosophy), 2002, 218 pages.

Gosseries, Axel, *Penser la justice entre les générations. De l'affaire Perruche à la réforme des retraites*, Paris, Flammarion (collection : Alto), 320 pages.

Husserl, Edmund, *La représentation vide* suivi de *Les Recherches logiques, une œuvre de percée* sous la direction de Jocelyn Benoist et Jean-François Courtine, Paris, Presses Universitaires de France (Collection Épiméthée), 2003, 305 pages.

Ipperciel, Donald, *Habermas : le penseur engagé. Pour une lecture « politique » de son œuvre*, Québec, Presses de l'Université Laval (collection : Lectures), 2003, 75 pages.

Kervégan, Jean-François et Gilles Marmasse (dir.), *Hegel penseur du droit*, Paris, CNRS Éditions, 2004, 300 pages.

Libera, Alain de, *La référence vide. Théories de la proposition*, Paris, Presses Universitaires de France, 2002, 358 pages.

Ludwig, Kirk (éd.), *Donald Davidson*, Cambridge et New York, Cambridge University Press, 2003, 240 pages.

Malinowski-Charles, Syliane (dir.), *Figures du sentiment : morale, politique et esthétique à l'époque moderne*, Québec, Presses de l'Université Laval (Les collections de la République des lettres), 2003, 175 pages.

Ménage, Gilles, *Histoire des femmes philosophes*, traduit du latin par Manuella Vaney et présenté par Claude Tarrène, Paris, Arléa (collection : Retour aux grands textes), 2003, 91 pages.

Ogien, Ruwen, *Le rasoir de Kant et autres essais de philosophie pratique*, Paris, Editions de l'Eclat (collection : Tiré à part), 2003, 222 pages.

Ouellet, Pierre (dir.), *Le soi et l'autre. L'énonciation de l'identité dans les contextes interculturels*, Québec, Presses de l'Université Laval (collection : Interculture), 2003, 446 pages.

Philosophy Students' Association of McGill, *Pensées. Canadian Undergraduate Journal of Philosophy/Revue étudiante canadienne de philosophie*, vol. 4, 2003, 82 pages.

Romanian Society for Phenomenology, *Studia Phaenomenologica. Romanian Journal for Phenomenology: the School of Brentano and Husserlian Phenomenology*, vol. III, n°s 1-2, 2003, 307 pages.

Tanguay, Daniel, *Leo Strauss. Une biographie intellectuelle*, Paris, Grasset (collection: Le collège de philosophie), 2003, 335 pages.

Thomas, Chantal, *Souffrir*, Paris, Editions Payot et Rivages, 2004, 218 pages.

Zambrano, Maria, *Philosophie et poésie*, traduit de l'espagnol par J. Ancet, Paris, José Corti, 2003, 172 pages.

Zambrano, Maria, *Les rêves et le temps*, traduit de l'espagnol par G. Flores et A. Louis, Paris, José Corti, 2003, 245 pages.

Outre les ouvrages qui apparaissent dans cette liste, la rédaction de *Philosophiques* peut obtenir, pour des comptes rendus ou études critiques, la plupart des livres parus récemment.

Les personnes désireuses de faire un compte rendu
sont priées de s'adresser à :

Jimmy Plourde
Département de philosophie
Université du Québec à Montréal
C.P. 8888, Succ. Centre-ville
Montréal, H3C 3P8
Courriel : jimmy.plourde@uqam.ca

Directives pour la préparation des manuscrits destinés à *Philosophiques*

Afin de faciliter le travail de composition, le comité de rédaction demande aux auteurs de lui faire parvenir, sous forme électronique et imprimée (un exemplaire), une version définitive de leur article conforme aux directives ci-dessous. Les auteurs qui ne respectent pas ces directives risquent de voir la publication de leur article retardée.

1. Chaque article doit être précédé de **deux** résumés n'excédant pas 1000 caractères chacun, le premier en français et l'autre en anglais.

2. Lier les notes de bas de page avec les appels de notes dans le texte en utilisant la fonction appropriée du traitement de texte. En d'autres mots, faire de « vraies » notes plutôt qu'utiliser la combinaison « chiffre en exposant/ paragraphe en bas de page ».

3. Les références bibliographiques sont indiquées **dans les notes**.

4. Si l'article n'est pas suivi d'une bibliographie, les références sont indiquées de la manière suivante :

    a) dans le cas d'une première référence :

    à une monographie : <nom de l'auteur>, <prénom>, *<titre>*, <ville>, <éditeur>, <année>, p. <nᵒ de page>.

    à un ouvrage collectif : <nom du directeur de publication>, [prénom], dir., *<titre du collectif>*, <ville>, <éditeur>, <année>, p. <nᵒ de page>.

    à un article de périodique : <nom de l'auteur>, <prénom>, « <titre de l'article> », *<titre du périodique>*, <nᵒ du volume>, <année>, p. <nᵒ de page>.

    à un article d'ouvrage collectif : <nom de l'auteur>, <prénom>, « <titre de l'article> », dans <nom du directeur de publication>, [prénom], dir., *<titre du collectif>*, <ville>, <éditeur>, <année>, p. <nᵒ de page>.

    exemples :

    Lehrer, Keith, *Theory of Knowledge*, Boulder, Westview Press, 1990, p. 52.

    Kulp, Christopher B., dir., *Realism/Antirealism in Epistemology*, Lanham, Rowman & Littlefield, 1997, p. 186.

    Naylor, Margery B., « Epistemic Justification », *American Philosophical Quarterly*, 25, 1988, p. 55.

    Davidson, Donald, « Indeterminism and Antirealism », dans Kulp, Christopher B., dir., *Realism/Antirealism in Epistemology*, Lanham, Rowman & Littlefield, 1997, p. 117.

    b) dans le cas d'une référence ultérieure mais non consécutive :
    <nom>, *<titre du livre>*, p. <nᵒ de page>.

    c) dans le cas d'une référence consécutive :
    Ibid., p. <nᵒ de page>.

    d) **aucune** autre abréviation latine ne doit être utilisée.

5. Identifier sur la disquette le logiciel de traitement de texte, le type d'ordinateur (Mac ou PC) utilisés et le nom du fichier.

6. Le nom, l'adresse électronique et l'affiliation institutionnnelle de l'auteur apparaissent immédiatement **sous le titre**.

7. Si l'article est suivi d'une bibliographie, les références (toujours dans les notes) sont indiquées selon le modèle proposé ci-dessus en 4b, ou de la manière suivante : <nom>, <date>, p. <nᵒ de page>.

AGMV Marquis

MEMBRE DE SCABRINI MEDIA

Québec, Canada
2004